FRANCESCA STONE

Einfach TÖPFERN OHNE BRENNEN

40 dekorative Objekte aus Modelliermasse ganz ohne Töpferwerkstatt, Brennofen und Scheibe

mvgverlag

WIDMUNG

Für Ollen

»Be wild; that is how to clear the river.« — Clarissa Pinkola Estés

Inhalt

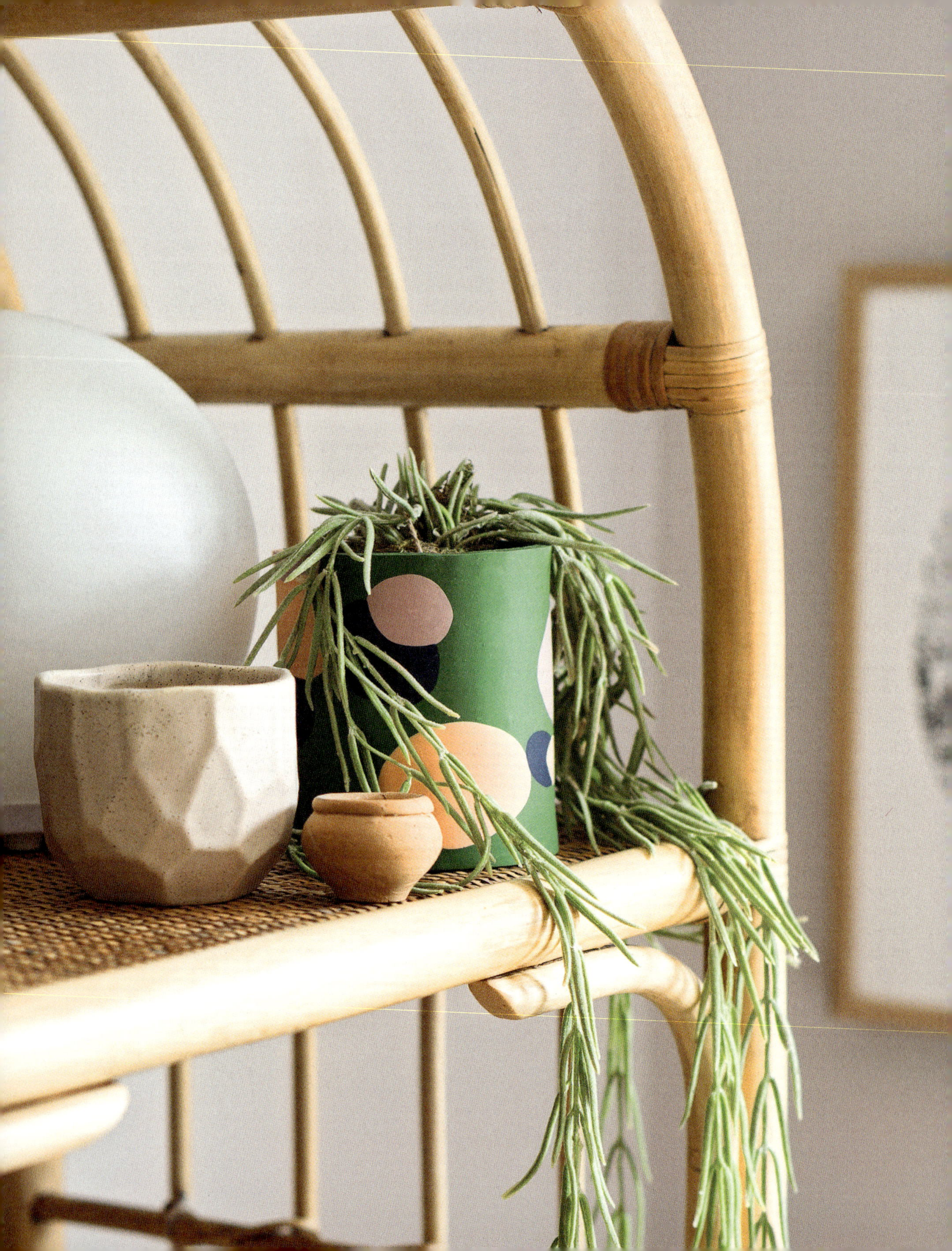

EINLEITUNG

Es gibt nichts Befriedigenderes, als etwas Nützliches und Schönes mit eigenen Händen zu schaffen. Noch besser, finde ich, ist es, wenn man das zu Hause machen kann. Wenn ich über meine Töpferarbeiten spreche, denken die meisten, ich rede von rotem, gebranntem Ton. Aber den brauchen Sie gar nicht. Ich zeige Ihnen, wie Sie aus Modelliermasse wunderschöne Dinge für Ihr Zuhause herstellen können.

Für die Projekte in diesem Buch verwende ich lufttrocknende und ofenhärtende Modelliermasse – aus beiden kann man praktische und dekorative Alltagsgegenstände anfertigen. Ja, mit im Ofen gebranntem Ton lassen sich wundervolle Ergebnisse erzielen, aber dieses Hobby ist schwierig zu erlernen und teuer. Ich bin davon überzeugt, dass die meisten Modelliermassen auf Tonbasis genauso gut sind: Sie sind erschwinglich und sowohl in Bastelgeschäften als auch im Internet erhältlich. Man kann damit ebenso kreativ arbeiten, und es gibt endlose Möglichkeiten für das Finish. Manchmal muss man erfinderisch sein, um das Beste aus der Masse herauszuholen, aber ich finde, dass das Basteln gerade dadurch spannender wird.

Ich habe angefangen, mit Ton zu arbeiten, als ich meinen Abschluss in Textilverarbeitung abgelegt hatte. Ich habe mit Schmuck gearbeitet und wurde dadurch auf die unglaublichen Möglichkeiten von Polymer Clay, ofenhärtender Modelliermasse, aufmerksam. In den letzten zehn Jahren habe ich das auf meinem Blog gezeigt, und tatsächlich sind viele dieser ersten Projekte aus dem Wunsch heraus entstanden, meine Liebe zu diesem Material mit der Welt zu teilen. Als meine Ideen immer ambitionierter wurden, habe ich angefangen, mit lufttrocknender Modelliermasse zu werkeln, wodurch sich eine neue Liebe zu diesem Material entwickelt hat. Und offensichtlich gefällt es Ihnen auch! Denn zu meinen beliebtesten DIY-Tutorials gehören die Töpfer-Anleitungen.

Ton ist einfach eines meiner Lieblingsmaterialien. Die Freiheit beim Arbeiten und die schiere Bandbreite der kreativen Möglichkeiten lassen mich immer wieder zu ihm zurückkehren. Das Modellieren zieht mich stets wieder in den Bann, weil es immer etwas Neues zu lernen gibt: eine neue Art, Materialien zu mischen, ein neues Finish, eine andere Form oder eine andere Anordnung der Muster. Ton schränkt einen niemals ein.

Ich arbeite mit lufttrocknender Modelliermasse und mit ofenhärtendem Polymer Clay. Für die Gegenstände, die man daraus machen möchte, haben sie unterschiedliche Eigenschaften und Vorteile. Arbeiten Sie mit traditionellen Verfahren oder experimentieren Sie mit neuartigen Ideen. Halten Sie sich an Regeln oder brechen Sie diese. Machen Sie Fehler, lassen Sie »Unfälle« zu und lernen Sie jedes Mal etwas Neues, wenn sie ein Projekt angehen.

Es sind die endlosen Möglichkeiten, die Modelliermasse in meinen Augen so spannend machen. Sie können Ihrer Fantasie freien Lauf und Ihre kreativen Muskeln spielen lassen. Mit Modelliermasse zu arbeiten, kann meditativ sein. Sie können in die Masse eintauchen, sich auf den Prozess fokussieren und vom Stress der Welt lösen. Aber es ist auch eine großartige Beschäftigung, wenn man nicht stundenlang Zeit hat. Sie können etwas Schönes erschaffen, auch wenn Sie nur wenig Zeit erübrigen können. Viele Projekte in diesem Buch sind in gerade einmal einer halben Stunde fertig. Das macht Modelliermasse zu einem großartigen Material, mit dem man arbeiten kann, wenn man gerne basteln oder werken möchte, aber bereits einen vollen Terminkalender hat.

Ich habe die vorliegenden Projekte angefertigt, um zu unterstreichen, wie vielseitig und umfassend Ihre Kreationen aus Modelliermasse sein können. Mit Modelliermasse können Sie Kleinigkeiten zaubern und damit die Zimmer dekorieren und ganz individuelle persönliche Akzente setzen. Mit den Projekten in diesem Buch lernen Sie, wie man Modelliermasse mit Farbe, Struktur und Mustern versehen kann. Sie eignen sich die Fähigkeiten und das Wissen an, um Formen zu schaffen und Gefäße, Haken und Griffe, Halter und Teller herzustellen. Wenn Sie die Formen dafür anfertigen und diese Techniken kombinieren, haben Sie die Grundlage, mit der Sie Ihre eigenen Ideen verwirklichen und Ihr Zuhause mit schönen Kreationen bereichern können.

Francesca Joy Stone

Erste Schritte

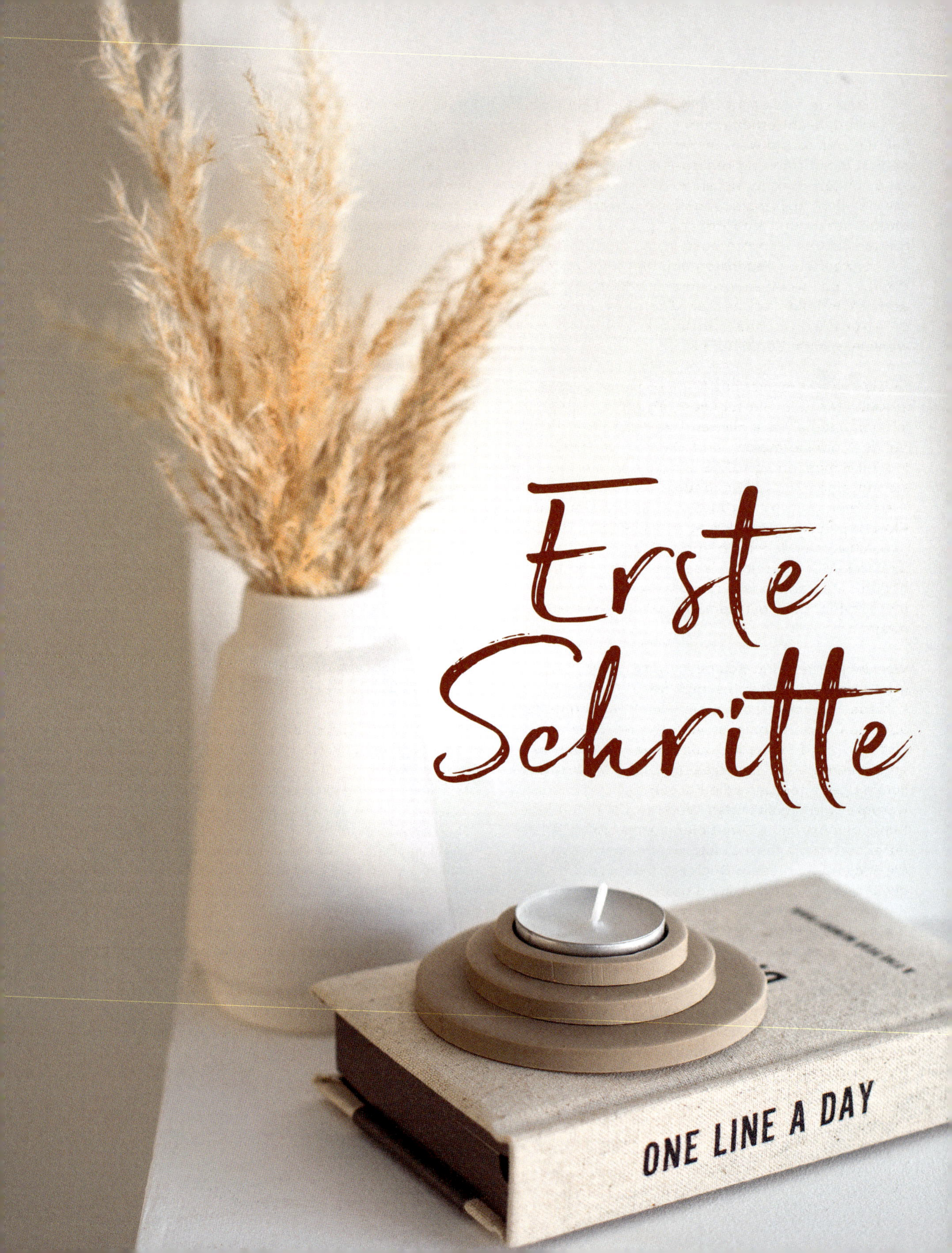

Alle Projekte in diesem Buch können zu Hause mit einfachen, leicht erhältlichen Materialien und Werkzeugen angefertigt werden. Sie lassen sich mit wenig oder keiner Erfahrung realisieren. Manche Projekte sind schneller fertig als andere. An einige müssen Sie vielleicht mehrmals rangehen und warten, bis die Masse getrocknet und/oder ausgehärtet ist, bevor Sie die letzten Schritte ausführen können. Die von mir verwendeten Techniken sind auch für Anfänger leicht – auch wenn einige, etwa das Glätten und Ansetzen von Teilen, etwas mehr Zeit und Geduld erfordern. Am besten nimmt man diese Projekte in Angriff, wenn man mehr Zeit dafür hat.

Es gibt viele verschiedene Firmen, die Modelliermasse anbieten, die Sie für diese Projekte verwenden können. Meine persönlichen Favoriten für lufttrocknende Modelliermasse sind DAS® und FIMO® Die Modelliermassen von DAS sind weich, und es gibt sie ihn einem wunderschönen Terrakottaton. FIMO bietet eine größere Farbauswahl, außerdem gibt es FIMO für kleinere Projekte auch in kleineren Packungen. Ich verwende auch ofenhärtende Modelliermasse von FIMO. Ich finde, dass sie weicher ist als die anderer Marken, sodass man sie weniger bearbeiten muss, bevor man mit dem eigentlichen Formen anfängt.

Weitere Marken sind Sculpey® und Cernit®. Ich habe sie früher verwendet, es gibt keine großen Unterschiede. Manche lassen sich leichter bearbeiten, aber das Endergebnis ist von gleicher Qualität. Es gibt auch No-Name-Produkte, die ich aber nicht empfehlen würde. Bei diesen ist die Wahrscheinlichkeit geringer, dass die Farben gleichmäßig sind, worunter die Qualität des Werkstücks leiden kann. FIMO, Sculpey und Cernit bieten eine große Farbpalette, sodass es einfach ist, die passende Farbe für die Projekte in diesem Buch zu finden, egal für welche dieser drei Marken Sie sich entscheiden.

Für lufttrocknende Masse gibt es viele Marken, ich kann keine als »beste Marke« empfehlen. Sie unterscheiden sich jeweils leicht in ihren Eigenschaften. Manche sind fester, bei anderen muss man mit mehr Wasser arbeiten. Nehmen Sie die, die Ihnen am besten gefällt und die Se gut bekommen können. Falls möglich, probieren Sie verschiedene Marken aus und finden Sie heraus, welche am besten zu Ihnen passt!

Es ist wichtig, das richtige Material für ein Projekt zu verwenden sowie in Werkzeuge und Materialien guter Qualität zu investieren, wenn Sie es sich leisten können. Meiner Erfahrung nach brechen minderwertige Werkzeuge manchmal, wenn man sie benutzt. Einmalige, gut überlegte Anschaffungen bewahren Sie davor, denselben Gegenstand immer und immer wieder neu zu kaufen. Denselben Rat gebe ich für Kleber und Lack. Ein guter Kleber sorgt für eine stabilere Verbindung, sodass die Teile auch bei täglicher Verwendung länger halten. Lack schützt das Werkstück vor Umwelteinflüssen. Wenn man also in diese Dinge investiert, hat man mehr davon.

Lesen Sie zunächst den Abschnitt über Werkzeug und Techniken durch. So erhalten Sie eine gute Vorstellung davon, wie die Modelliermasse auf verschiedene Techniken reagiert. Das können Sie erst durch Praxis richtig nachvollziehen, zögern Sie also nicht, zur Modelliermasse zu greifen und loszulegen. Und vergessen Sie nicht, den Abschnitt »Das Beste aus der Masse herausholen« (Seite 13) zu lesen. Wenn Sie sorgsam mit der Modelliermasse umgehen, können Sie diese immer wieder verwenden, bis das Teil fertig ist.

WERKZEUG UND TECHNIKEN

Das beste Werkzeug zum Arbeiten mit Modelliermasse sind die eigenen Hände! Ich meine das ernst. Spüren Sie die Modelliermasse in Ihren Händen. Graben Sie sie richtig hinein und haben Sie keine Angst, dass Sie schmutzig werden.

Mit Ihren Händen können Sie hier viel machen, aber nicht alles. Eine Grundausstattung an Modellierwerkzeug ist erschwinglich und leicht zu bekommen. Sie können ganze Sets mit Drahtwerkzeugen, Wischwerkzeug und Schneidewerkzeugen kaufen und sich auch einen Schaber und ein Werkzeug zum Glätten zulegen. Wenn Sie ein Set kaufen, haben Sie gleich mehrere Möglichkeiten, außerdem ist es günstiger, als wenn Sie jedes Werkzeug einzeln anschaffen. Ich habe festgestellt, dass diese Sets oft ein paar Werkzeuge enthalten, die man jahrelang nicht benutzt, aber dann stößt man eines Tages auf ein Projekt, für das sie perfekt sind.

Zu Hause haben Sie sicher auch viele nützliche Gegenstände, die Sie beim Modellieren gebrauchen können.

- Eisstiele eignen sich prima zum Glätten und Verwischen.
- Strohhalme aus Kunststoff oder umweltfreundlicher Stärke eignen sich perfekt, um Löcher anzufertigen, ebenso Zahnstocher und Spieße.
- Alte Make-up-Schwämme sind hervorragend zum Verwischen.
- Mit einer Nagelbürste kann man die Modelliermasse prima aufrauen, bevor man Teile zusammenfügt.
- Mit Knöpfen, Stoffen, Glas, Garn, Plastikflaschen und sogar Blättern und Gemüse kann man ihr Struktur geben und Muster erzeugen.

Seien Sie kreativ und experimentieren Sie. Was kann denn schon passieren? Im schlimmsten Fall müssen Sie alles wieder verkneten und von vorne anfangen!

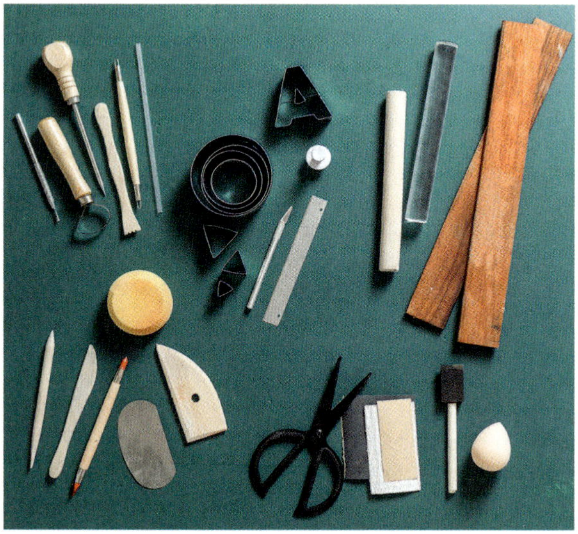

Werkzeuge für die Ton-Bearbeitung

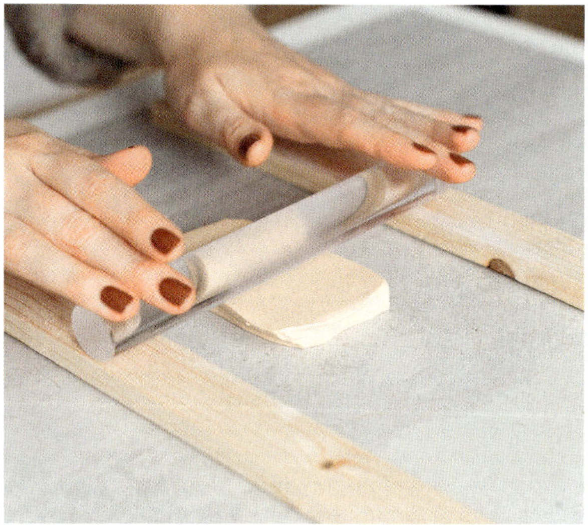

Modelliermasse ausrollen

Ausrollen

Für etwa 90 Prozent meiner Projekte verwende ich Vierkanthölzer. Diese Unterlagen sind eines der wichtigsten Werkzeuge, die ich beim Arbeiten mit Modelliermasse benutze. Ich lege die Hölzer beidseitig neben die Modelliermasse, wenn ich sie ausrolle. Mit der Rolle fahre ich dann zugleich über die Modelliermasse und die Hölzer, dabei wird die Masse gleichmäßig dick, man kann sie leicht abmessen und kontrollieren. Wenn man jedes Projekt mit einer hochwertigen Basis beginnt, wird das Endergebnis umso besser. Selbst wenn man sie dann noch schnitzt, biegt und umformt, bleibt die Basis stabil.

Nehmen Sie Holzreste oder fragen Sie in einem Baumarkt nach Reststücken. Sie kosten nicht viel, Sie können auch mehrere übereinanderlegen, um die gewünschte Dicke zu erhalten. Umwickeln Sie diese in diesem Fall dann an den Enden mit Klebeband, damit sie nicht verrutschen, wenn Sie die Modelliermasse ausrollen.

Zum Ausrollen verwende ich eine Rolle aus Acryl, weil sie eine weiche, nicht klebende Oberfläche hat. Am besten sind spezielle Ton-Ausroller, weil sie härter sind als Teigrollen zum Backen, aber ich habe auch eine längere Acryl-Kuchenrolle, wenn ich einmal eine besonders lange brauche. Manchmal nehme ich auch eine traditionelle Rolle aus Holz, meist, wenn die Modelliermasse härter ist und ich sie größer ausrollen muss.

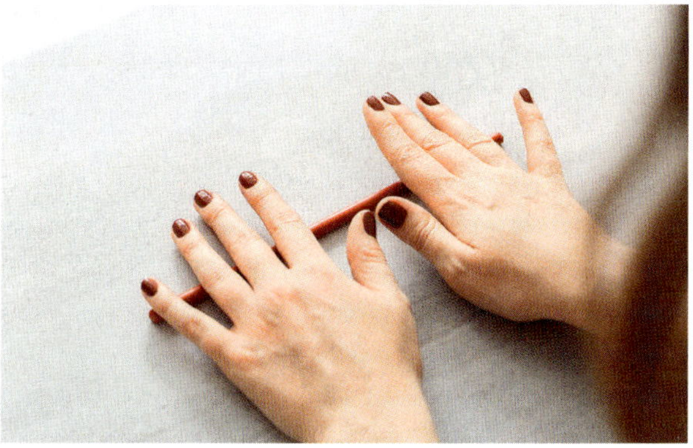

Modelliermasse zu einer Rolle formen

Achten Sie immer darauf, dass die Rolle sauber und frei von Rückständen vom letzten Projekt ist. Bereiten Sie dann die Modelliermasse vor. Wenn ich lufttrocknende Modelliermasse verwende, schneide ich zunächst so viel davon ab, wie ich brauche. Dann lege ich das Stück mit der größten Seite nach unten zwischen zwei Holzleisten auf eine nicht haftende Arbeitsfläche. Wenn ich Modelliermasse wiederverwende, besprühe ich sie noch mit etwas Wasser und forme sie zu einer Kugel. Dann lege ich sie zwischen die Holzleisten und drücke die Kugel flach, bis ich sie ausrollen kann.

Bevor ich ofenhärtende Modelliermasse ausrolle, erwärme ich sie oder bearbeite sie, bis sie warm ist. Wärmen Sie diese dafür 30 Sekunden zwischen den Handflächen an und beginnen Sie dann, diese von Hand zu bearbeiten. Machen Sie eine Rolle daraus, verdrehen Sie diese und formen Sie wieder eine Kugel daraus. Machen Sie das mehrere Male, bis die Masse weich und formbar ist. Formen Sie die Masse schließlich zu einer Kugel, legen Sie diese zwischen die Vierkanthölzer und drücken sie dann mit den Handflächen flach. Nun geht es ans Ausrollen.

Egal mit welcher Art Modelliermasse Sie arbeiten, drehen Sie diese beim Ausrollen mehrmals um, damit sie gleichmäßig flach wird. Sie können die Masse auch um 90 Grad drehen, wenn Sie ein quadratisches Stück erhalten möchten. Für manche Projekte, etwa für Blumentöpfe, benötigen Sie längere Stücke. Drehen Sie diese nicht um die eigene Achse, denn hier müssen sie möglichst lang werden.

Wenn Sie beim Ausrollen Holzleisten zu Hilfe nehmen, schieben Sie die Rolle über das gesamte Stück der Modelliermasse vor und zurück, bis sie gleichzeitig über die Masse und die Holzleisten läuft. So wird die Modelliermasse gleichmäßig dick.

Als Arbeitsfläche nehme ich immer eine große Fliese. Sie ist stabil genug, um darauf auszurollen, klebt nicht und reißt oder verbeult nicht, wenn ich die Modelliermasse darauf schneide. Teig- und Backmatten sind leicht zu verstauen, wenn Sie nicht viel Platz haben. Mit denen geht es ebenso gut und oft sind noch praktische Schneidemaße darauf aufgedruckt!

Formen

In diesem Buch lernen Sie verschiedene Möglichkeiten kennen, Modelliermasse zu formen und zu gestalten: Einfache Formen nach Augenmaß oder mit Schablonen schneiden, Formen aus Haushaltsgegenständen anfertigen, Ton ausrollen, mit einem Extruder formen, Schichten aufbauen, mit speziellen Formen arbeiten und die Modelliermasse von Hand formen – dies sind nur ein paar Techniken, die wir hier erkunden.

Diese große Bandbreite erlaubt es uns, die Werkstücke ohne weitere spezielle Fertigkeiten anzufertigen. Bei diesen Projekten werden vielmehr Werkzeuge verwendet, mit denen professionell aussehende Formen geschaffen werden können. Dabei handelt es sich um Papierschablonen und Küchenutensilien sowie spezielles Modellierwerkzeug. Ich habe darauf geachtet, dass alles leicht erhältlich und preiswert ist.

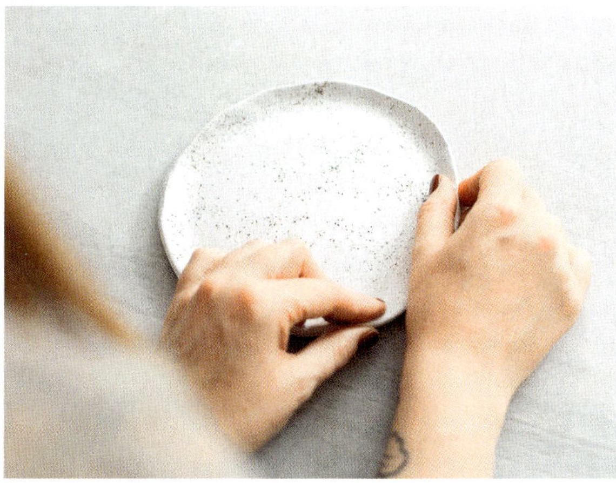

Modelliermasse von Hand formen

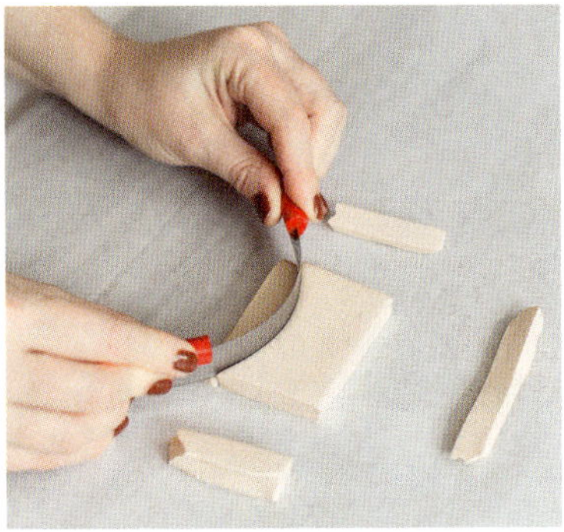

Modelliermasse zurechtschneiden

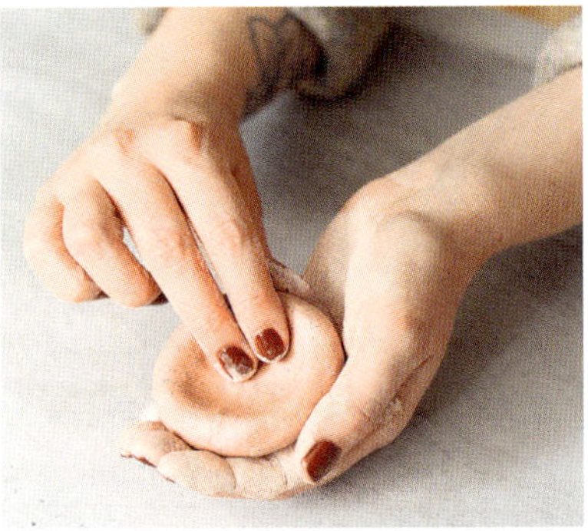

Modelliermasse glätten

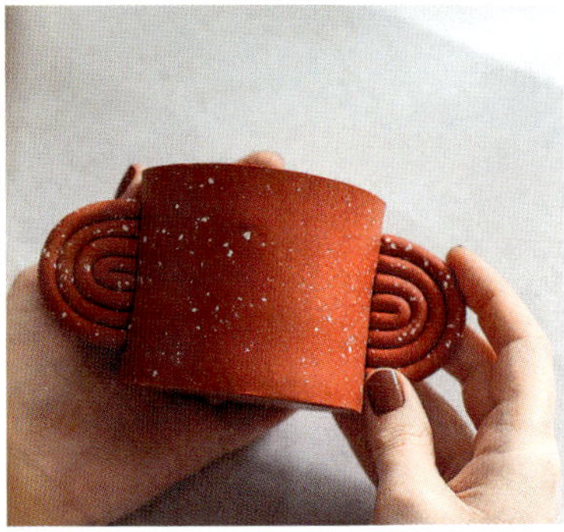

Stücke miteinander verbinden

Zurechtschneiden

Zum Zuschneiden bevorzuge ich zwei Methoden. Bei der ersten nehme ich ein Stück Holz oder ein Lineal und schneide daran entlang die Modelliermasse mit einem scharfen Bastelmesser aus. Bei der zweiten verwende ich einen Keksausstecher. Ein Set von runden Ausstechern ist eine lohnende Investition. Ich habe auch Ausstecher in Buchstabenform, kleinere andere Formen sowie besondere für Feiertage und spezielle Anlässe. Mit Fondant-Ausstechern kann man wunderbar dünnere Schichten Modelliermasse ausstechen. Ich habe sie für die Kühlschrankmagnete (Seite 156) verwendet.

Dies ist keine ellenlange Liste von Schneidetechniken, bei meinen Projekten setze ich noch andere ein. Ein Tonschneider ist prima, wenn man dickere Stücke Modelliermasse sauber abschneiden möchte, zudem habe ich immer ein Klappmesser in meinem Werkzeugkasten.

Schnitzwerkzeuge aus Metall für Modelliermasse sind unerlässlich, wenn man dekorativere Formen und Muster anfertigen möchte; damit schneidet man auch Modelliermasse von einem Stück ab. Wir schneiden damit die Rillen in die Vase für Pampasgras (Seite 24).

Glätten

Zwar kann man ein Werkstück immer noch nach dem Aushärten an der Luft oder dem Brennen im Ofen glatt schleifen, aber es ist ratsam, die Oberfläche der Modelliermasse so gut wie möglich vorher zu glätten. Ofenhärtende Modelliermasse hat von Natur aus eine glatte Oberfläche und lässt sich problemlos ausrollen. Wenn Sie Fugen nachbearbeiten müssen, erwärmen Sie die Modelliermasse zuvor mit den Fingern. Dann lässt sie sich leichter glätten und die Oberflächentextur wird gleichmäßiger.

Bei lufttrocknender Modelliermasse ist es genau umgekehrt. Es ist viel aufwendiger, mit dieser weicheren Modelliermasse auf Wasserbasis eine glatte Oberfläche zu erzeugen. Ich halte immer eine Sprühflasche mit Wasser parat, um die Modelliermasse feucht zu halten, während ich damit arbeite, und die Oberfläche dabei immer schön zu glätten. Zum Glätten verwende ich ein paar Werkzeuge, einschließlich meiner eigenen Hände. Außerdem nehme ich dafür Glättwerkzeuge, Schwämme und Schaber aus Holz.

Teile verbinden

Es ist wichtig zu lernen, wie man die Nahtstelle zweier Teile verwischt und verbindet, aber um ehrlich zu sein, ist das ganz einfach. Sie brauchen nur etwas Geduld und ein paar Tricks, um eine glatte Verbindung zu schaffen, die man am Ende nicht mehr sieht.

Bei ofenhärtender Modelliermasse ist das viel leichter als bei lufttrocknender. Ihre klebrige Textur schafft eine Verbindung zwischen zwei Teilen, ohne dass man sie aufrauen oder weitere Materialien hinzufügen muss. Sie wird formbar, wenn sie warm ist: Daher lässt sich in einer warmen Umgebung ihre Oberflächenstruktur leichter bearbeiten. Alternativ können Sie die Bereiche, die Sie miteinander verbinden möchten, mit den Fingern oder der Hand erwärmen, bevor Sie diese verwischen. Üben Sie zum Verwischen der Modelliermasse etwas Druck mit dem Werkzeug oder den Fingern aus. Streichen Sie von einer zur anderen Seite der Verbindungsstelle. Bewegen Sie die Masse so lange an der Nahtstelle, bis die Fuge weicher wird und verschwindet. Glätten Sie alle Unebenheiten und Unregelmäßigkeiten, die dabei entstanden sind, bis die Oberfläche flach und gleichmäßig ist.

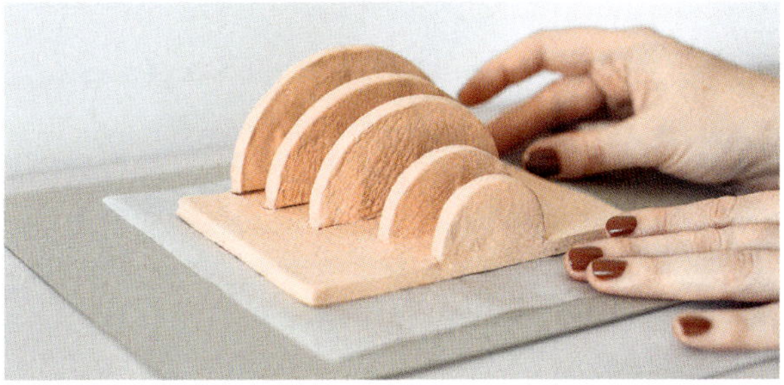

Lufttrocknende Modelliermasse

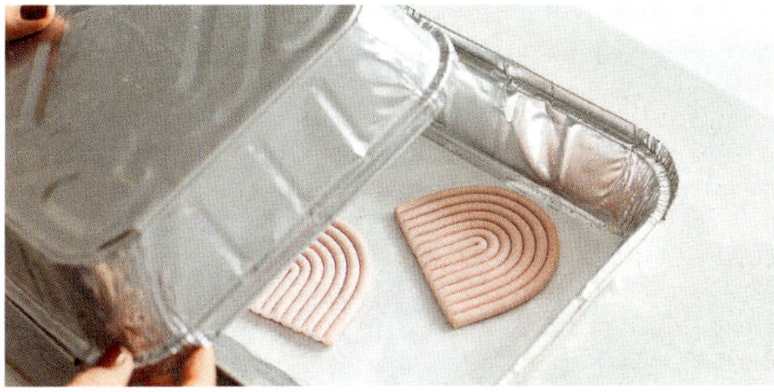

Ofenhärtende Modelliermasse im Backofen

Lufttrocknende Modelliermasse muss stärker bearbeitet werden, um Teile aneinanderfügen zu können. Zwei glatte Oberflächen lassen sich nicht fest verbinden und brechen beim Trocknen auseinander; daher muss man sie zuvor aufrauen oder einritzen. Dafür gibt es verschiedene spezielle Werkzeuge, aber im Grunde eignet sich dafür alles, was scharf oder geriffelt ist. Rauen Sie die Oberfläche an der zu verbindenden Stelle mit Kreuzschraffuren auf, feuchten Sie beide Seiten mit dem nassen Finger an und legen Sie sie aufeinander. Bewegen Sie sie vorsichtig in die richtige Position, sodass sie sich miteinander verbinden. Wenn Sie mit der Positionierung zufrieden sind, verwischen Sie die Fuge so wie bei ofenhärtender Modelliermasse und lassen sie trocknen.

Wenn Sie Ihr Werkstück etwas stabiler machen möchten, mischen Sie etwas Modelliermasse in das Wasser, sodass eine Art Schlick entsteht. Damit können Sie festere Verbindungen anfertigen. Wenn das Wasser verdunstet, füllt die Modelliermasse aus dem Schlick die Lücken zwischen beiden Teilen und stärkt die Verbindung.

Trocknen

Wie der Name schon sagt, trocknet lufttrocknende Modelliermasse an der Luft. Das ist perfekt für zu Hause, weil Sie dafür kein besonderes Equipment benötigen. Legen Sie das Teil an einen warmen, trockenen Ort auf Backpapier auf eine flache, ebene Fläche. Unebenheiten auf der Oberfläche hinterlassen beim Trocknen Vertiefungen.

Wenden Sie das Stück regelmäßig, damit die Modelliermasse von allen Seiten gleichmäßig trocknet. Beim Trocknen an der Luft schrumpft sie noch. Wir nutzen das als Vorteil, aber man muss auch darauf achten, dass dadurch keine Risse, Knicke und Wölbungen entstehen.

Während des Trocknens verfärbt sich die Masse deutlich. Zunächst trocknet sie außen, der Rest ist aber möglicherweise noch nicht hart. Lassen Sie das Stück mindestens 24 bis 48 Stunden aushärten, je nachdem, wie dick es ist. Setzen Sie es niemals direkter Hitze aus. Ja, mit direkter Hitze geht es zwar schneller, aber wenn der Ton reißt, ist das gute Stück hin und Sie müssen wieder von vorne anfangen!

Im Ofen härten

Ofenhärtende Modelliermasse muss im Backofen gebrannt werden. Folgen Sie den Angaben auf der Packung. Dafür ist ein Ofenthermometer eine gute Investition. Ich schwöre auf mein Thermometer, denn es ist erstaunlich, wie sehr die Ofentemperatur schwanken kann! Wenn Sie während der gesamten Dauer mit dem Thermometer die Temperatur überprüfen, können Sie damit die perfekte Temperatur einstellen und halten.

Es ist auch hilfreich, einen Timer einzustellen. Zum Glück hat mein Ofen einen Timer, und er schaltet sich von selbst aus, wenn die Zeit abgelaufen ist – ein Umstand, der mir schon mehrfach den Tag gerettet hat. Zugleich nutze ich noch als Back-up den Timer an meinem Handy.

Ich backe ofenhärtende Modelliermasse immer mit zwei Aluschalen. In eine lege ich das Werkstück und die andere setze ich umgekehrt darüber, sodass sie eine Schutzschale bilden. Aluschalen gibt es in verschiedenen Größen, sodass man für jedes Projekt eine passende bekommt. In die Aluschale lege ich Backpapier oder eine Keramikfliese. So bleibt die Modelliermasse flach und wird geschützt, ebenso die Aluschale. Bisher musste ich meine Aluschalen noch nie austauschen!

Kühlen

Ich kühle die Modelliermasse im Gefrierfach. Dieses nützliche Hilfsmittel haben Sie sicher auch zu Hause. Darin wird sie vorübergehend hart und man kann sie anschließend gut aus der Form herauslösen, in Form bringen und leichter etwas in die Oberfläche schnitzen. Wenn sie dann wieder wärmer wird, ist das Stück wie zuvor wieder geschmeidig. Häufig friere ich die Masse ein, um zu überprüfen, ob die Form stimmt, bevor ich sie backe oder an der Luft trocknen lasse.

Formen

Ein Ton-Extruder ist eine gute Investition, aber nicht unbedingt notwendig. Damit wird die Masse durch ein kleines Loch gepresst, sodass sie sich zu einem langen, gleichmäßigen Stück formt. Die Löcher gibt es in verschiedenen Formen und Größen, zum Beispiel als Kreise, Halbkreise, Quadrate, rechteckige Streifen und Tröpfchen. Für manche Projekte in diesem Buch verwende ich einen Extruder, um einen Strang zu formen. Sie können die Masse auch von Hand ausrollen. Dafür benötigen Sie nur etwas mehr Zeit und Geschick. Wahrscheinlich wird der Strang dann nicht wirklich »perfekt«, aber manchmal liegt die Schönheit einer Arbeit ja auch in der Unvollkommenheit.

FERTIGSTELLUNG

Abschleifen

Das Schleifen ist ein wesentlicher Bestandteil der Bearbeitung, der jedoch leicht übersehen wird. Wenn man von seiner Kreation begeistert ist, passiert es leicht, dass man diesen Schritt in Eile ausführt. Ich habe Jahre gebraucht, um den Nutzen des Schleifens zu verstehen, doch dann habe ich diesen Schritt nie mehr ausgelassen. Wenn man ein Werkstück nur 10 bis 15 Minuten schleift, kann man das Ergebnis aufwerten und ihm ein professionelles Aussehen verleihen.

Dabei werden Risse, Unebenheiten und Unregelmäßigkeiten in der Oberfläche entfernt. Auch kleine Härchen und Fussel, die vor dem Aushärten an der klebrigen Oberfläche der Masse hafteten, können so entfernt werden. Es ist zwar sinnvoll, Vorkehrungen zu treffen, damit das nicht passiert, aber oft ist es viel einfacher, ein paar Unregelmäßigkeiten abzuschleifen, als im ersten Schritt etwas gänzlich Fehlerfreies zu schaffen.

Zum Schleifen von Modelliermasse verwenden wir zwei Arten von Schmirgelpapier. Wenn ich lufttrocknende Modelliermasse schleife, nehme ich mittelkörniges Schmirgelpapier mit einer Körnung von 80 bis 100 zum Entfernen von Unebenheiten. Feinkörniges Schmirgelpapier mit einer Körnung von 120 bis 220 nehme ich zum Glätten der Oberfläche. Beim Schleifen von lufttrocknender Modelliermasse trage ich immer eine Staubschutzmaske, um mich vor Tonpartikeln zu schützen.

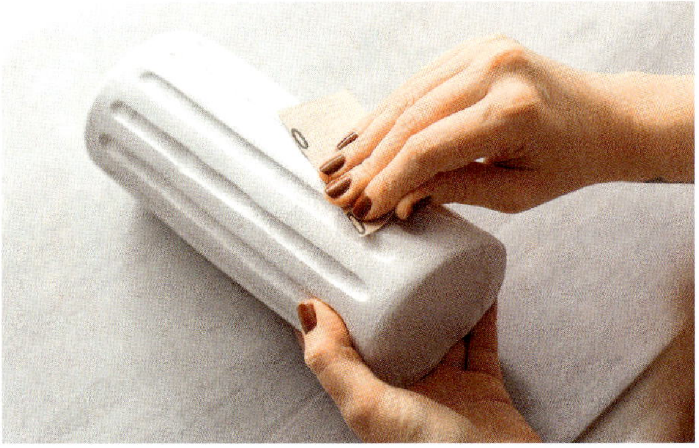

Werkstück abschleifen

Wenn ich ofenhärtende Modelliermasse schleife, nehme ich immer Nass-oder-trocken-Schleifpapier. Auch hier nehme ich feineres, mit einer Körnung von etwa 240, zum Entfernen von Unregelmäßigkeiten und poliere und glätte die Oberfläche mit Papier mit höheren Körnungen, etwa 1500 bis 2000. Arbeiten Sie zunächst mit einer niedrigeren, dann mit einer höheren Körnung, um eine glatte Oberflächenstruktur zu erhalten.

Lackieren

Weder lufttrocknende noch ofenhärtende Modelliermasse muss zum Schluss noch behandelt werden, aber es gibt viele Gründe, die dafürsprechen. Lufttrocknende Masse benötigt einen Schutz vor Flüssigkeiten. Wasser kann ihre Oberfläche beschädigen und zersetzen, sie kann leicht Flecken bekommen und Farben oder Öl aufnehmen. Um das zu verhindern, überzieht man sie am besten mit einer Schutzschicht. Sie können Ihr Stück auf diese Weise lebensmittelecht machen oder ihm Glanz verleihen. Oder Sie nehmen Lack, um die Oberfläche zu verzieren und zu betonen – Lack hat nicht nur einen praktischen Nutzen.

Es gibt verschiedene Arten von Lacken und Glanzglasuren, die eigens zu diesem Zweck entwickelt wurden. Polyurethan-Lack auf Wasserbasis ist beliebt, weil er transparent ist und mit der Zeit nicht vergilbt. Spezielle Lacke für ofenhärtende Modellier-

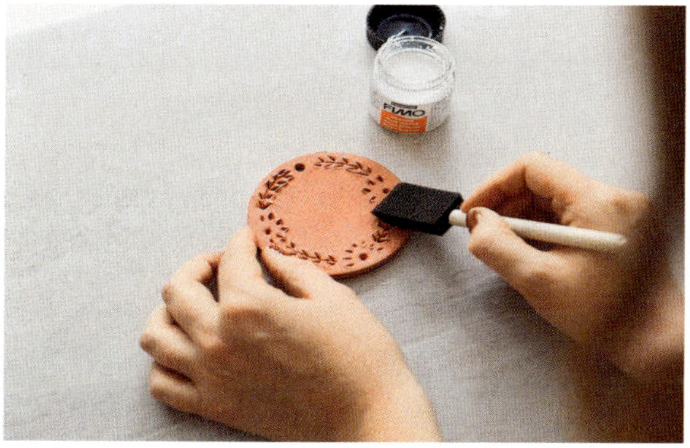

Werkstück lackieren

masse gibt es in Bastelgeschäften. Sie haben verschiedene Eigenschaften, mit denen Sie ganz unterschiedliche Ergebnisse erzielen können.

Manche Lacke habe eine leichte Tönung, sodass man besser erkennen kann, wo der Lack aufgetragen wurde. Sie verschwindet, sobald er getrocknet ist. Mein Favorit unter den lebensmittelechten Lacken ist Décopatch Aquapro®. Er ist wasserfest und abwaschbar und damit perfekt für jedes Küchenobjekt geeignet.

Sie können auch andere Haushaltsmittel verwenden, die wie Lack wirken, zum Beispiel verdünnten Holzleim, Nagellack, Sprühlack und Wachs. Sie wirken unterschiedlich und ergeben jeweils ein anderes Finish. Am besten probieren Sie diese vor der Verwendung an einem Teststück aus.

Tragen Sie den Lack in dünnen Schichten mit einem Schwammpinsel auf. Lassen Sie jede Schicht vollständig trocknen, bevor Sie die nächste auftragen, damit der Lack nicht reißt und keine Ringe bildet. Auf den Packungen findet man jeweils Hinweise zur Trockenzeit.

DAS BESTE AUS DER MASSE HERAUSHOLEN

Wenn Sie Ihre Modelliermasse in einem guten Zustand halten, sparen Sie Zeit und Geld. Bewahren Sie die Masse, gleich ob lufttrocknende oder ofenhärtende, die Sie nicht mehr benötigen, am besten in einem fest verschlossenen Behälter auf. Meine Vorräte lege ich immer in Plastikbeutel mit Reißverschluss. Legen Sie die Modelliermasse in den Beutel, drücken Sie die überschüssige Luft heraus und verschließen den Beutel fest. So hält sie sich wochen-, wenn nicht gar monatelang.

Bei lufttrocknender Modelliermasse bildet sich auf der Innenseite des Beutels Kondenswasser. Das ist ideal, weil sie so feucht und einsatzbereit bleibt. Ofenhärtende Modelliermasse muss trocken bleiben; sie ist nicht wasserbasiert und vermischt sich nicht mit Wasser. Sie kann mit der Zeit aushärten. In Geschäften, in denen Sie Modelliermasse kaufen können, finden Sie auch Weichmacher, zum Beispiel flüssigen Ton-Enthärter.

Wenn ich mit lufttrocknender Modelliermasse arbeite, fette ich meine Hände mit leichtem, farblosem Öl, zum Beispiel Babyöl, ein, damit sie nicht daran kleben. So lassen sie sich leichter abwaschen und die Modelliermasse bleibt geschmeidig.

Stellen Sie sich auch eine Sprühflasche oder eine Schale mit Wasser bereit. Wenn Sie die Modelliermasse feucht halten, können Sie länger damit arbeiten, außerdem verbessert sich dadurch die Oberflächenstruktur, besonders wenn die Masse verstrichen werden soll.

Bei der Arbeit können Staub und Haare auf die Oberfläche geraten. Arbeiten Sie auf einer sauberen, trockenen Arbeitsfläche und entfernen Sie letzte Fasern mit einem Mikrofasertuch oder feuchten Reinigungstüchern. Tragen Sie keine Kleidung, aus der Fasern austreten können oder die im Weg ist. Wollpullover gehören zu den größten Missetätern. Eine Schürze ist eine gute Sache, um die Masse von der Kleidung fernzuhalten, ebenso die Kleidung aus der Masse! Wenn Sie mit lufttrocknender Modelliermasse arbeiten, achten Sie darauf, dass Hände und alle Werkzeuge sauber und trocken sind, bevor Sie Öl oder Wasser verwenden.

Wenn Sie irgendwelche Fasern in der Masse entdecken, können Sie diese mit transparentem Klebeband entfernen. Drücken Sie die Klebeseite leicht auf die Oberfläche und entfernen Sie lose Teilchen. Wenn das nicht funktioniert, nehmen Sie eine saubere, flache Klinge, etwa ein Tonschneidewerkzeug, und fahren damit vorsichtig über die Oberfläche. Reinigen Sie die Klinge jedes Mal, damit die Oberfläche nicht beschädigt wird. Wenn dann immer noch Fasern vorhanden sind, können Sie diese nach dem Trocknen abschleifen.

Wohnzimmer

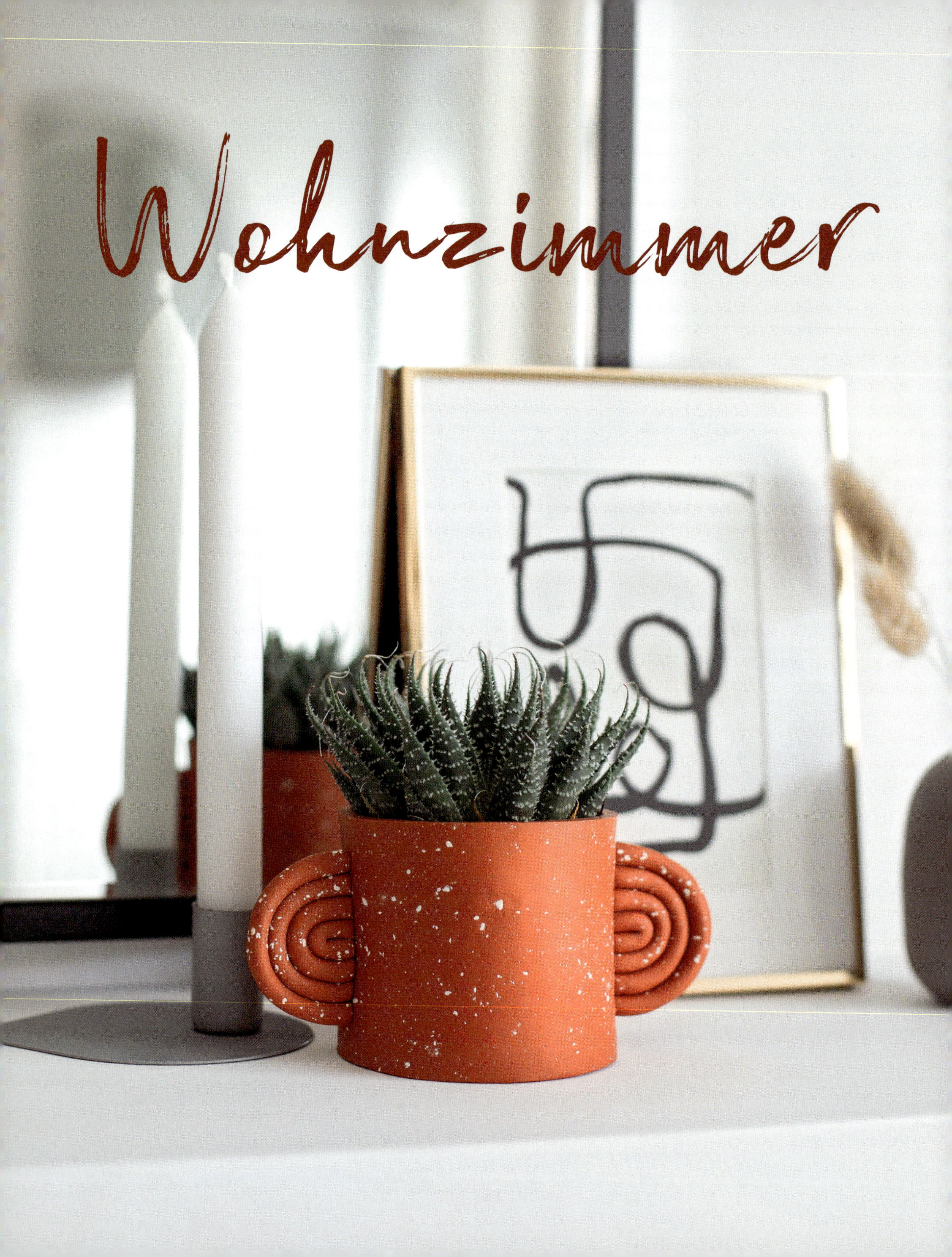

Oft verbringen wir die meiste Zeit zu Hause im Wohnzimmer. Es ist das Herzstück der Wohnung, gemütlich und lädt zum Entspannen ein. Ein Ort, den man nach seinen persönlichen Vorlieben gestaltet.

Ich bereichere mein Wohnzimmer gerne mit Grünpflanzen, weshalb hübsche Übertöpfe immer ganz oben auf meiner Bastelliste stehen. In diesem Kapitel haben wir drei Übertöpfe. Dabei wird eine Vielzahl von Techniken und alternative Möglichkeiten, die Modelliermasse zu verwenden, eingesetzt. Für den gemaserten Blumentopf mit Bogen-Henkeln (Seite 32) mischen wir sogar lufttrocknende und ofenhärtende Modelliermasse – ich hätte nie gedacht, dass ich das jemals machen würde! Das funktioniert sehr gut und ist eine willkommene Erinnerung daran, dass wir manchmal über unseren Tellerrand hinausblicken müssen.

Dieses Kapitel enthält viele weitere nützliche Deko-Gegenstände. Eine terrazzoartige Oberfläche zu kreieren, ist eine beliebte Methode, um ofenhärtende Masse interessanter zu gestalten. Ich habe diese Techniken für Wandhaken (Seite 20) verwendet, bei denen dieses klassische Design besonders gut zur Geltung kommt.

Eines meiner Lieblingsprojekte in diesem Buch ist der stufenförmige Teelichthalter (Seite 37). Er hat eine einfache Form und ist ganz leicht anzufertigen. Ein anderes einfaches, aber elegantes Projekt ist der Deko-Knoten (Seite 43), für den die Masse auf andere Weise geformt wird. Hier entsteht mithilfe eines Extruders ein perfekt gleichmäßiger Strang, den man verdrehen, knoten und in Form biegen kann. Ich persönlich finde, dass dies ein tolles Verlobungsgeschenk für alle, die den Bund der Ehe eingehen wollen, ist!

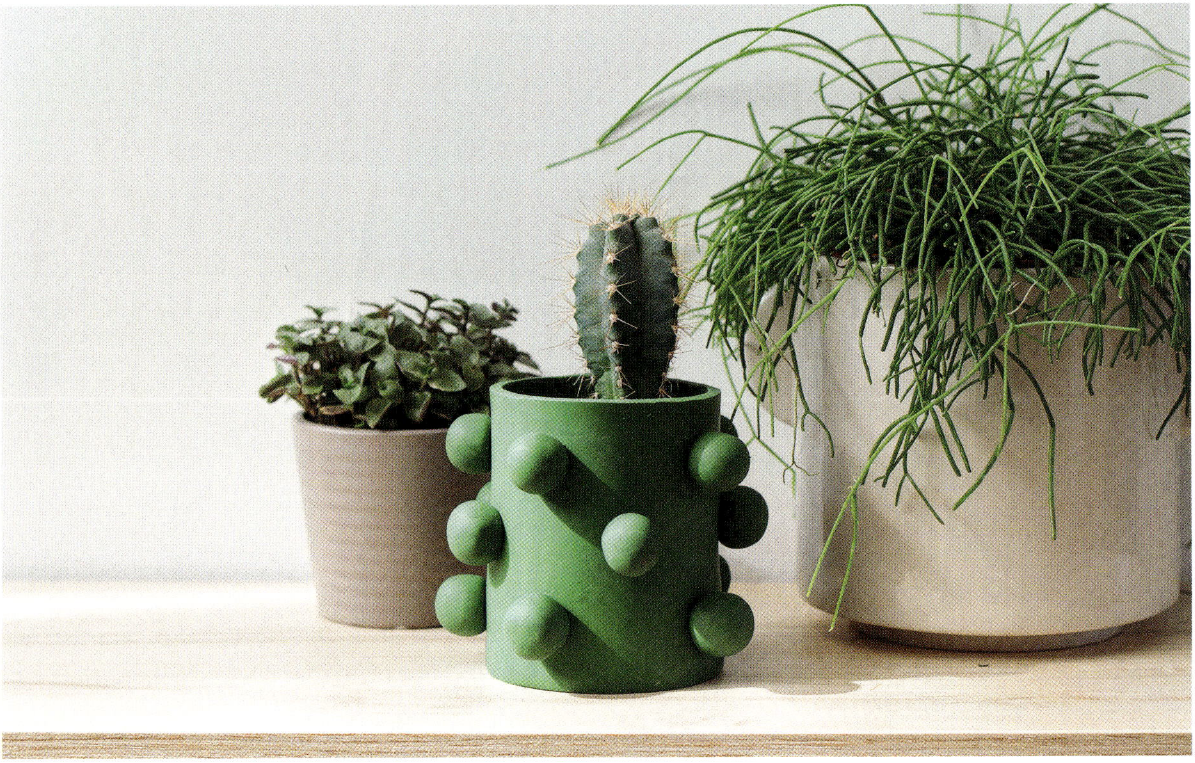

ÜBERTOPF IM BUBBLE-LOOK

Wenn es Ihnen so geht wie mir, haben Sie überall im Haus Pflanzen auf Fenstersimsen und Regalen stehen. Diese Orte sind ideal, um mit Farben, Formen und Texturen zu experimentieren. Setzen Sie mit Blumentöpfen Akzente und machen Sie diese zu Bestandteilen interessanter Kompositionen.

Dieses Projekt ist ein Beispiel dafür, wie die Kombination einfacher Techniken tolle optische Wirkung erzeugt. Der Übertopf bringt einen Funken Spaß in jede grüne Ecke und ist ein visuelles Highlight. Die Bubbles können Unregelmäßigkeiten kaschieren, daher ist dies eine gute Möglichkeit, das Anfertigen von Töpfen zu üben. Ich finde, dieser Stil passt zu einem eher lockeren, schrulligen Look, der den skurrilen Ton des Stücks noch unterstreicht.

Material

150 g FIMO soft Modelliermasse in Blattgrün

Acryl-Tonroller

15 g FIMO soft Modelliermasse in Weiß

5 g FIMO soft Modelliermasse in Schwarz

2 Holzleisten, je 2,5 × 38 × 0,6 cm

runder Keksausstecher, 6 cm Durchmesser

Backpapier

2 Holzleisten, je 2,5 × 38 × 0,3 cm

Lineal

Bastelmesser

flaches Wischwerkzeug

2 Aluschalen, jeweils 25 × 25 cm

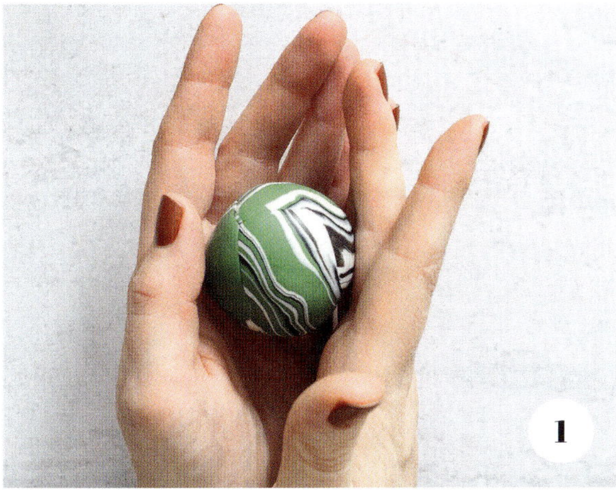

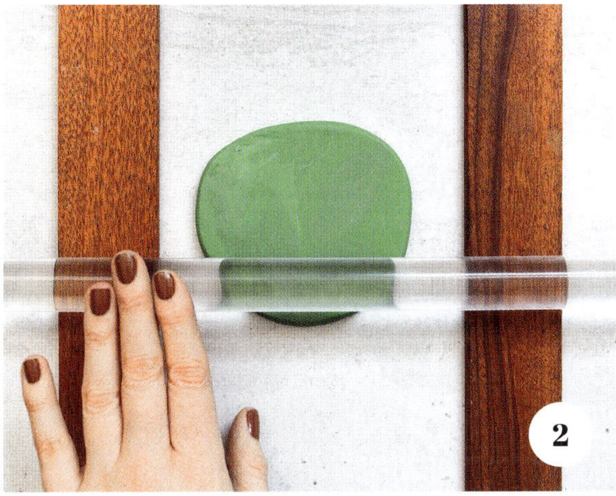

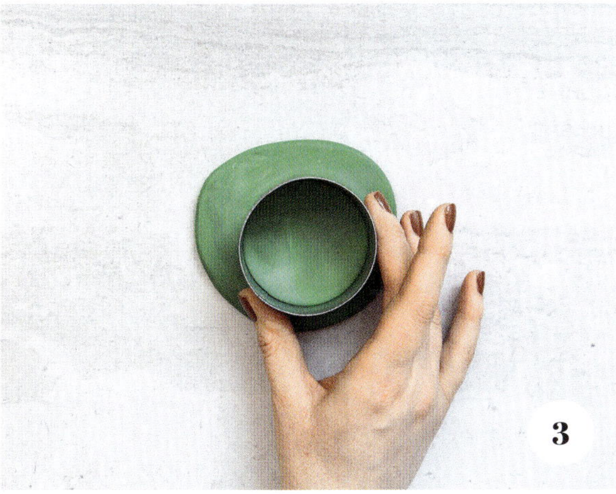

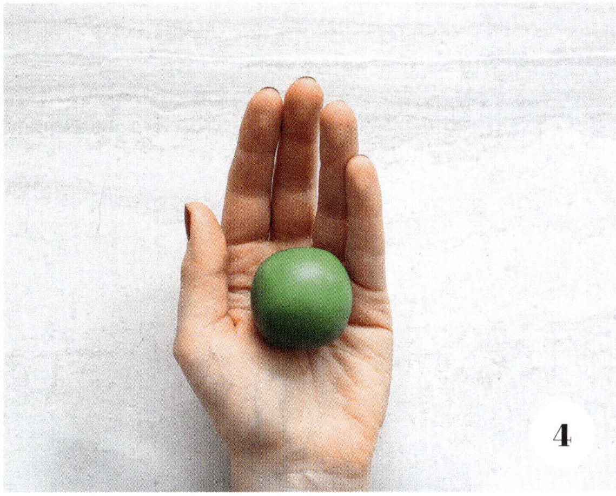

1. Zunächst die Modelliermassen miteinander vermischen. Dafür das große grüne Stück in vier Teile brechen und jedes zwischen den Handflächen erwärmen. Dann mit der Rolle so dünn wie möglich ausrollen. Anfangs ist das möglicherweise nicht ganz leicht. Die weiße und schwarze Masse in etwa vier gleich große Teile brechen und auf jedes grüne Stück jeweils ein Stück davon legen. Dann eines davon wieder zwischen den Handflächen erwärmen, zu einem Strang rollen und zu einer Kugel formen. Diesen Vorgang mehrmals wiederholen, bis die Masse weich ist und sich die Farben zu einem Marmormuster vermischt haben. Dann mit dem nächsten Stück wiederholen und fortfahren, bis alle Stücke eine einzige, einfarbige Kugel bilden.

2. Die weiche Modelliermasse auf eine nicht haftende Arbeitsfläche zwischen die 0,6 cm dicken Holzleisten legen und ausrollen, bis die Rolle leicht über die Masse gleitet und sie so dick wie die Leisten ist.

3. Den Keksausstecher in die Modelliermasse drücken, dabei mit der flachen Hand Druck ausüben. Den Ausstecher leicht in beide Richtungen drehen, damit die Masse nicht daran festklebt. Dann den Ausstecher hochnehmen und den inneren Kreis vorsichtig auf Backpapier drücken.

4. Die restliche Masse wieder zu einer Kugel formen und zwischen die 0,3 cm dicken Holzleisten legen.

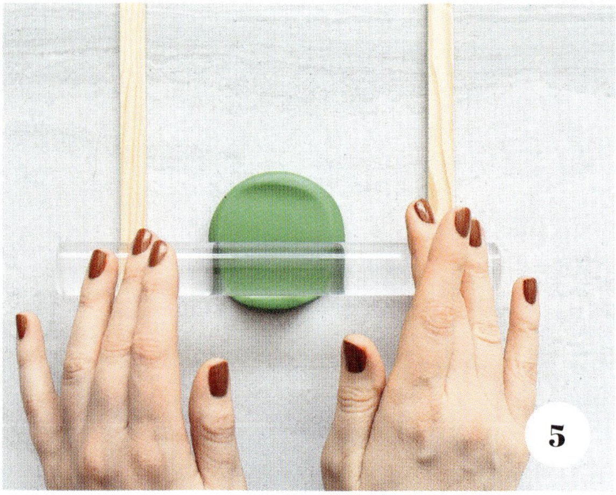

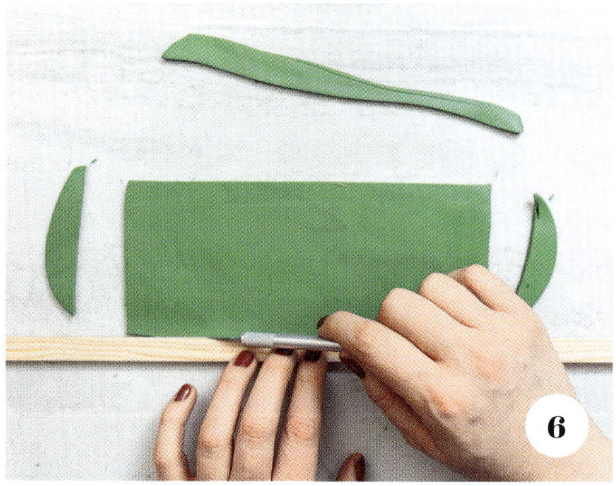

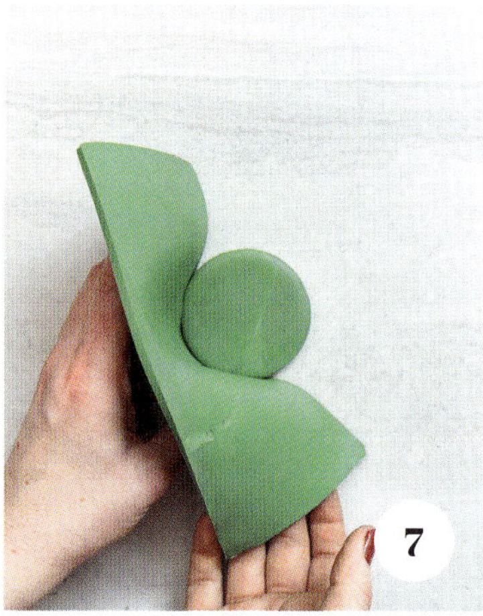

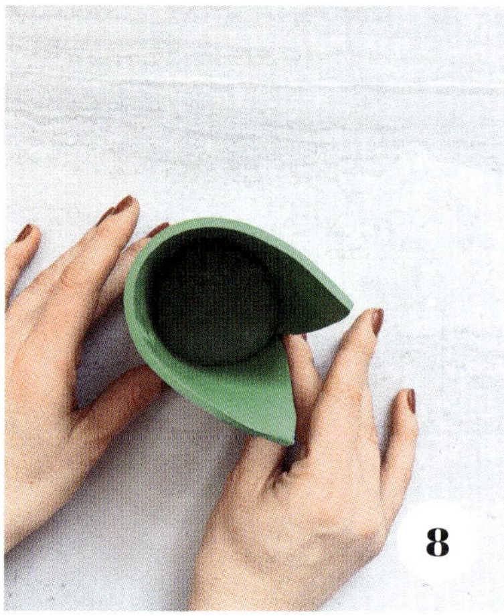

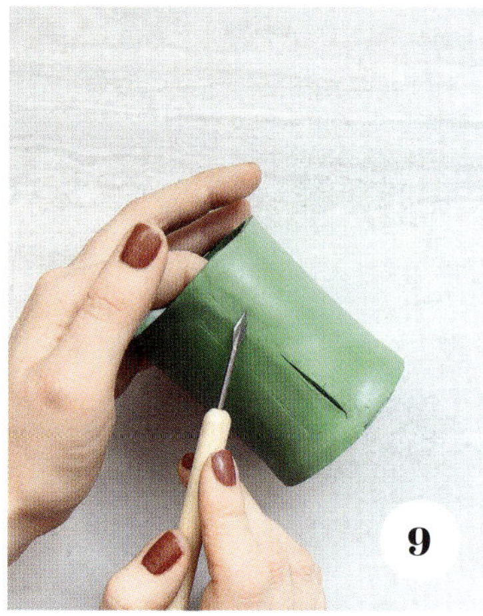

5. Ausrollen, bis die Rolle leicht darübergleitet und die Masse so dick wie die Leisten ist.

6. Dann zu einem 20 × 7,5 cm großen Rechteck zuschneiden.

7. Die längere Kante an den zuvor ausgestochenen Kreis anlegen und vorsichtig um den Boden führen.

8. Die beiden kürzeren Seiten des Rechtecks aneinanderlegen und vorsichtig festdrücken.

9. Die Masse an beiden Seiten der Fuge mit den Fingern anwärmen und dann mit einem flachen Wischwerkzeug außen und innen verwischen. Den Topf zur Seite legen.

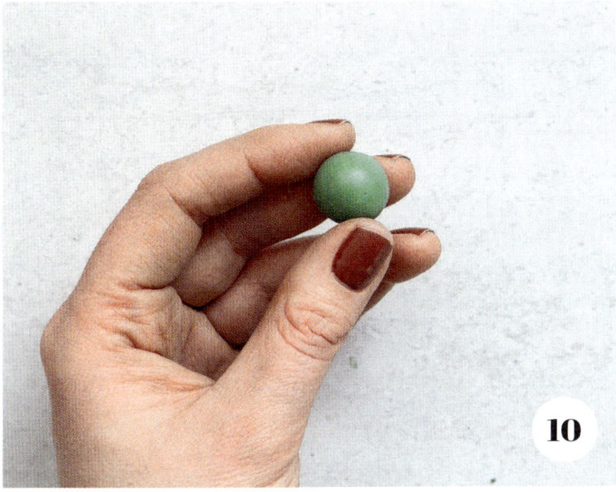

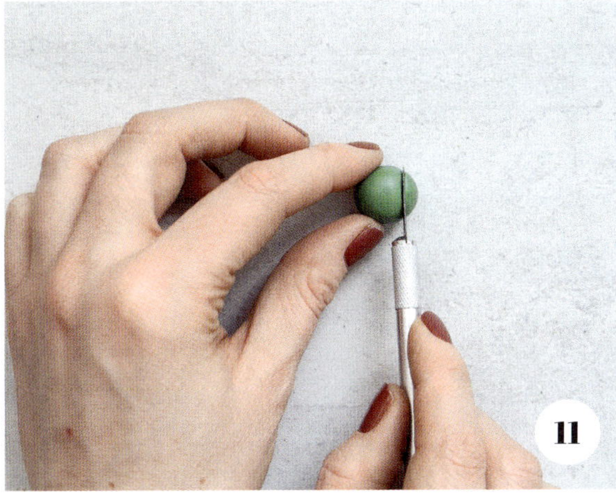

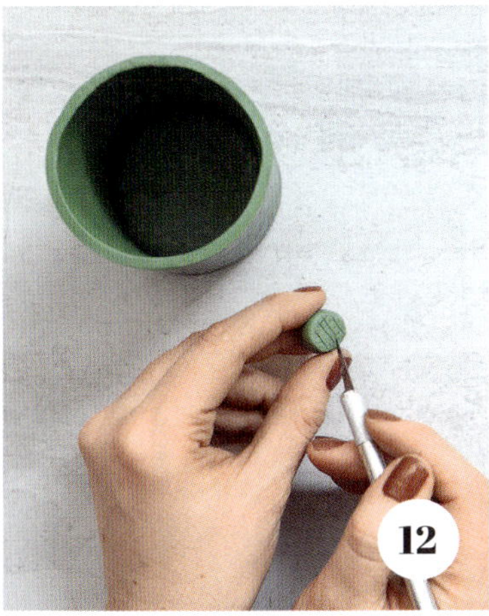

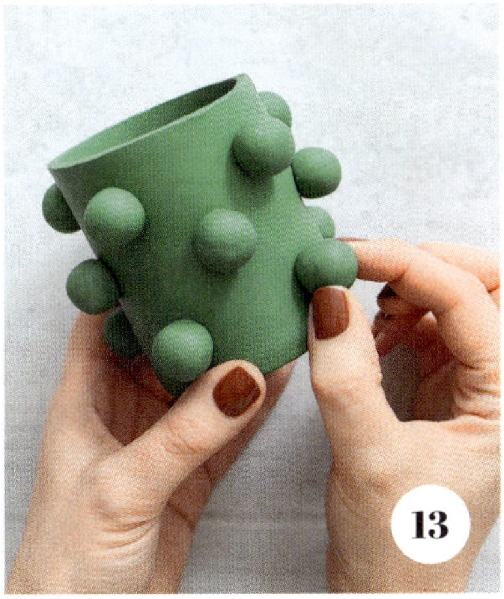

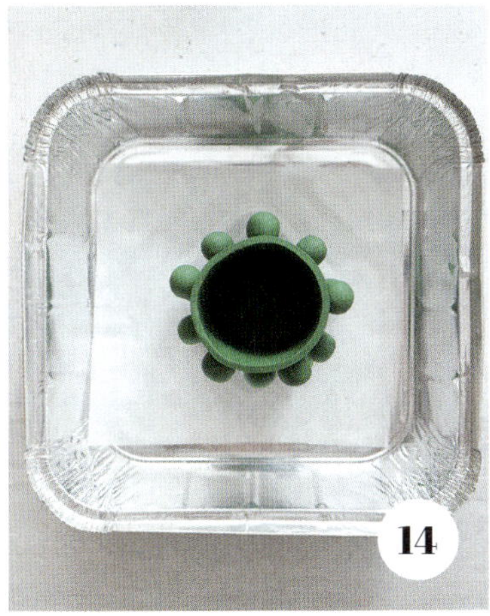

10. Die restliche Modelliermasse in 14 Stücke von je 4 g teilen. Jedes zu einer Kugel formen und dabei mögliche Risse und Unebenheiten glätten.

11. Mit dem Bastelmesser von einer Kugel ein kleines Stück abschneiden. Den Vorgang an den anderen Kugeln wiederholen und die Schnittreste verkneten. Ebenfalls zu einer Kugel formen und wieder ein Stück davon abschneiden.

12. Jetzt liegen 15 Kugeln vor, die am Topf angebracht werden. Die flache Seite jeweils aufrauen, dafür mit dem Bastelmesser Linien einritzen. Die erste Kugel etwa 1 cm unterhalb der Oberkante auf den Topf drücken. Vier weitere in gleichmäßigen Abständen zueinander ebenfalls 1 cm unter der Kante anbringen. Fünf Kugeln mittig und gleichmäßig verteilt zwischen denen der ersten Reihe aufdrücken.

13. Die letzte Reihe mit den Kugeln etwa 1 cm über der Unterkante des Topfes in einer vertikalen Linie unter denen der ersten Reihe anbringen.

14. Den Backofen auf 110 °C vorheizen. Eine Aluschale mit einem 20 × 20 cm großen Stück Backpapier auslegen. Den Topf vorsichtig in die Schale setzen und mit einer zweiten Aluschale abdecken. 30 Minuten im Ofen aushärten lassen. Dann die Schale herausnehmen und den Topf vollständig darin abkühlen lassen.

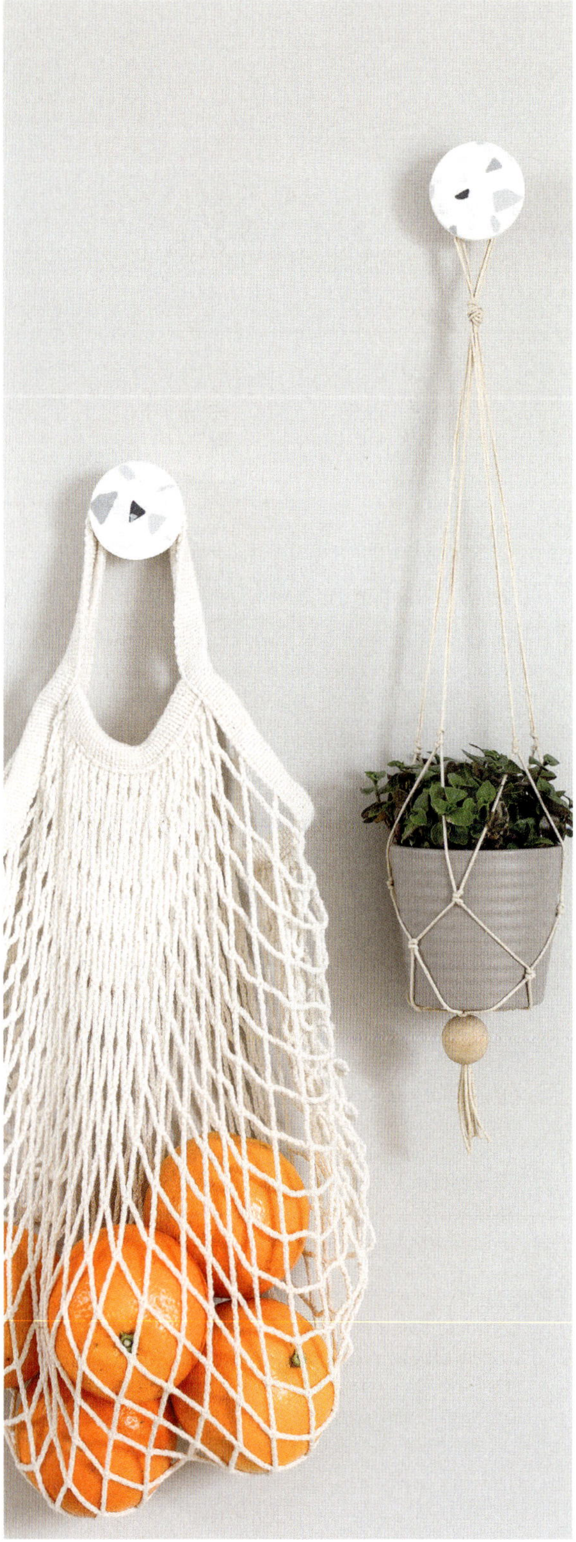

WANDHAKEN IM TERRAZZO-LOOK

In den meisten Haushalten werden Wandhaken viel zu wenig genutzt. Dabei sind sie überall sehr nützlich. Vieles kann in Stoffbeuteln oder Netzen verstaut und in Sekundenschnelle aufgehängt werden: Obst, Spielzeug, Kosmetikprodukte und Seidentücher, um nur ein paar Beispiele zu nennen. Haken eignen sich auch hervorragend, um Mäntel, Mützen, Schals, Einkaufstaschen, Decken, Schürzen, Hängepflanzen, Kunstwerke und Hängelampen aufzuhängen. Ich könnte noch mehr aufzählen, aber Sie verstehen schon, was ich meine. Bereiche mit Wandhaken sehen nicht nur toll aus, damit sparen Sie auch Zeit und Energie im täglichen Kampf gegen die Unordnung.

Diese Terrazzo-Haken verweisen auf den neuesten Trend, aber auf subtile, zeitlose Weise. Die monochrome Farbgebung passt wunderbar zu jedem Dekor und wirkt nicht veraltet, wenn der Trend vorbei ist. Dies ist zudem ein prima Projekt, wenn Sie nur noch wenig Modelliermasse übrig haben. Sie brauchen dafür nämlich nur Schwarz und Weiß, sodass es sich hervorragend für die Verwertung von Resten aus anderen Projekten eignet.

Material

je 57 g FIMO soft Modelliermasse in Weiß und in Schwarz

Acryl-Tonroller

Bastelmesser

2 Hölzer, je 2,5 × 38 × 0,6 cm

je 1 runder Keksausstecher mit 3 cm und 2 cm Durchmesser

spitzes Modellierwerkzeug

Doppelkopfschrauben

Fliese, 20 × 20 cm

Aluschale, 25 × 25 cm

feinkörniges Nass-oder-trocken-Schleifpapier

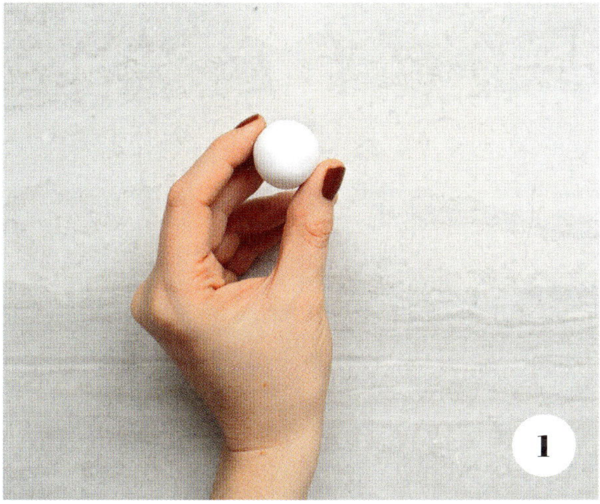

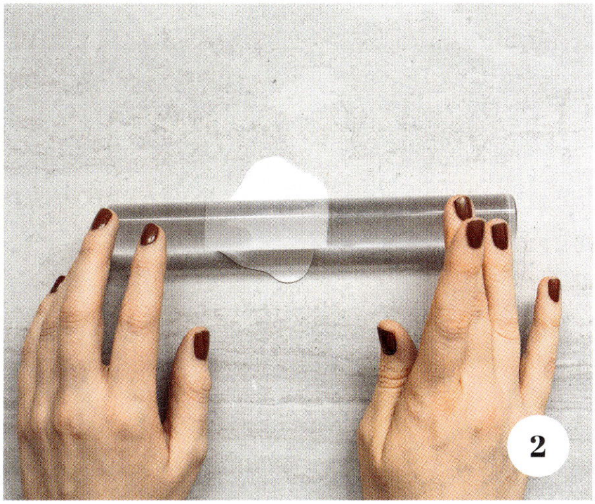

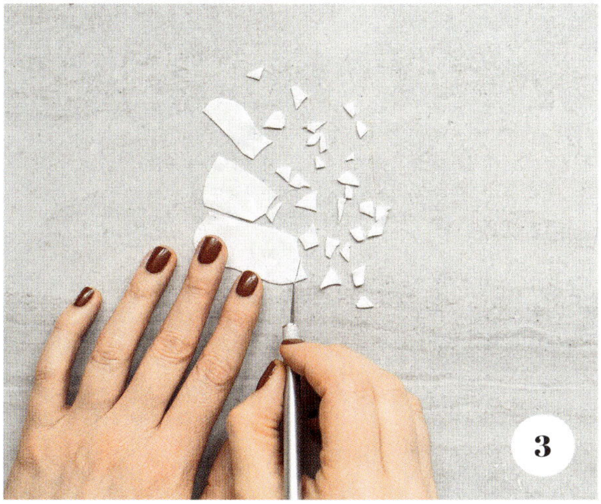

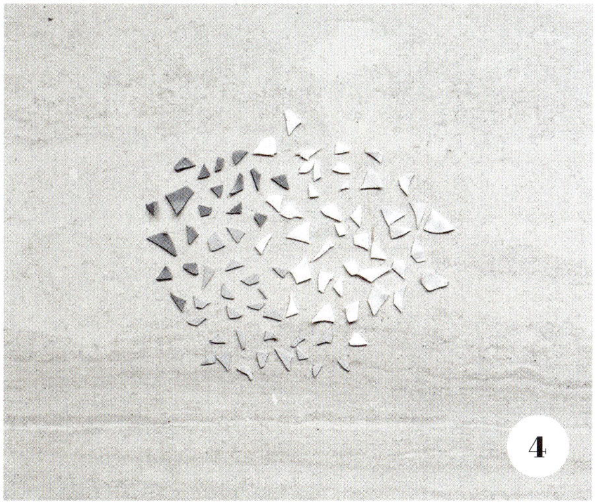

1. Von dem Block 10 g weiße Modelliermasse abnehmen und 30 Sekunden zwischen den Handflächen wärmen. Dann so lange mit den Fingern rollen, bis sie weich und geschmeidig ist. Ein kleines Stückchen von der schwarzen Modelliermasse in die weiße einarbeiten, dafür diese mehrmals rollen, zusammenkneten und zu einer Kugel formen, bis sich die Farben gleichmäßig vermischt haben.

2. Etwa ein Viertel der Masse mit der Rolle dünn ausrollen.

3. Mit einem Bastelmesser in kleine Stückchen schneiden, dabei das Messer in verschiedene Richtungen führen, sodass die Stückchen ungleichmäßig groß und geformt werden. Sie sollten höchstens erbsengroß werden.

4. Die Stückchen zur Seite legen und den Vorgang wiederholen: Wieder ein wenig schwarze Modelliermasse unter die restliche weiße mischen und ein Viertel davon in Stückchen schneiden. Dies noch zweimal wiederholen, sodass mehrere kleine, eckige Stückchen in unterschiedlichen Farbtönen entstehen.

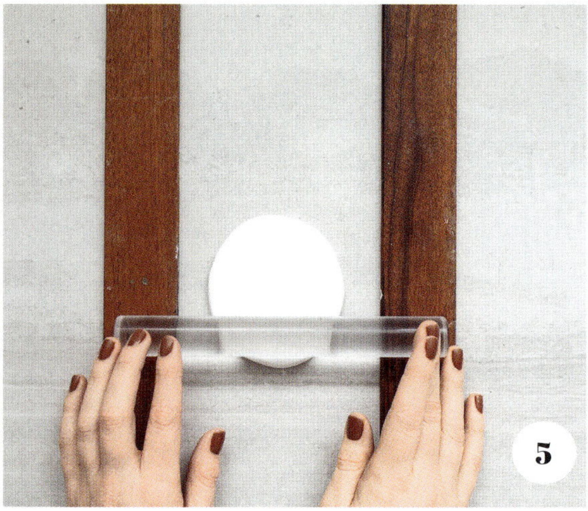

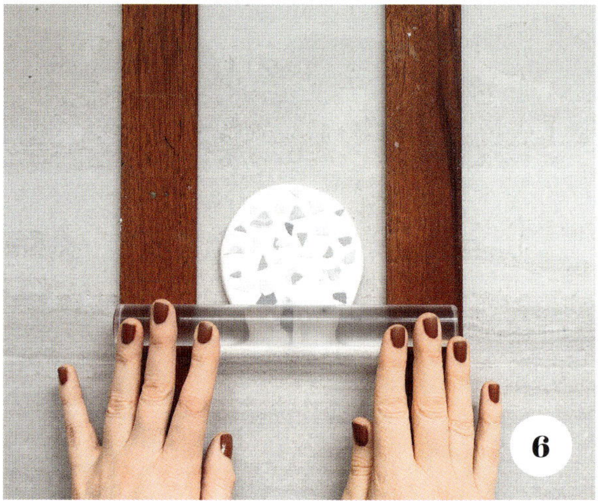

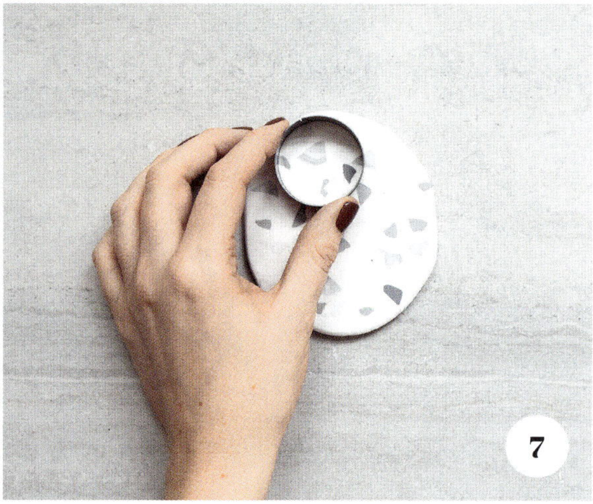

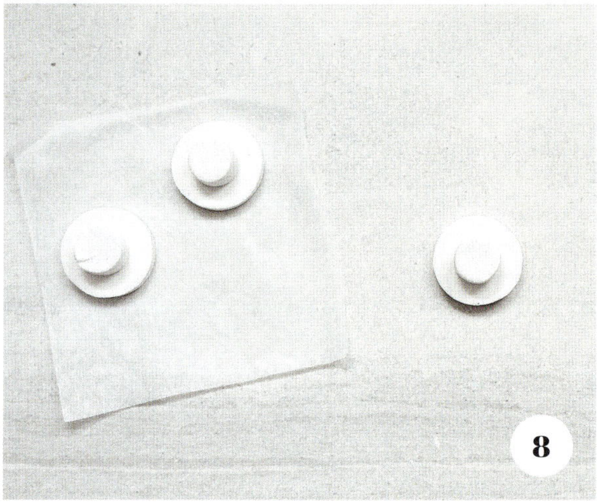

5. Die restliche weiße Modelliermasse zwischen den Händen erwärmen, bis sie weich ist. Auf einer nicht haftenden Arbeitsfläche zwischen den beiden 0,6 cm dicken Holzleisten ausrollen, bis die Rolle leicht über die Masse gleitet und diese so dick wie die Leisten ist.

6. Die ausgeschnittenen Stückchen ungleichmäßig darauf verteilen. Um den Terrazzo-Look zu erzielen, sollten sich manche überlappen.

Die Holzleisten liegen lassen und nochmals über die Modelliermasse rollen, bis die Oberfläche gleichmäßig glatt ist.

7. Den größeren Keksausstecher in die Masse drücken, in beide Richtungen drehen und wieder herausnehmen. Den ausgestochenen Kreis vorsichtig aus dem Ausstecher drücken und zur Seite legen. Für jeden 3 cm großen Kreis zwei kleinere von 2 cm ausstechen.

8. Zum Zusammensetzen der Haken zwei kleinere Kreise aufeinanderlegen und an den Fugen miteinander verbinden. Einen größeren Kreis mit der Musterseite nach unten auf die Arbeitsfläche legen und die beiden kleineren mittig darauf platzieren. Mit dem spitzen Modellierwerkzeug die Fugen verwischen.

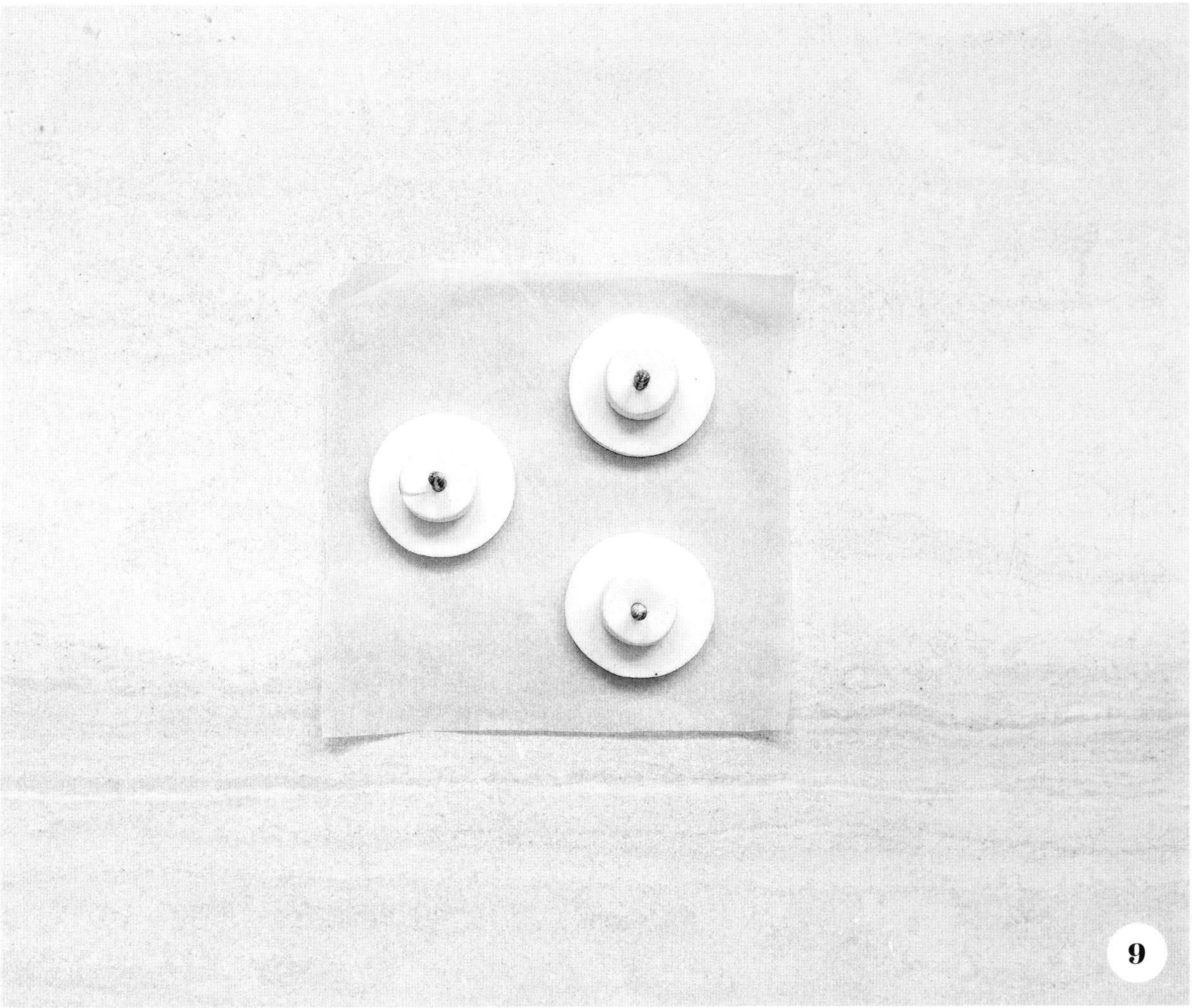

9. Vorsichtig jeweils eine Schraube mittig in die kleineren Kreise drehen. Dabei darauf achten, dass sie nicht alle drei Kreise durchsticht. Dafür eventuell etwa 1 cm auf der Schraube markieren, um sie nicht zu tief einzudrehen.

Den Backofen auf 110 °C vorheizen. Die Haken mit der Vorderseite nach unten auf eine Fliese in eine Aluschale legen. Darauf achten, dass die Unterlage eben ist – jede Unebenheit unter den Haken drückt sich auf die Oberfläche der Modelliermasse ab. Dann 30 Minuten im Ofen trocknen. Anschließend die Aluschale herausnehmen und die Haken darin vollständig abkühlen lassen, erst dann herausnehmen. Vorsicht: Die Metallschrauben sind sehr heiß. Diese in den ersten 30 Minuten noch nicht anfassen, sondern zuerst abkühlen lassen.

Die Oberfläche der Haken anfeuchten und die Modelliermasse mit Schmirgelpapier glatt schleifen.

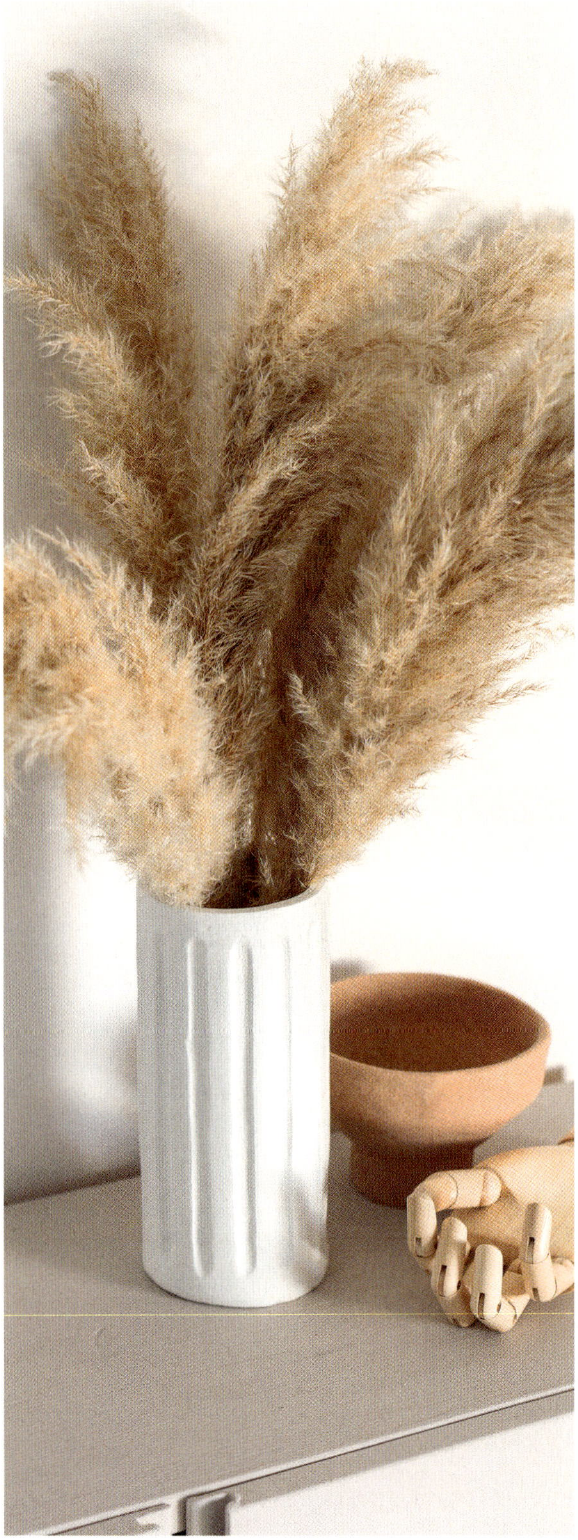

VASE FÜR PAMPASGRAS

Getrocknete Gräser erleben gerade ein großes Comeback, wie so vieles, was in den 1970er-Jahren populär war. Man kann nichts falsch machen, wenn man sie für Home-Deko verwendet, denn sie bieten eine fantastische Möglichkeit, Tiefe und Struktur zu erzeugen. Ich mag ihre Langlebigkeit, vor allem, weil ich mich mit Zimmerpflanzen schwertue und ich mich nicht das ganze Jahr über mit den Kosten – oder dem Chaos – frischer Blumen plagen möchte.

Mit getrockneten Arrangements hat man auch mehr kreative Freiheit, wenn man Tonvasen selbst entwirft und anfertigt. Diese Vase sollte nicht mit Wasser befüllt werden. Stellen Sie bitte nur getrocknete und künstliche Blumen hinein. Sie sieht aber sogar ohne Blumen wunderschön aus. Platzieren Sie sie mit anderen schönen Gegenständen auf einem Regal und machen Sie sie zu einem Blickfang, der Instagram-würdig ist.

Material

- Lineal
- Bleistift
- feste Papprolle, 7,5 cm Durchmesser
- Bastelmesser
- 1 kg lufttrocknende Modelliermasse von DAS in Weiß
- 2 Holzleisten, 2,5 × 38 × 0,6 cm
- Acryl-Tonroller
- feuchter Schwamm
- abgerundetes Schnitzwerkzeug aus Metall
- Backpapier
- flaches Wischwerkzeug (optional)
- runder Keksausstecher, 9 cm Durchmesser
- mittelkörniges Schmirgelpapier

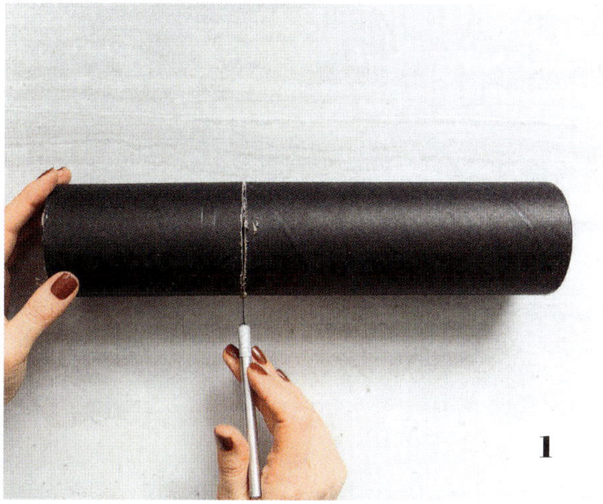

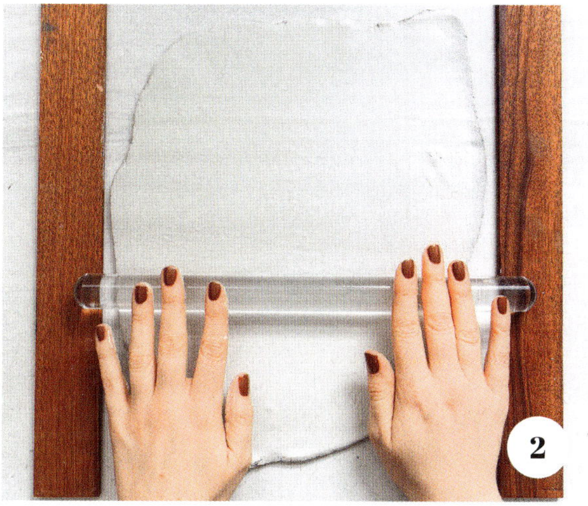

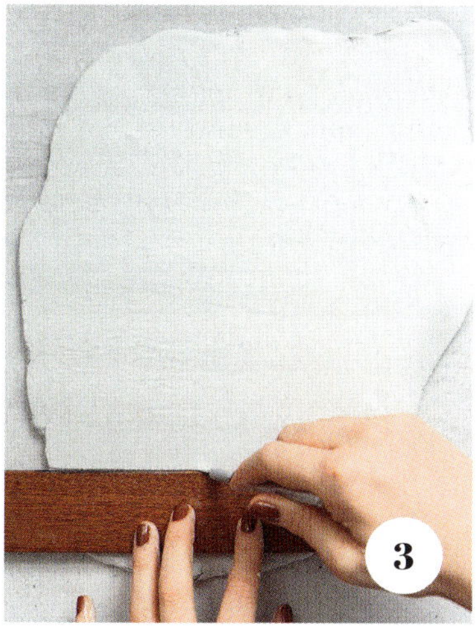

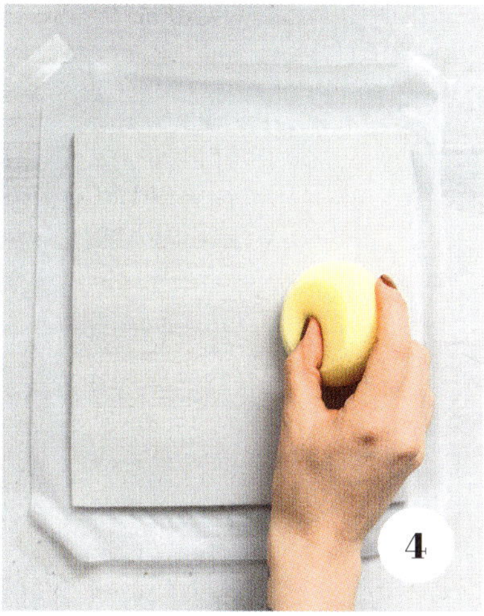

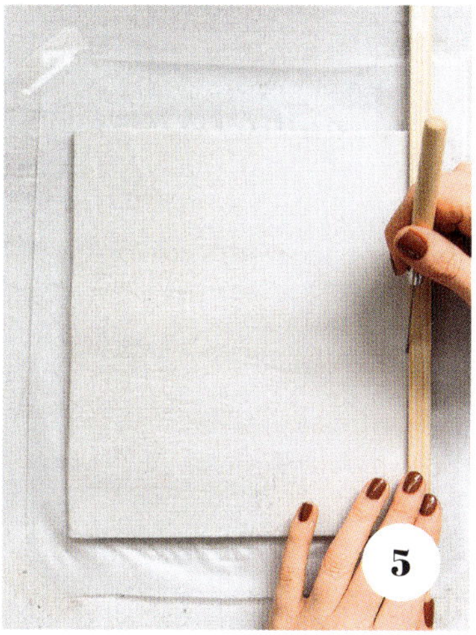

1. Auf der Papprolle 20 cm abmessen, markieren und mit einem Bastelmesser die Rolle an dieser Stelle durchschneiden. Meiner Erfahrung nach wird die Schnittstelle glatt, wenn man die Markierung zunächst etwas einritzt.

2. Die Modelliermasse auf eine nicht haftende Arbeitsfläche zwischen die Holzleisten legen und ausrollen. Nach etwa fünf bis zehn Rollvorgängen umdrehen, damit die Masse etwas quadratisch wird.

3. Ein 24 × 20 cm großes Rechteck auf der Masse markieren und mithilfe einer Holzleiste und des Bastelmessers ausschneiden und auf Backpapier legen.

4. Überschüssige Modelliermasse entfernen und die Oberfläche und Kanten des Rechtecks mit Wasser und mit dem Schwamm glätten.

5. An beiden 20 cm langen Seiten einen 1 cm breiten Rand abmessen und vorsichtig einritzen. Diese Linie wird später wieder geglättet – das geht umso leichter, je weniger Druck beim Einritzen ausgeübt wird.

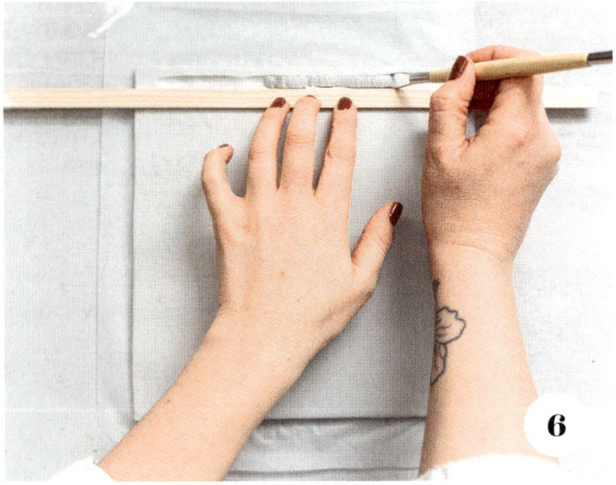

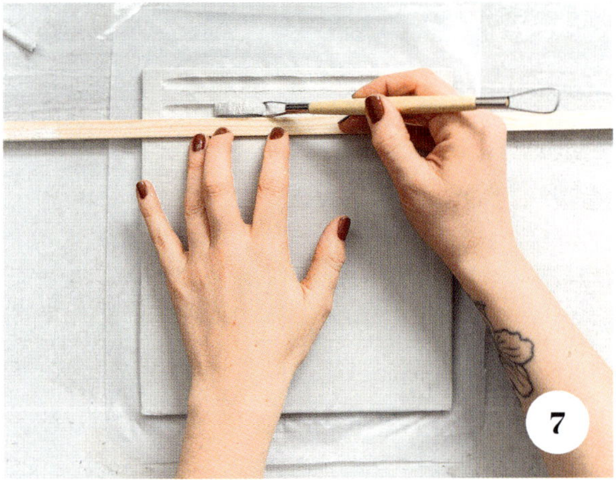

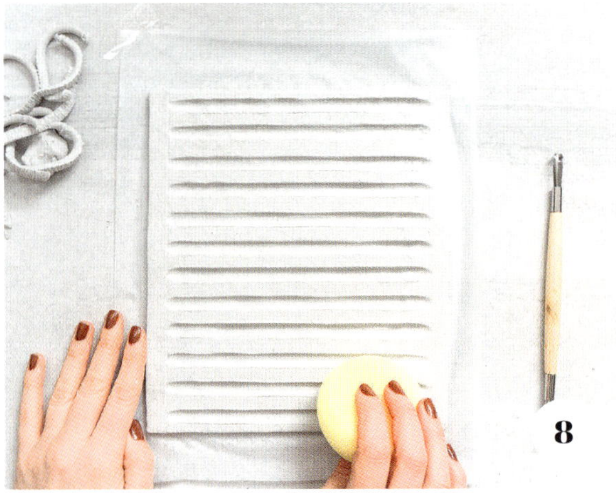

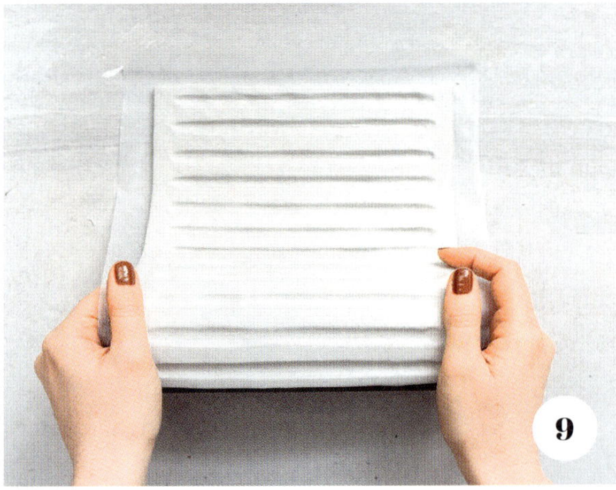

6. Eine Holzleiste an einer langen Seite 2 cm unter der Kante anlegen. An der Leiste entlang mit dem Schnitzwerkzeug die Vertiefungen einarbeiten. Dafür das Werkzeug an der zuvor markierten Linie ansetzen und mit der Spitze vorsichtig bis zu seiner breitesten Stelle in die Modelliermasse drücken, dabei das Werkzeug in einem 45-Grad-Winkel halten. Dann dieses an der Holzleiste entlang bis zur anderen Seite des Rechtecks schieben. Kurz vor dem Ende das Werkzeug aus der Masse nehmen und an die zweite Linie anlegen, dabei wieder in einem 45-Grad-Winkel halten, diesmal in die entgegengesetzte Richtung arbeiten. Das Werkzeug wieder vorsichtig in den Ton drücken, bis es auf die zuvor angefertigte Rille trifft.

7. Überschussige Modelliermasse entfernen und die Holzleiste 2 cm nach unten verschieben. Auf dieselbe Weise wie zuvor eine zweite Rille anfertigen. So fortfahren und bis zum anderen Ende des Rechtecks weitere Rillen in die Masse arbeiten.

8. Den Schwamm mit etwas Wasser befeuchten und damit das Rechteck glätten. Die Rillen mit dem Finger glatt streichen und Unebenheiten entfernen.

9. Das Rechteck etwa 2,5 cm an einer der kürzeren Enden umklappen. Dieses Ende auf die Papprolle legen. Das Rechteck um die Rolle wickeln, dabei mit der anderen Hand das Backpapier abziehen.

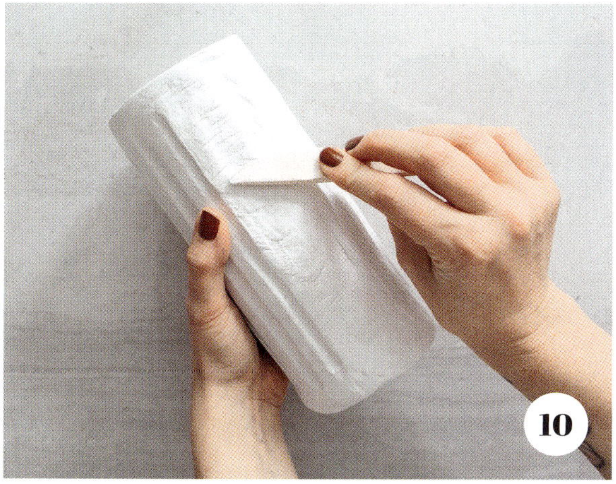

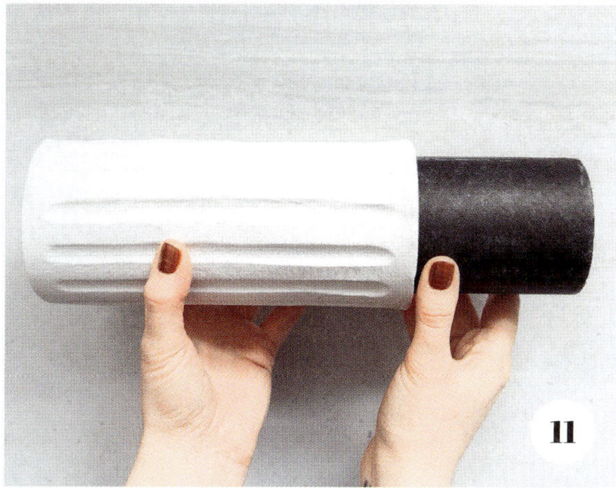

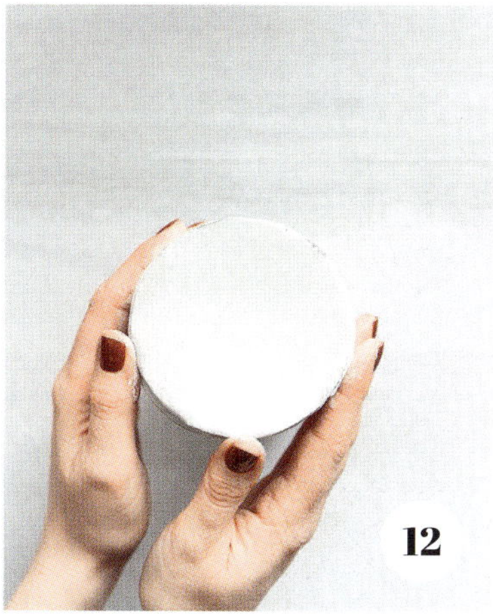

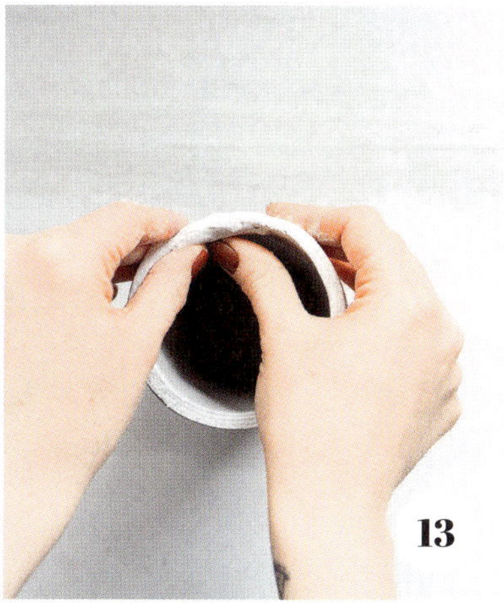

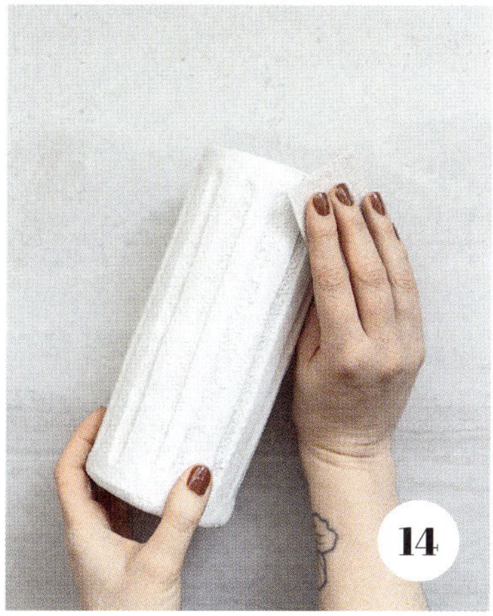

10. Die aneinanderstoßenden Kanten anfeuchten und vorsichtig mit den Fingern oder einem flachen Wischwerkzeug verbinden.

11. Die Modelliermasse 24 Stunden trocknen lassen. Dann sollte sie außen trocken sein. Wenn noch dunklere Flecken zu sehen sind, noch länger trocknen lassen, bis die Außenseite hellweiß ist. Dann die Papprolle vorsichtig herausdrücken. Wenn sich die Masse dabei verformt, nicht weiterarbeiten, sondern nochmals 24 Stunden trocknen lassen.

12. Die restliche Modelliermasse zwischen den Holzleisten ausrollen. Mit dem Keksausstecher einen Kreis daraus ausstechen, diesen anfeuchten und an der Innenkante des Ausstechers einritzen. Dann unten an die Vase setzen und die äußere Kante an der Verbindungsstelle glatt streichen, sodass die Fuge nicht zu sehen ist.

13. Ein kleines Stückchen Modelliermasse anfeuchten und damit im Inneren der Vase die Fuge verdecken.

14. 24 Stunden trocknen lassen und zum Schluss mit mittelkörnigem Schmirgelpapier glatt schleifen.

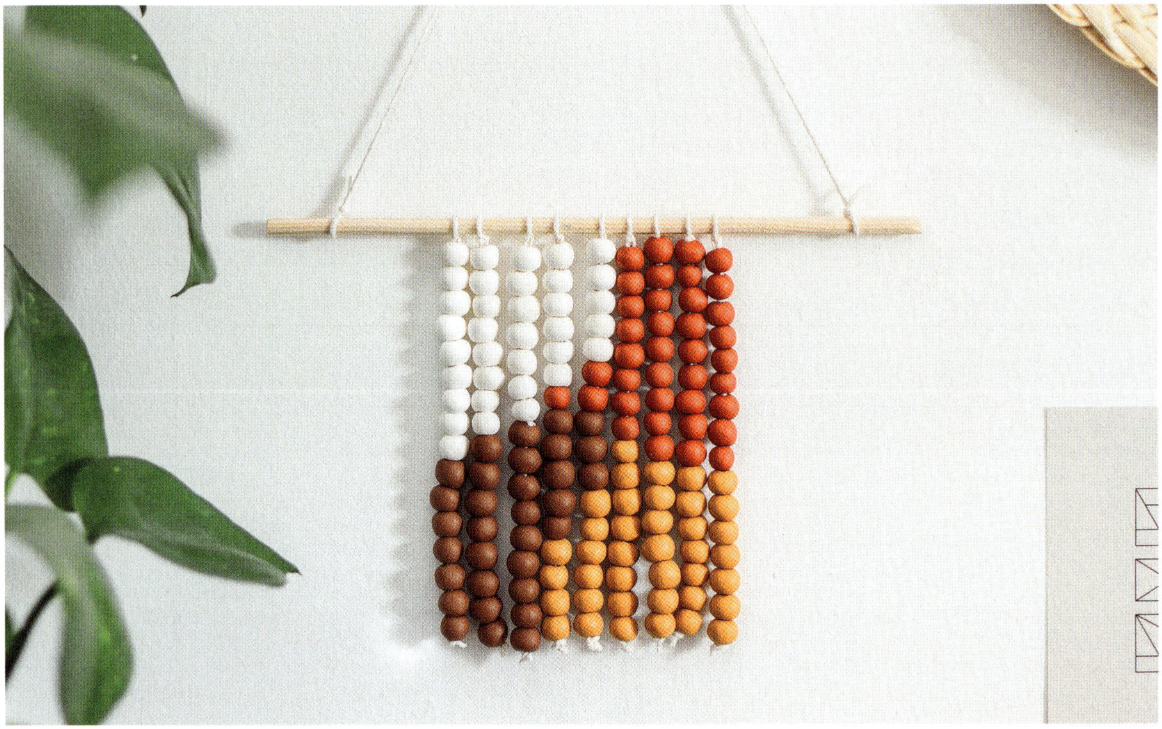

WANDBEHANG AUS PERLEN

Tonperlen für Schmuck anzufertigen, ist eine jahrtausendealte Tradition. Hier reduzieren wir diese Technik auf das Wesentliche und erzeugen ein Muster, indem wir die Perlen in Farbblöcken anordnen. Das Ergebnis ist ein Kunstwerk aus FIMO-Perlen, das sich perfekt in eine moderne Bilderwand einfügt.

Perlen anzufertigen, gleicht einer therapeutischen Übung. Aufgrund ihrer repetitiven Natur kann man dabei gut einen Podcast hören oder eine Serie angucken. Arbeiten Sie dabei nicht zu schnell, sondern nehmen Sie sich für jede Perle richtig schön Zeit. Die Modelliermasse zu erwärmen und wieder abkühlen zu lassen, ist ein wichtiger Teil dieses Projekts. Sie muss warm und weich sein, um die Perlen zu rollen, und härter und kalt, um Löcher hineinzustechen, ohne dass sie sich verformen.

Material

57 g FIMO soft Modelliermasse in Weiß

57 g FIMO soft Modelliermasse in Schokoladenbraun

57 g FIMO soft Modelliermasse in Senfgelb

57 g FIMO soft Modelliermasse in Terrakottarot

Bastelmesser

Lineal

2 Aluschalen, jeweils 25 × 25 cm

Zahnstocher

Backpapier

Holzspieße

Schere

dünne Baumwollschnur

runder Holzstab, 5 mm Durchmesser

Sekundenkleber

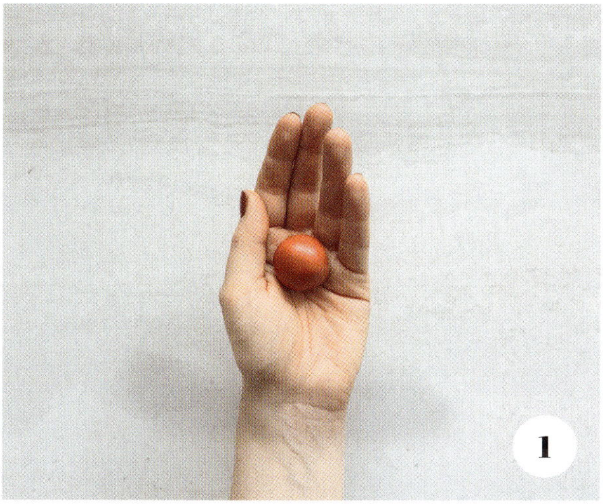

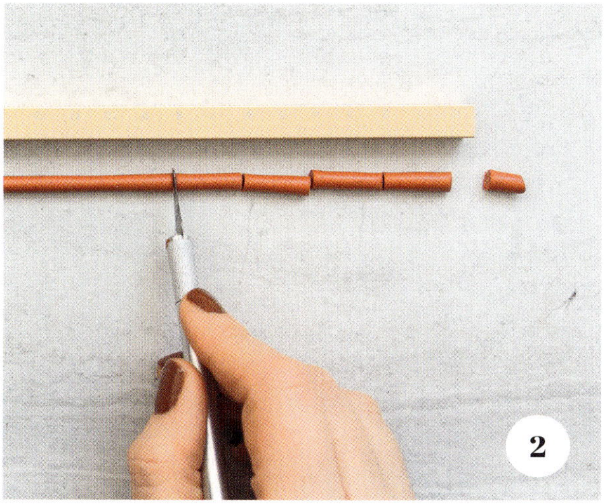

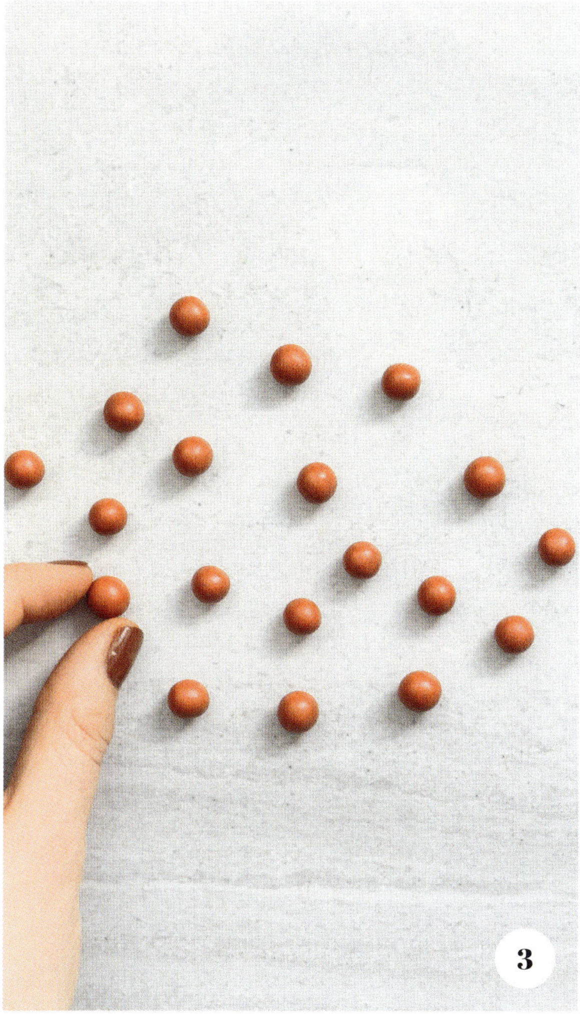

1. Die Modelliermasse aus der Packung nehmen und in vier Teile brechen. Die Viertel zwischen den Handflächen 30 Sekunden erwärmen und dann mehrmals ausrollen, zusammenkneten und zu einer Kugel formen, bis sie weich und formbar sind.

2. Dann zu einer langen Rolle ausrollen, sie sollte etwa 5 mm dick sein. Die verjüngten Enden der Rolle abschneiden, sodass sie durchgängig gleich dick ist. Dann die Rolle neben ein Lineal legen und in 2 cm breite Abschnitte teilen, dafür ein Bastelmesser verwenden, damit die Schnitte sauber werden.

3. Jeden Abschnitt einzeln erwärmen, dafür zwischen den Handflächen rollen. Dann mit den Fingerspitzen jeweils auf einer harten Arbeitsfläche zu einer kleinen Kugel formen.

So mit allen Stücken verfahren, bis die Perlen gleich groß sind. In einer Aluschale in den Kühlschrank stellen, damit sie abkühlen und für kurze Zeit hart werden.

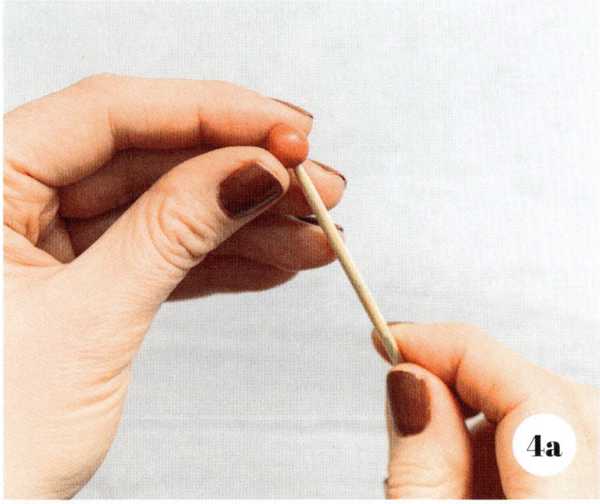

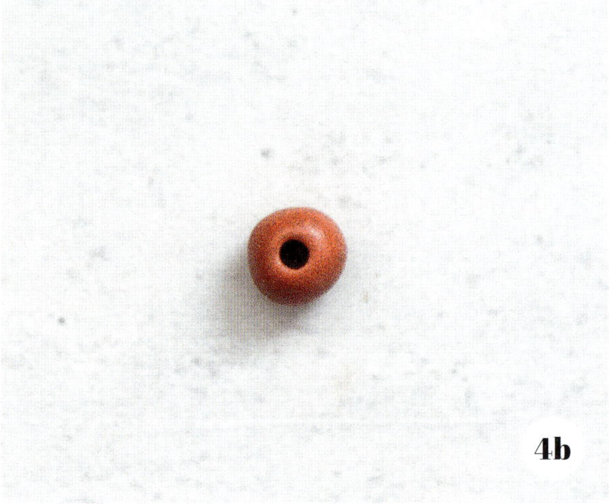

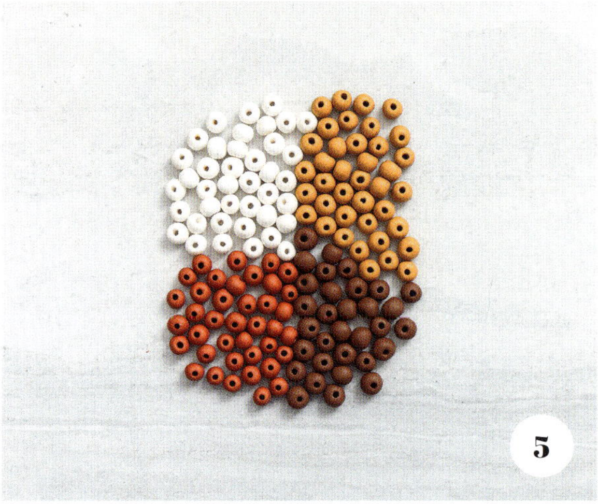

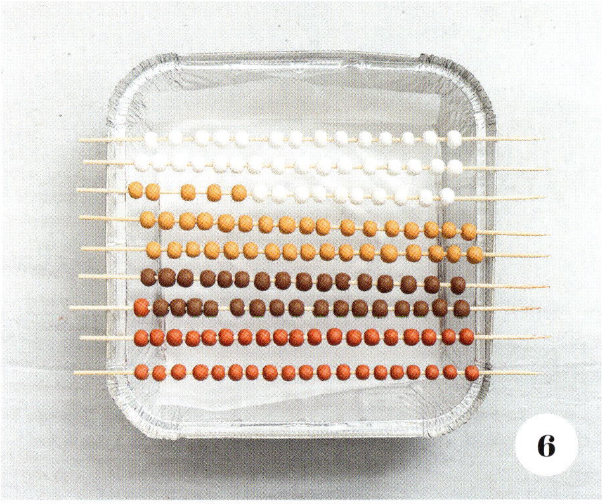

4. Mit einem Zahnstocher jeweils ein Loch in die Kugeln stechen, dafür den Zahnstocher vorsichtig durch die gekühlte Modelliermasse hindurchdrehen (siehe Abbildung 4a). Wenn die Masse zu weich ist oder wenn man zu fest drückt, verformt sich die Perle. Sobald der Zahnstocher auf der anderen Seite durchstößt, diesen wieder zurückdrehen, herausnehmen und den Vorgang von der anderen Seite wiederholen. So wird das Loch glatt und gleichmäßig groß (siehe Abbildung 4b).

5. Auf diese Weise 35 Perlen in Weiß, 32 in Schokoladenbraun, 39 in Senfgelb und 38 in Terrakottarot anfertigen.

6. Den Backofen auf 110 °C vorheizen. Eine Aluschale mit einem 20 × 20 cm großen Stück Backpapier auslegen. Die Perlen auf Spieße stecken und die Spieße auf die Schale legen, dabei darauf achten, dass sie weit genug auseinanderliegen und sich nicht berühren. Mit der zweiten Aluschale abdecken und 30 Minuten backen.

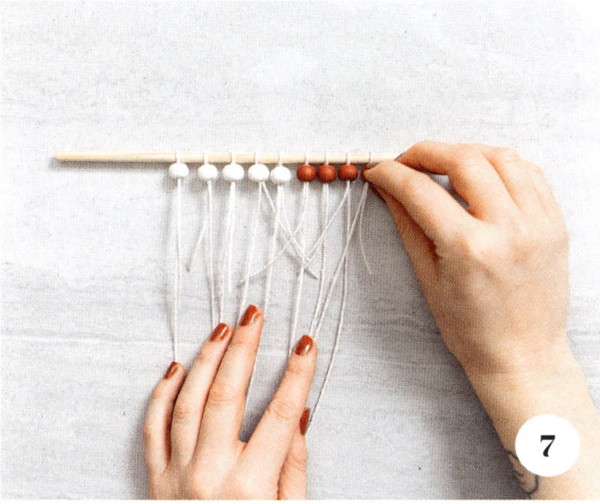

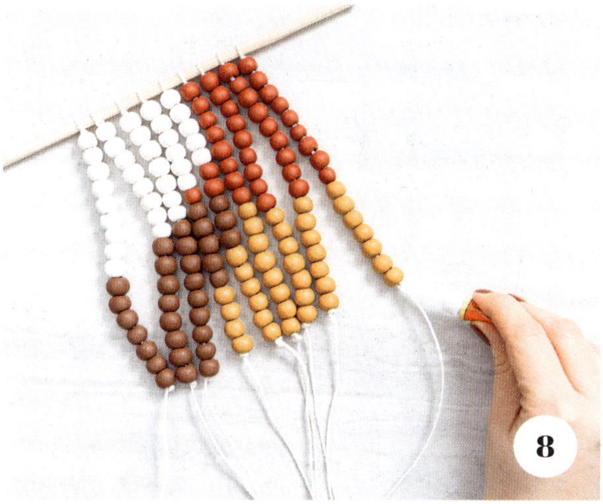

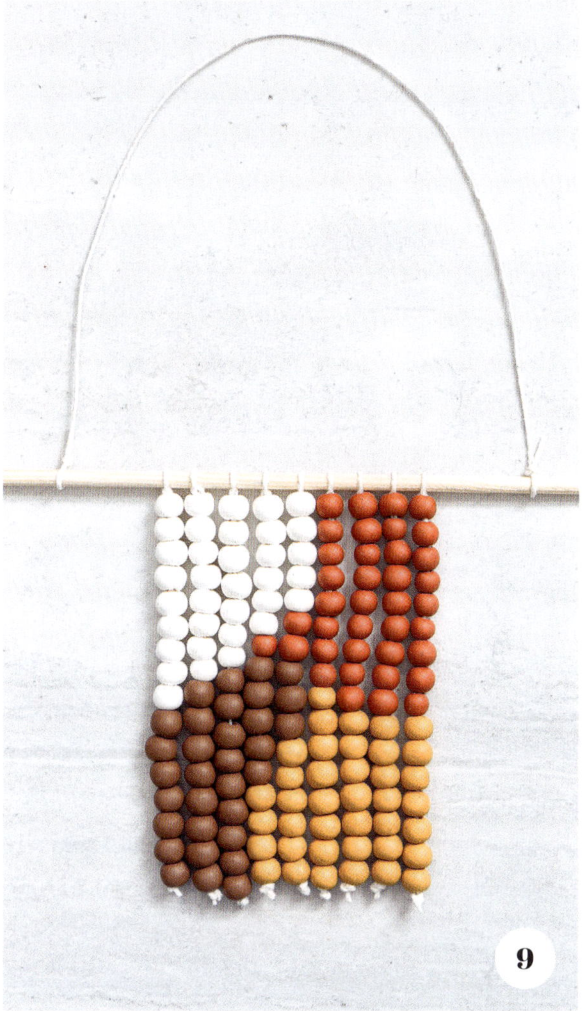

7. 15 genau 30 cm lange Schnüre zurechtschneiden und nebeneinander an dem Holzstab befestigen. Die Perlen in folgender Reihenfolge von links nach rechts auf die Schnüre fädeln und dabei ein Muster erzeugen:

9 weiße Perlen, 7 schokoladenbraune Perlen

8 weiße Perlen, 8 schokoladenbraune Perlen

7 weiße Perlen, 9 schokoladenbraune Perlen

6 weiße Perlen, 1 terrakottarote Perle, 5 schokoladenbraune Perlen, 4 senfgelbe Perlen

5 weiße Perlen, 2 terrakottarote Perlen, 3 schokoladenbraune Perlen, 6 senfgelbe Perlen

8 terrakottarote Perlen, 8 senfgelbe Perlen

9 terrakottarote Perlen, 7 senfgelbe Perlen

9 terrakottarote Perlen, 7 senfgelbe Perlen

9 terrakottarote Perlen, 7 senfgelbe Perlen

8. Nach der letzten Perle die Schnur zum Sichern verknoten. Den Knoten mit einem Tropfen Kleber fixieren, und wenn dieser trocken ist, die Schnur zurückschneiden.

9. Eine 50 cm lange Schnur zurechtschneiden. Die Enden jeweils an einem Ende des Stabs befestigen.

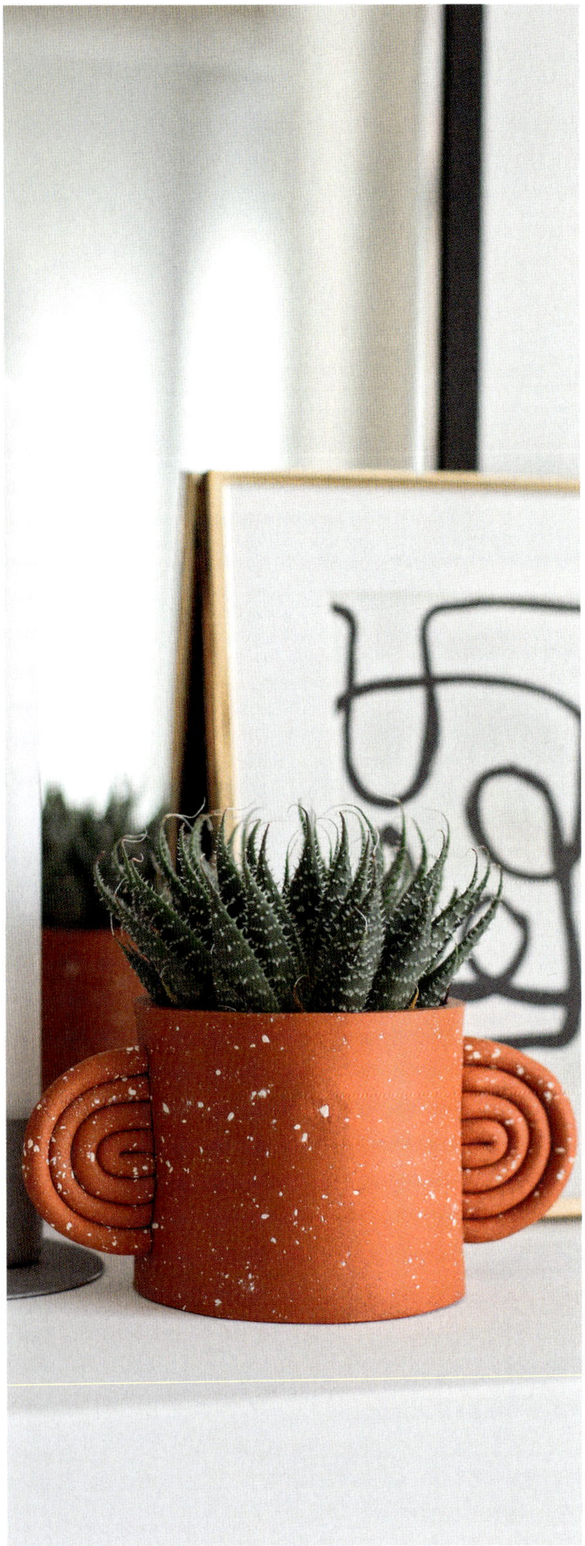

GEMASERTER BLUMENTOPF MIT BOGEN-HENKELN

Wenn man erst einmal anfängt, Bögen aus Modelliermasse anzufertigen, kann man kaum wieder damit aufhören! Ihre symmetrische Form verleiht jedem Objekt ein hübsches Detail und macht aus etwas Einfachem ein außergewöhnliches Stück. Für dieses Projekt wollte ich gemaserte Modelliermasse ausprobieren. Damit lässt sich leicht und schnell ein schönes Oberflächenmuster kreieren, das das Material noch etwas aufpeppt.

Die weißen Sprenkel werden aus lufttrocknender Masse angefertigt. Sie erzeugt den perfekten gemaserten Look, ohne dass die Gefahr besteht, dass sie sich mit der ofentrocknenden Modelliermasse vermischt. Die luftgetrocknete Masse lässt sich einfach zerkleinern und hält die Temperatur beim Backen der ofentrocknenden Masse gut aus. Verwenden Sie zum Zerkleinern einen Mixer, für ausreichend kleine Stücke reichen zwei kurze Stöße damit.

Material

- 10 g lufttrocknende Modelliermasse von DAS in Weiß
- Acryl-Tonroller
- Föhn (optional)
- kleiner Mixer (optional)
- Bastelmesser
- 250 g FIMO soft Modelliermasse in Terrakottarot
- 2 Holzleisten, je 2,5 × 38 × 0,6 cm
- runder Keksausstecher, 7 cm Durchmesser
- 2 Holzleisten, je 2,5 × 38 × 0,3 cm
- Lineal
- flaches Wischwerkzeug
- Ton-Extruder (optional)
- 2 Aluschalen, jeweils 25 × 25 cm
- Backpapier

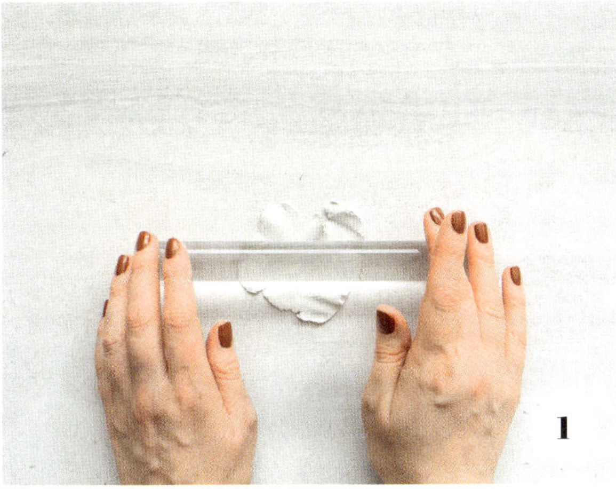

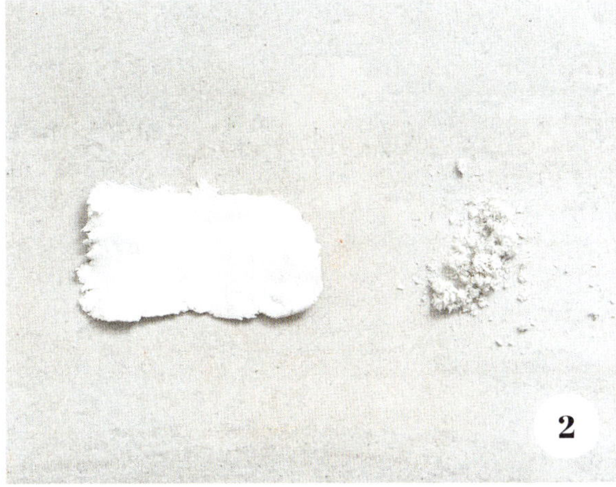

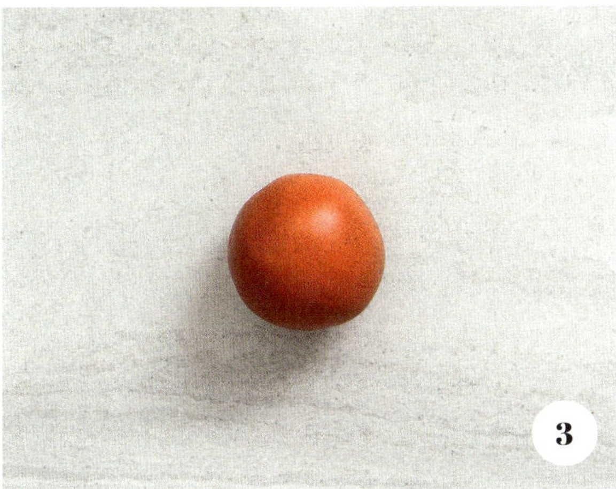

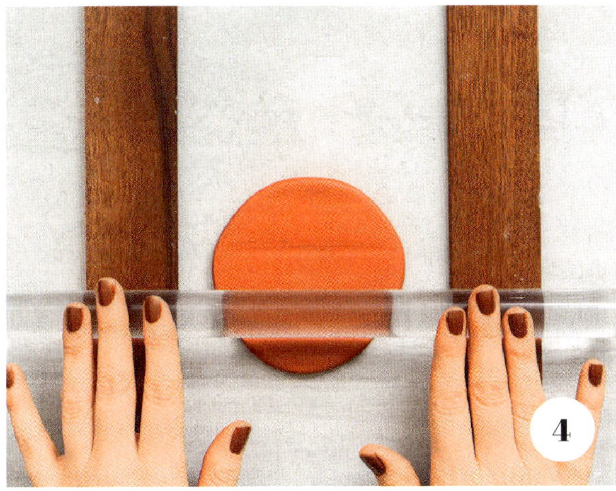

1. Am Vortag die weißen Maserungen für die terrakottarote Masse anfertigen. Dafür die lufttrocknende Modelliermasse so dünn wie möglich ausrollen und auf einer nicht haftenden Fläche trocknen lassen. Wenn es schnell gehen soll, die Masse mit dem Föhn trocken föhnen; es macht nichts, wenn sie dabei Risse bekommt oder bricht.

2. Wenn sie vollständig getrocknet ist, in winzig kleine Stückchen zerbrechen. Ich habe dafür einen Mixer genommen, das geht schneller. Für die richtige Konsistenz die Masse zweimal kurz per Pulse-Funktion zerkleinern. Alternativ die Masse von Hand zerbrechen und dann mit einem Bastelmesser klein hacken. Die Stücke zur Seite legen und die Arbeitsfläche säubern.

3. Die terrakottarote Modelliermasse in vier Teile brechen und jeweils in den Händen erwärmen, dafür ausrollen und wieder zu einer Kugel formen, bis sie weich und formbar ist. Wenn alle Stücke weich sind, diese zusammen zu einer Kugel formen.

4. Die Kugel zwischen 0,6 cm dicke Holzleisten auf eine nicht haftende Arbeitsfläche legen und ausrollen, bis die Rolle leicht über die Masse gleitet und diese so dick wie die Leisten ist.

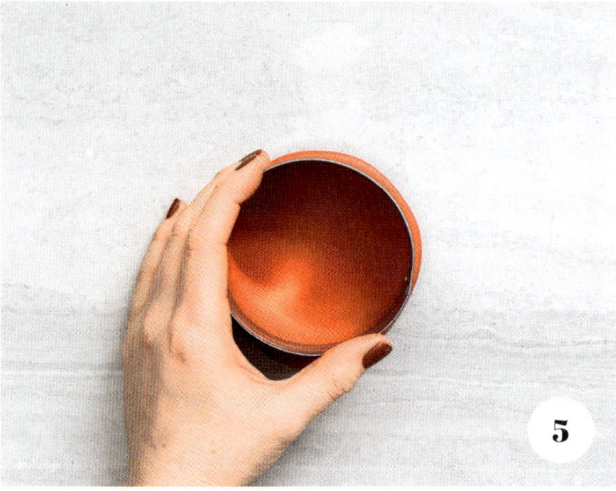

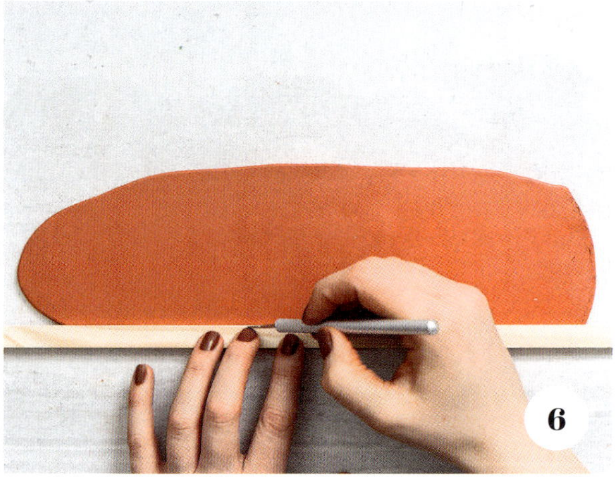

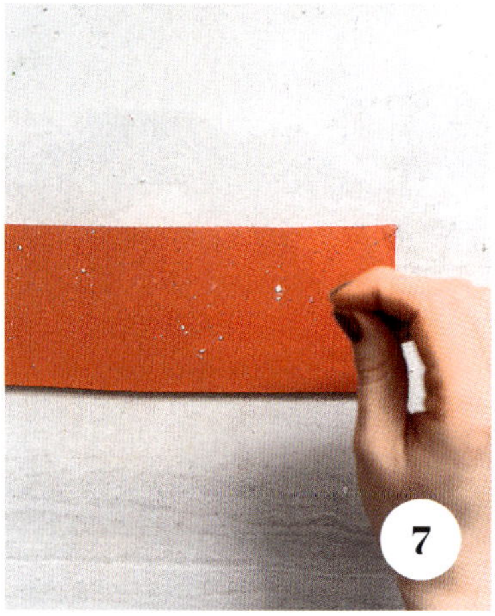

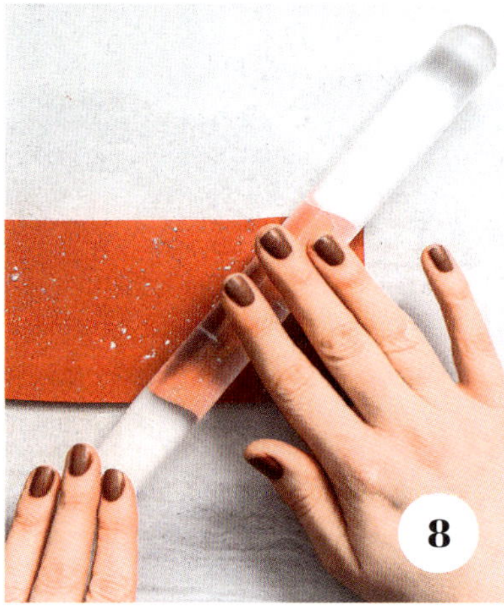

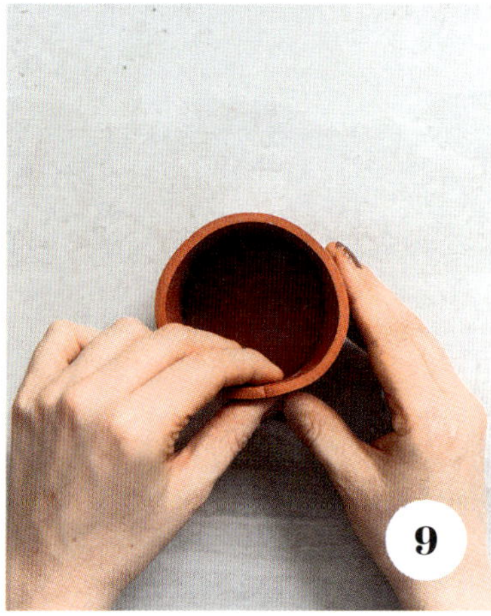

5. Den Keksausstecher in die Modelliermasse drücken und dabei mit der Handfläche gleichmäßig Druck ausüben. Den Ausstecher leicht in beide Richtungen drehen, damit die Masse nicht daran festklebt. Dann abnehmen und den Kreis auf die nicht haftende Arbeitsfläche herausdrücken.

6. Den Rest Modelliermasse wieder zu einer Kugel formen und zwischen die 0,3 cm dicken Holzleisten legen. Ausrollen, bis die Rolle leicht über die Holzleisten und die Masse gleitet und diese gleichmäßig dick ist. Ein 23 × 9 cm großes Rechteck daraus ausschneiden.

7. Eine Prise von der zerkleinerten Masse aus etwa 30 cm Höhe langsam daraufstreuen. Die Verteilung überprüfen und dann mit den Fingern vorsichtig größere Stücke abstreichen.

8. Vorsichtig mit der Rolle über die Modelliermasse fahren und die weißen Stückchen dabei festdrücken.

9. Die längere Kante um den ausgestochenen Kreis legen. Dann das Rechteck vorsichtig an der Unterkante des Kreises ausrichten, sodass die kürzeren Seiten aufeinanderstoßen. Festdrücken und beide Seiten vorsichtig mit den Fingern erwärmen und verbinden. Mit einem flachen Wischwerkzeug die Fuge außen und innen verwischen. Den Topf zur Seite stellen.

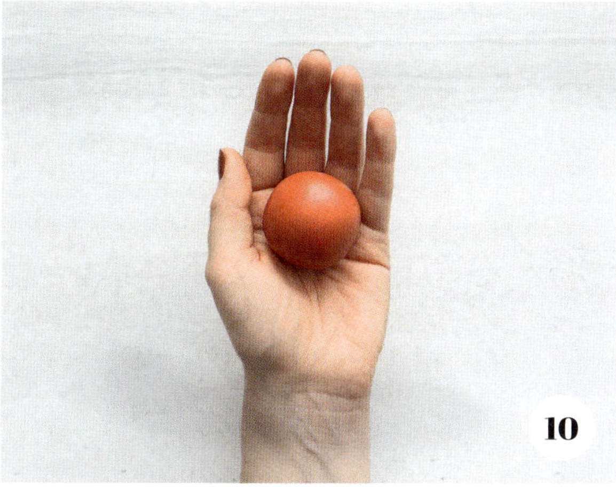

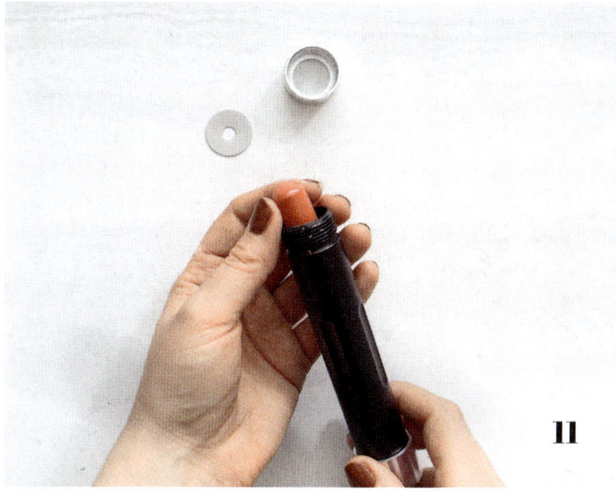

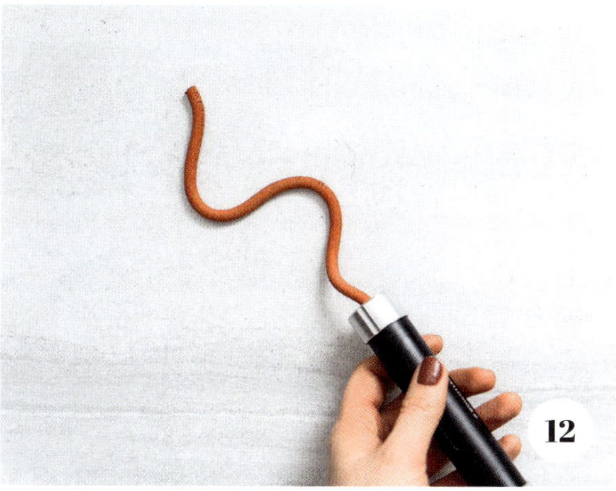

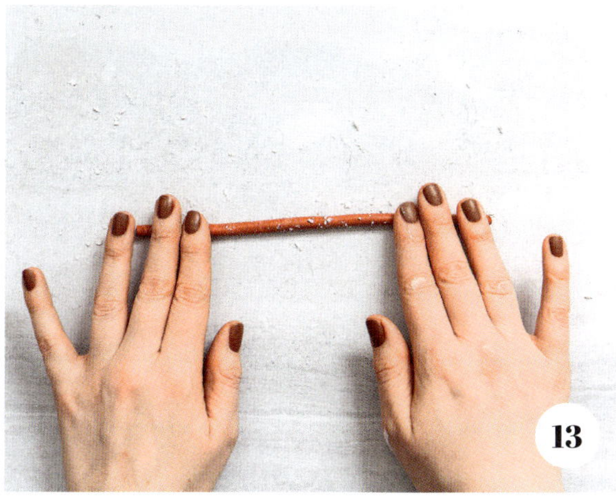

10. Die restliche Modelliermasse mehrmals rollen, zusammendrücken und auseinanderziehen, bis sie weich und warm ist.

11. Etwa ein Viertel davon abschneiden, zu einer Rolle etwa in der Größe des Extruders formen und in den Extruder stecken. Wenn kein Extruder verwendet wird, die Masse für die Bögen zu dünneren Rollen formen. Es braucht dann aber einige Zeit, um die 30 cm langen Rollen zu formen. Dafür mit den Handflächen über die Rollen fahren, damit sie gleichmäßig dick werden.

12. Wird ein Extruder verwendet, den kreisförmigen Aufsatz einsetzen und die Masse gemäß der Anleitung in dünne Rollen formen. Wenn die Modelliermasse warm und formbar ist, sollte sie als geschmeidige Rolle herausgedrückt werden können. Wenn sie bricht, die Masse aus dem Extruder nehmen und wie in Schritt 3 beschrieben von Hand bearbeiten.

13. Noch einmal eine Prise von der zerkleinerten Modelliermasse aus derselben Höhe wie zuvor auf die nicht haftende Arbeitsfläche streuen. Die zuvor geformte Rolle vorsichtig ein- bis zweimal ohne Druck darüberrollen. Anschließend überschüssige Stückchen abbürsten.

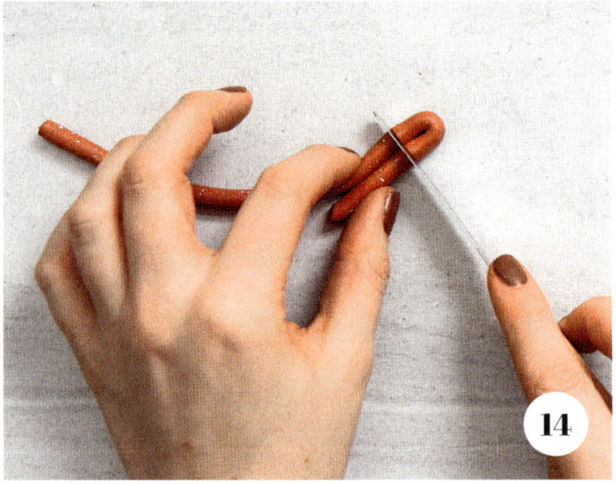

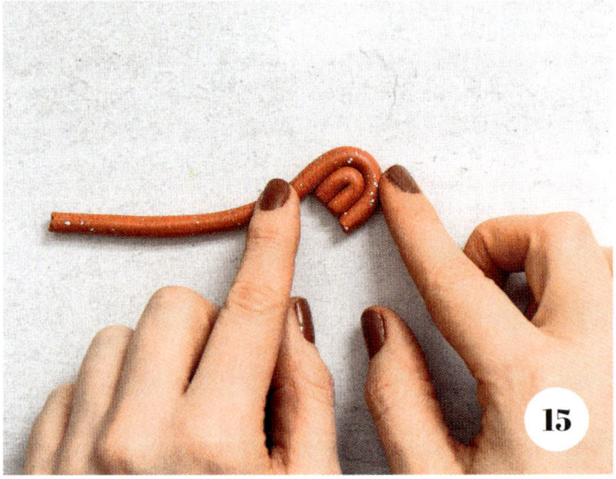

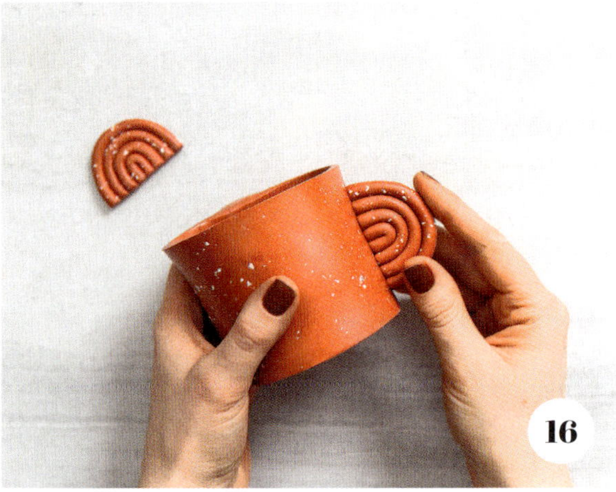

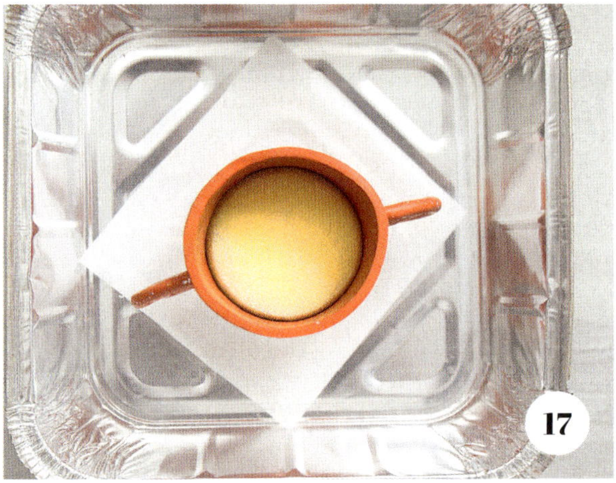

14. Nun den inneren Bogen anfertigen. Dafür ein 1 cm langes Ende der Rolle falten und vorsichtig die Seiten aneinanderdrücken, ohne dass sie sich dabei verformt. Das längere Ende abschneiden.

15. Nun ein Ende der verbliebenen Rolle an diesen ersten Bogen legen und vorsichtig andrücken. Wieder das Ende gerade abschneiden.

16. Den letzten Schritt noch zweimal wiederholen, bis der Bogen für den Topf fertig ist. Einen weiteren Henkel für die andere Topfseite anfertigen. Die Henkel mittig an den Topf drücken. Mit etwas Druck halten sie leicht daran: Eine Hand innen in den Topf legen und mit der anderen Hand sanften Druck auf den Henkel ausüben.

17. Den Backofen auf 110 °C vorheizen. Eine Aluschale mit einem 20 × 20 cm großen Stück Backpapier auslegen und den Topf vorsichtig hineinsetzen. Mit einer zweiten Aluschale abdecken und 30 Minuten im Ofen backen. Anschließend die Schalen herausnehmen und den Topf vollständig abkühlen lassen, erst dann herausnehmen.

STUFENFÖRMIGER TEELICHTHALTER

Für diesen Teelichthalter wird eine einfache Technik mit mehreren Lagen von Modelliermasse verwendet, die eine Fläche für die Kerze bilden. Platzieren Sie ihn auf einem Regal, um ihm Tiefe und Charakter zu verleihen, oder als hübschen Blickfang auf einem Couchtisch. Dieses Design können Sie innerhalb von nur 15 Minuten anfertigen und trockenfertig machen. Der Trick besteht darin, die Modelliermasse mithilfe von Holzleisten auszurollen und auf Backpapier zu arbeiten, damit sich die Kreise leicht abnehmen und aufeinandersetzen lassen.

Verwenden Sie für Kerzenhalter immer ofenhärtende Modelliermasse, denn lufttrocknende hat eine fast papierne Qualität, die leicht brennt. Daher ist ofenhärtende Masse viel sicherer. Seien Sie bitte vorsichtig mit allen Materialien um offene Flammen und lassen Sie diese niemals unbeaufsichtigt. Lassen Sie Kerzen auch nie bis auf die Modelliermasse herunterbrennen und achten Sie darauf, dass die Flamme nicht mit ihr in Kontakt kommt.

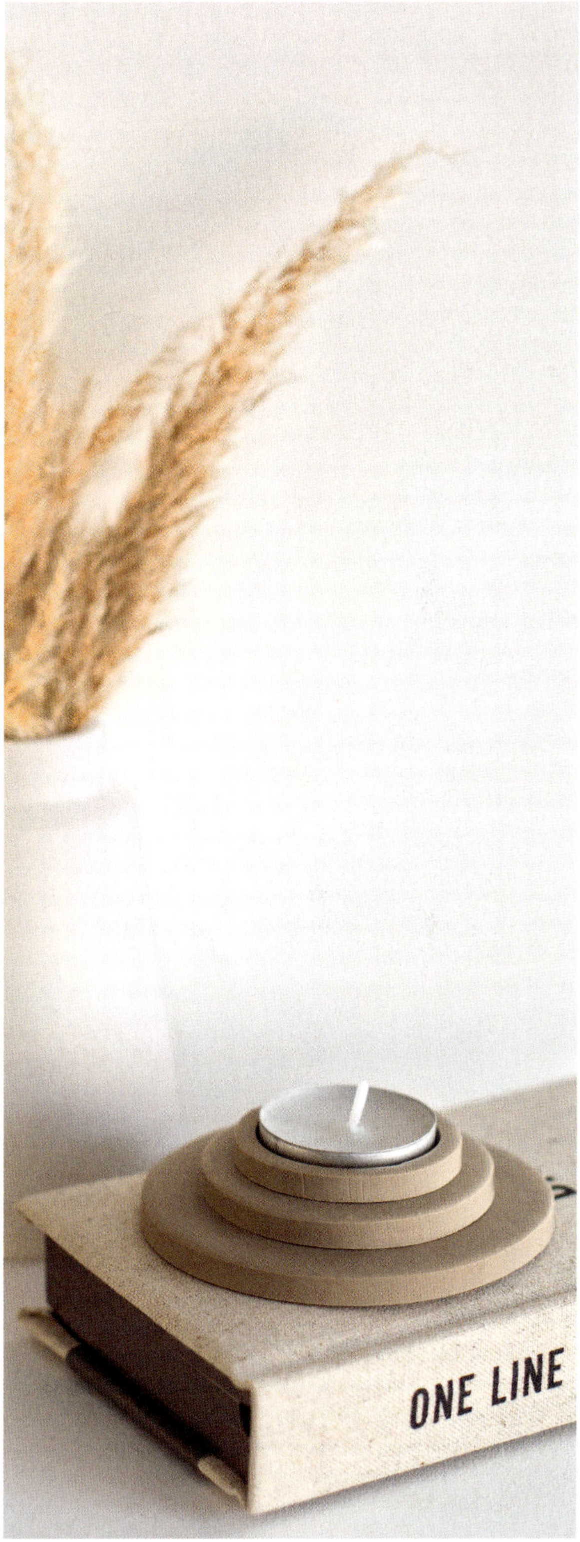

Material

100 g FIMO soft Modelliermasse in Taupe

2 Holzleisten, je 2,5 × 38 × 0,3 cm

Acryl-Tonroller

runder Keksausstecher, 9 cm Durchmesser

runder Keksausstecher, 6 cm Durchmesser

runder Keksausstecher, 5 cm Durchmesser

runder Keksausstecher, 4 cm Durchmesser

2 Aluschalen, jeweils 25 × 25 cm

Backpapier

feinkörniges Nass-oder-trocken-Schmirgelpapier

Teelicht

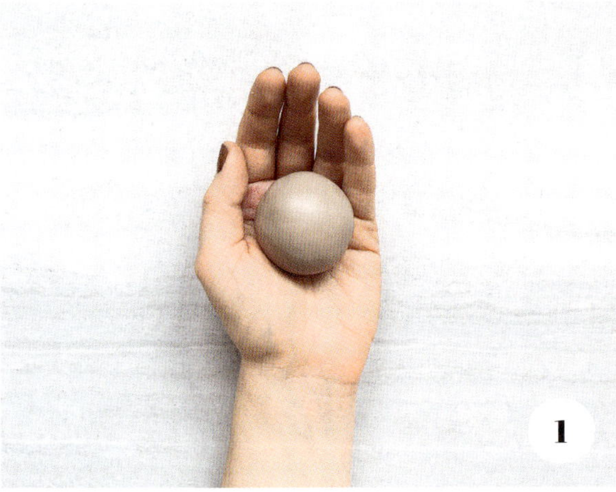

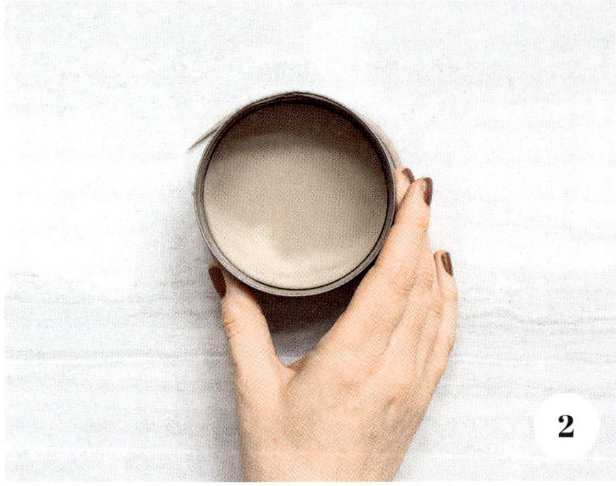

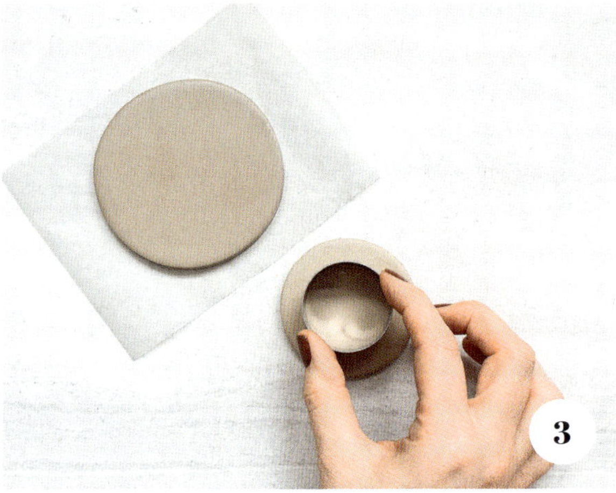

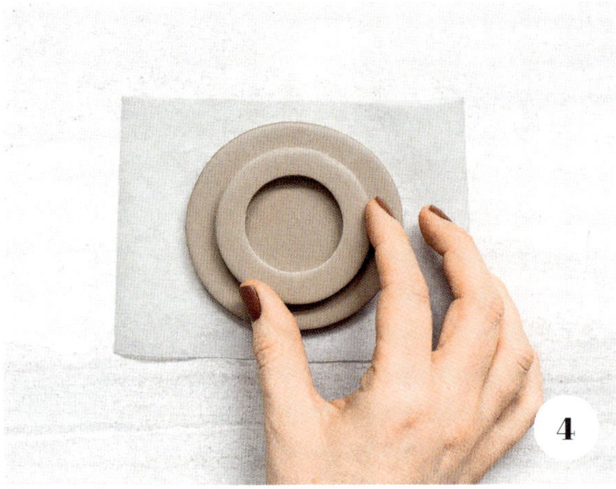

1. Die Modelliermasse in vier Stücke brechen und die Viertel jeweils zwischen den Handflächen 30 Sekunden erwärmen. Dann mehrmals ausrollen, zusammenkneten und zu einer Kugel formen, bis sie weich und formbar ist. Nun alle erwärmten Stücke zusammen zu einer einzigen Kugel formen.

2. Die Masse zwischen die Holzleisten auf eine nicht haftende Arbeitsfläche legen und ausrollen, bis die Rolle leicht darübergleitet und die Masse so dick wie die Hölzer ist. Mit den Keksausstechern drei Kreise von 9 cm, 6 cm und 5 cm Durchmesser ausstechen. Dafür den Keksausstecher jeweils in die Masse drücken und ein wenig in beide Richtungen drehen, dann mit dem ausgestochenen Kreis abnehmen.

3. Den 4 cm großen Keksausstecher mittig auf das 6 cm große Stück setzen. In Ruhe die korrekte Position in der Mitte ausfindig machen, damit der Teelichthalter schön gleichmäßig wird. Den Keksausstecher in die Masse drücken und ein wenig in beide Richtungen drehen, dann mit dem Kreis aus der Modelliermasse hochnehmen.

4. Den dabei entstandenen äußeren Ring auf den größten Kreis legen. Vorsichtig mit den Fingerspitzen andrücken, dabei jedoch nicht die Kanten andrücken, sie sollen klar hervorstehen.

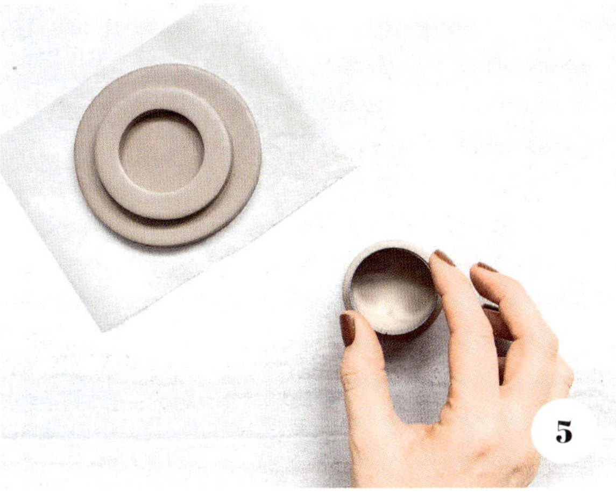

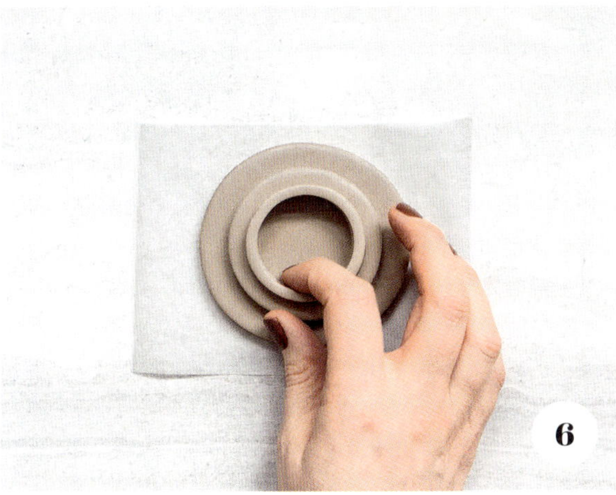

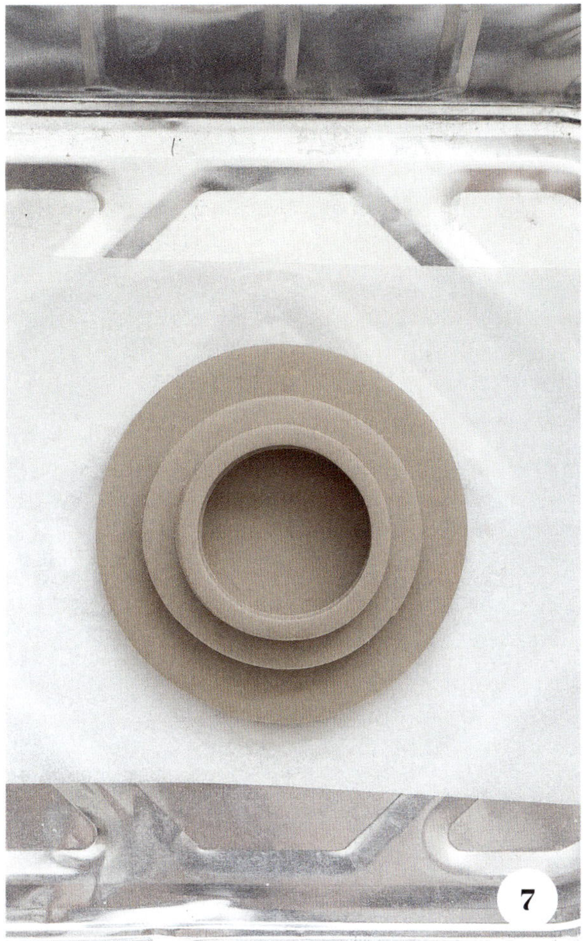

5. Den 4 cm großen Keksausstecher mittig auf den 5 cm großen Kreis legen. Auch hier wieder sorgfältig die korrekte Position in der Mitte ausfindig machen. Den Keksausstecher in die Masse drücken und ein wenig in beide Richtungen drehen, dann mit dem Kreis aus Modelliermasse hochnehmen.

6. Den dabei entstandenen äußeren Ring auf die beiden übereinandergelegten Stücke setzen, dabei mittig ausrichten. Mit den Fingerspitzen vorsichtig andrücken, nicht jedoch die Kanten, sodass die Stufenform klar erkennbar ist. Die Fuge auf der Innenseite mit den Fingern verwischen. Dabei vorsichtig arbeiten, damit die Ringe nicht aus der Form geraten.

7. Den Backofen auf 110 °C vorheizen. Eine Aluschale mit einem 20 × 20 cm großen Stück Backpapier auslegen. Den Teelichthalter vorsichtig hineinstellen, mit einer zweiten Aluschale abdecken und 30 Minuten im Ofen backen. Anschließend die Schale herausnehmen und die Modelliermasse vollständig abkühlen lassen, erst dann herausnehmen.

Wenn die Masse ausgekühlt ist, die Oberfläche mit feuchtem Schmirgelpapier glätten und dabei Unregelmäßigkeiten entfernen und die Kanten schleifen. Danach den Teelichthalter unter fließendem Wasser abwaschen und vollständig trocknen lassen.

Ein Teelicht mit seiner Alu-Schale oben in das Loch setzen.

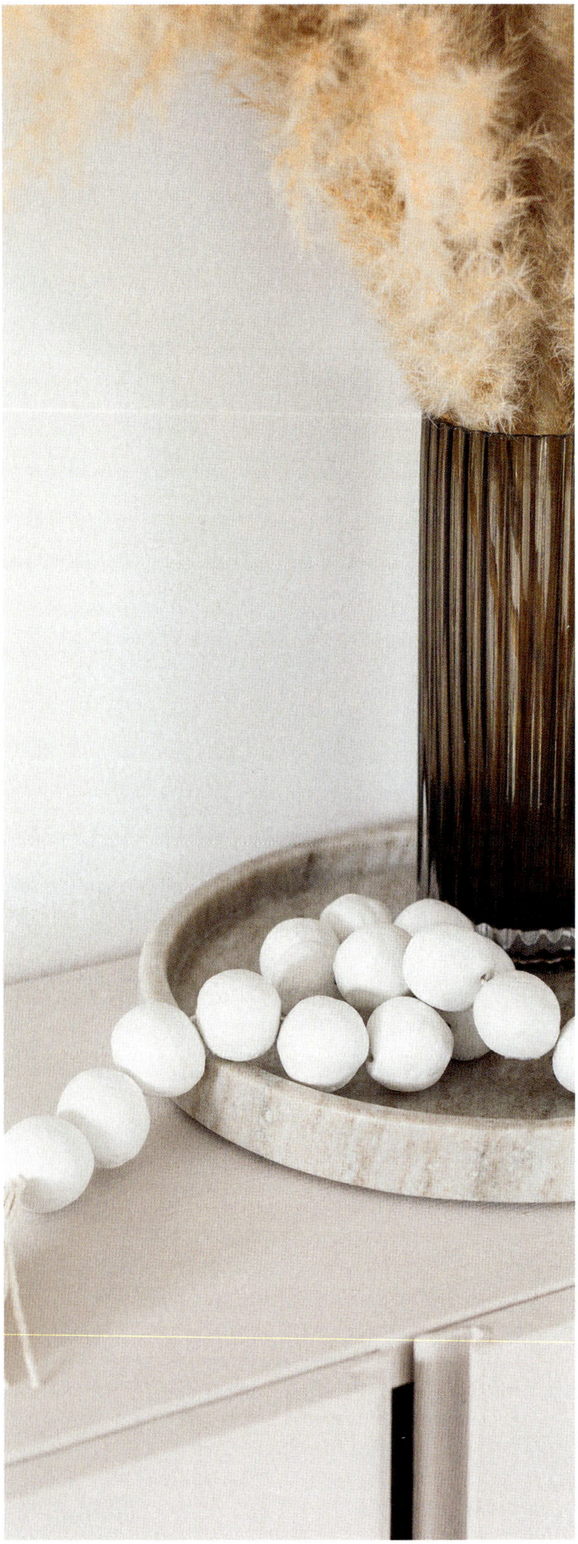

PERLEN-GIRLANDE AUF JUTESCHNUR

Girlanden sind nicht mehr nur zum Aufhängen gedacht. Legen Sie sie zusammengerollt auf ein Regal oder in einen kleinen Korb oder über die Bücher auf dem Sofatisch. Um einen lässigen, schicken Look zu erzeugen, können Sie an ein Ende eine frei hängende Quaste anbringen, so ist das Styling perfekt.

Diese Girlande verbindet die natürliche Struktur von lufttrocknender Modelliermasse mit Juteschnur, sodass ein erdiger, organischer Look entsteht. Beim Formen der Perlen muss man nicht pingelig mit ihrer Form, Größe und Struktur sein – so hat man auch größere Freiheit, den Arbeitsprozess zu genießen. Bei diesem Projekt wird die Masse im Gefrierfach gekühlt, damit man die Löcher besser hineinstechen kann. Das ist nicht unbedingt notwendig, aber so bleiben die Perlen besser in Form, wenn man eine Ahle oder einen Spieß durchsticht.

Material

850 g lufttrocknende Modelliermasse von DAS in Weiß

Babyöl

Backpapier

Aluschale, 25 × 25 cm

Ahle oder Spieß

feinkörniges Schmirgelpapier

Schere

Juteschnur

Sekundenkleber

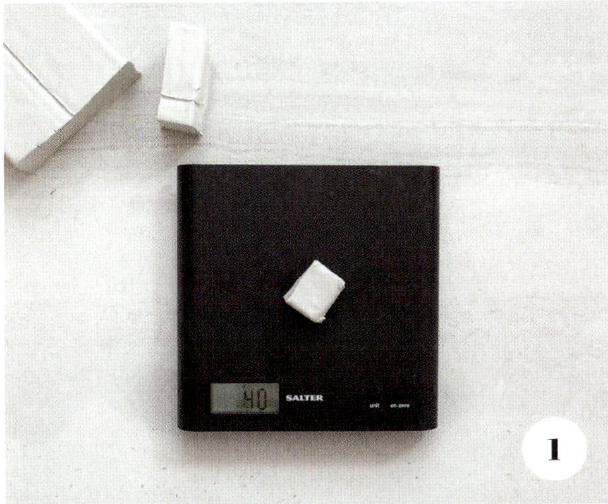

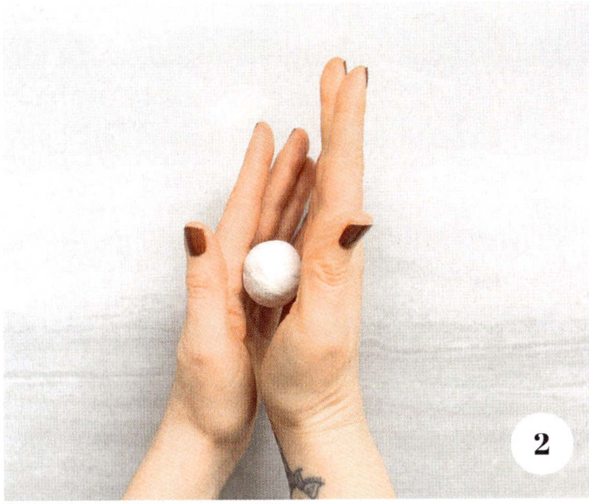

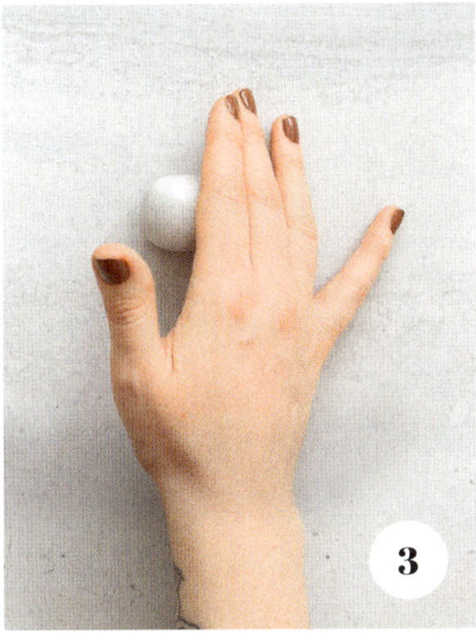

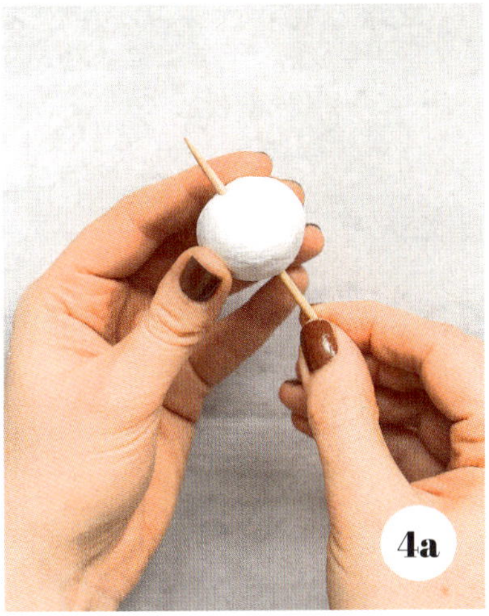

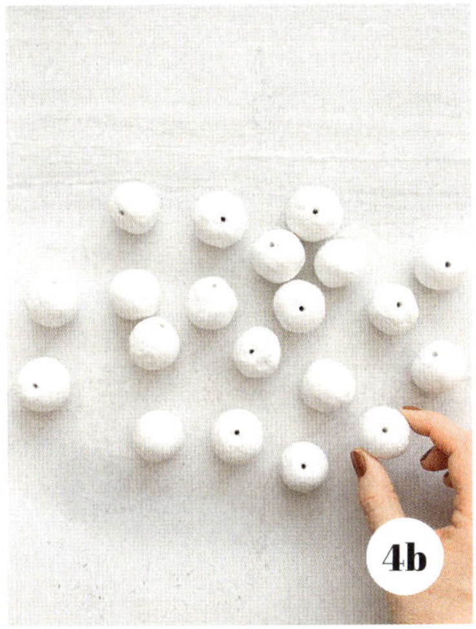

1. Aus der Modelliermasse 20 Stücke von je 40 g abstechen, dabei jedes Stück einzeln wiegen, damit alle Perlen in etwa gleich groß werden.

2. Die Handflächen und Finger mit Babyöl einfetten. Ein Stück Modelliermasse zwischen den Handflächen zu einer Kugel formen.

3. Wenn die Form in etwa stimmt, die Kugel auf Backpapier legen. Dann mit der Handfläche vorsichtig in kreisenden Bewegungen rollen, sodass sie gleichmäßig rund wird. Den Vorgang mit der restlichen Modelliermasse wiederholen. Das Backpapier mit den Kugeln in eine Aluschale legen und 30 Minuten in das Gefrierfach stellen.

4. Vorsichtig eine Ahle oder einen Spieß durch die Kugeln drehen (siehe Abbildung 4a). Dabei darauf achten, dass diese mittig durchstochen werden. Wenn Sie das andere Ende erreichen, den Spieß herausziehen und noch einmal von der anderen Seite durchstechen, sodass das Loch in der Perle glatt wird (siehe Abbildung 4b).

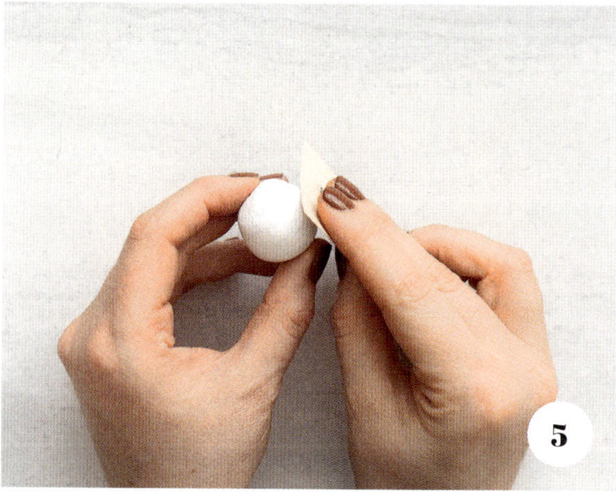

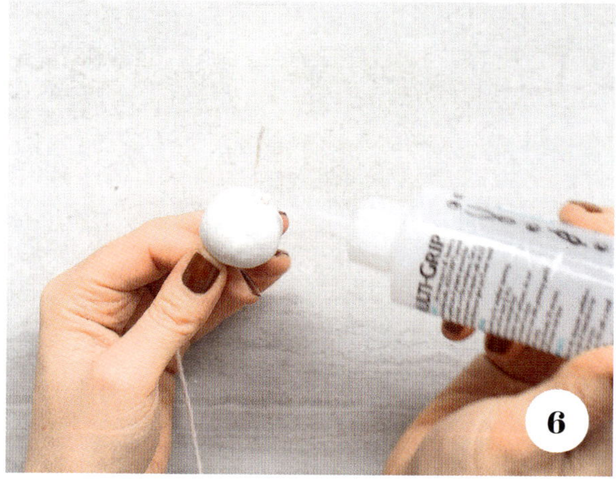

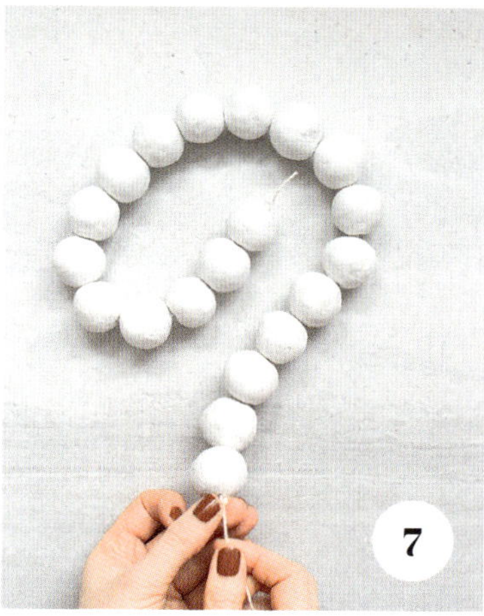

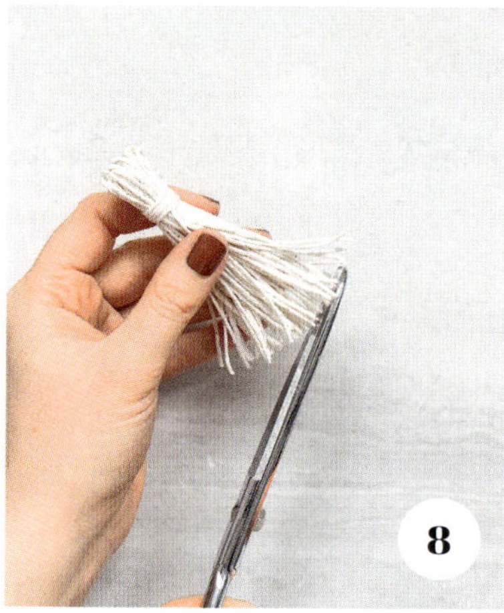

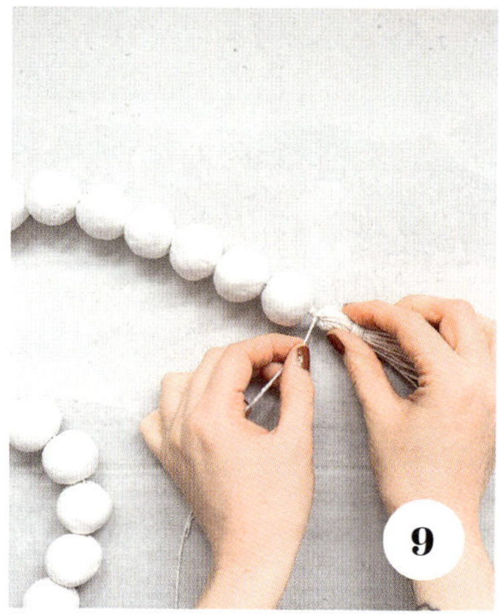

5. Die Kugeln an einem warmen, trockenen Ort 48 Stunden trocknen lassen. Deutlich sichtbare Unregelmäßigkeiten mit Schmirgelpapier abschleifen. Es ist schwierig und zeitraubend, wenn alle Kugeln genau gleich werden sollen – am besten strebt man das erst gar nicht an. Hier sollen nur sichtbare Makel, die sehr auffällig sind, entfernt werden.

6. Von der Schnur etwa 1m abschneiden. In ein Ende einen dicken Knoten arbeiten, sodass die erste Perle nicht von der Schnur fallen kann. Den Knoten mit einem Tropfen Kleber fixieren und nach dem Trocknen die Schnur zurückschneiden.

7. Alle Perlen auffädeln und nach der letzten einen Knoten in die Schnur machen, aber die Schnur nicht abschneiden.

8. Eine Quaste anfertigen und dafür ein 3m langes Stück Schnur um alle Finger einer Hand wickeln. Mit dem Schnurende das so entstandene Bündel etwa 1cm unterhalb einer der beiden Schlaufen zusammenbinden. Dann das Fadenende verknoten und im Inneren des Bündels verstecken. Anschließend die untere Seite aufschneiden, sodass Einzelfäden herunterhängen.

9. Die Quaste möglichst dicht an der letzten Perle am Girlandenende festbinden. Überstehende Schnur auf etwa 2,5cm zurückschneiden und in die äußere Perle fädeln.

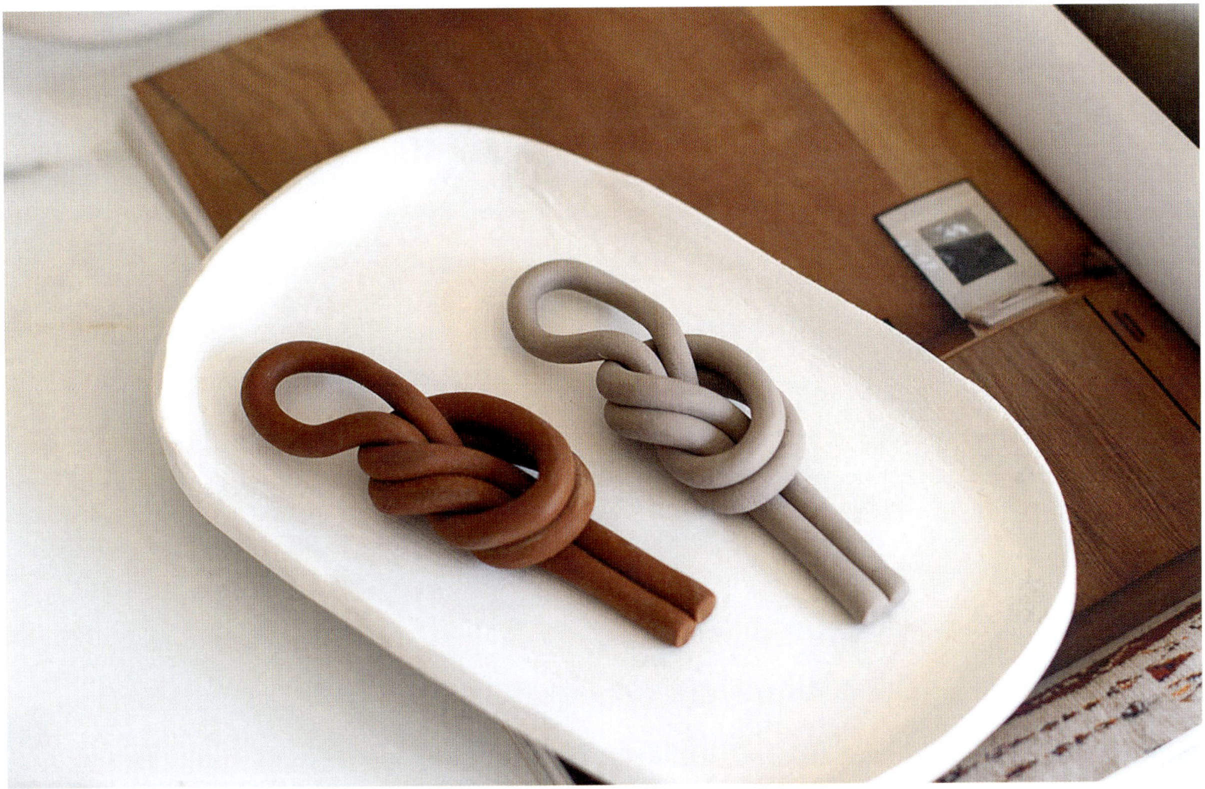

DEKO-KNOTEN

Alles in Ihrer Umgebung kann Sie inspirieren. Für diesen Knoten haben mich Makramee und Knüpfarbeiten inspiriert, deren Techniken hier für Modelliermasse übernommen wurden. Der glatte, makellose Knoten sieht auf einem Bücherstapel auf dem Sofatisch oder als schicker Briefbeschwerer fantastisch aus. Wir erzielen diesen Look, indem wir ofenhärtende Modelliermasse verwenden, und zwar sowohl wegen der Festigkeit als auch wegen des Aussehens – so wirkt er alles andere als handgemacht. Ich habe hier einen Extruder verwendet, aber das ist nicht unbedingt nötig. Ofenhärtende Modelliermasse lässt sich leicht zu Rollen formen, man kann auch gut nur von Hand einen glatten, geschmeidigen Look erzielen. Nehmen Sie sich beim Ausrollen von Hand Zeit und üben Sie stets gleichmäßigen Druck aus. Achten Sie auch darauf, dass die Arbeitsfläche sauber und trocken ist. Wenn es schiefgeht, kneten Sie alles noch einmal zusammen und beginnen von vorn!

Material

30 g FIMO soft Modelliermasse in Taupe oder Schokoladenbraun

Ton-Extruder

Bastelmesser

Backpapier

2 Aluschalen, jeweils 25 × 25 cm

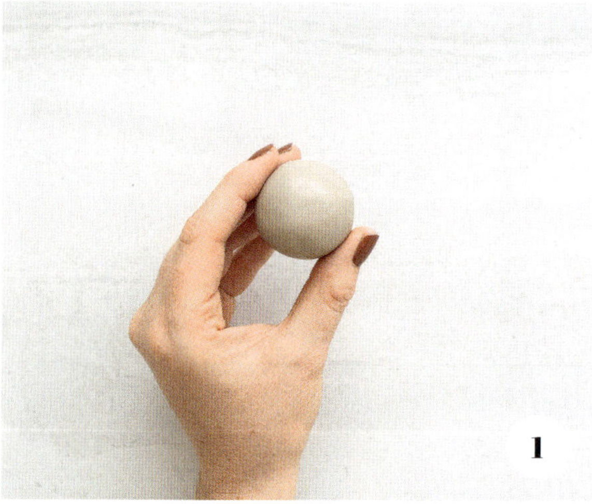

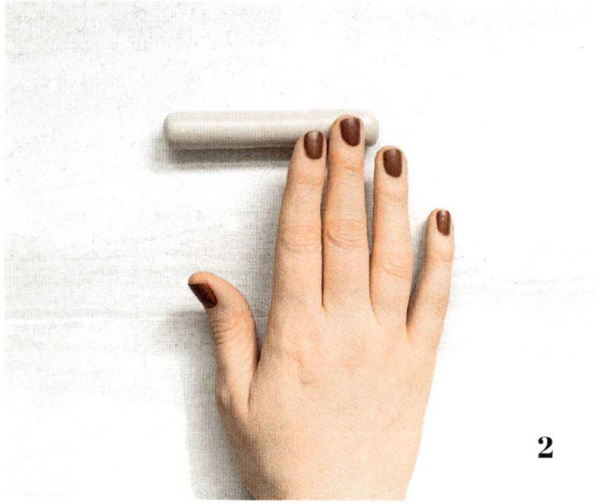

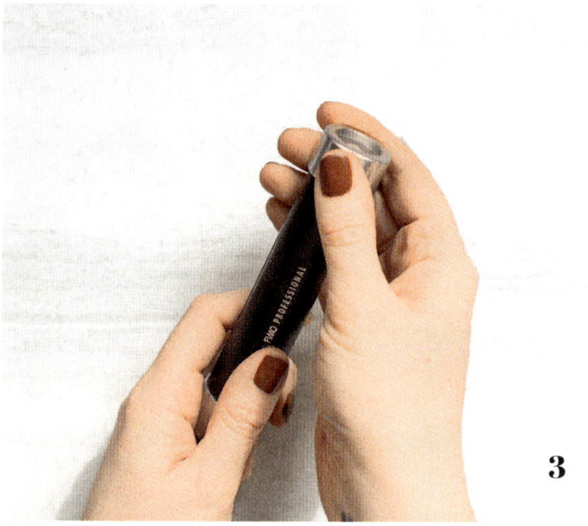

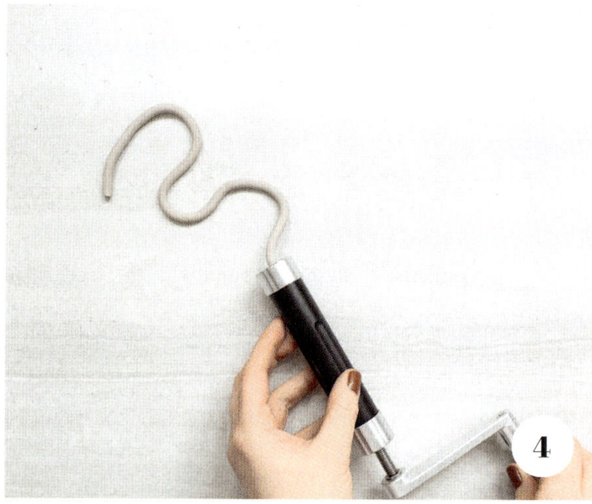

1. Die Modelliermasse zwischen den Handflächen 30 Sekunden erwärmen und dann mehrmals ausrollen, zusammenkneten und zu einer Kugel formen, bis sie weich und formbar ist. Anschließend zu einer Kugel formen.

2. Diese auf eine nicht haftende Arbeitsfläche legen und von Hand zu einer Rolle formen, bis diese in den Extruder passt.

3. Den Hebel des Extruders so lange drehen, bis der Stift ganz herausgezogen ist. Die Modelliermasse hineindrücken und so weit wie möglich nach unten schieben. Überschüssige Masse mit einem Bastelmesser abschneiden, die runde Extruderform aufsetzen und den Deckel aufschrauben.

4. Den Hebel des Extruders in die entgegengesetzte Richtung drehen. So tritt die Modelliermasse durch die Form und bildet eine lange, dünne Rolle. Dabei eine gleichmäßige Geschwindigkeit beibehalten und den Extruder nah an die Arbeitsfläche halten, damit die Rolle nicht bricht. Während des Drehens den Extruder langsam von der austretenden Modelliermasse wegziehen.

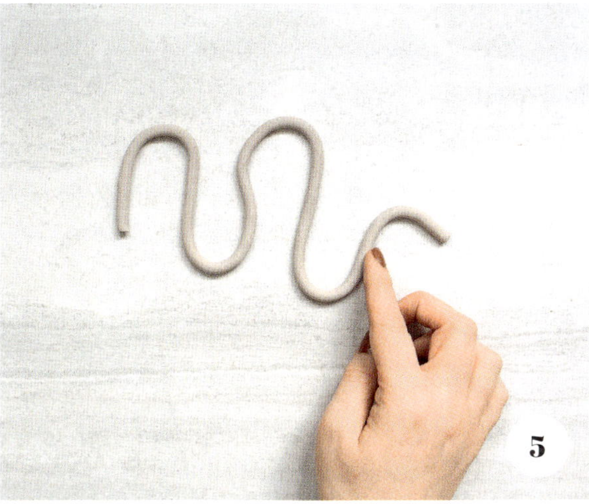

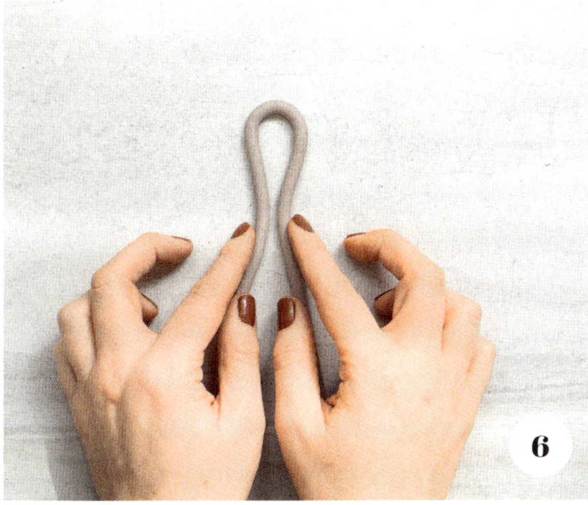

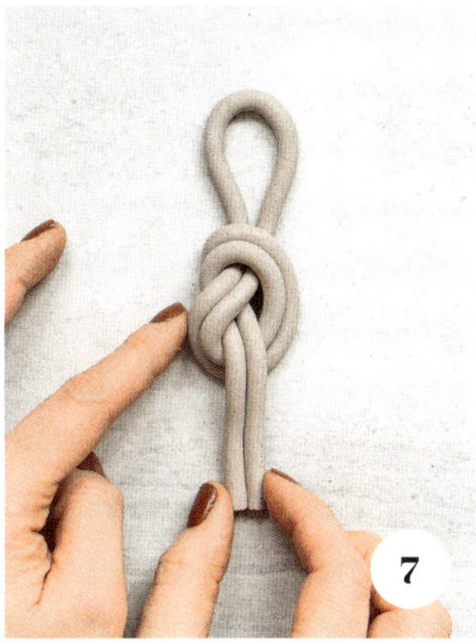

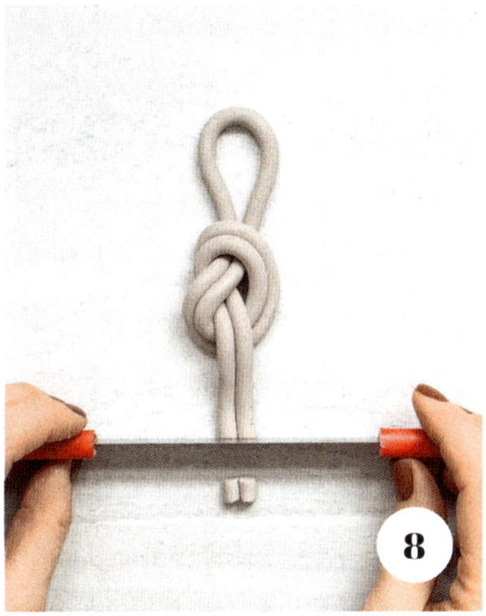

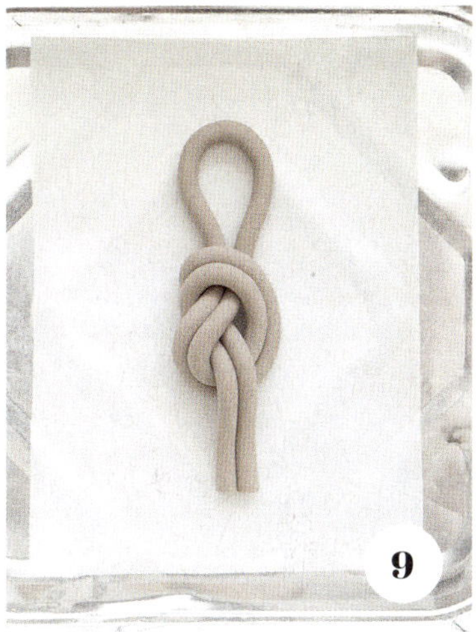

5. Wenn die Rolle etwa 51 cm lang ist, die Masse vom Extruder abschneiden und diesen auf die Seite legen. Mit den Fingern etwaige Risse glatt streichen.

6. Die Rolle vorsichtig zur Hälfte falten, sodass sich eine Schlaufe bildet. Diese nicht zusammendrücken, damit die Masse sich nicht verformt oder bricht.

7. Die entstandene Schlaufe mit einer Hand festhalten und mit der anderen Hand die beiden Enden zu einer weiteren Schlaufe legen. Die Enden unter die Rolle führen, dann wieder darüber zurück und durch die zweite Schlaufe, sodass ein lockerer Knoten entsteht.

8. Die beiden Rollen sollen dabei im Knoten nebeneinanderliegen und sich nicht kreuzen. Wenn die Form stimmt, die Enden mit einem Bastelmesser zurückschneiden.

9. Den Backofen auf 110 °C vorheizen. Eine Aluschale mit einem 20 × 20 cm großen Stück Backpapier auslegen. Den Knoten hineinlegen und mit einer zweiten Aluschale abdecken. Dann 30 Minuten im Ofen aushärten lassen. Anschließend die Aluschale aus dem Ofen nehmen und die Modelliermasse vollständig abkühlen lassen, erst dann herausnehmen.

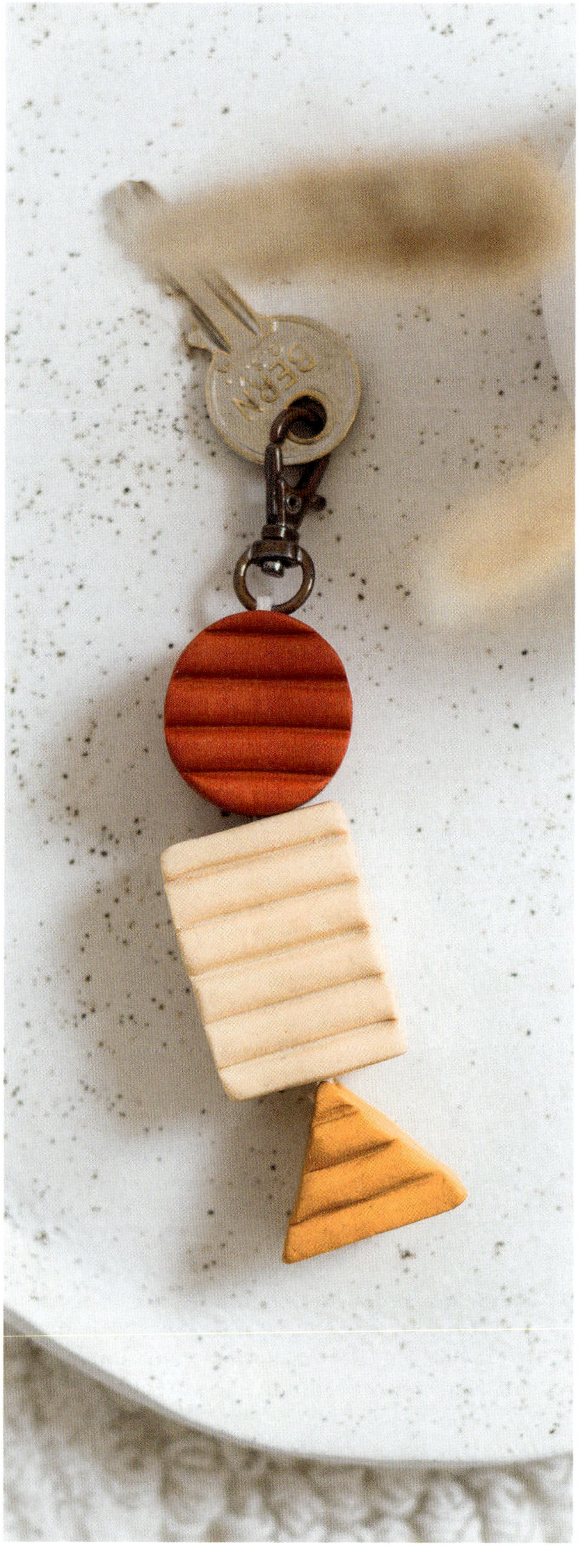

SCHLÜSSEL-ANHÄNGER MIT FORMPERLEN

Manchmal braucht man ein schnelles Bastelprojekt, und das ist so eines! Der fertige Anhänger wird Ihnen gefallen, und er ist auch für Anfänger*innen geeignet. Seine farbenfrohen Formen werten die Schlüssel auf und verkürzen das tägliche Kramen in der Tasche deutlich! Damit diese Formen gleichmäßig und symmetrisch werden, brauchen Sie Keksausstecher. Diese Ausstechformen stammen aus einem Set, das ich regelmäßig verwende. Es gibt sie im Internet bei Amazon oder eBay. Es kann schwieriger sein, den Ausstecher in die Masse zu drücken, wenn sie direkt aus der Packung kommt. Ich empfehle dann, etwas Flaches auf den Ausstecher zu legen und damit Druck auszuüben.

Material

57 g FIMO soft Modelliermasse in Terrakottarot mit Rilleneffekt

je 1 kleiner runder, rechteckiger und dreieckiger Keksausstecher

Messer mit flacher Klinge

2 Aluschalen, jeweils 25 × 25 cm

Spieße

57 g FIMO soft Modelliermasse in Champagnerweiß mit Rilleneffekt

57 g FIMO soft Modelliermasse in Ocker mit Rilleneffekt

Backpapier

Schere

dünne Baumwollschnur

Schlüsselring oder Karabinerhaken

Sekundenkleber

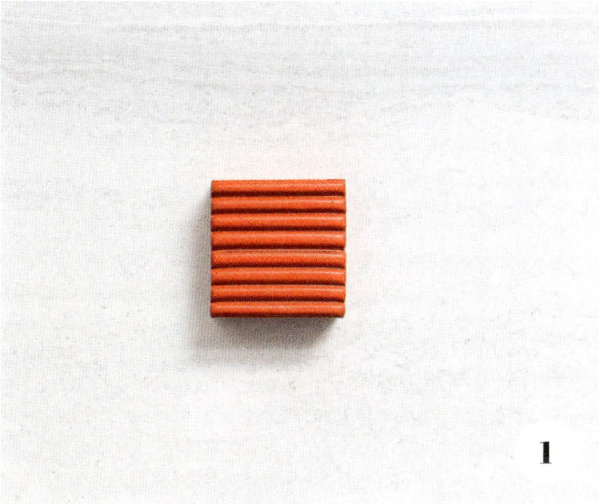

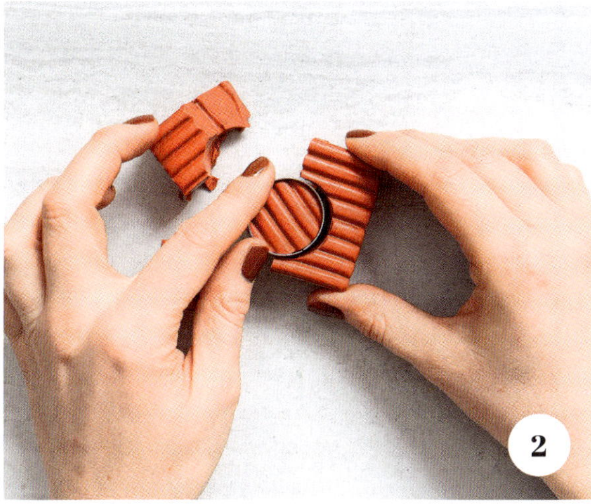

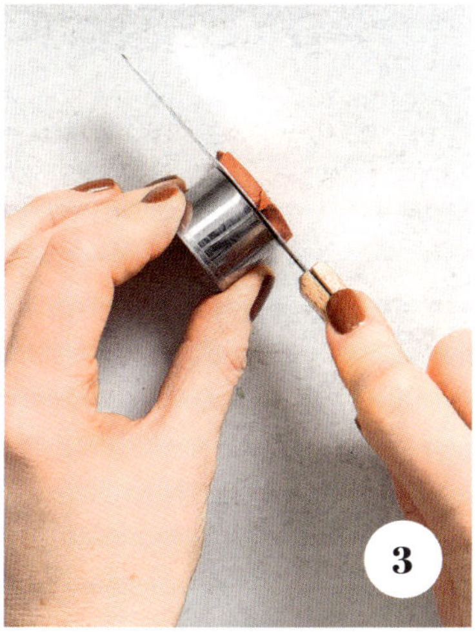

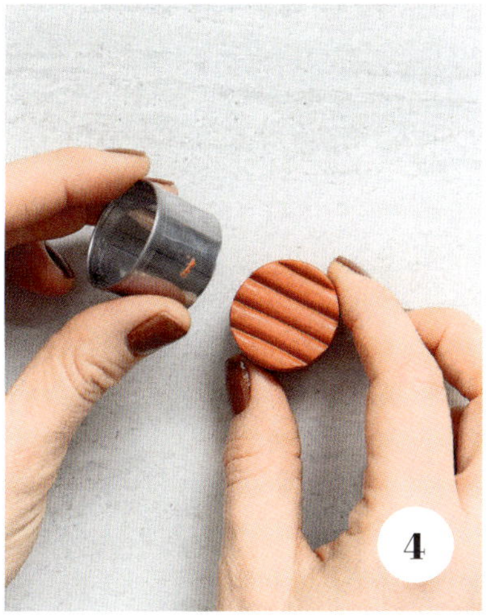

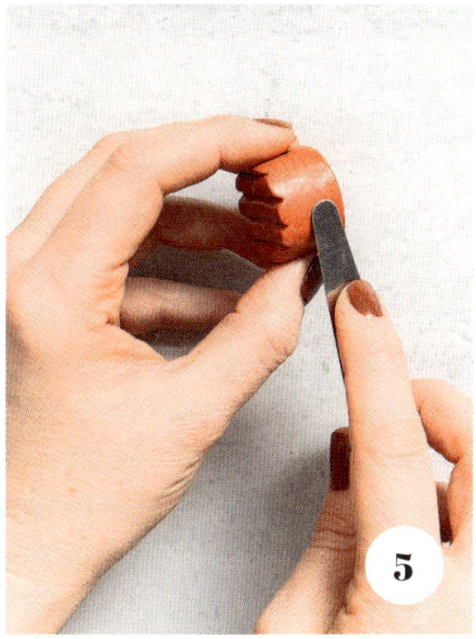

1. Den terrakottaroten Block Modelliermasse aus der Packung nehmen. Darauf achten, dass er keine Risse hat. Wenn er Beschädigungen aufweist, diese mit dem Finger glatt streichen.

2. Die Masse mit der flachen Seite nach unten auf eine nicht haftende Arbeitsfläche legen und mit der Handfläche einen kleinen Ausstecher hineindrücken. Wenn die Masse zu hart ist, ein Stück Holz auf den Ausstecher legen und Druck ausüben. So lange drücken, bis der Ausstecher fast durch die Masse durchgedrückt ist, dann die äußeren Ränder abbrechen.

3. Mit einem flachen Messer dicht an der Kante des Ausstechers entlang überschüssige Modelliermasse abschneiden. Das Stück mit dem Ausstecher in einer Aluschale 1 Stunde in das Gefrierfach legen.

4. Dann die Masse langsam und vorsichtig aus dem Ausstecher drücken und darauf achten, die Rillenstruktur nicht zu zerstören. Wenn sie zu weich ist, die Masse mit dem Ausstecher für eine weitere Stunde in das Gefrierfach legen, bis sie sich einfacher lösen lässt, ohne dass sie beschädigt wird.

5. Die Außenseite mit dem Messer glätten.

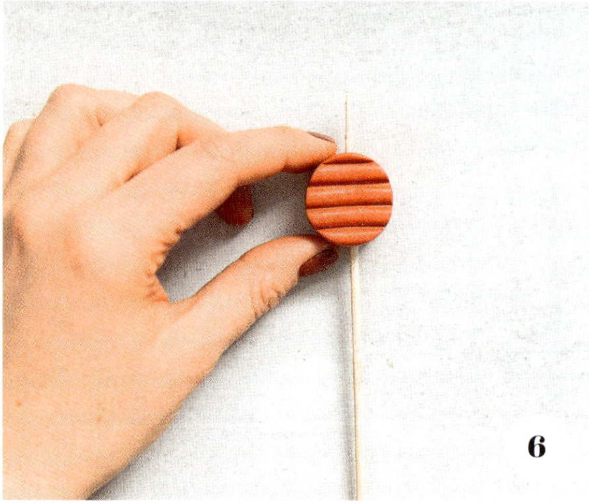

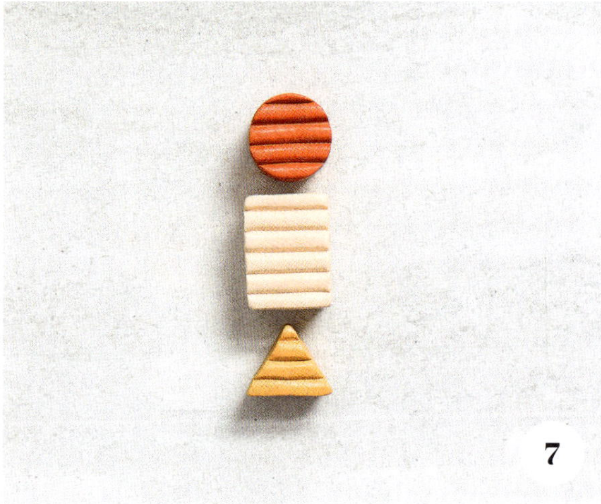

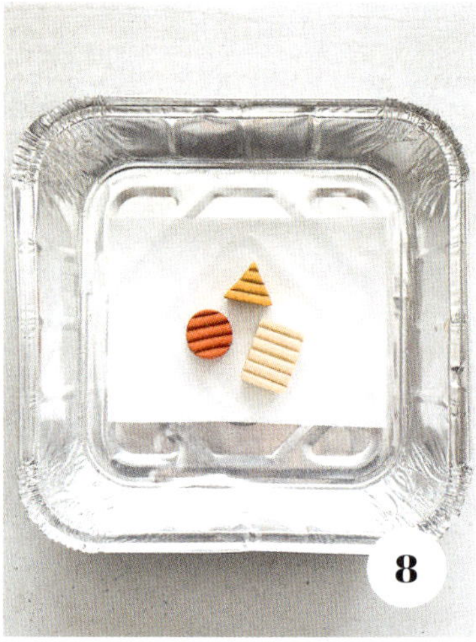

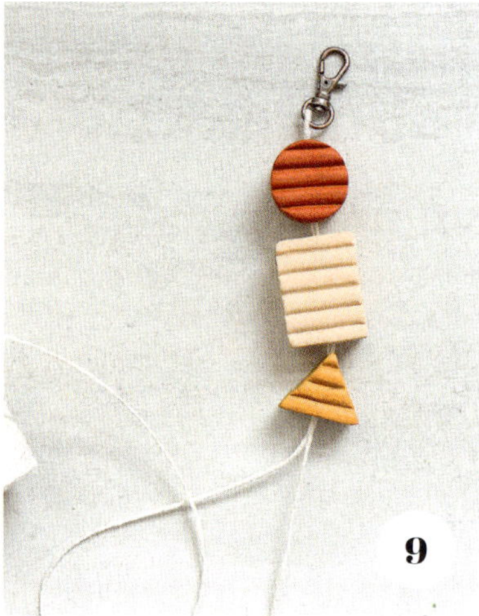

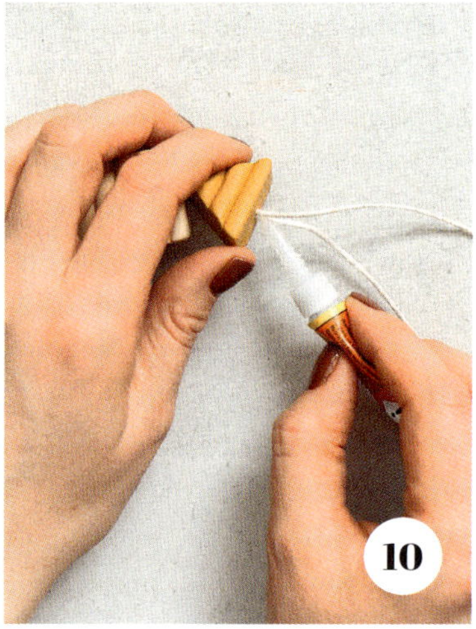

6. Mit einem Spieß ein Loch mittig durch die Perle stechen. Wenn der Spieß an der anderen Seite heraustritt, diesen zurückdrehen und von der gegenüberliegenden Seite noch einmal durchstechen. So wird das Loch glatt und gleichmäßig.

7. Die Schritte 1 bis 6 mit der Modelliermasse in den anderen Farben und mit den anderen Formen wiederholen.

8. Den Backofen auf 110 °C vorbereiten. Eine Aluschale mit einem 20 × 20 cm großen Stück Backpapier auslegen. Die Formen hineinlegen, mit einer zweiten Aluschale abdecken und 30 Minuten im Ofen aushärten lassen. Anschließend die Schale aus dem Ofen nehmen und die Modelliermasse auskühlen lassen, erst dann herausnehmen.

9. Von der Schnur 1 m abschneiden. Unten durch die letzte Perle und durch die beiden anderen fädeln, durch den Karabinerhaken ziehen und wieder zurück durch alle Perlen fädeln.

10. Die Enden fest miteinander verknoten. Den Knoten mit einem Tropfen Kleber sichern, in der Perle verstecken und trocknen lassen.

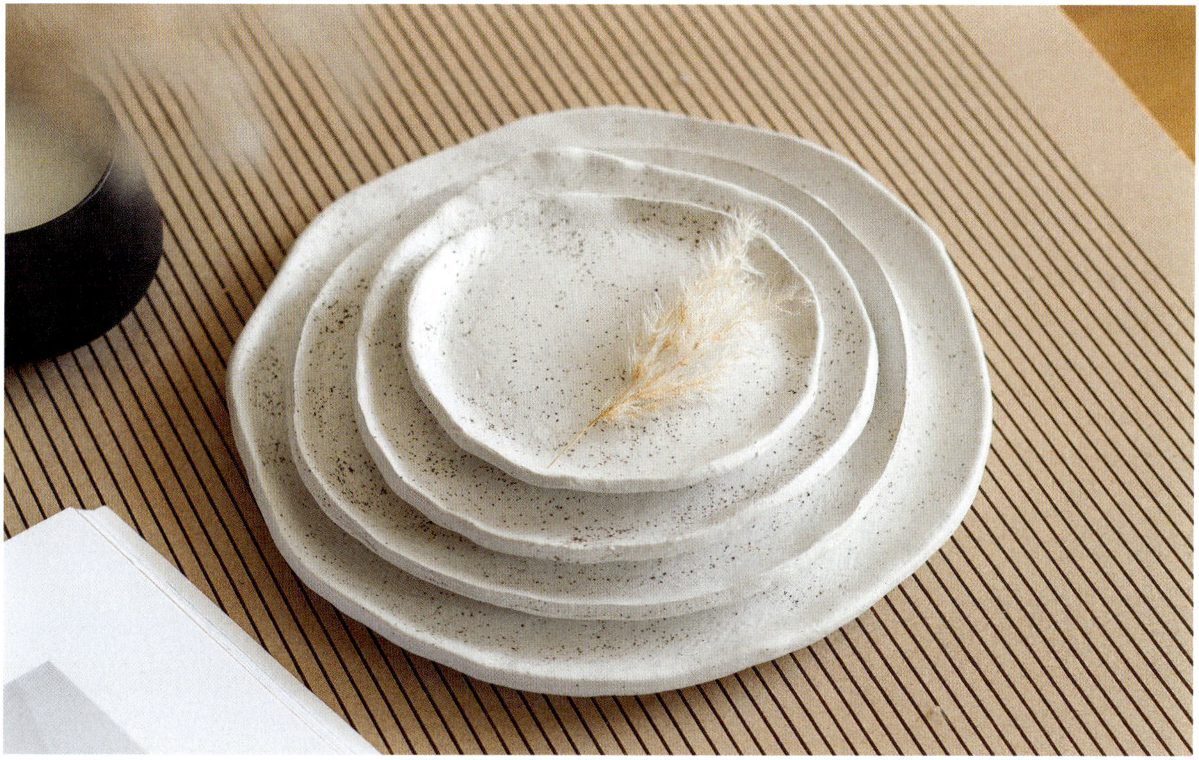

TELLER-SET MIT GESPRENKELTER GLASUR

Sets mit gestapelten Tellern wirken sehr attraktiv, damit kann man jeden Tisch aufwerten. Sie sind ästhetisch ansprechend und nützlich, um darin Schmuck oder andere Kleinigkeiten aufzubewahren. Außerdem eignen sie sich hervorragend, um Krümel aufzufangen – was im Alltag mit Kleinkindern oft vorkommt.

Die gesprenkelte Glasur ist der von Steingut nachempfunden. Keine Sorge, sie ist mit minimalem Aufwand herzustellen. Dafür benötigen Sie kein extra Werkzeug oder besondere Fähigkeiten, wahrscheinlich haben Sie alles, was dafür benötigt wird, in der Küche. Das Zaubermaterial ist ... Pfeffer! Ja, zerstoßener Pfeffer. Er hat die richtige Farbe und Struktur, ist ganz natürlich, außerdem völlig ungefährlich und ungiftig. Perfekt!

Material

1 kg lufttrocknende Modelliermasse von DAS in Weiß

2 Holzleisten, je 2,5 × 38 × 0,6 cm

Acryl-Tonroller

Lineal

Bastelmesser

3 EL grob gemahlener Pfeffer

Backpapier

Schwamm- oder Malpinsel

Polyurethan-Lack auf Wasserbasis

Hinweis: Diese Teller sind nur für dekorative Zwecke geeignet. Nicht als Speiseteller verwenden und nicht in Wasser tauchen.

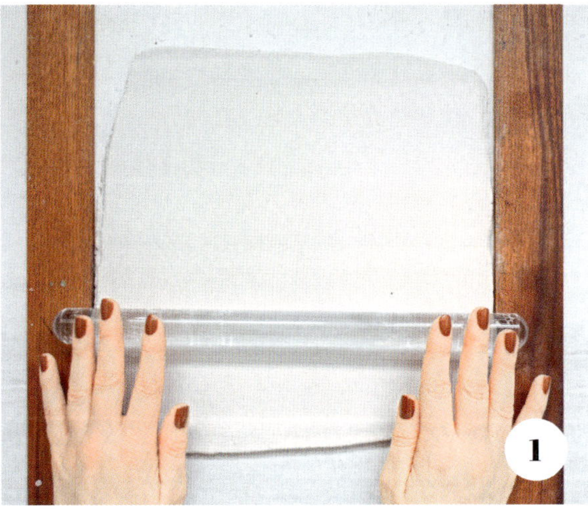

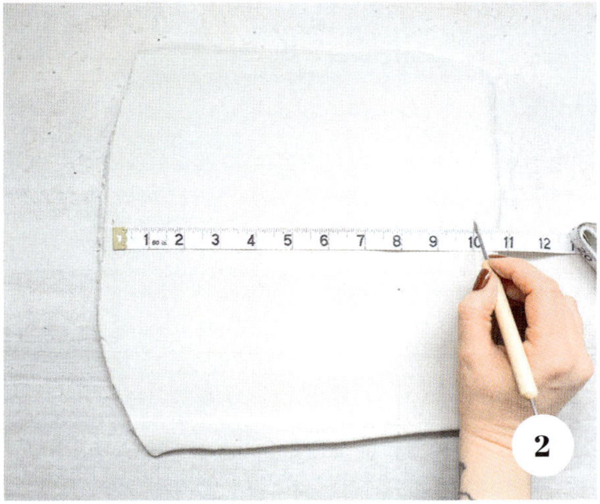

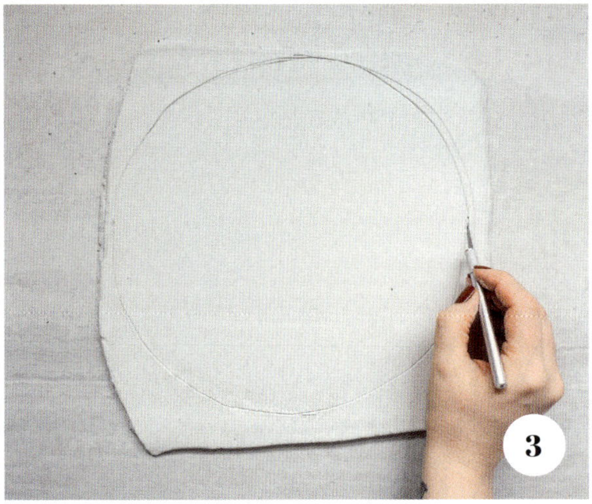

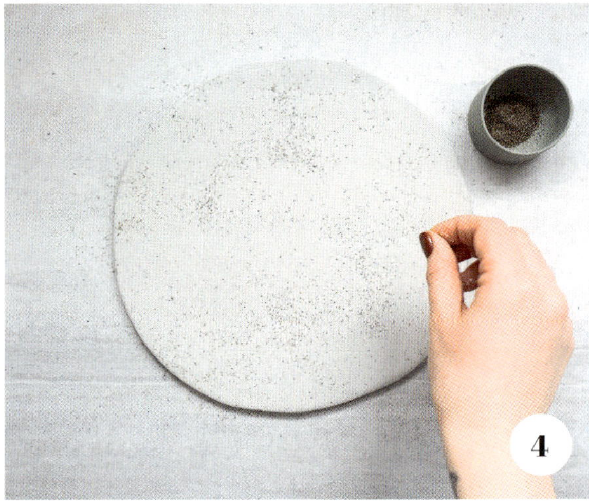

1. Die Modelliermasse zwischen die Holzleisten auf eine nicht haftende Arbeitsfläche legen und ausrollen, bis die Rolle leicht darübergleitet und die Masse so dick wie die Holzleisten ist.

2. Zuerst den größten Teller des Sets anfertigen. Dafür leichte Markierungen von 25 cm (auf dem Foto in Inches zu sehen) Durchmesser in der Breite und Höhe auf dem Ton anbringen.

3. Mit einem Bastelmesser einen Kreis mithilfe der Markierungen auftragen, er muss nicht ganz gerade sein. Denn der Look soll unkompliziert, nicht perfekt wirken, machen Sie sich also keine Gedanken, wenn der Kreis nicht symmetrisch wird. Nach Belieben den Kreis zuerst vorzeichnen und dann mit dem Messer ausschneiden.

4. Den Kreis auslösen und die Oberfläche mit gemahlenem Pfeffer bestreuen, sodass ein unregelmäßiges Muster entsteht.

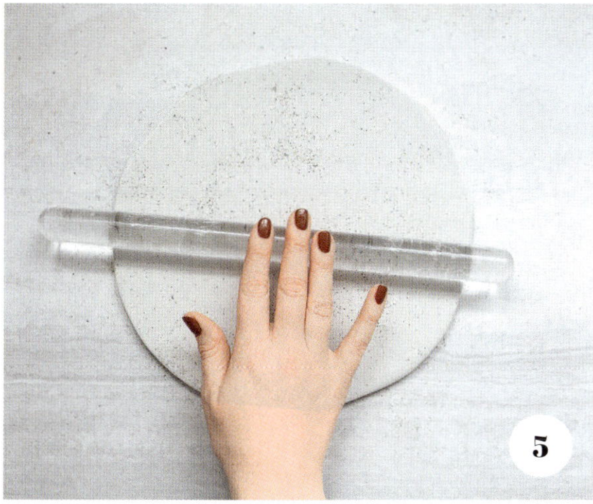

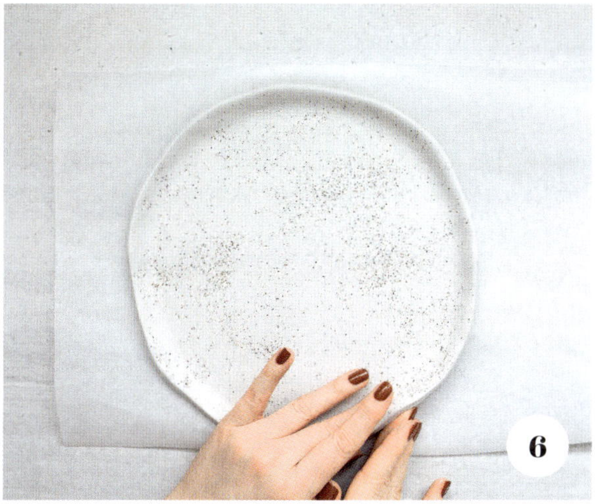

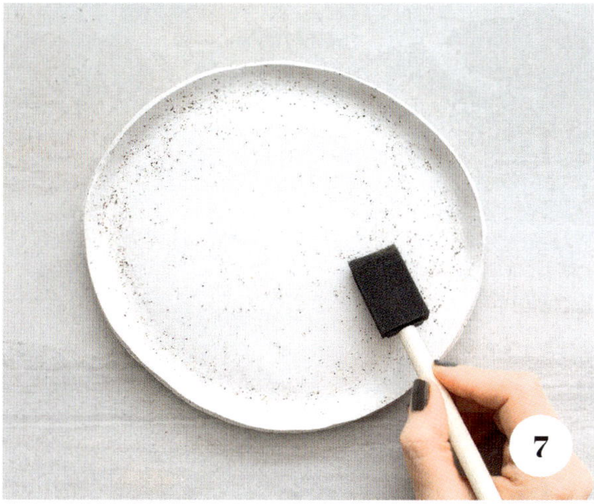

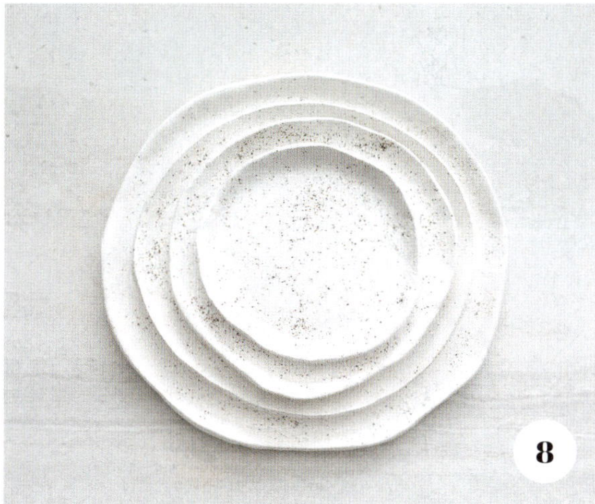

5. Vorsichtig über den Pfeffer rollen, sodass die Oberfläche flach wird. Dann die Masse an den Rändern anheben und eine Hand darunterschieben, um den Kreis zu lösen und auf Backpapier zu legen.

6. Mit den Fingern und Daumen den Rand rundum etwas hochdrücken und den Tellerrand formen. Die Modelliermasse auf einer ebenen Fläche in einem warmen Raum an der Luft aushärten lassen.

7. Mit dem Schwammpinsel die Oberfläche mit Lack bestreichen. Zwei Lackschichten auftragen, dazwischen die erste Schicht vollständig trocknen lassen. Dann den Teller zur Seite stellen und 24 Stunden trocknen lassen.

8. Die restlichen Teller mit Durchmessern von 21,5 cm, 18 cm und 14 cm anfertigen, dafür die beschriebenen Schritte wiederholen. Den Lack 24 Stunden trocknen lassen, dann erst die Teller stapeln.

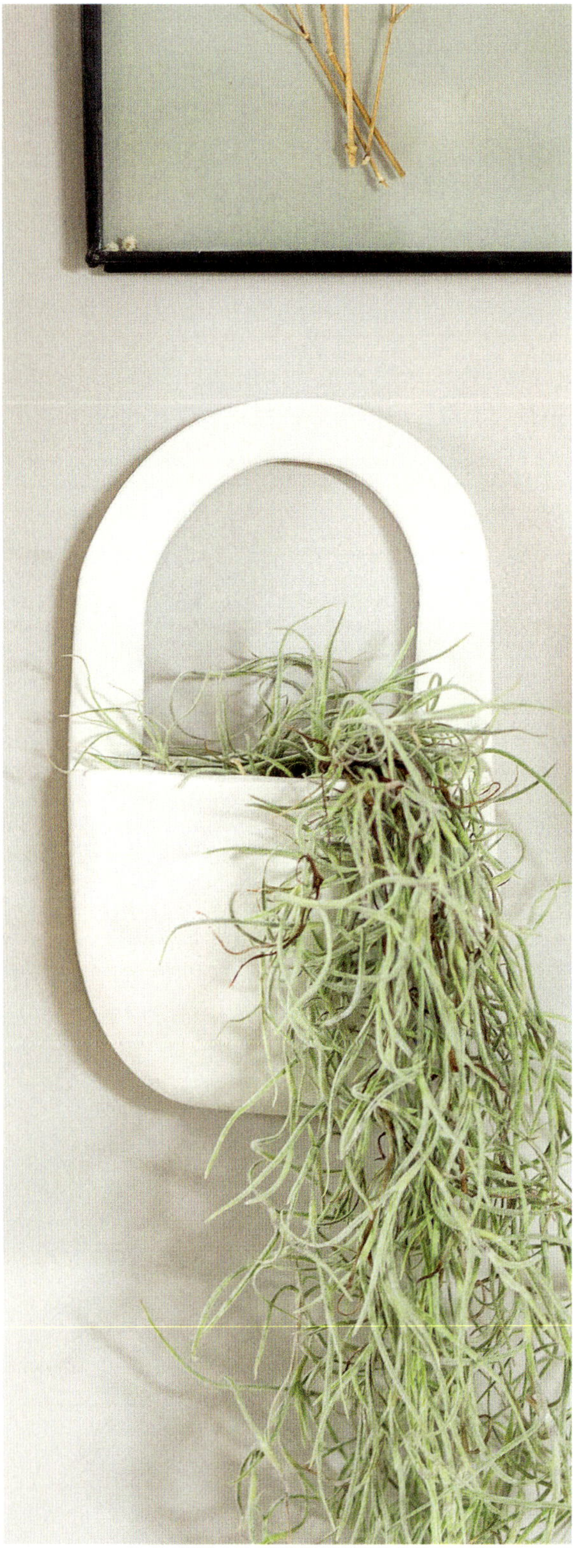

PFLANZEN-TASCHE FÜR DIE WAND

Ich liebe den organischen Look, den luftgetrocknete Modelliermasse einem Teil verleiht. Dieser Pflanzentasche gibt sie ein weicheres, weniger poliertes Aussehen, wie man es dieses Jahr bei vielen Einrichtungstrends sieht.

Mit Lack und einer Plastiktüte können Sie eine wasserfeste Barriere schaffen und die Modelliermasse vor Abnutzung durch Flüssigkeiten schützen. Dieses Stück ist zwar nicht gänzlich wasserfest, aber kleine Spritzer hält es aus, weshalb es prima für Sukkulenten und Tillandsien geeignet ist! Bei diesem Projekt muss man die Ansätze und Fugen sorgsam verwischen, legen Sie sich schon mal das Werkzeug dafür zurecht. Der Trick für eine erfolgreiche Verbindung besteht darin, ein zusätzliches Stück Modelliermasse für den Übergang zu verwenden.

Material

1 DIN-A4-Bogen weißes Papier

runder Keksausstecher, 11 cm Durchmesser

Bleistift

Schere

1 kg lufttrocknende Modelliermasse von DAS in Weiß

2 Holzleisten, je 2,5 × 38 × 0,6 cm

Acryl-Tonroller

Bastelmesser

Lineal

kleine Schwämme

Backpapier

mittelkörniges Schmirgelpapier

Mikrofasertuch

Plastikbeutel ohne oder mit Zip-Verschluss

Sekundenkleber

spülmaschinenfester Lack

Schwamm- oder Malpinsel

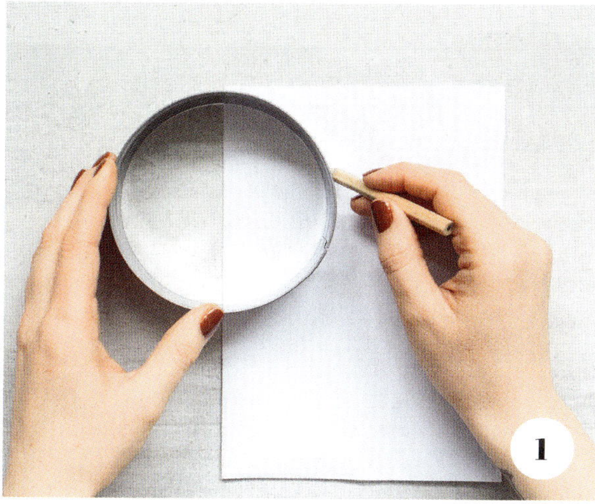

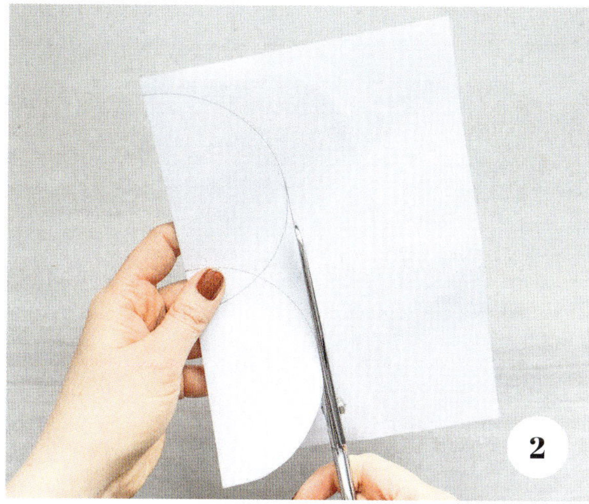

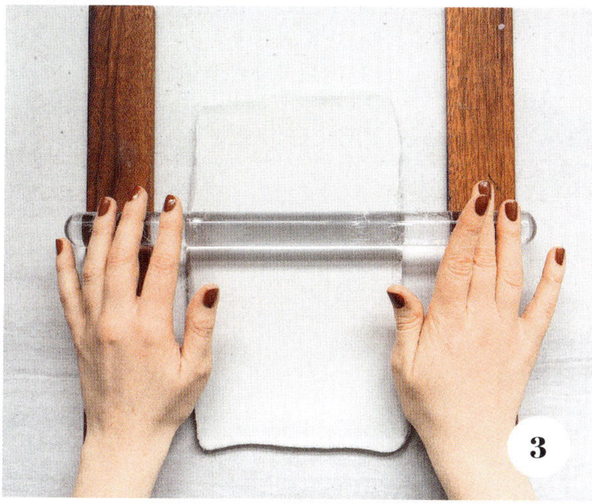

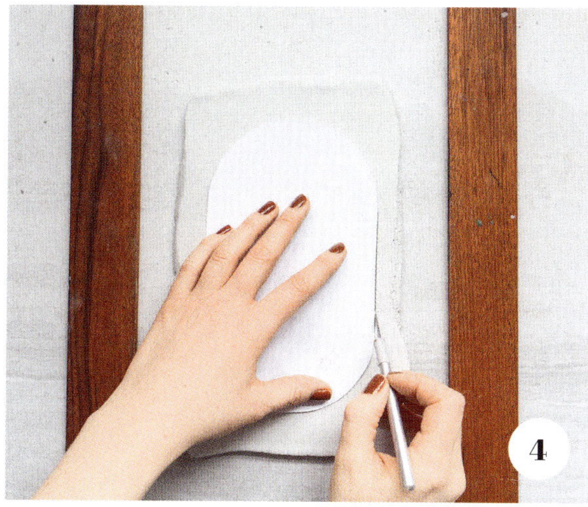

1. Zunächst die Schablone für die Rückseite des Übertopfs anfertigen. Dafür das Papier der Breite nach mittig falten und den Keksausstecher so darauflegen, dass er oben an der Faltkante halb auf dem Papier und halb neben dem Falz liegt. Mit dem Bleistift an der Außenkante des Ausstechers entlangzeichnen, den Ausstecher wie auf dem Foto zu sehen nach unten verschieben und den Vorgang wiederholen. Die beiden Halbkreise an den äußeren Linien mit einer senkrechten Linie verbinden.

2. Die Schablone nur an der äußeren Linie ausschneiden und die innenliegenden Markierungen ignorieren. Das Papier auffalten und den Falz mit dem Finger glätten. Die Schablone ist nun fertig, die Modelliermasse kann ausgerollt werden.

3. Die Masse zwischen die Holzleisten auf eine nicht haftende Arbeitsfläche legen und ausrollen, bis die Rolle leicht darübergleitet und die Masse so dick wie die Leisten ist.

4. Die Schablone darauflegen und vorsichtig mit den Fingern andrücken. Mit dem Bastelmesser die Modelliermasse rund um die Schablone ausschneiden. Dabei darauf achten, nicht in Richtung der Hand, die die Schablone hält, zu arbeiten, um Unfälle zu vermeiden. Dann die Modelliermasse um die Schablone herum wegnehmen.

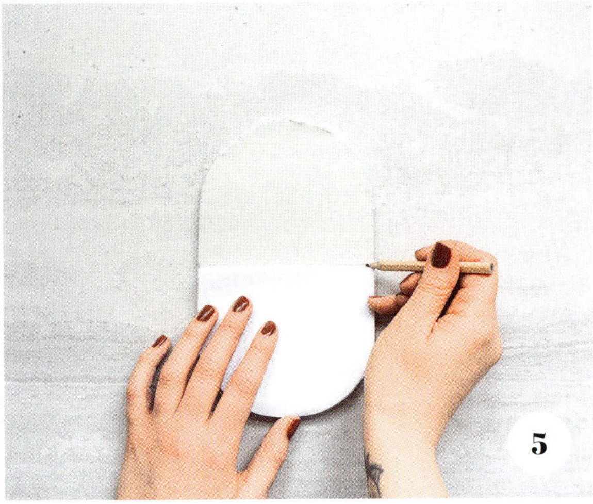

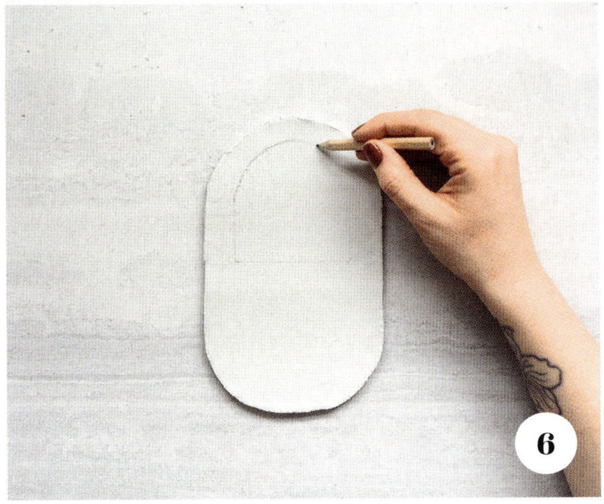

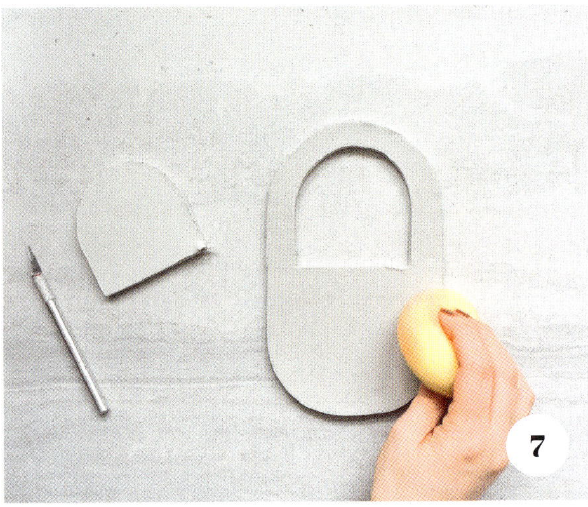

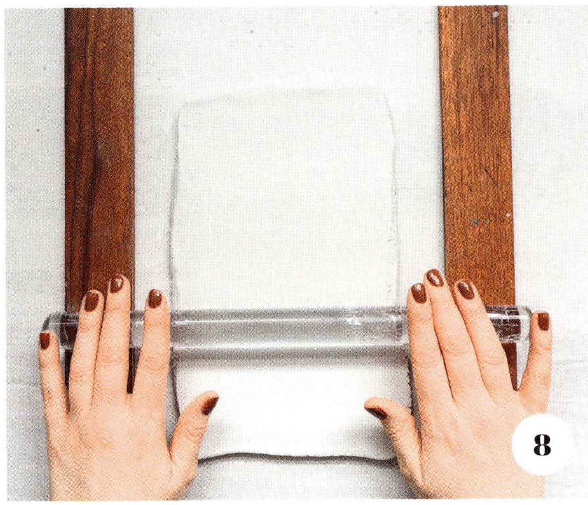

5. Die Schablone abnehmen, mittig falten und wieder auf die untere Hälfte der ausgeschnittenen Masse legen, dabei an den Kanten ausrichten.

6. Mit dem Bleistift einen Bogen auf die obere Hälfte der Masse zeichnen. Dabei 2 cm neben der Außenkante direkt über der gefalteten Papierkante beginnen und eine 8 cm lange, waagerechte Linie ziehen. Dann einen Bogen darüber zeichnen, der die Enden dieser Linien verbindet. Der Bogen sollte möglichst denselben Abstand zur Kante haben wie die waagerechte Linie.

7. Mit dem Bastelmesser diese Linien ausschneiden und die Modelliermasse innen wegnehmen. Mit einem feuchten Schwamm die Oberfläche und Kanten glätten. Die Masse auf Backpapier legen und zur Seite stellen.

8. Die restliche Modelliermasse zwischen die Holzleisten auf einer nicht haftenden Arbeitsfläche ausrollen, bis die Rolle leicht über die Masse gleitet und diese so dick wie die Leisten ist.

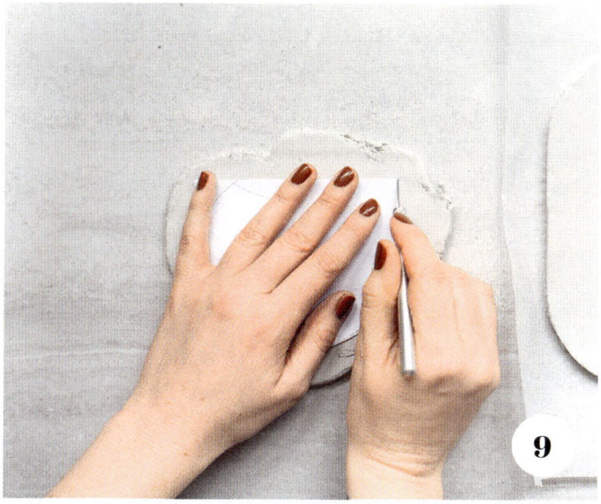

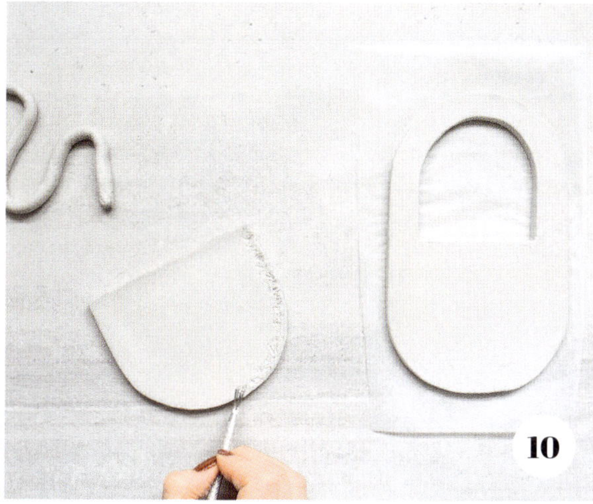

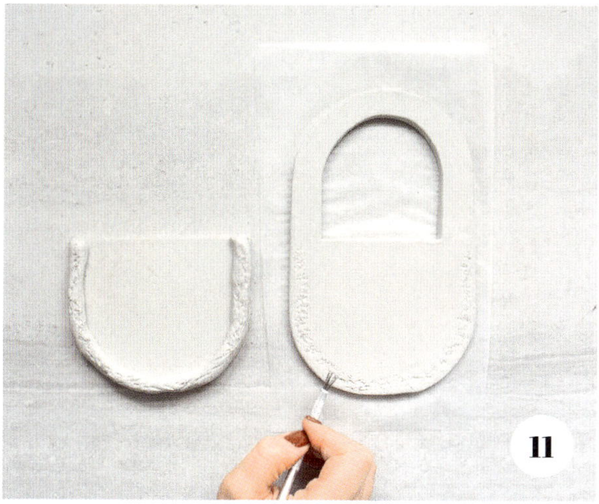

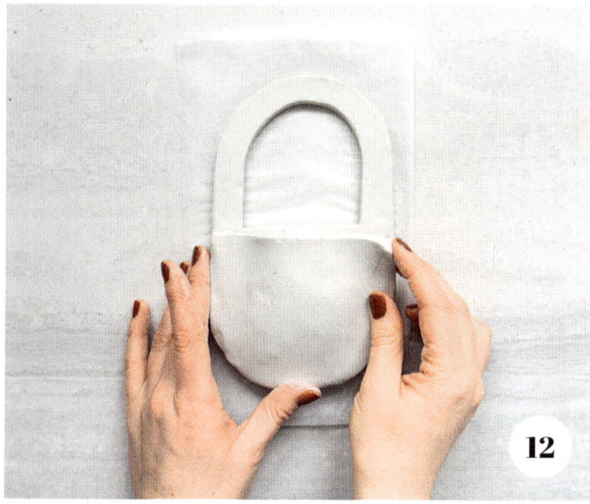

9. Die gefaltete Schablone darauflegen, vorsichtig andrücken und mit dem Messer ausschneiden. Dabei darauf achten, nicht in Richtung der Hand, die die Schablone hält, zu arbeiten, um Unfälle zu vermeiden. Dann die Modelliermasse um die Schablone herum entfernen und die Schablone abnehmen.

10. Den linken, rechten und unteren Rand der ausgeschnittenen Form einritzen. Aus der restlichen Masse eine Rolle formen und diese auf einer Seite ebenfalls einritzen.

11. Die eingeritzten Bereiche anfeuchten und aneinanderdrücken, mit den Fingern die Fugen verwischen. Nun die obere Seite der Rolle sowie den linken, rechten und unteren Rand des ersten Teils ebenfalls einritzen.

12. Die eingeritzten Bereiche anfeuchten und die Teile aufeinanderlegen, dabei einen Schwamm zum Abstützen dazwischenlegen. Die Fugen mit einem feuchten Schwamm verwischen und glätten.

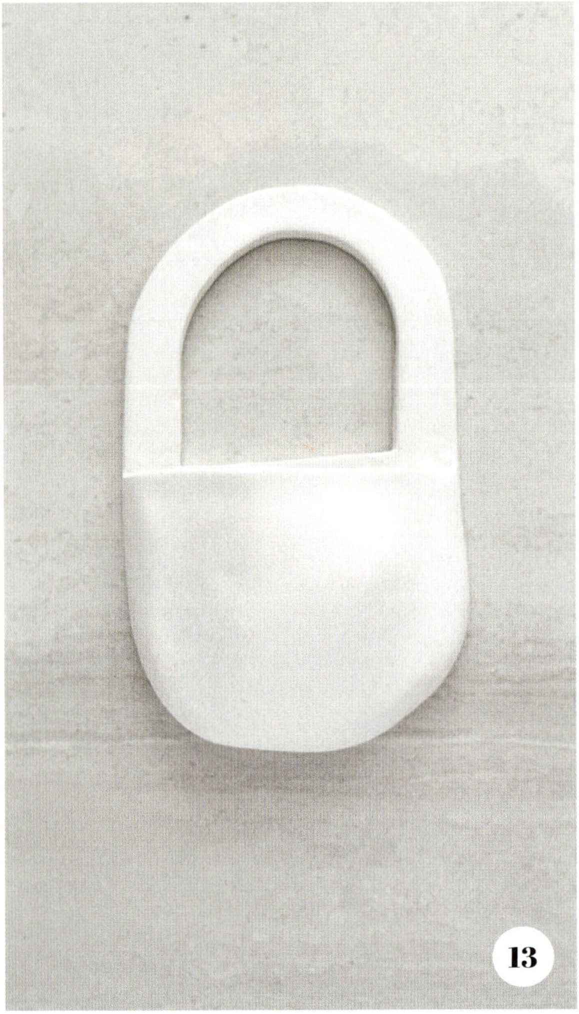

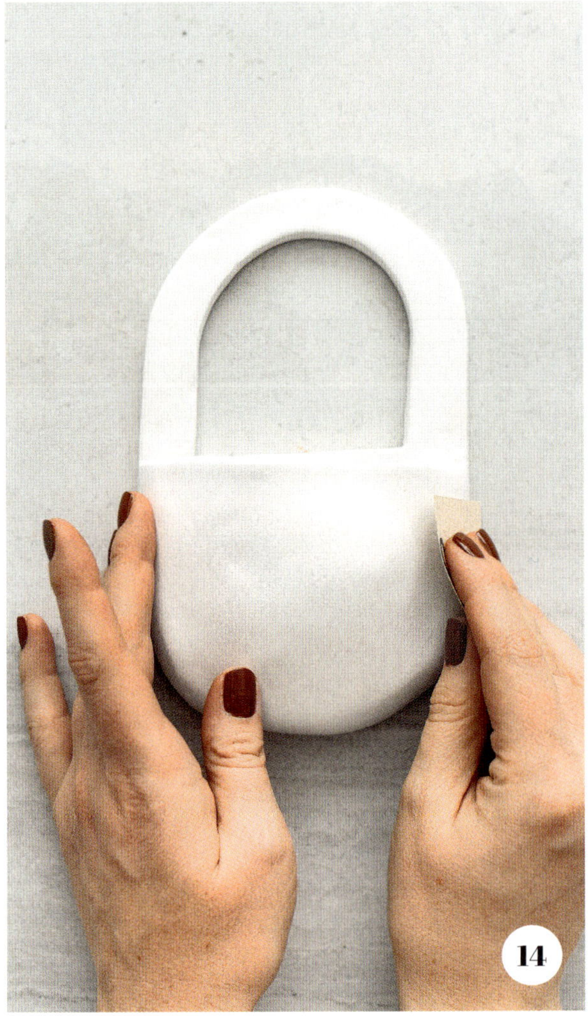

13. Das Stück an einem warmen, trockenen Ort 24 Stunden aushärten lassen, dann umdrehen und weitere 24 Stunden härten lassen, bis die Modelliermasse vollständig getrocknet und fest ist.

14. Die Oberfläche mit einem mittelkörnigen Schmirgelpapier abschleifen und glätten, dabei über alle Bereiche fahren und insbesondere die Fugen bearbeiten. Zum Schluss mit einem feuchten Tuch den Staub abwischen.

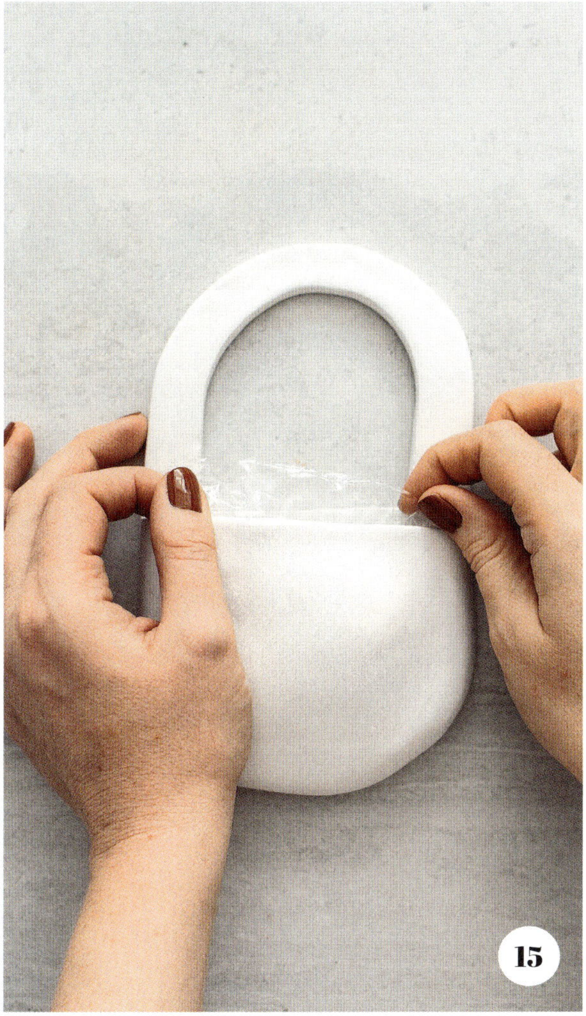

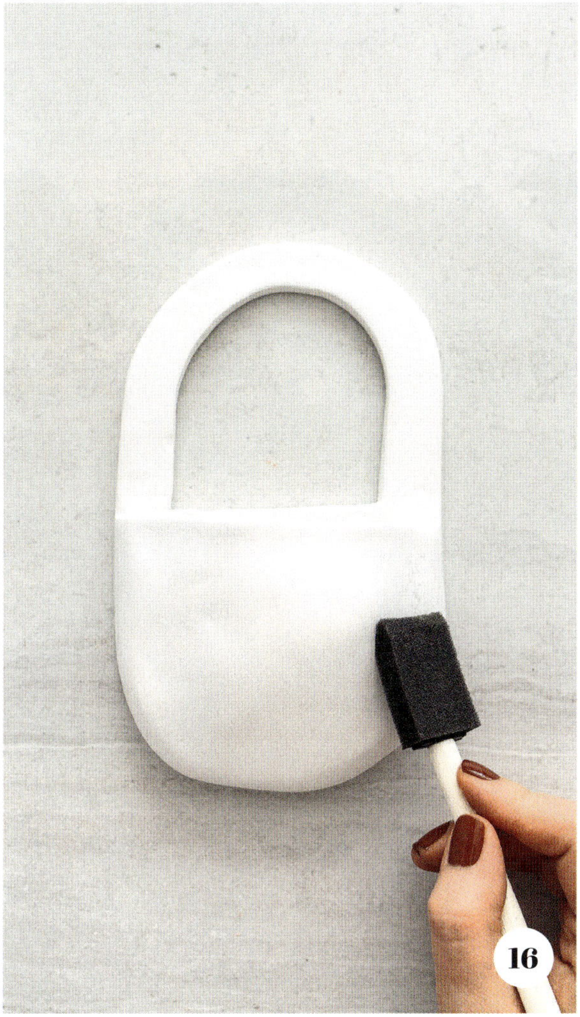

15. Den Zip-Verschluss vom Plastikbeutel abschneiden. Den Beutel in den Blumentopf legen und innen an der Oberkante mit Kleber fixieren.

16. Die übrigen Bereiche des Topfes mit spülmaschinenfestem Lack bestreichen. Mit einem Schwammpinsel drei Lackschichten auftragen, dabei jede Schicht 5 Stunden vollständig trocknen lassen, bevor die nächste aufgetragen wird.

Arbeitszimmer

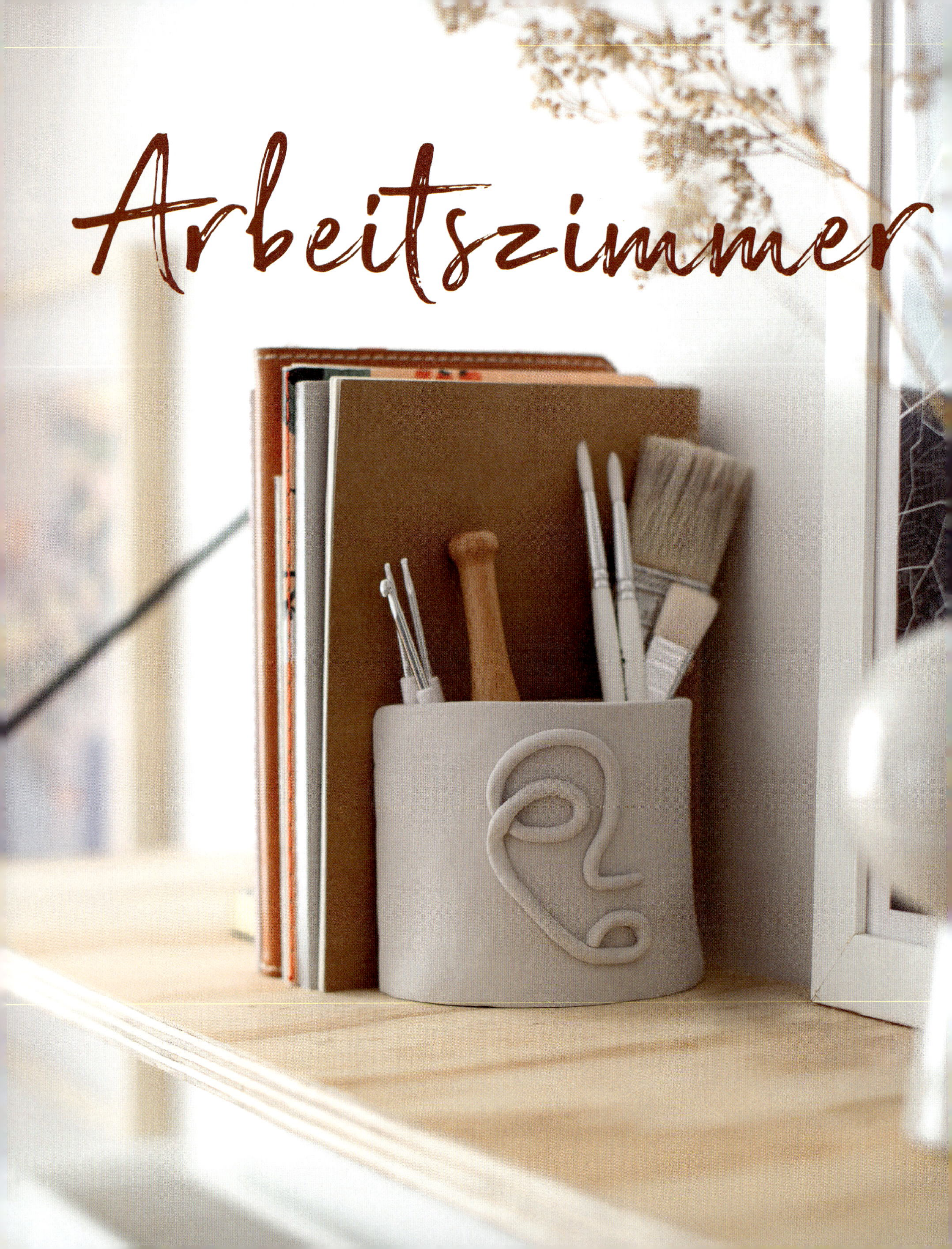

Ein Arbeitszimmer sollte nicht steif und eintönig sein, damit man darin produktiv arbeiten kann. In der Tat bin ich an einem Ort, der inspirierend und schön eingerichtet ist, produktiver. Wenn man Modelliermasse für Raum-Deko verwendet, sollte man den Gesamteindruck minimal halten und sich auf die Funktion der einzelnen Elemente konzentrieren. In diesem Kapitel arbeiten wir mit Modelliermasse, um das Arbeitszimmer zu einem professionellen Büro mit viel Charakter zu gestalten.

Ich finde, dass Funktion und Gestaltung Hand in Hand gehen sollten. Die Magnete in Muschelform (Seite 60) sind in dieser Saison das Design-Musthave. Sie bringen Leben in die Magnetwand und lassen wichtige To-do-Notizen ansprechender aussehen. Der wunderbare Pflanztopf (Seite 82) ist unglaublich einfach zu machen und bietet Ihnen die beste Ausrede, loszuziehen und ein neues Pflanzen-Baby zu kaufen! Aber jedes Arbeitszimmer braucht außer Pflanzen auch Kunst. Mit dem Wandschmuck aus Terrakotta-Kacheln (Seite 67) können Sie kreativ werden und ein modernes Kunstwerk schaffen.

Aber es geht nicht nur um Dekoration. Modelliermasse kann im Arbeitszimmer auch funktionell eingesetzt werden, wenn Sie mit den daraus angefertigten Stücken Schreibzeug und Büroartikel aufbewahren und Ordnung auf dem Schreibtisch halten können. In diesem Kapitel stellen wir eine Reihe praktischer Gegenstände für das Arbeitszimmer her, von einem Stiftehalter (Seite 71), den Sie in weniger als einer Stunde anfertigen können, bis zu einer modernen Schreibtischbürste (Seite 91), mit der Sie die Tastatur säubern können und die sehr stilvoll aussieht, wenn sie über dem Schreibtisch hängt.

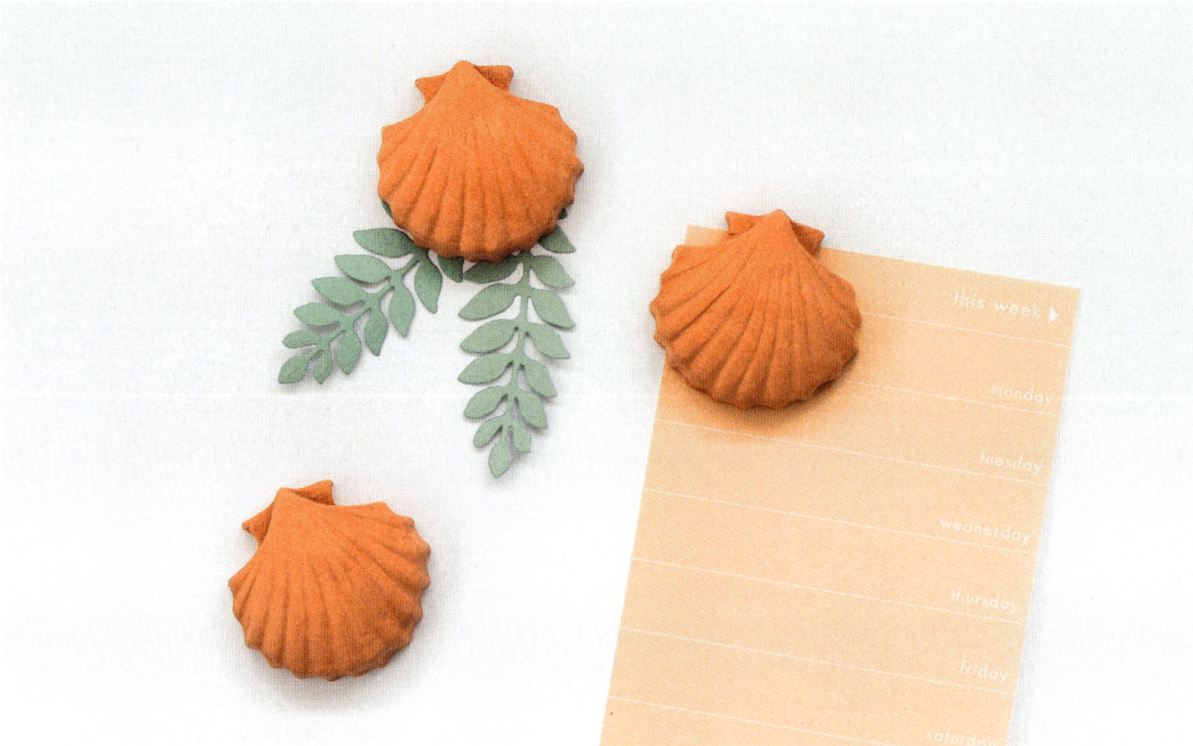

MAGNETE IN MUSCHELFORM

Moodboards sind lustig und inspirierend, man kann darauf Bilder, Zitate, Materialien, Farben und Ideen versammeln, um die Kreativität anzuregen. Bei diesem einfachen Projekt können sogar die Magnete selbst inspirieren.

Ich liebe Muscheln und Terrakotta, weshalb ich beides hier kombiniert habe, um etwas zu schaffen, das zum Gesamtthema meiner aktuellen Magnetwand passt! Für dieses Projekt habe ich lufttrocknende Modelliermasse verwendet, die in diesem fantastischen Terrakottarot erhältlich ist, sodass man sie nicht anmalen oder färben muss. Stattdessen können wir uns ganz auf die Form konzentrieren. Man braucht für diese Magnete eine Muschelform, die man für wenig Geld online erhält. Geben Sie »Muschelform aus Silikon« in die Suchmaschine ein und suchen Sie nach Formen, die etwa 2,5 bis 4 cm hoch oder breit sind.

Material

300 g lufttrocknende Modelliermasse von DAS in Terrakottarot

Muschelform aus Silikon

Töpfermesser

kleine, runde Magnete

Backpapier

feinkörniges Schmirgelpapier

Mikrofasertuch

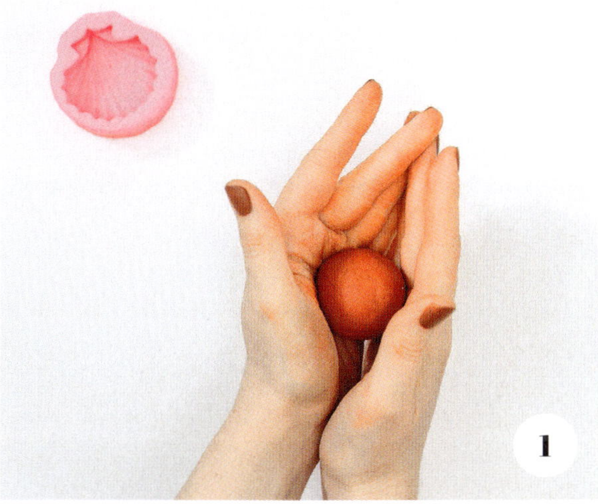

1

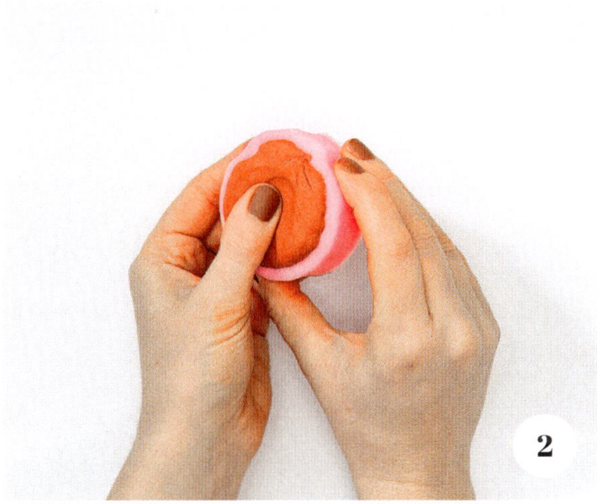

2

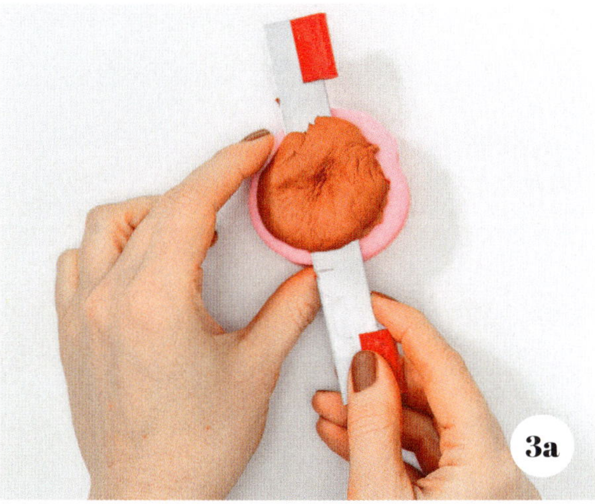

3a

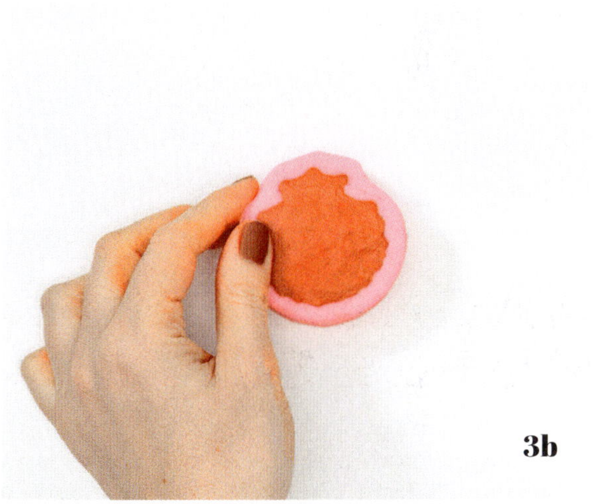

3b

1. Ein Stück Modelliermasse vom Block abnehmen, das in etwa die Größe der Silikonform hat. Eventuell etwas mehr nehmen und ausprobieren, ob die Menge in die Form passt. Lieber zu viel als zu wenig nehmen, damit die Form ganz gefüllt wird.

Die Hände mit Wasser befeuchten und die Masse mit den Handflächen zu einer Kugel formen. Darauf achten, dass sich keine Risse bilden und die Kugel mehrmals hin- und zurückrollen, dabei immer wieder mit Wasser befeuchten, damit die Oberfläche glatt wird.

2. Dann die Masse vorsichtig in die Form legen und mit dem Daumen in alle Kanten und Ritzen drücken, sodass sich die Form gut ausbilden kann. Wenn sich die Masse nicht mehr weiter in die Form pressen lässt, von außen die Form auf die Masse drücken, sodass sie sich nicht mehr verformen kann. Dabei kann es vorkommen, dass etwas Masse aus der Form ragt, das ist in Ordnung.

3. Mit dem Töpfermesser überschüssige Modelliermasse von der Oberseite wegschneiden (siehe Abbildung 3a) und die Oberfläche mit Wasser befeuchten (siehe Abbildung 3b).

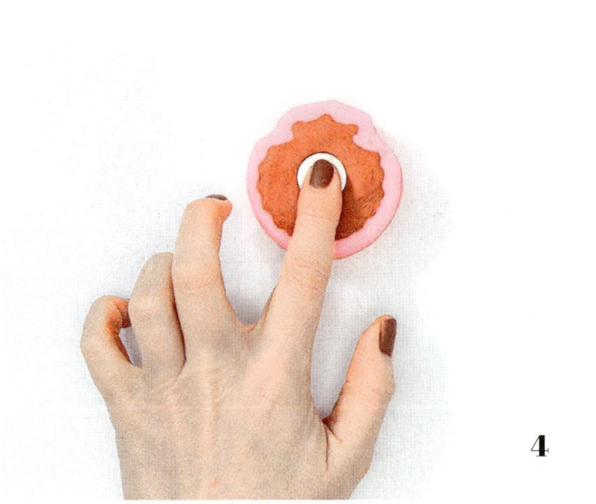

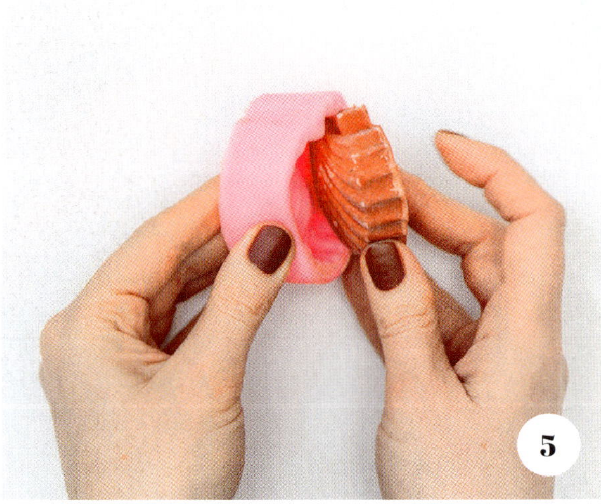

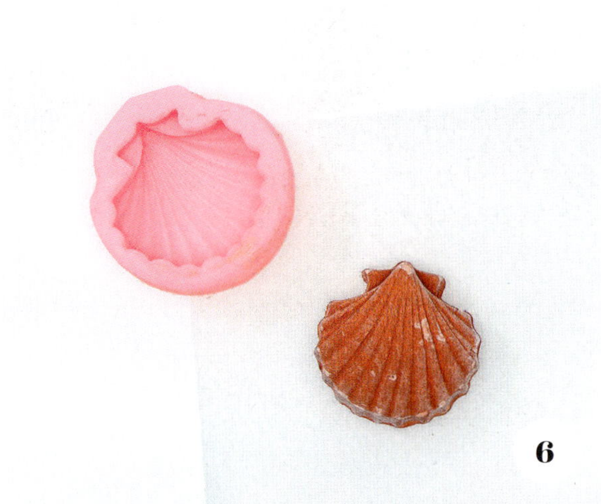

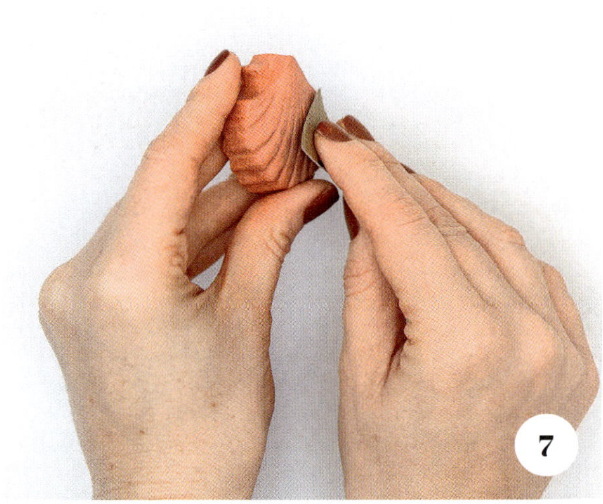

4. Einen Magneten mittig auf die Oberfläche legen. Vorsichtig eindrücken, bis seine Oberkante bündig an der Oberkante der Modelliermasse liegt.

5. Die Form 10 Minuten in das Gefrierfach legen, damit die Masse hart wird, und diese anschließend vorsichtig herauslösen.

6. Die Muschel mit der Magnetseite nach unten auf Backpapier legen. An einem warmen, trockenen Ort 24 Stunden aushärten lassen, dann umdrehen und weitere 24 Stunden ruhen lassen, bis sie vollständig getrocknet und fest ist.

7. Mit Schmirgelpapier die Form bearbeiten und die Oberfläche glätten. Das Papier falten und mit dem Falz die Ritzen der Muschel schleifen, falls nötig. Den Staub mit einem leicht angefeuchteten Lappen abwischen und die Muschel nochmals trocknen lassen.

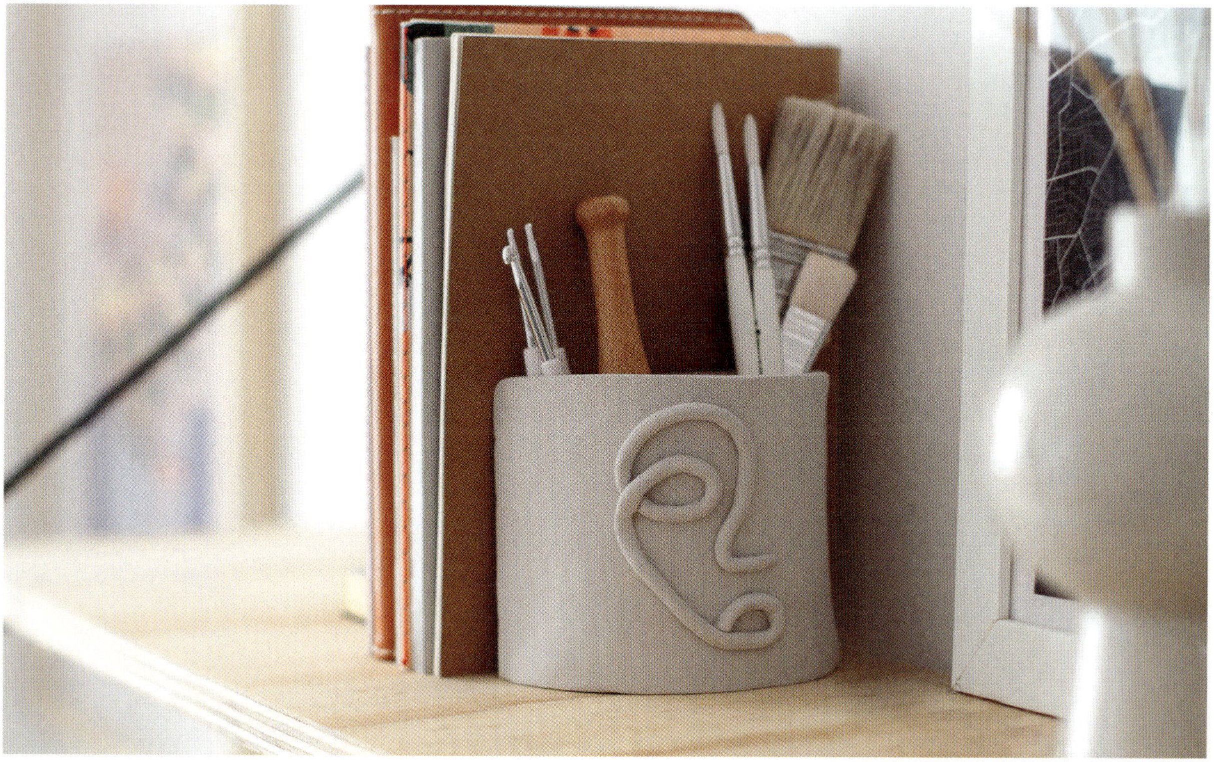

KUNSTVOLLE BUCHSTÜTZE

Mit dieser Buchstütze können Sie Ihre Bücher ordentlich aufbewahren, und sie hat noch einen weiteren Vorteil: Sie ist ideal, um darin Schreibutensilien, Pinsel oder auch Töpferwerkzeuge aufzubewahren – was immer Sie glücklich macht!

Auch wenn es kompliziert aussieht, lassen Sie sich nicht täuschen! Der Topf wird auf dieselbe Weise wie unsere Blumentöpfe aufgebaut. Wir ändern nur ein wenig die Form und setzen diese schicke, linienförmige Zeichnung darauf. Dies ist ein abstraktes Gesicht, das man einfach nachmachen kann, ohne künstlerisch begabt sein zu müssen. Denn je weniger Details es hat, desto besser, weil man den Ton über die ganze Linie einritzen und befestigen muss.

Material

1 kg lufttrocknende Modelliermasse von DAS in Weiß

2 Holzleisten, je 2,5 × 38 × 0,6 cm

Acryl-Tonroller

runder Keksausstecher,
11 cm Durchmesser

Bastelmesser

Backpapier

Lineal

spitzes Wischwerkzeug

mittelkörniges Schmirgelpapier

Pinsel oder Schwamm

beige Farbe

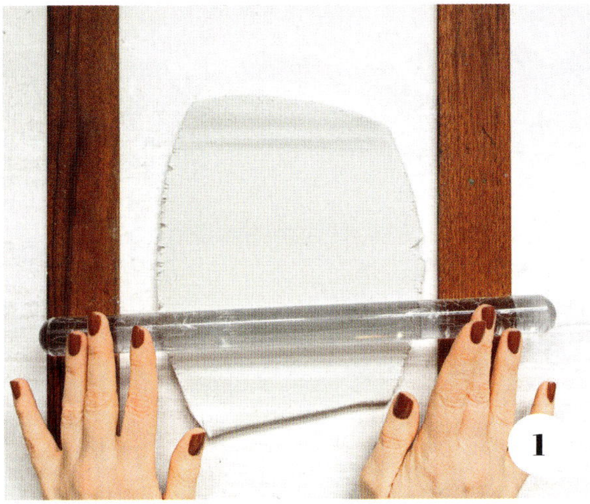

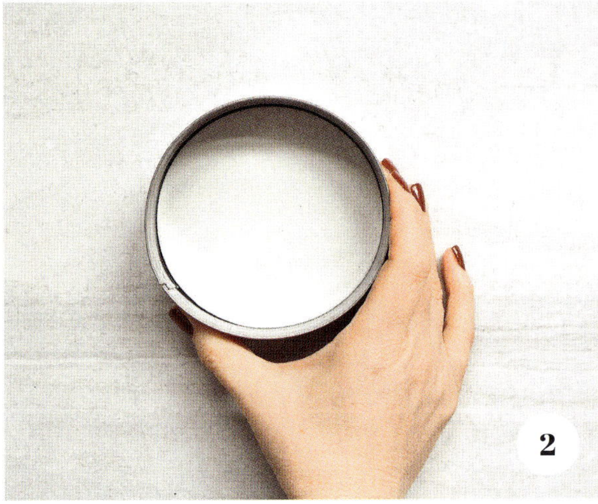

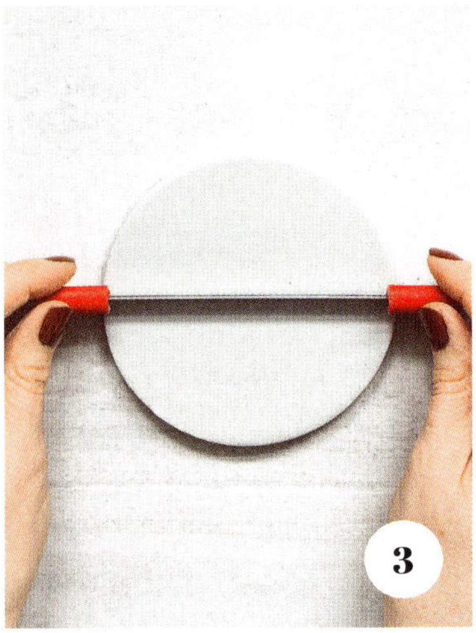

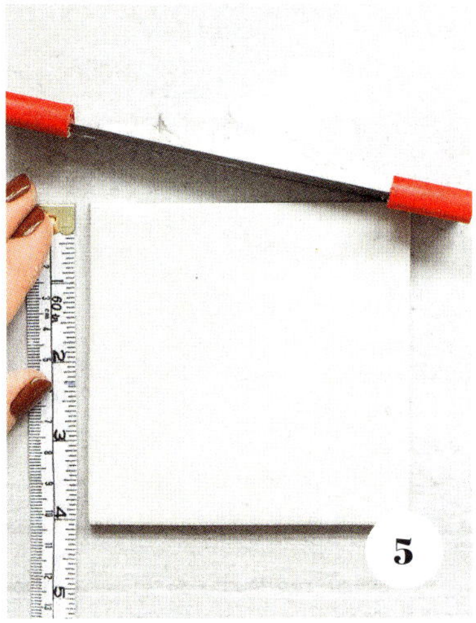

1. Von der Modelliermasse 250 g abschneiden und zwischen die Holzleisten auf eine nicht haftende Arbeitsfläche legen. Ausrollen, bis die Rolle leicht über die Masse gleitet und diese so dick wie die Leisten ist.

2. Den Keksausstecher hineindrücken, dabei mit der flachen Hand Druck ausüben, und leicht in beide Richtungen drehen, damit die Masse nicht daran festklebt. Den Ausstecher abnehmen und den inneren Kreis vorsichtig auf die nicht haftende Arbeitsfläche legen.

3. Dann mit dem Bastelmesser mittig durchschneiden und auf Backpapier zur Seite legen.

4. Die restliche Modelliermasse zwischen die Holzleisten legen, ausrollen und zu einem 18 × 11,5 cm großen Rechteck schneiden.

5. Die Hände anfeuchten und die restliche Masse verkneten und wieder ausrollen. Daraus ein 10 × 11,5 cm großes Rechteck zuschneiden.

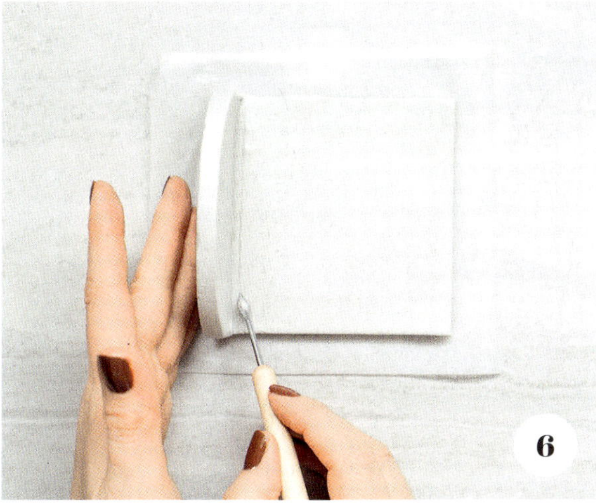

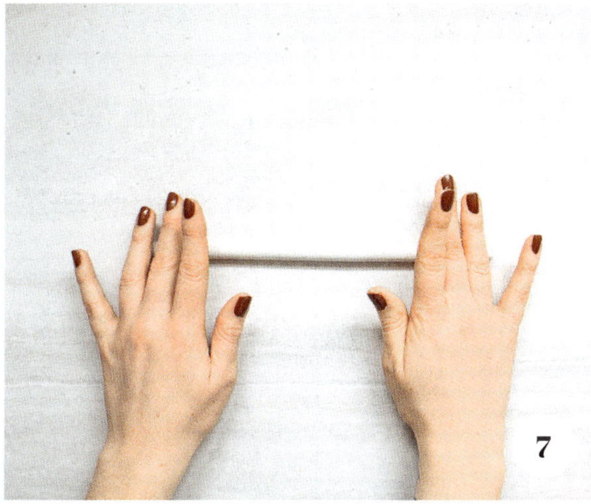

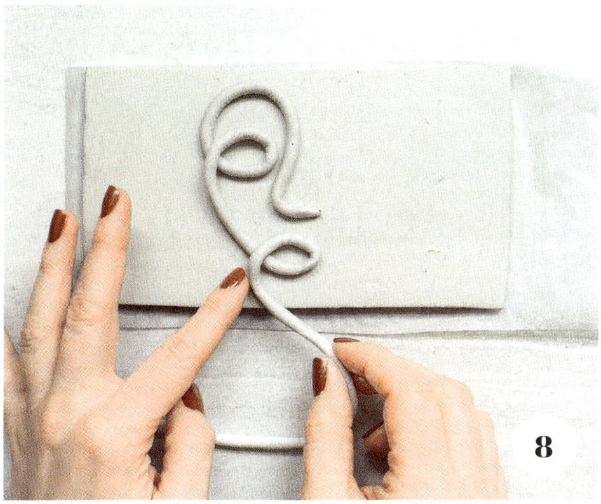

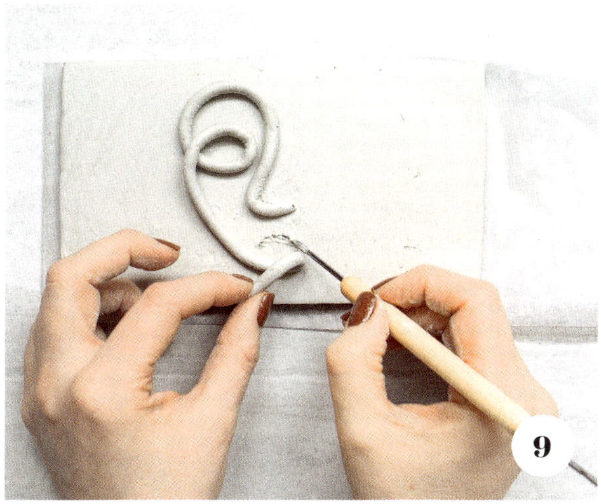

6. Mit einem Bastelmesser vorsichtig die 11,5 cm lange Kante des kleineren Rechtecks einritzen. Dann die gerade Kante des Halbkreises ebenfalls einritzen und beide Kanten aneinanderdrücken. Mit einem Wischwerkzeug die Fugen verbinden.

7. Die Hände wieder anfeuchten und die restliche Modelliermasse verkneten. Zu einer festen, etwa 3 mm dicken und 40 cm langen Rolle formen.

8. Damit ein Gesicht auf das 18 × 11,5 cm große Rechteck »zeichnen« und dabei die Rolle vorsichtig mit den Fingern andrücken. Mit der Nase beginnen und dann die Augen legen. Die Rolle zu einer Augenbraue legen, dann auf der Seite nach unten zum Kinn und zurück zum Mund führen.

9. Wenn dir die Form gefällt, den Ton unter der Rolle einritzen. Diese dann nach und nach etwas fester andrücken, ohne dass sie dabei flach wird.

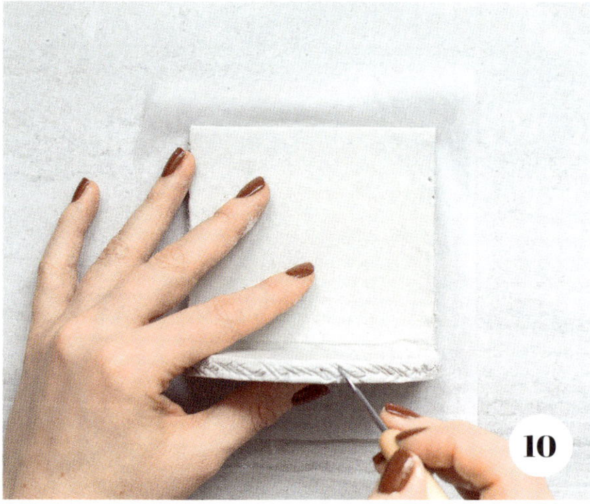

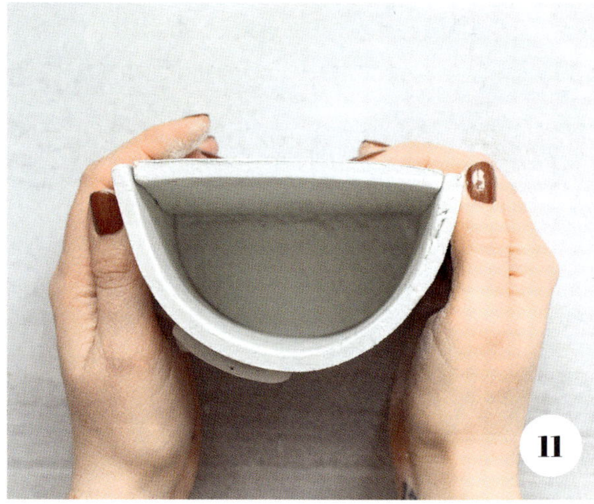

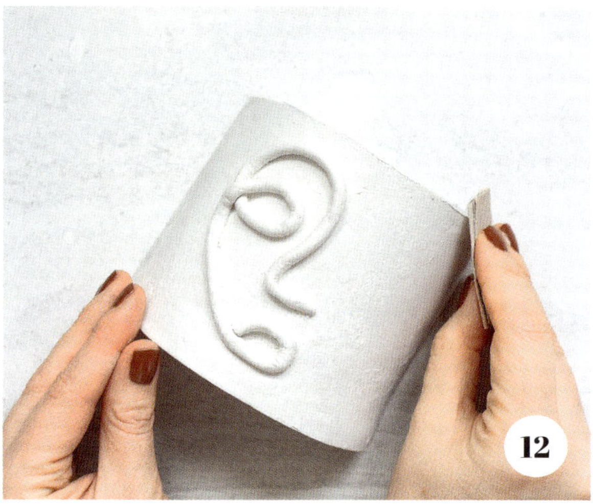

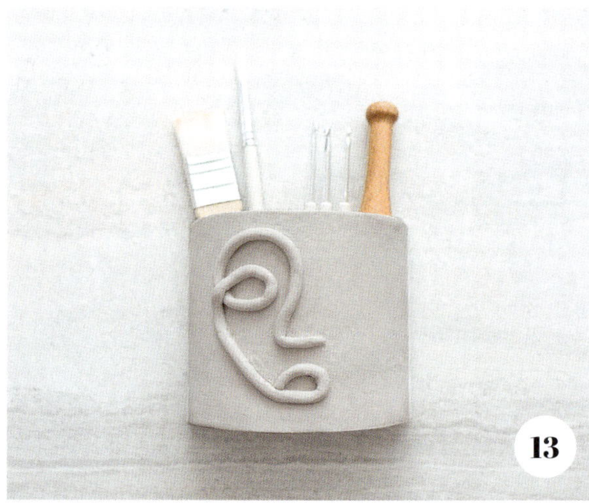

10. Mit einem Bastelmesser eine 18 cm und die beiden 11,5 cm langen Kanten des größeren Rechtecks sowie die abgerundete Kante des Halbkreises einritzen. Die kurze eingeritzte Kante anfeuchten und an die abgerundete Kante des Halbkreises legen, dabei die Seiten an den Außenkanten des Topfes ausrichten.

11. Die Fugen mit dem Finger oder Wischwerkzeug glätten, dabei mit Wasser anfeuchten.

12. Den Topf 48 Stunden trocknen lassen. Anschließend mit mittelkörnigem Schmirgelpapier glatt schleifen, dann mit einem Pinsel das ganze Stück in zwei Schichten anmalen. Die erste Schicht vollständig trocknen lassen, danach die zweite auftragen.

13. Den Topf mit Stiften, künstlichen Pflanzen, Kochutensilien, Pinseln oder was auch immer Sie schnell zur Hand haben möchten, füllen.

WAND-SCHMUCK AUS TERRAKOTTA-KACHELN

Der Charme dieses Wandschmucks liegt in seiner rustikalen Optik. Modelliermasse kann ohne weitere Oberflächenbearbeitung fantastisch aussehen. Ich bin zwar eine entschiedene Verfechterin dessen, sich die Zeit zum Polieren des fertigen Stücks zu nehmen, aber manchmal macht es ein Stück gerade zu etwas Besonderem, wenn man es beim natürlichen Finish belässt. Die Schlichtheit dieses Stücks macht es zu einem großartigen Experiment. Lassen Sie Ihre kreativen Muskeln spielen und probieren Sie mal etwas Neues aus. Wenn Ihnen ein Fehler unterläuft, verkneten Sie die Masse einfach wieder und rollen sie für einen neuen Versuch aus.

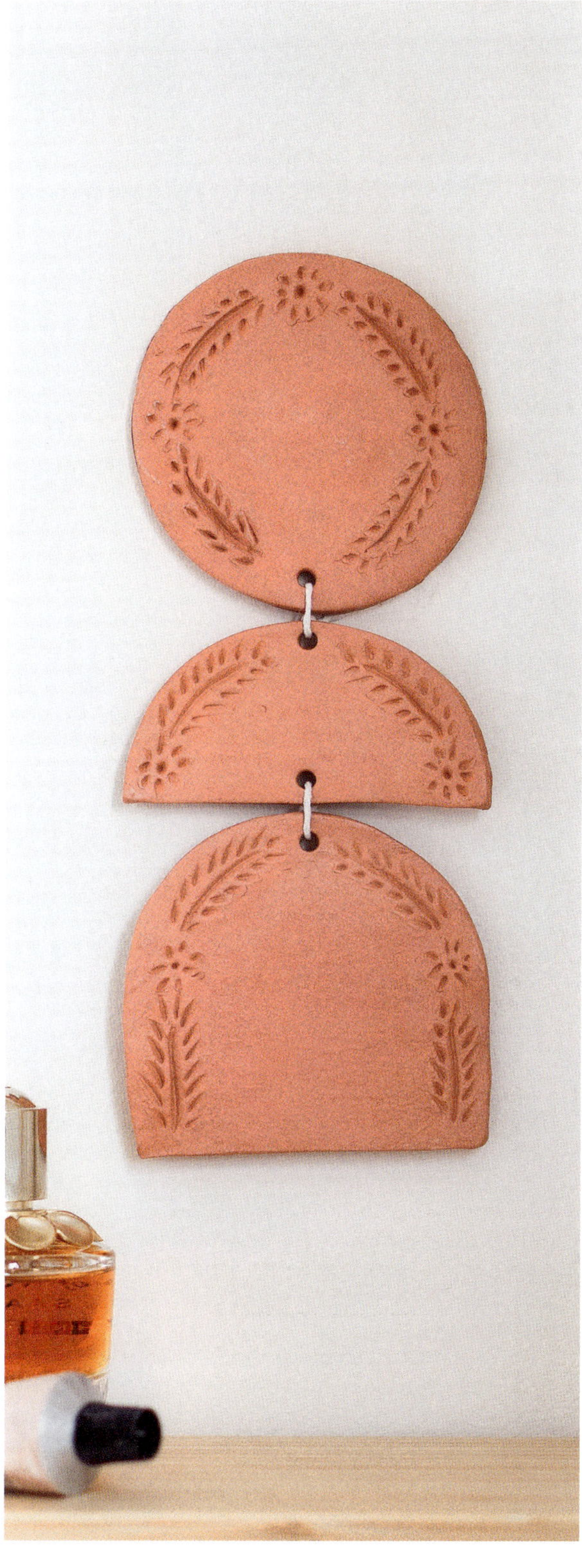

Material

400 g lufttrocknende Modelliermasse von DAS in Terrakottarot

2 Holzleisten, je 2,5 × 38 × 0,6 cm

Acryl-Tonroller

runder Keksausstecher, 10 cm Durchmesser

Bastelmesser

feuchter Schwamm

Zahnstocher oder spitzes Wischwerkzeug

Kunststoff-Strohhalm

Baumwollschnur, 25 cm lang

doppelseitige Klebestreifen

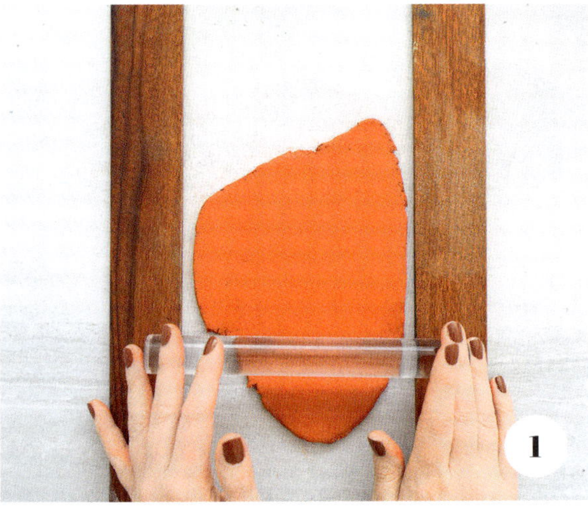

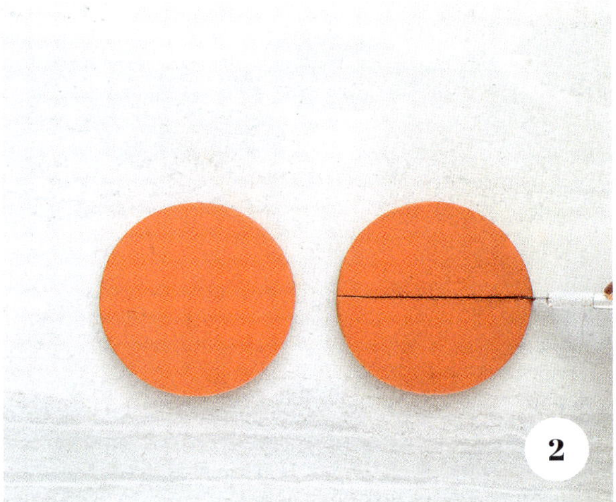

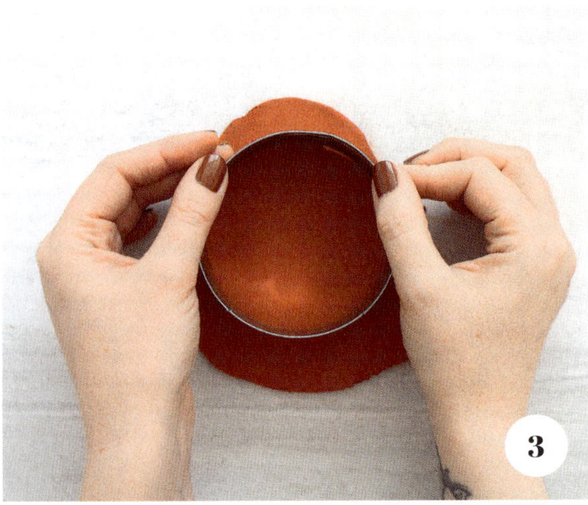

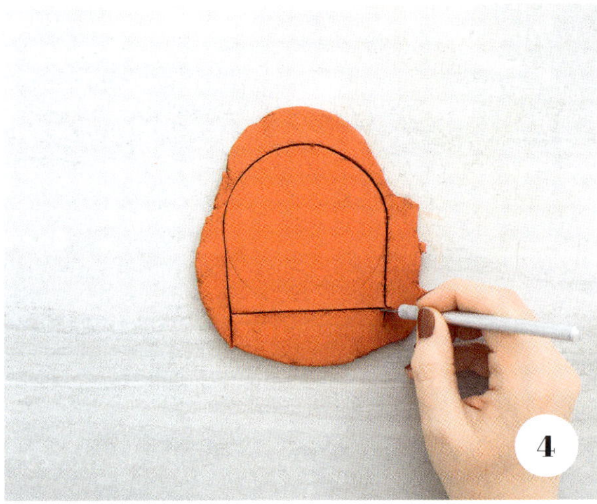

1. Die Modelliermasse zwischen die Holzleisten auf eine nicht haftende Arbeitsfläche legen und ausrollen, bis die Rolle leicht über die Masse gleitet und diese so dick wie die Leisten ist.

2. Den Keksausstecher in die Masse drücken, dabei mit der flachen Hand gleichmäßig Druck ausüben und leicht in beide Richtungen drehen, damit die Masse nicht daran festklebt. Den Ausstecher abnehmen und den inneren Kreis vorsichtig auf die nicht haftende Arbeitsfläche legen. Aus der Modelliermasse einen zweiten Kreis ausstechen. Diesen mit dem Bastelmesser mittig durchschneiden, einen Halbkreis zur Seite legen und den anderen mit der restlichen Modelliermasse verkneten.

3. Diese dann zwischen die Holzleisten legen, ausrollen und den Keksausstecher vorsichtig darauflegen. Die obere Hälfte des Ausstechers ganz leicht auf die Masse drücken, dann wieder abnehmen. Man sollte nur eine dünne Linie erkennen können.

4. Mit dem Bastelmesser rechts und links des ausgestochenen Halbkreises Linien nach unten ziehen und diese durch eine waagerechte Linie verbinden. Überschüssige Masse entfernen.

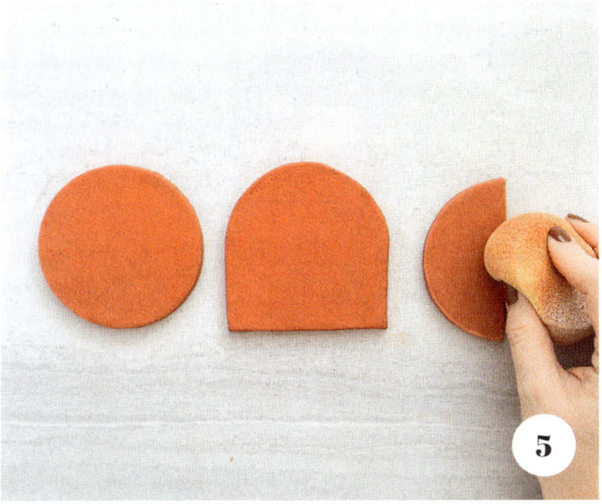

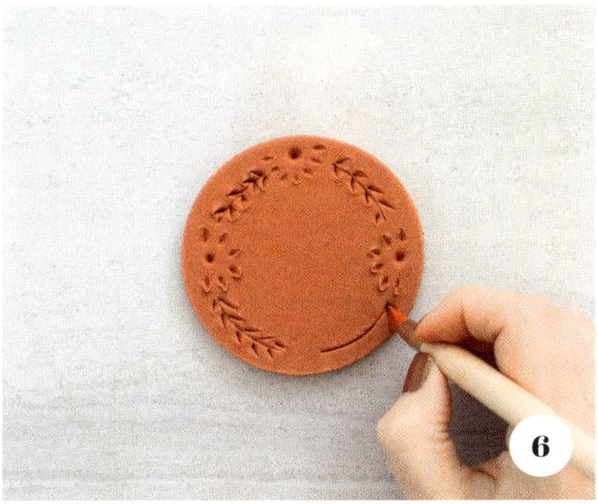

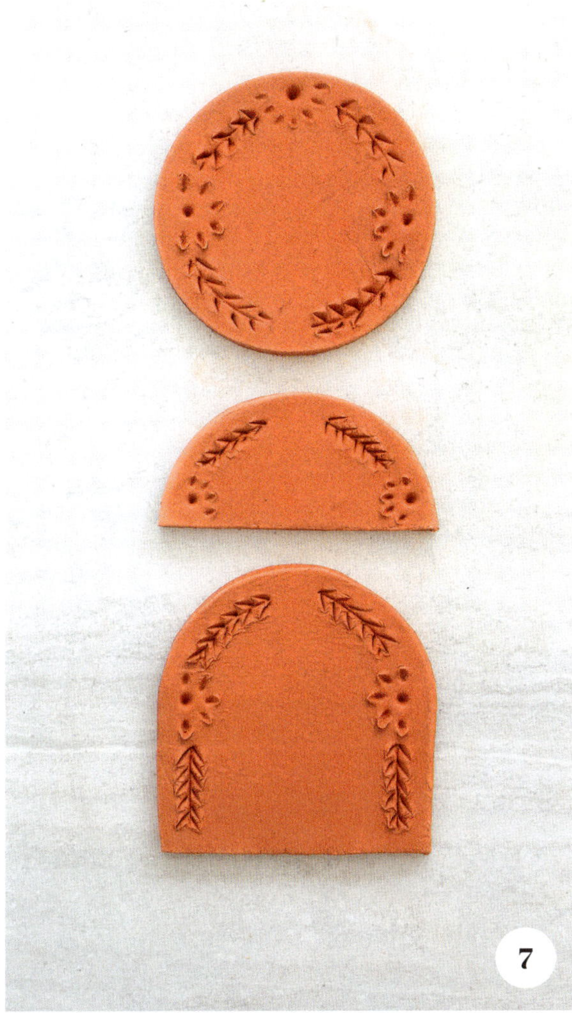

5. Mit einem feuchten Schwamm die Oberflächen und Kanten der drei Formen glätten.

6. Auf den Kreis ein Muster in die Masse ritzen. Damit es symmetrisch wird, zuerst den »nördlichen«, »südlichen«, »östlichen« und »westlichen« Punkt bearbeiten und dann von diesen aus fortfahren. Mit einem Zahnstocher lässt sich eine schärfere, dünnere Linie ziehen, mit einem Wischwerkzeug eine weichere und etwas breitere.

7. Die anderen beiden Formen mit demselben Muster dekorieren.

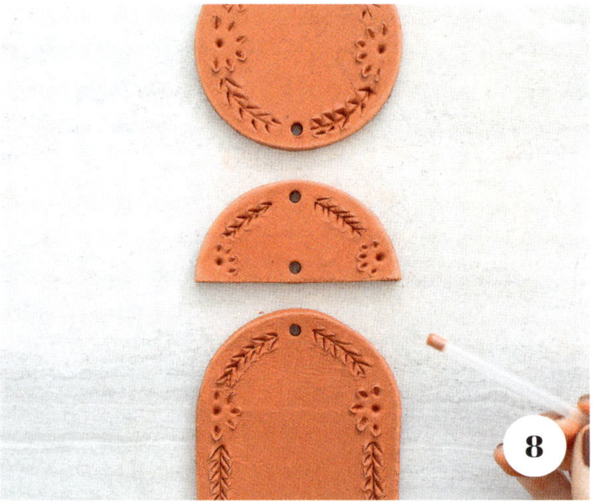

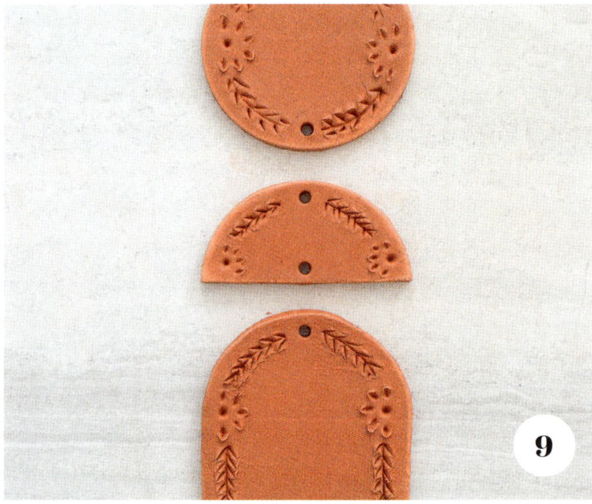

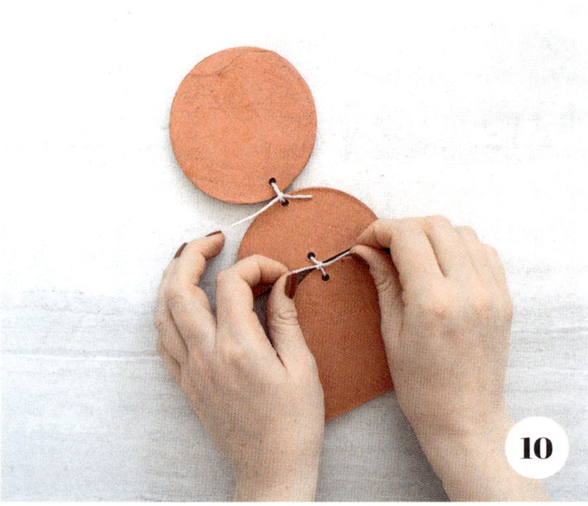

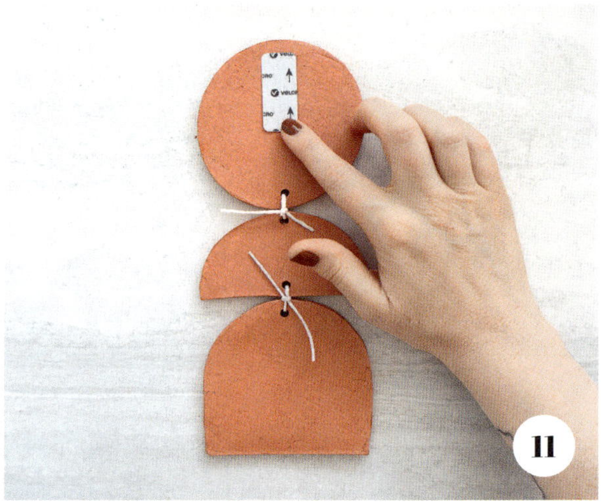

8. Den Halbkreis zwischen den Kreis und die Bogenform legen. Mit einem Strohhalm unten mittig ein Loch in den Kreis stechen. Dafür diesen in die Masse drücken, etwas in beide Richtungen drehen und wieder herausziehen. Die Masse aus dem Strohhalm drücken und den Vorgang an den Verbindungsstellen der anderen Stücke wiederholen. In das untere Ende der Bogenform kein Loch stechen.

9. Die Masse an einem warmen, trockenen Ort 24 bis 48 Stunden trocknen lassen, dabei alle 12 Stunden umdrehen, damit sie gleichmäßig trocknet.

10. Anschließend die Formen mit der Schnur zusammenbinden. Dabei die Knoten auf der Rückseite anfertigen und die Enden zurückschneiden.

11. Den Wandbehang mit Klebestreifen aufhängen.

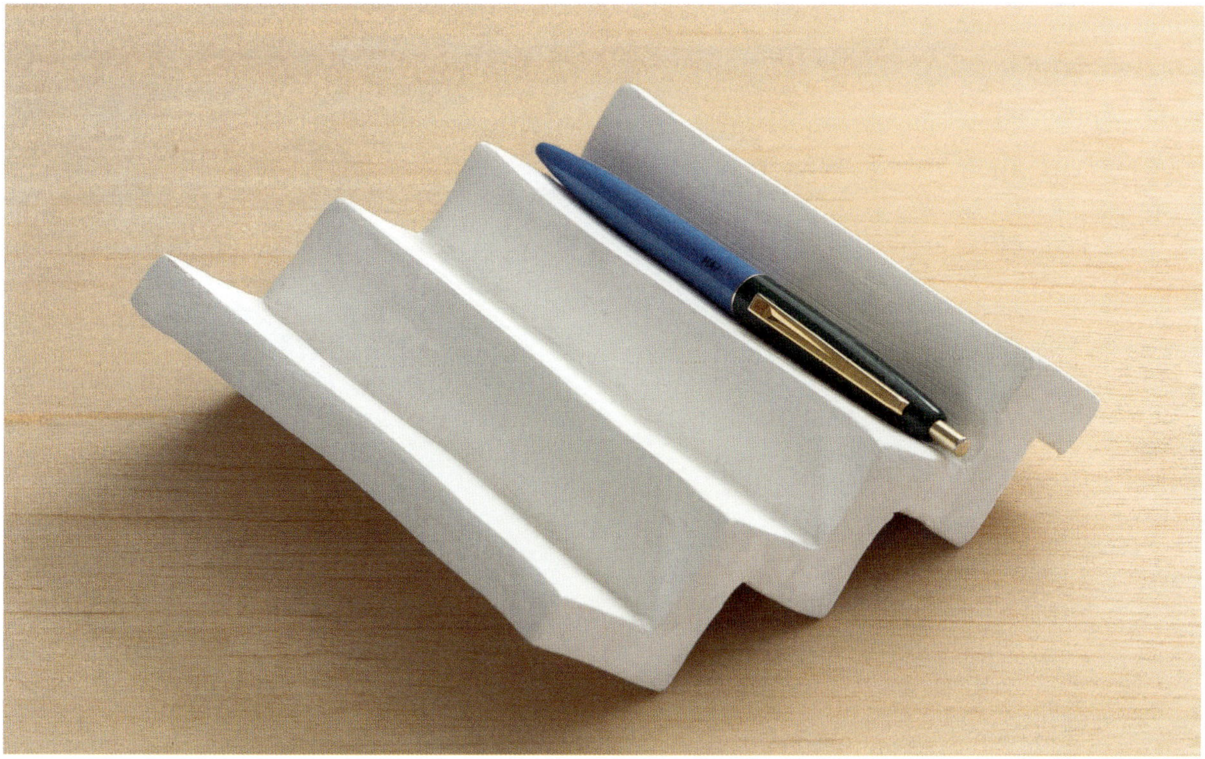

ZICKZACK-STIFTEHALTER

Wenn es Ihnen geht wie mir, gilt: je weniger Unordnung, desto besser! Dieser Stiftehalter ist eine stilvolle Art, den Schreibtisch zu organisieren und minimalistisch zu gestalten. Um diese klaren Linien anzufertigen, liegt der Schwerpunkt auf dem Ausmessen, Schneiden und Verbinden der Fugen. Wenn man das richtig macht, ergibt sich der Rest von selbst. Achten Sie besonders auf die Verbindungstechnik. Dieses Projekt ist eine fantastische Gelegenheit, um das Zusammenfügen von Teilen für nahtlose Verbindungen zu üben.

Material

1 kg lufttrocknende Modelliermasse von DAS in Weiß

2 Holzleisten, je 2,5 × 38 × 1,5 cm

Acryl-Tonroller

Lineal

Bastelmesser

Backpapier

Aluschale, 25 × 25 cm

Wischwerkzeug

mittelkörniges Schmirgelpapier

feinkörniges Schmirgelpapier

Mikrofasertuch

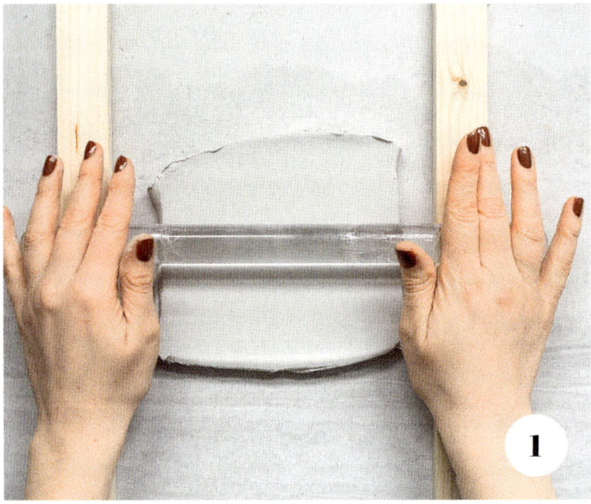

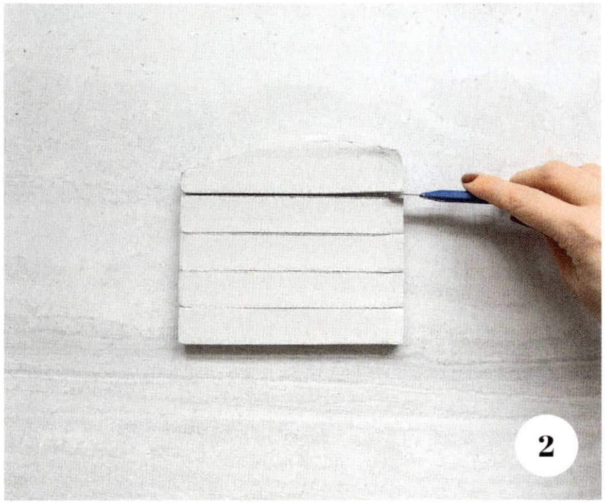

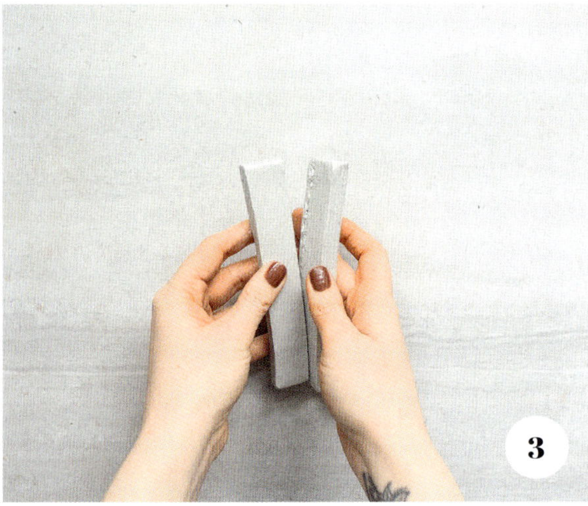

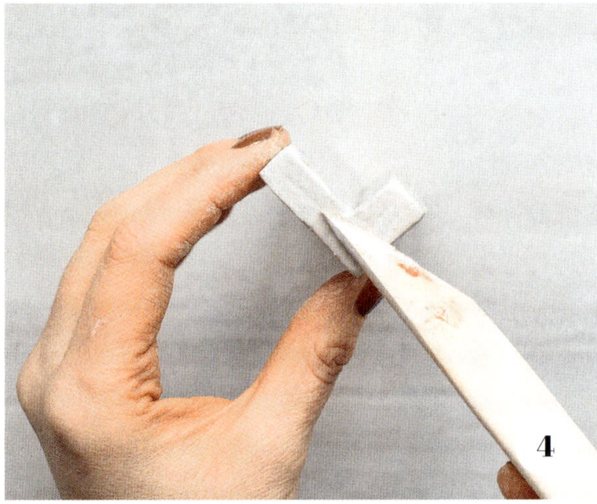

1. Die Modelliermasse zwischen zwei Holzleisten auf eine nicht haftende Arbeitsfläche legen und ausrollen, bis die Rolle leicht über die Masse gleitet und diese so dick wie die Leisten ist.

2. Mithilfe von Lineal und Bastelmesser sieben Stücke von je 2,5 × 15,25 cm aus der Masse ausschneiden. Bei Bedarf die Hände anfeuchten und Reste der Modelliermasse wieder verkneten und ausrollen. Die Stücke auf Backpapier in eine Aluschale legen und für 1 Stunde in das Gefrierfach stellen.

3. Dann wieder herausnehmen, ein Stück in die linke Hand nehmen und auf einer langen Seite einritzen, dabei mit etwas Wasser anfeuchten. Diese angeritzte Seite auf eine lange Außenkante eines anderen Stücks legen, sodass eine V-Form mit rechtem Winkel entsteht.

4. Dieses Teil auf die kürzere Seite stellen und die Verbindungsstellen mit einem Wischwerkzeug oder den Fingern an den drei sichtbaren Seiten verwischen. Mit etwas Wasser die Stellen glätten, damit die Fugen nahtlos werden.

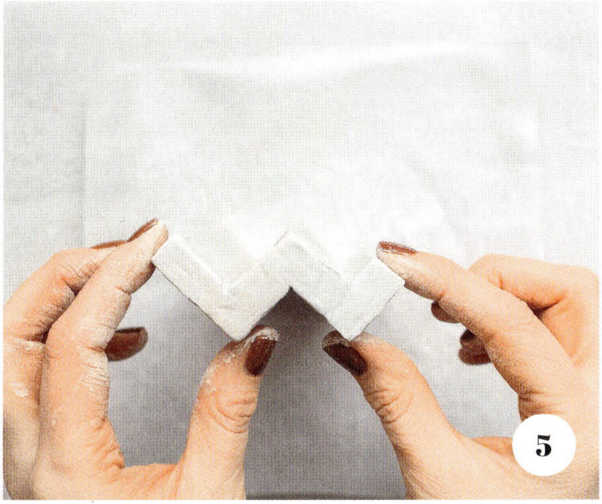

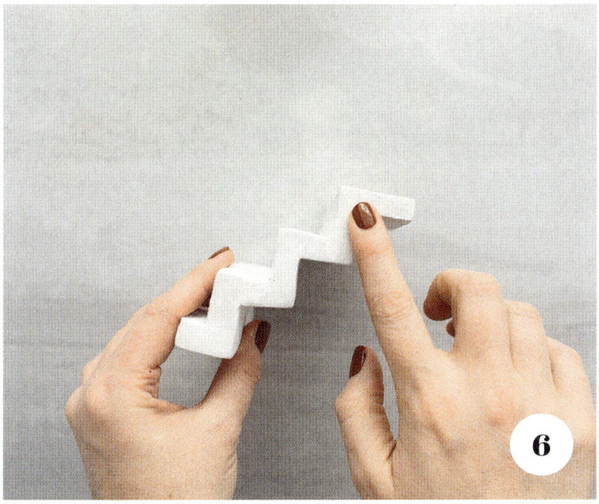

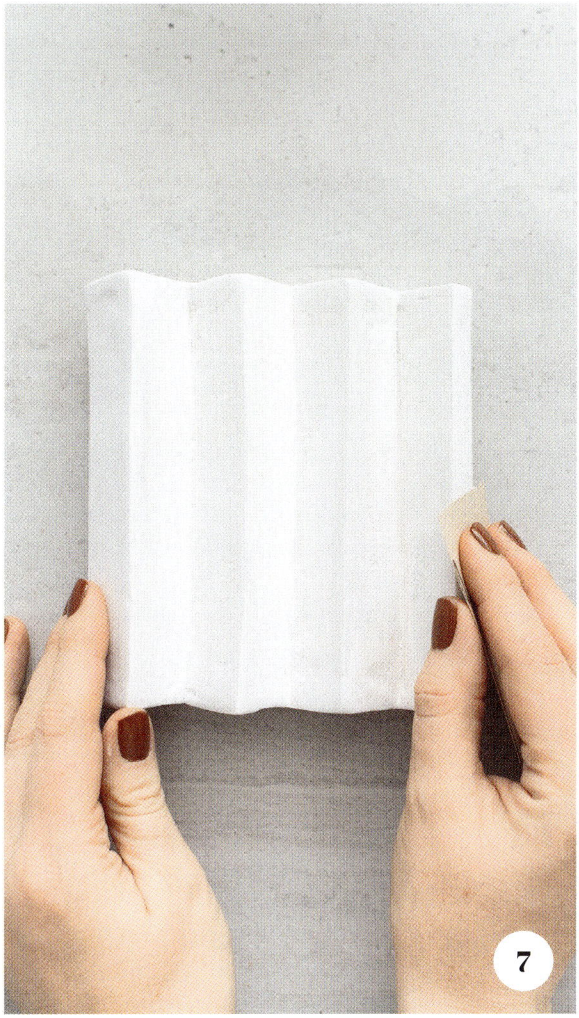

5. Ein weiteres Stück an einer langen Kante einritzen und mit der rechten Seite an die Unterseite der V-Form drücken. Die drei sichtbaren Verbindungsstellen wieder verwischen. Dann den Vorgang wiederholen, bis alle Stücke aufgebraucht sind und eine Zickzack-Form entsteht.

6. Die Masse 4 bis 6 Stunden trocknen lassen und anschließend vorsichtig um 180 Grad drehen. Die Verbindungsstellen mit etwas Wasser an der Oberkante verwischen, sodass die Oberfläche glatt wird.

7. Die Masse 48 Stunden aushärten lassen. Dann mit mittelkörnigem Schmirgelpapier die Oberfläche schleifen, dabei auf die Kanten konzentrieren. Anschließend noch einmal mit feinkörnigem Schmirgelpapier bearbeiten. Zuletzt mit einem feuchten Tuch den Staub abwischen.

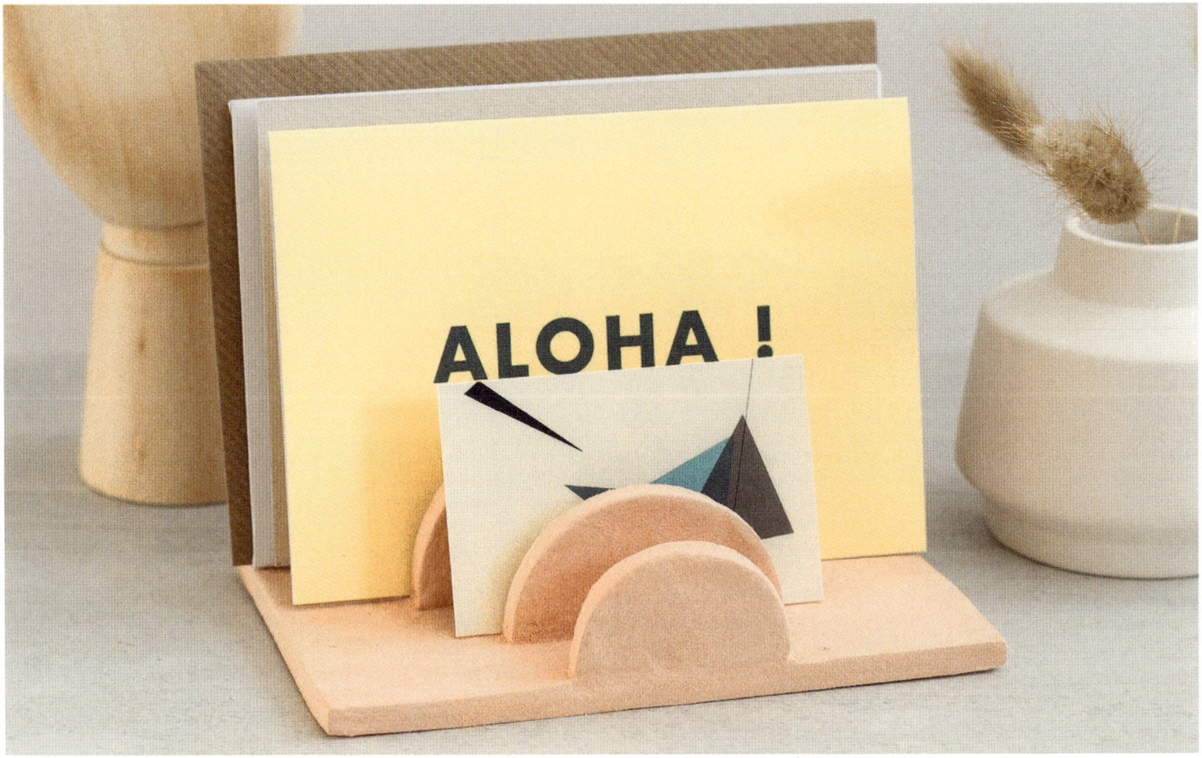

STÄNDER FÜR BRIEFE UND NACHRICHTEN

Für Alltagsgegenstände bin ich immer auf der Suche nach netten Lösungen. Wenn Sie einen Stapel Papierkram auf Ihrem Schreibtisch herumliegen haben, fertigen Sie diesen Briefständer an und sagen Sie der Unordnung Lebewohl. Sortieren Sie Nachrichten, Rezepte und Dokumente in einzelne Sektionen ein, sodass Sie diese schnell wiederfinden.

Bei diesem Projekt geht es um Struktur und Stabilität. Sie lernen hier eine Technik kennen, mit der man Verbindungen festigen kann und bei der die Masse während des Aushärtens nicht verrutscht. Damit verhindert man auch Brüche und Risse.

Material

100 g lufttrocknende Modelliermasse von DAS in Terrakottarot

1 kg lufttrocknende Modelliermasse von DAS in Weiß

Acryl-Tonroller

2 Holzleisten, je 2,5 × 38 × 1,5 cm

Lineal

Tonschneider

Backpapier

feuchter Schwamm

2 Holzleisten, je 2,5 × 38 × 0,6 cm

je 1 runder Keksausstecher mit:
- 11 cm Durchmesser
- 9,5 cm Durchmesser
- 8 cm Durchmesser
- 6 cm Durchmesser
- 5 cm Durchmesser

Bastelmesser

Mikrofasertuch

Zahnstocher

Schere

Wischwerkzeug

feines Schmirgelpapier

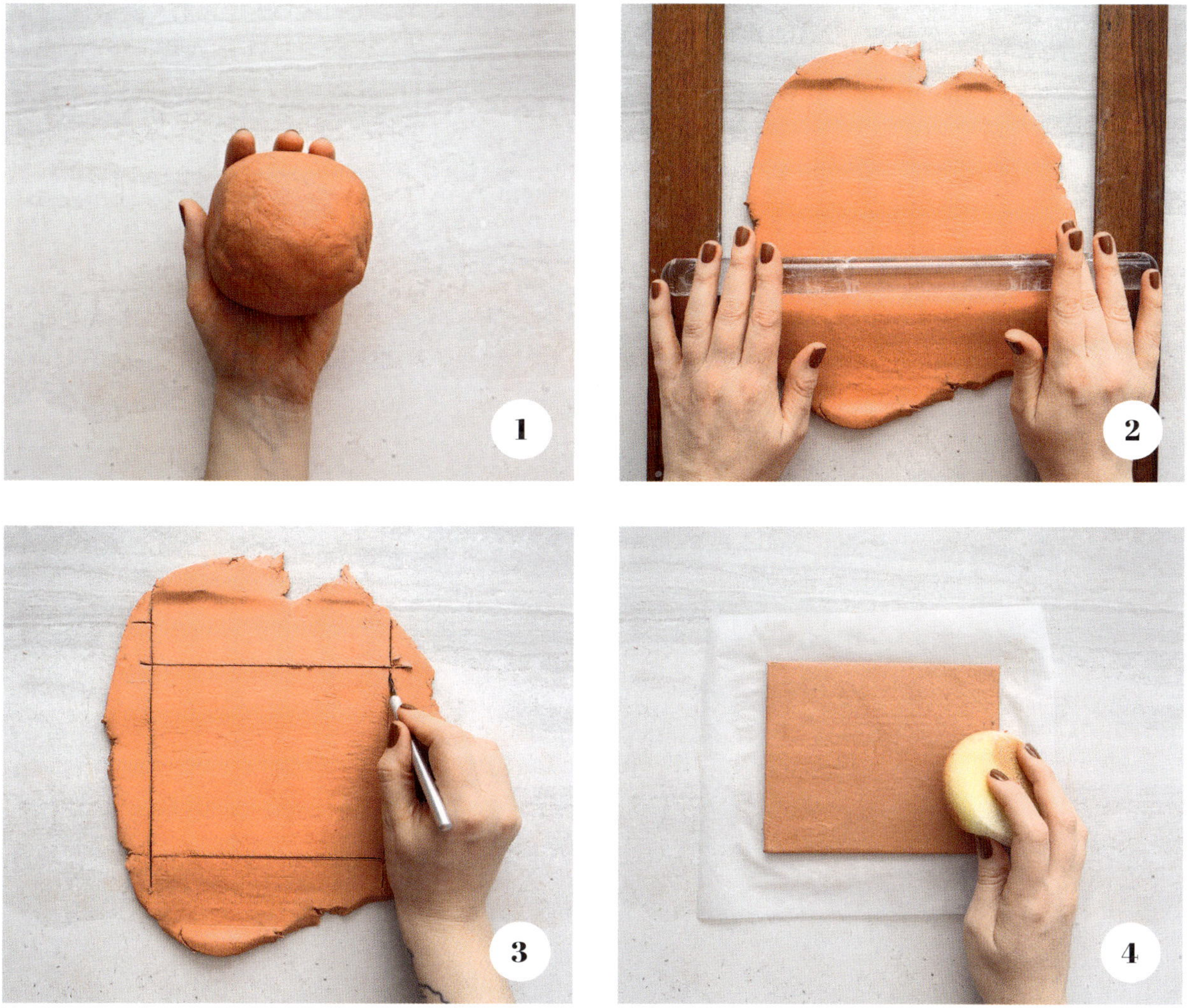

1. Zunächst die Modelliermassen miteinander vermischen. Dafür die terrakottarote Masse zu einer dicken Rolle formen und auf die weiße Masse legen. Mit der Rolle mehrmals vor und zurück darüberfahren, bis die Masse nur noch etwa halb so dick ist. Dann mit den Händen weiterarbeiten. Die Masse zu einer Rolle formen, verdrehen, auseinanderziehen und wieder zusammenkneten. Auf diese Weise fortfahren, bis sie eine konsistente Farbe hat.

2. Die Masse dann zwischen die beiden 1,5 cm dicken Holzleisten auf eine nicht haftende Arbeitsfläche legen und ausrollen, bis die Rolle leicht über die Masse gleitet und diese so dick wie die Leisten ist.

3. Darauf ein 10 × 15 cm Rechteck zeichnen und mit dem Tonschneider ausschneiden, dabei eventuell ein Lineal oder eine gerade Holzleiste zu Hilfe nehmen.

4. Die Masse um das Rechteck abnehmen, zu einer Kugel rollen und zur Seite legen. Die Ränder des Rechtecks vorsichtig anheben, eine Hand darunterschieben und das Teil auf ein Stück Backpapier legen. Die Oberfläche mit einem feuchten Schwamm glätten.

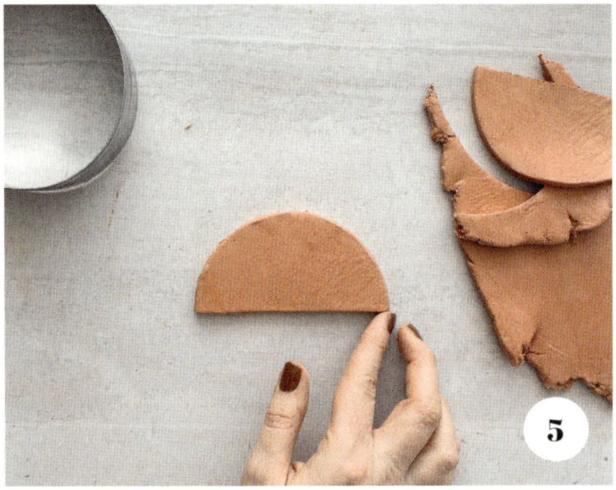

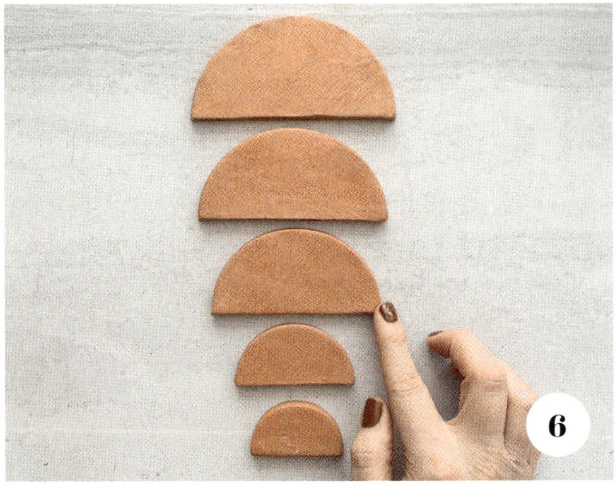

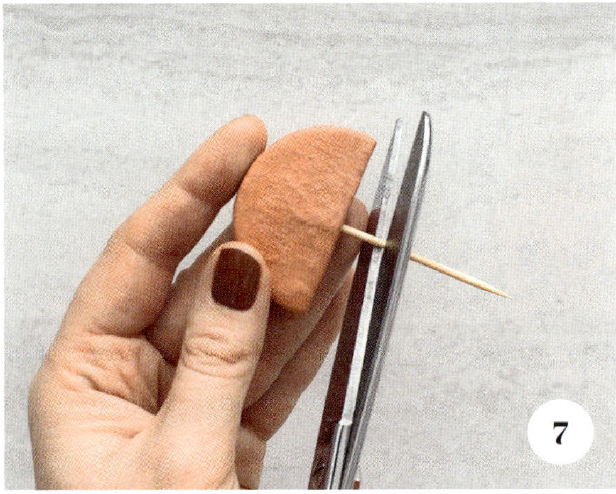

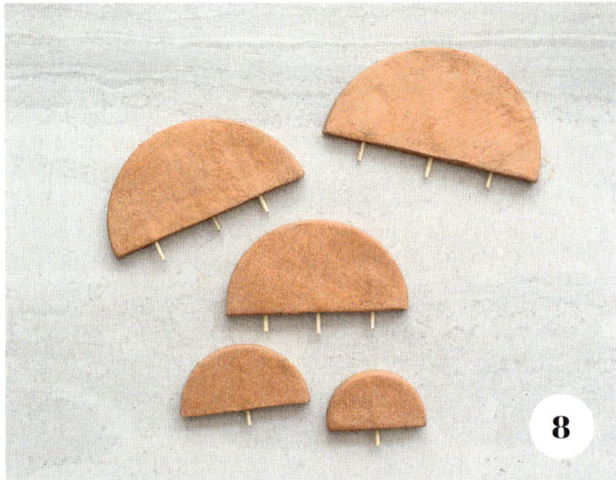

5. Die restliche Modelliermasse zwischen die beiden 0,6 cm dicken Holzleisten legen und ausrollen, bis die Rolle leicht darübergleitet und die Masse so dick wie die Leisten ist. Den größten Keksausstecher hineindrücken, dabei mit der flachen Hand Druck ausüben und den Ausstecher leicht in beide Richtungen drehen, damit die Masse nicht daran festklebt. Dann den Ausstecher hochnehmen, den inneren Kreis herausdrücken und auf die nicht haftende Arbeitsfläche legen. Mit einem Bastelmesser halbieren und eine Hälfte mit dem restlichen Ton verkneten.

6. So fortfahren und fünf Halbkreise anfertigen, in jeder Größe einen. Dabei die Modelliermasse jedes Mal nach Bedarf neu verkneten und ausrollen. Anschließend die Oberfläche der Halbkreise mit einem feuchten Tuch glätten und darauf achten, dass die Kanten und beide Seiten glatt und frei von Rissen und Unregelmäßigkeiten sind.

7. Nun die Halbkreise mit Zahnstochern auf dem Rechteck befestigen. Dafür mit dem kleinsten Halbkreis beginnen. Vorsichtig einen Zahnstocher mittig in die gerade Kante stecken und hoch bis zur Rundung schieben. Diesen dafür mit der Schere kürzen, sodass noch 1,5 cm unten überstehen.

8. Einen Zahnstocher in den nächstkleinsten Halbkreis stecken. Für die anderen drei Halbkreise jeweils drei Zahnstocher verwenden, einen in der Mitte der geraden Kante und zwei jeweils seitlich davon.

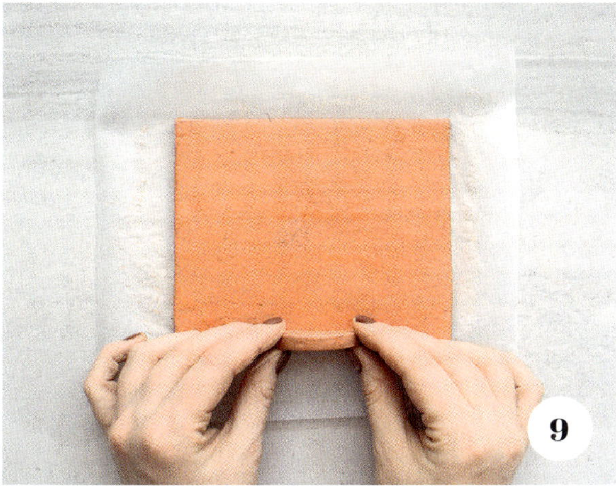

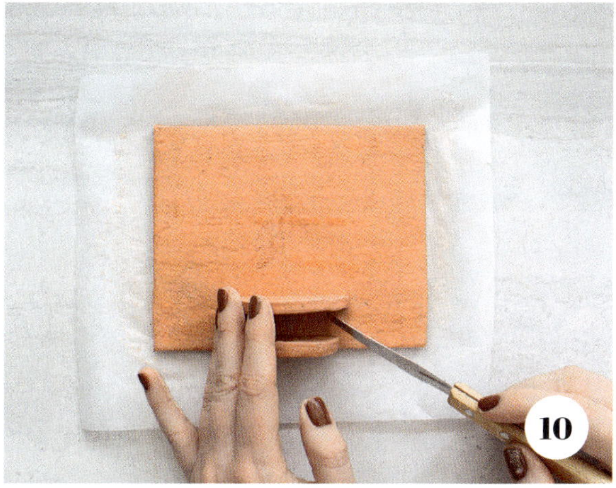

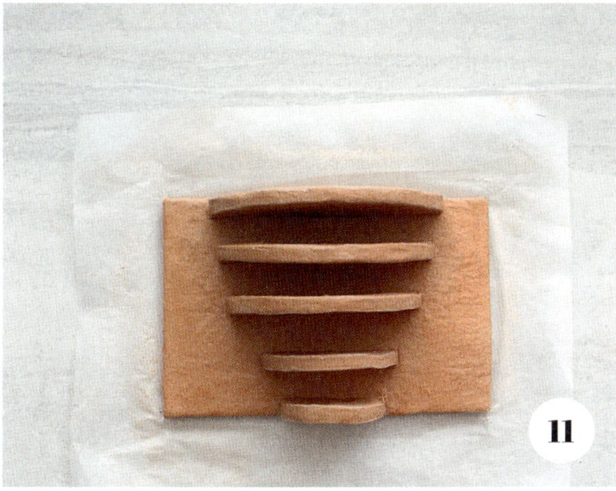

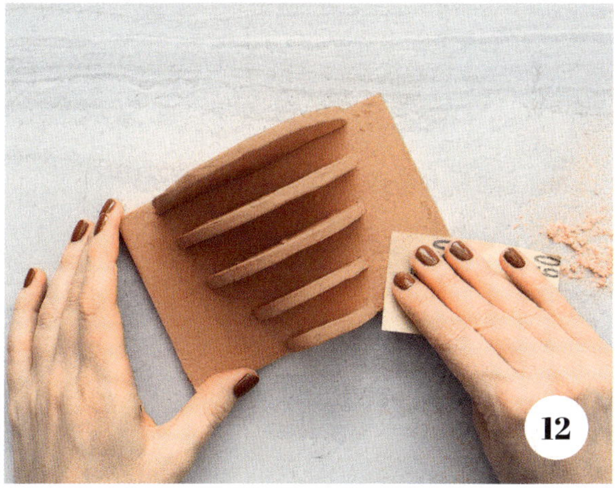

9. Bei der Längsseite des Rechtecks die Mitte (bei 7,5 cm) festlegen und dort den kleinsten Halbkreis mit dem Zahnstocher ganz vorne platzieren. Den Zahnstocher in den Ton drücken, dabei soll der Halbkreis in einer Linie mit der Kante des Rechtecks sitzen. Mit einem Finger oder Wischwerkzeug die Fuge glätten, sodass eine nahtlose Verbindungsstelle entsteht.

10. Auf einer Linie 2 cm hinter dem ersten Halbkreis wieder die Mitte bei 7,5 cm für den nächsten Zahnstocher markieren und den nächsten Halbkreis dort in die Masse stecken. Am besten verwendet man zum Verwischen der Fugen ein spezielles Wischwerkzeug für schmale Stellen.

11. Schritt 10 mit den anderen drei Halbkreisen wiederholen. Dabei sollte der letzte auf der hinteren Kante des Rechtecks platziert sein. Bei Bedarf kann man die Abstände noch leicht verändern, falls sie zuvor nicht ganz exakt waren.

12. Die Modelliermasse 48 Stunden trocknen lassen. Dann mit feinkörnigem Schmirgelpapier die Oberfläche glätten und die Kanten schärfen. Dafür mit dem Papier über die dünnen Kanten jedes Halbkreises vor- und zurückarbeiten, sodass diese schön glatt und scharf werden.

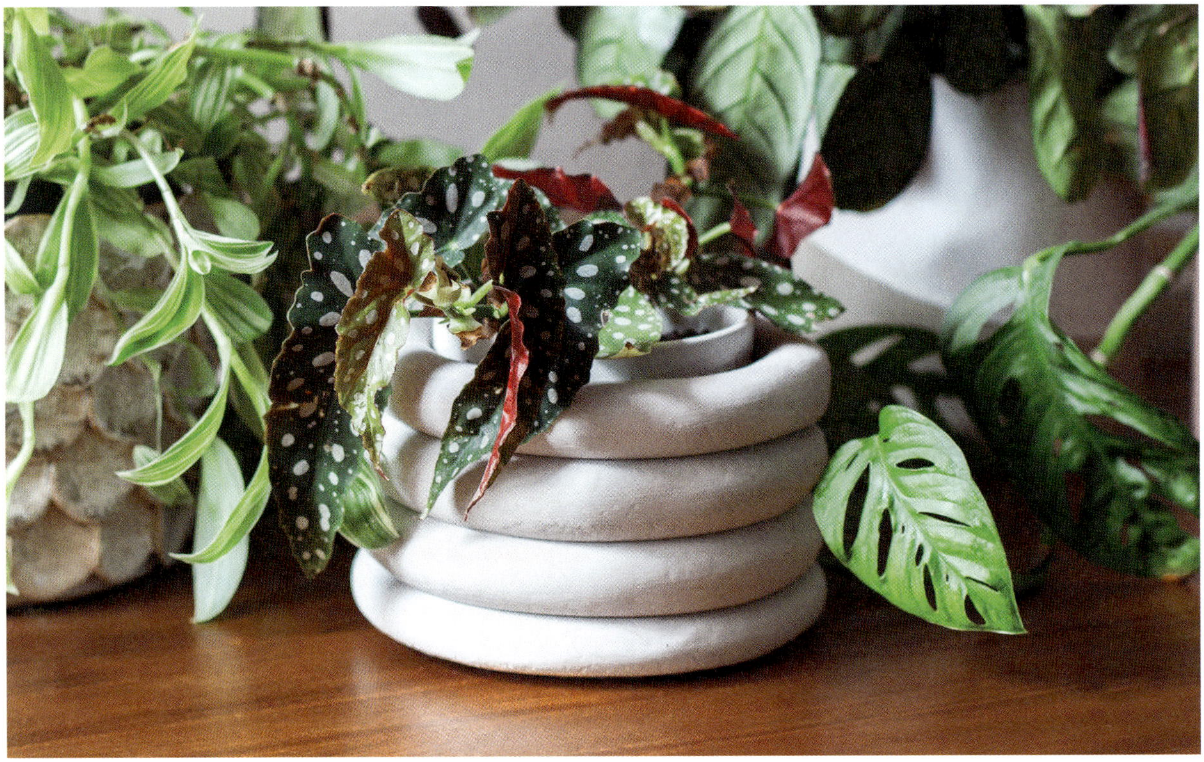

PFLANZTOPF AUS RINGEN

Finden Sie Ihre alten Blumentöpfe langweilig? Dann verleihen Sie ihnen mit lufttrocknender Modelliermasse doch einen witzigen und markanten Überzug! Dieses Projekt ist viel einfacher, als es aussieht. Durch das Aufeinanderschichten von Rollen aus Modelliermasse entsteht eine verspielte Form, die in der Inneneinrichtung und bei Töpferwaren gerade sehr im Trend liegt. Machen Sie sich bereit zum Rollen, denn hier geht es darum, gleichmäßige Ringe aufeinanderzustapeln. Wenn Sie die Technik beherrschen, ist dieser Topf in wenigen Minuten fertig. Dafür können Sie einen runden Blumentopf in jeder beliebigen Größe verwenden, aber für den Anfang ist ein kleiner besser geeignet. Achten Sie nur darauf, dass Sie genug Modelliermasse haben, damit die Ringe lang genug sind. Messen Sie zunächst den Umfang aus und addieren noch 2,5 cm dazu.

Material

- 2 kg lufttrocknende Modelliermasse von DAS in Weiß
- Babyöl
- Lineal
- Tonschneider
- runder Blumenübertopf, 32 cm Durchmesser
- Backpapier
- spitzes Tonwerkzeug
- Make-up-Schwamm
- Sekundenkleber
- mittelkörniges Schmirgelpapier
- feinkörniges Schmirgelpapier
- Mikrofasertuch
- Pinsel
- Latexfarbe
- spülmaschinenfester Lack
- Schwamm- oder Malpinsel

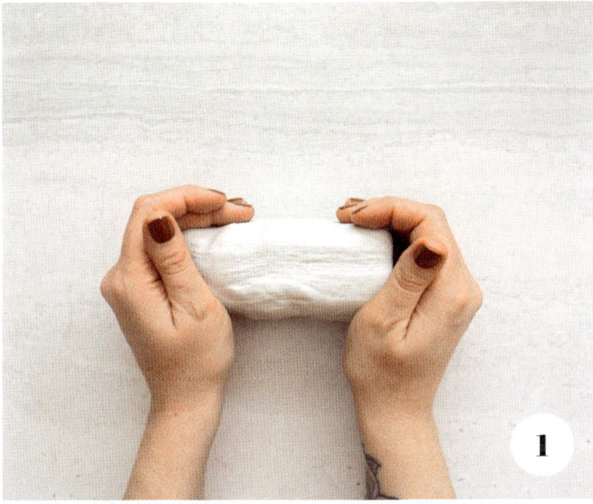

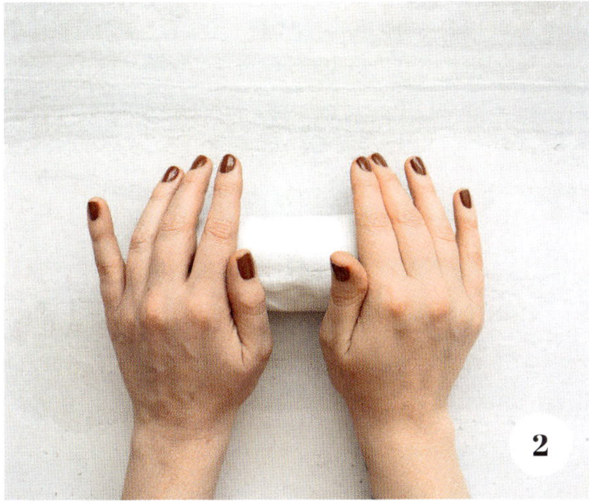

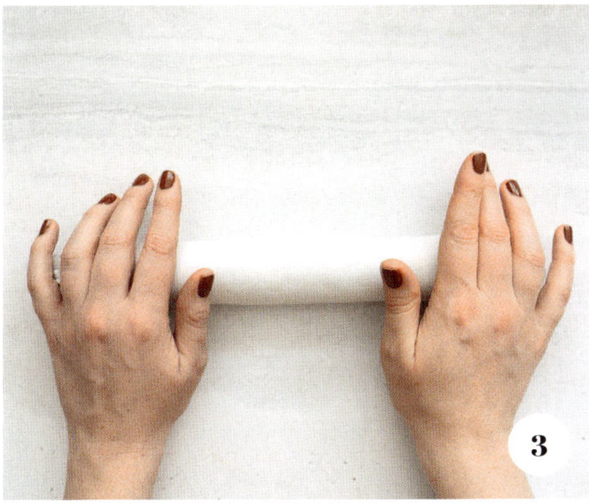

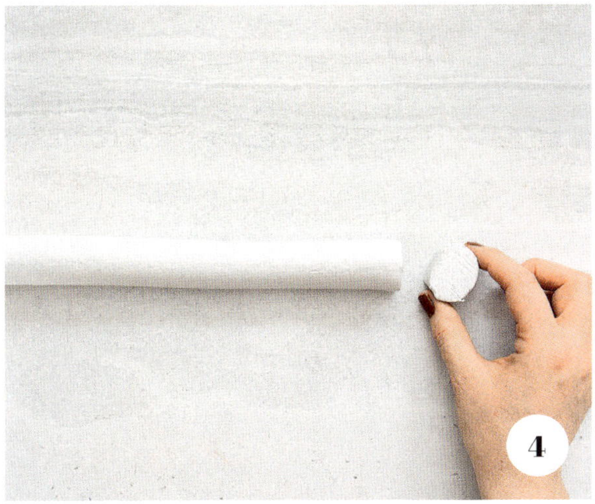

1. Von der Modelliermasse 500 g abnehmen, die Hände mit Babyöl einfetten und die Masse zu einer gerundeten Form drücken, damit sie sich leichter ausrollen lässt.

2. Waagerecht auf eine nicht haftende Arbeitsfläche legen und zu einer festen Rolle ausrollen. Zunächst die Fingerspitzen darauflegen, die Hände bis zu den Handflächen nach vorne schieben und dabei die Masse darunter auf der Arbeitsfläche rollen. Dann die Hände wieder zurückziehen, dabei stets auf der Modelliermasse liegen lassen.

3. So fortfahren und die Hände über die gesamte Länge der Rolle bewegen, sodass dabei gleichmäßig Druck ausgeübt wird. So sollte die Rolle eine gleichmäßige Form bekommen. Man braucht vielleicht etwas Übung, damit es gut klappt, aber man kann die Masse ja leicht wieder verkneten und noch einmal von vorne beginnen. Nur darauf achten, dass sie nicht austrocknet, und mit etwas Wasser befeuchten.

4. Die Rolle sollte 35 cm plus zusätzlich 1,5 cm an beiden Enden lang werden. Diese mit einem Tonschneider abschneiden, damit die Rolle gleichmäßig dick ist.

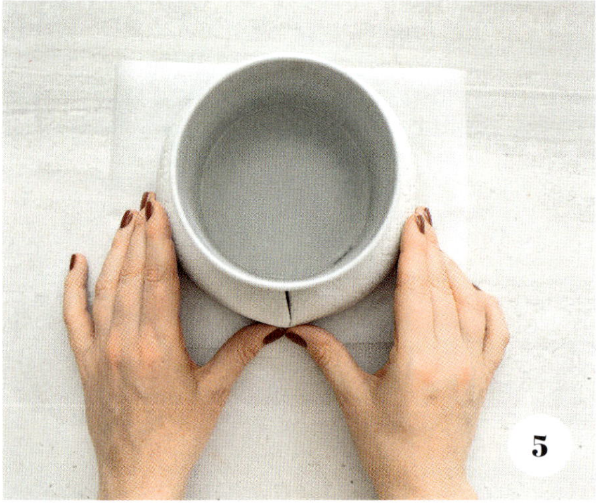

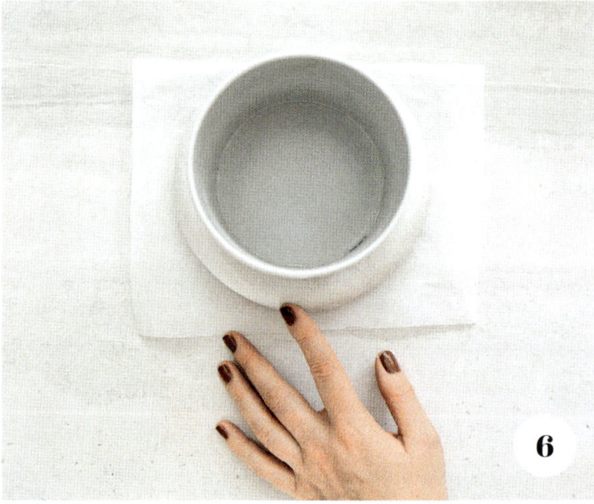

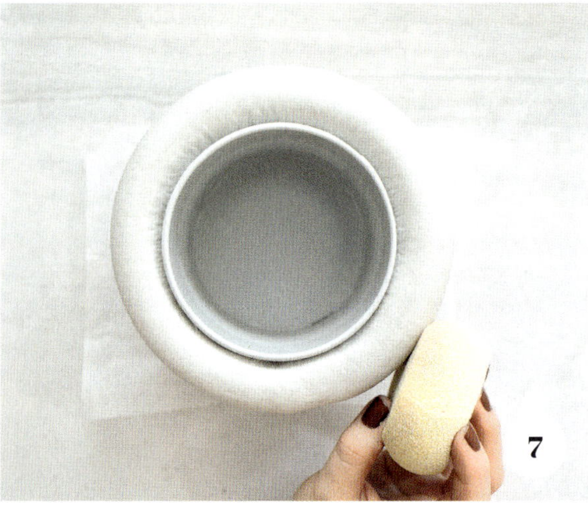

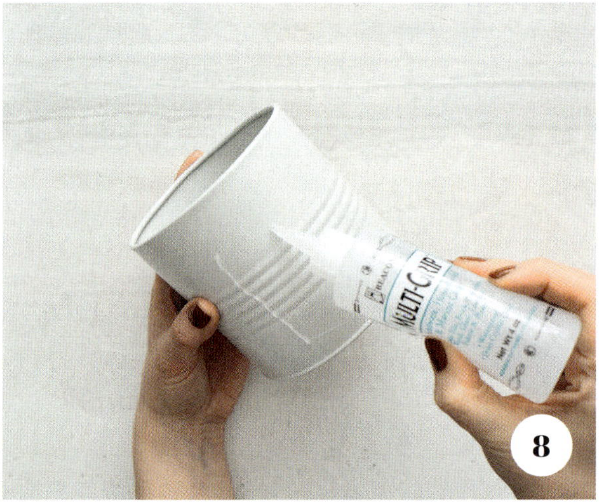

5. Den Übertopf auf Backpapier stellen. Vorsichtig die soeben geformte Rolle unten dicht an den Topf legen, sodass sie seine Wände berührt. Dabei sollte etwas Masse übrig sein. Die Enden der Rolle aufeinanderlegen und die Masse an einer Stelle durchschneiden. Die flachen Enden mit einem spitzen Tonwerkzeug einritzen und mit dem Finger anfeuchten.

6. Die Verbindung mit dem Finger und etwas Wasser zu einem nahtlosen Übergang verwischen.

7. Die Schritte 1 bis 6 wiederholen: Weitere drei Stücke Modelliermasse ausrollen und übereinander um den Topf legen. Die Verbindungsstellen verwischen, und wenn alle Rollen an Ort und Stelle sind, die Oberfläche mit einem feuchten Make-up-Schwamm glätten.

8. Die Masse an einem warmen, trockenen Ort 48 bis 72 Stunden aushärten lassen. Wenn sie trocken ist, den Blumentopf vorsichtig herausnehmen und mit Kleber bestreichen. Man braucht nicht sehr viel, sollte aber darauf achten, dass jede einzelne Rolle festgeklebt wird.

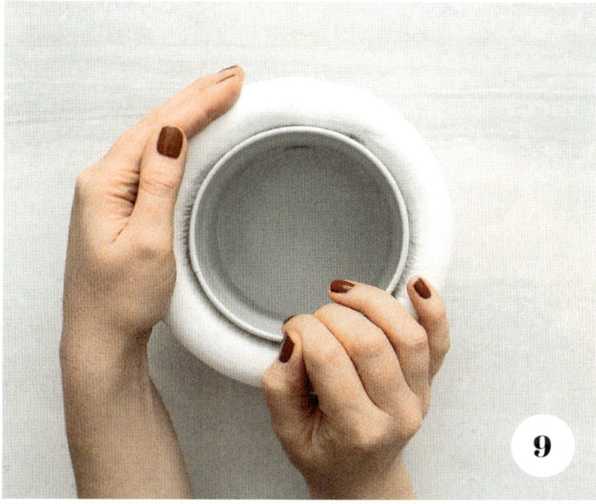

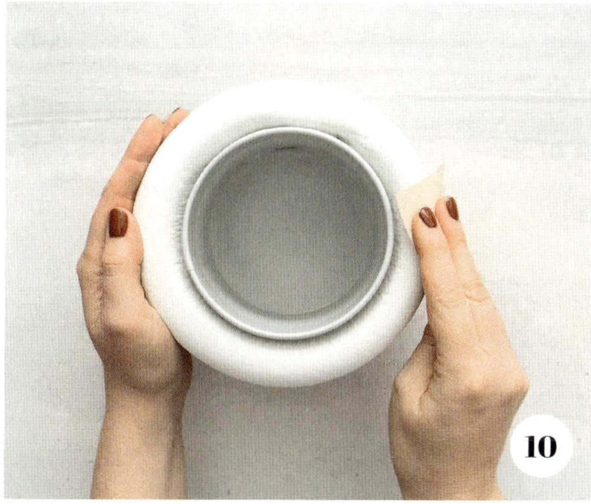

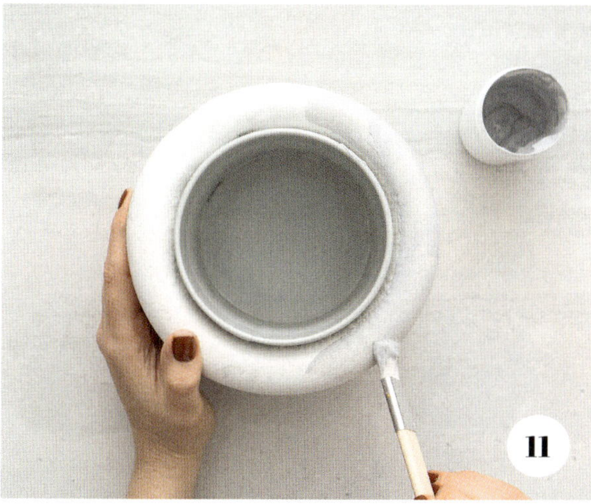

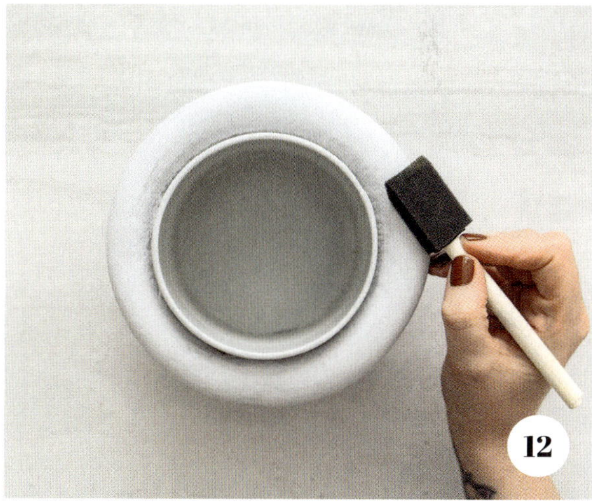

9. Den Topf wieder hineinsetzen und 12 Stunden trocknen lassen.

10. Anschließend die Oberfläche abschleifen: mit mittelkörnigem Schmirgelpapier beginnen und vorsichtig über die Rundungen die flache Oberfläche bearbeiten. Das Papier dann mittig falten und damit in die Ritzen zwischen den Rollen fahren. Den Vorgang mit dem feinkörnigen Schmirgelpapier wiederholen. Anschließend mit einem feuchten Tuch den Staub abwischen und den Übertopf trocknen lassen.

11. Mit einem Pinsel mit Farbe bemalen, dabei den Pinsel in die Ritzen zwischen den Rundungen drücken. Mehrere dünne Farbschichten auftragen, damit die Farbe einheitlich wird, und zwischen den einzelnen Schichten trocknen lassen.

12. Wenn die Farbe trocken ist, mit einem Schwammpinsel spülmaschinenfesten Lack auftragen, um die Oberfläche vor Wasserspritzern zu schützen. Den Lack in zwei dünnen Schichten auftragen und zwischendurch vollständig trocknen lassen. Zum Schluss über Nacht trocknen lassen.

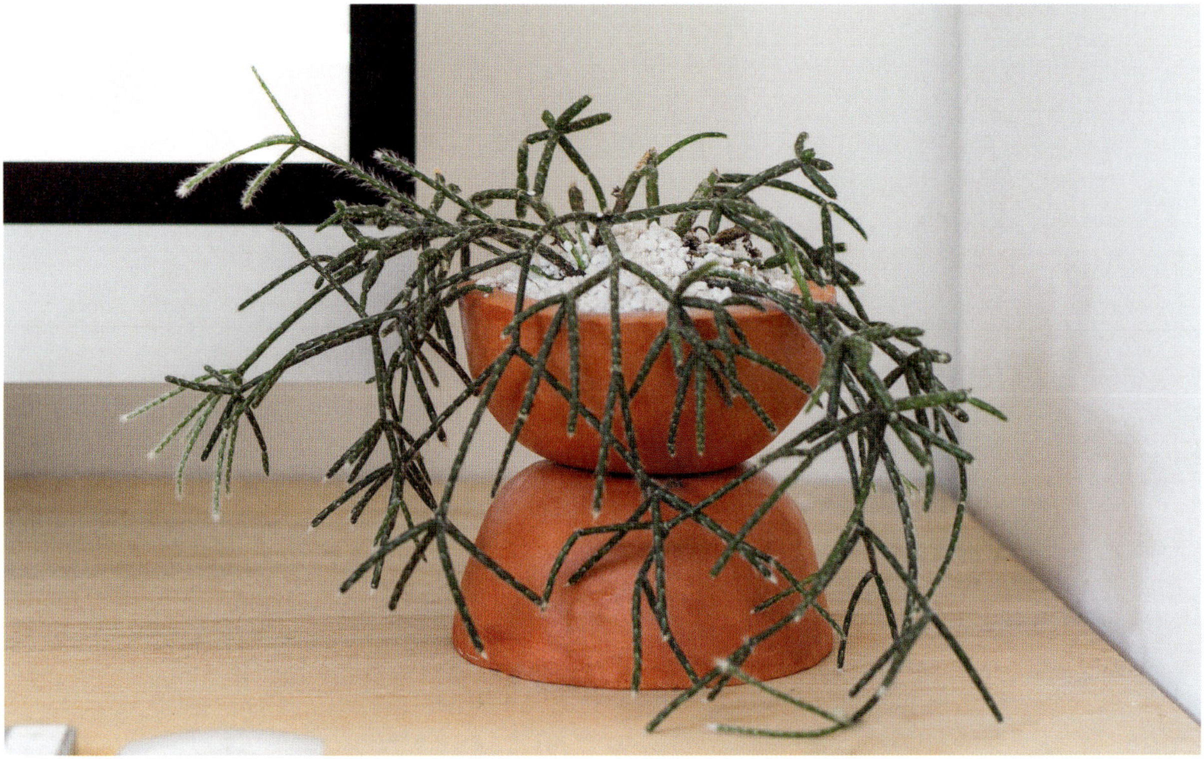

SANDUHR-TOPF

Ich bin geradezu besessen von Übertöpfen in Sanduhr-Form. Meist sind sie viel größer als dieser hier, aber ich wollte eine Miniatur-Version ausprobieren. Sie ist ziemlich niedlich! Die Sanduhr-Form ist eine moderne Variante eines traditionellen Übertopfes, sie wird aus zwei separaten Formen zusammengesetzt.

In diesem Topf sehen auffällige Sukkulenten toll aus, zum Beispiel eine Zebra-Haworthie (*Haworthia attenuata*), oder kleine Hängepflanzen, etwa Erbsenpflanzen oder Affenschaukeln. Stellen Sie die Pflanze auf einen gebührenden Platz auf dem Schreibtisch neben dem Computer, so haben Sie dort etwas Farbe und frisches Grün. Aber der Topf ist so vielseitig, dass man ihn überall zu Hause hinstellen kann. Er eignet sich auch toll fürs Badezimmer oder als lustiger Akzent in einem Regal.

Material

- 2 kg lufttrocknende Modelliermasse von DAS in Terrakottarot
- große Müslischale, 13 cm Durchmesser
- Babyöl
- Drahtschneider (optional)
- Bastelmesser
- Backpapier
- feuchter Schwamm
- Schnitzwerkzeug aus Metall für Modelliermasse
- Zahnstocher
- Lineal
- mittelkörniges Schmirgelpapier
- feinkörniges Schmirgelpapier
- Mikrofasertuch
- spülmaschinenfester Lack
- Schwamm- oder Malpinsel
- Sekundenkleber
- Plastikbeutel mit Zip-Verschluss
- Blumenerde, Pflanze und Perlit für den Topf

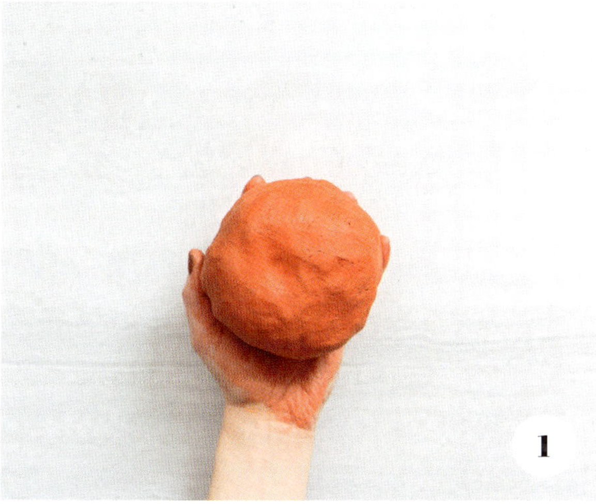

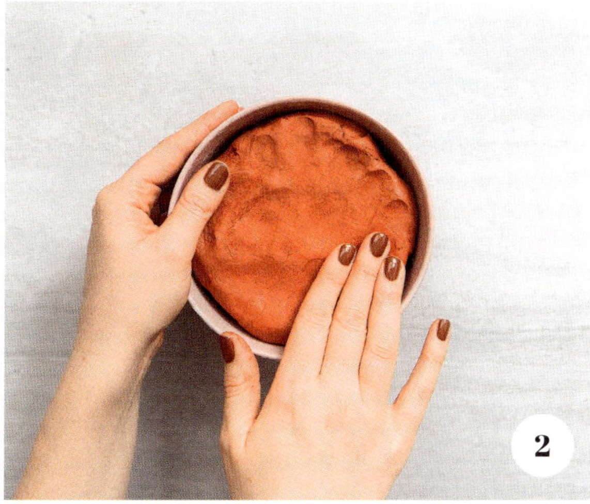

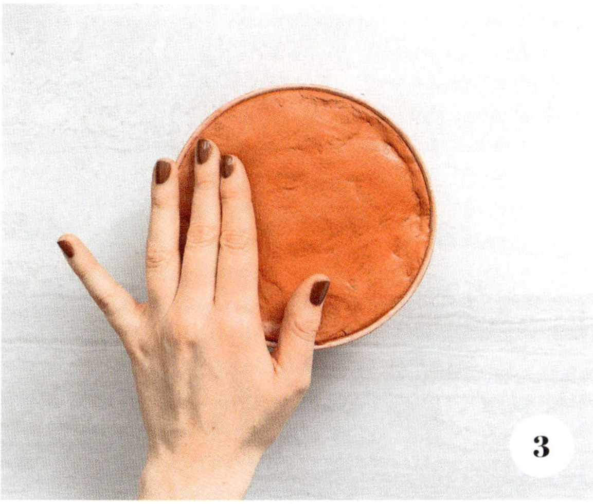

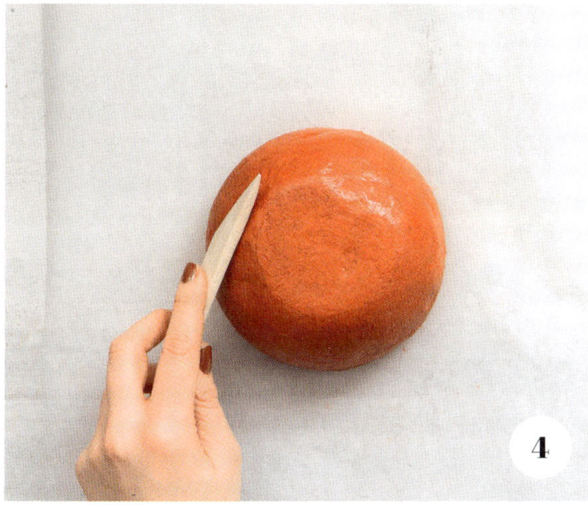

1. Von der Modelliermasse 1,25 kg abwiegen und grob zu einer Kugel formen. Die Oberfläche rundum mit feuchten Händen glätten.

2. Die Innenseite der Müslischale mit Babyöl bestreichen. Die Kugel hineinlegen und die Modelliermasse mit den Fingern festdrücken, sodass sie die Schale ausfüllt und die Oberfläche eben ist. Je nach Größe der Schale noch weitere Modelliermasse hinzufügen oder überschüssige mit dem Drahtwerkzeug abschneiden.

3. Die Oberseite mit Wasser glätten und mit dem Fingernagel rund um den Rand der Schale fahren und die Masse nach innen schieben. Dann an einem warmen, trockenen Ort 12 Stunden härten lassen.

4. Nach 12 Stunden die Schale auf eine hölzerne Unterlage stürzen, etwas anheben und schütteln. Da lufttrocknende Modelliermasse beim Trocknen schrumpft, sollte sie auf diese Weise leicht aus der Schale zu lösen sein. Andernfalls mit einem Bastelmesser oben rund um den Rand fahren und die Masse herauslösen.

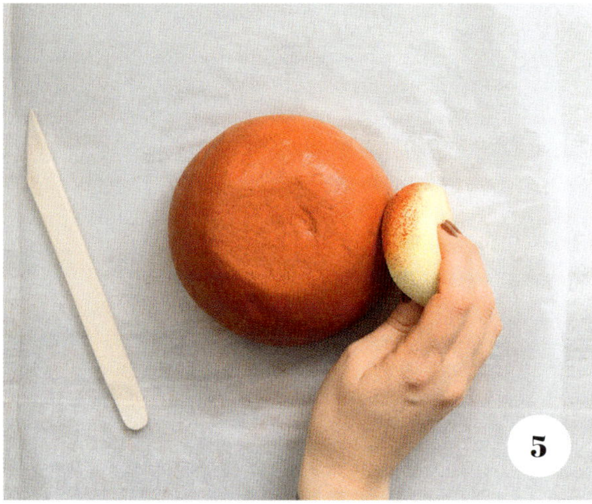

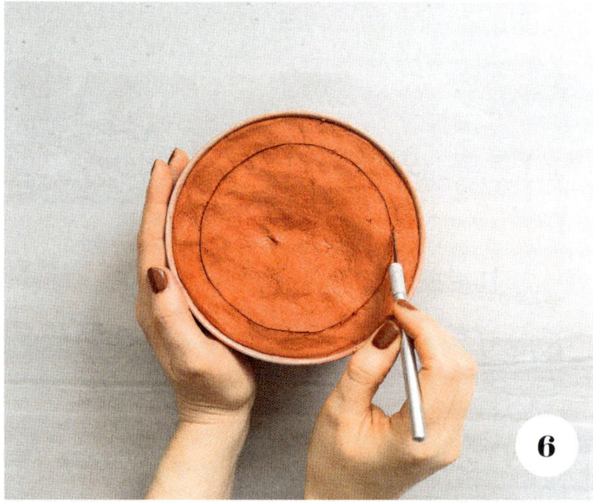

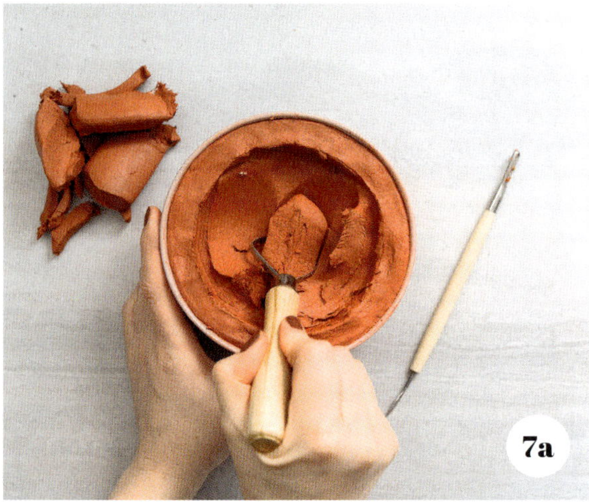

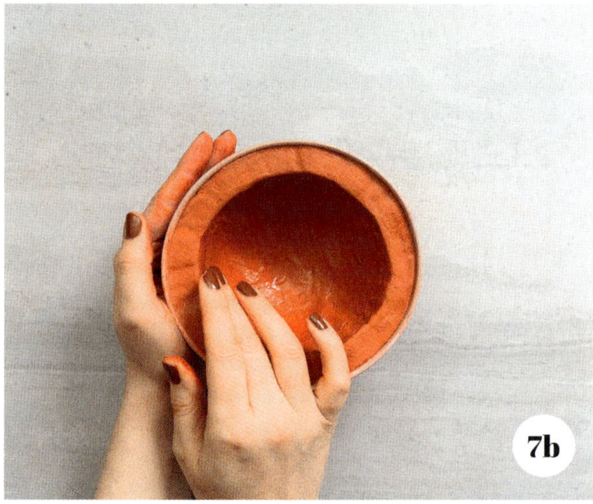

5. Auf Backpapier legen und die Oberfläche mit einem feuchten Schwamm glätten. Dann 48 bis 72 Stunden trocknen lassen.

6. Mit der restlichen Modelliermasse die Schritte 1 und 2 wiederholen. Dann im Abstand von 1,5 cm einen Kreis auf die Oberfläche zeichnen.

7. Mit dem Schnitzwerkzeug die Masse im Innern des Kreises herauslösen (siehe Abbildung 7a). Dabei das Werkzeug stets im selben Winkel führen, damit rundum 2,5 cm von der Masse stehen bleiben. Wenn zu viel Masse abgenommen wurde, kann leicht wieder welche hinzugefügt werden (siehe Abbildung 7b). Auch unten am Boden 2,5 cm stehen lassen. Die Maße mithilfe eines Zahnstochers überprüfen. Diesen in die Masse stechen, bis er auf die Wand der Schale trifft. Dann an der Stelle, an der er herausragt, greifen und wieder herausziehen. Nun den Abstand zwischen den Fingern und dem Ende des Zahnstochers ausmessen und so die Dicke der Masse an dieser Stelle feststellen. Immer daran denken, dass noch Modelliermasse hinzugefügt werden kann, wenn sie zu dünn ist.

Dann die Oberfläche mit einem feuchten Schwamm glätten und darauf achten, dass auch die Oberkante glatt und frei von Unregelmäßigkeiten ist. Die Masse 12 Stunden härten lassen.

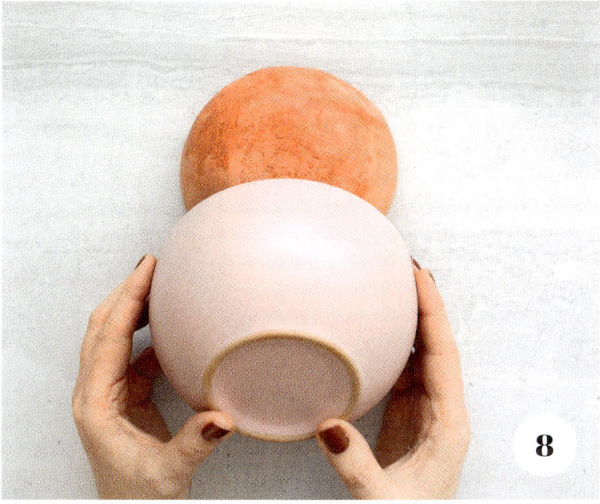

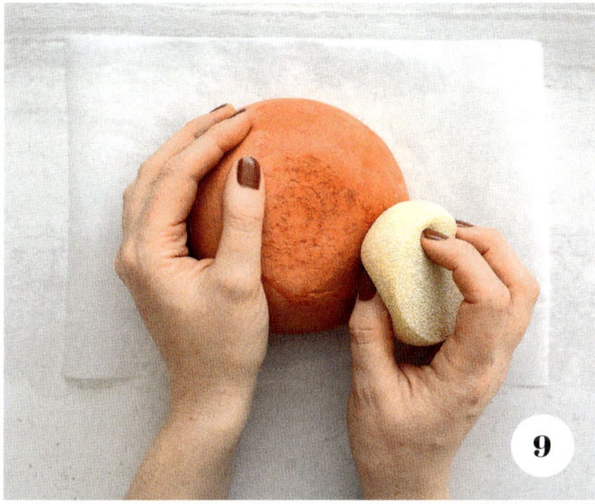

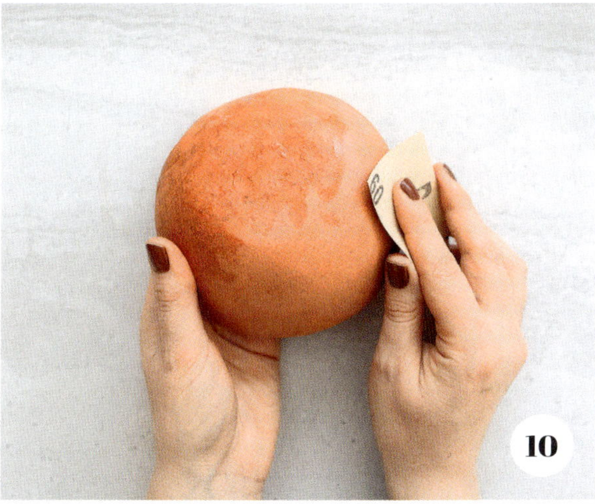

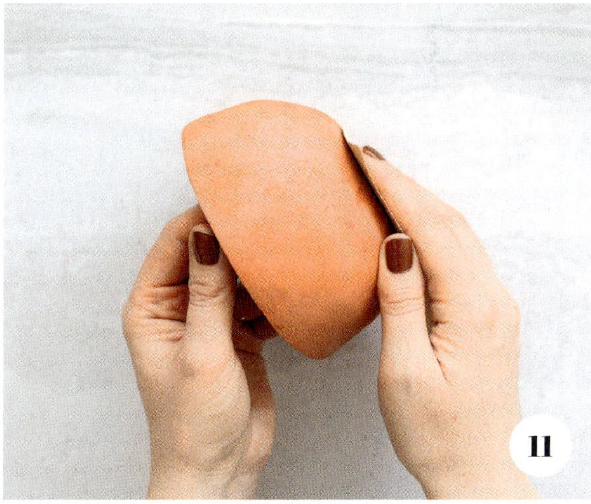

8. Die Schale auf eine hölzerne Unterlage stürzen, etwas anheben und schütteln. Die Modelliermasse sollte auf diese Weise leicht aus der Schale zu lösen sein, andernfalls mit einem Bastelmesser oben am Rand entlangfahren.

9. Die Masse dann auf ein Stück Backpapier legen und die Oberfläche mit einem feuchten Schwamm glätten. Anschließend 48 bis 72 Stunden trocknen lassen.

10. Danach die Oberfläche beider Stücke abschleifen. Zunächst mit mittelkörnigem Schmirgelpapier in kleinen, kreisenden Bewegungen bearbeiten und den dabei entstandenen Staub abbürsten. Anschließend mit feinkörnigem Schmirgelpapier glätten.

11. Je nach Form der verwendeten Schale auch die Unterseite bearbeiten. Dabei muss auf beiden Stücken eine ebene Fläche mit etwa 5 cm Durchmesser entstehen. Am besten nimmt man dafür das mittelkörnige Schmirgelpapier.

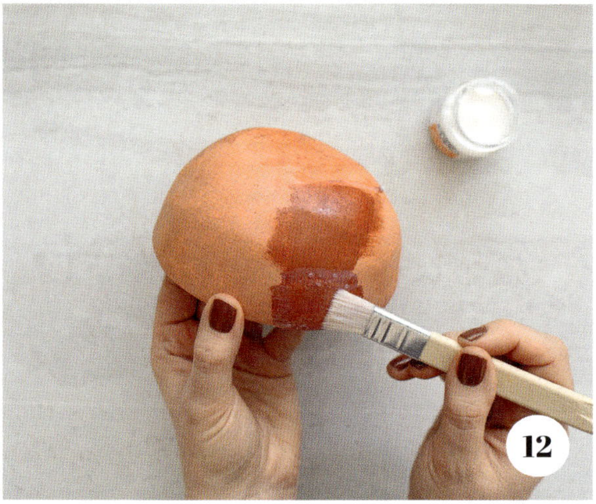

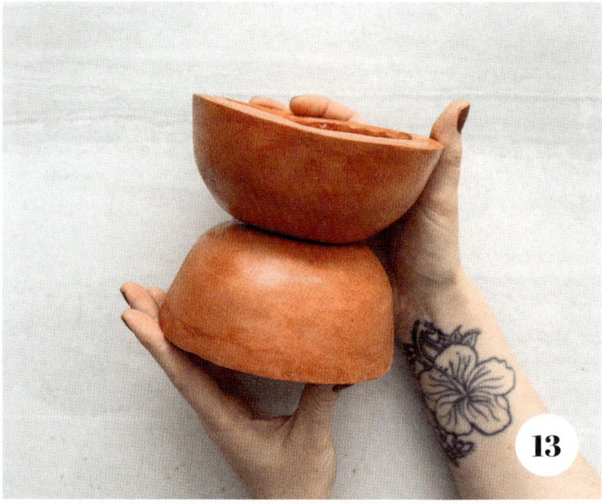

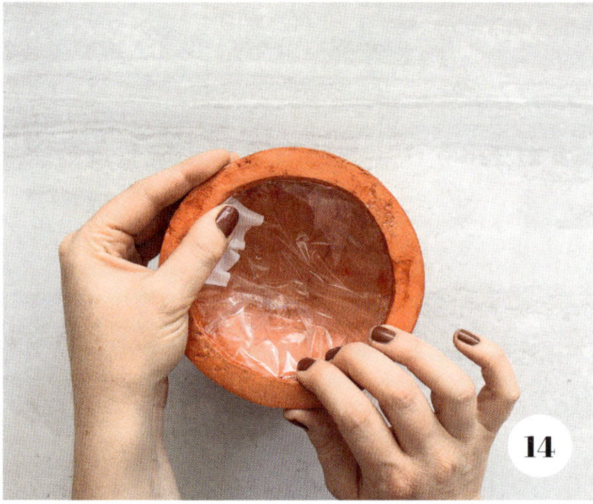

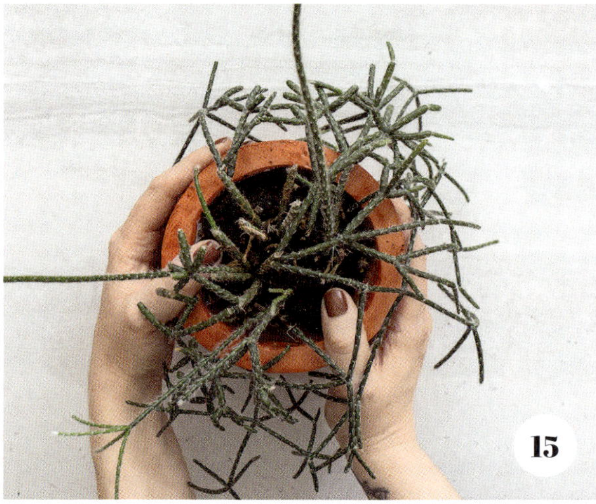

12. Danach den Staub mit einem feuchten Tuch abwischen und die Stücke 10 bis 15 Minuten trocknen lassen. Wenn die Oberfläche trocken ist, diese mit einem Schwammpinsel mit drei Schichten spülmaschinenfestem Lack überziehen. Dabei jede Schicht trocknen lassen, bevor die nächste aufgetragen wird. Das dauert etwa 1 Stunde, eventuell auch länger.

13. Anschließend die gefüllte Hälfte mit der größeren Fläche auf die Arbeitsfläche stellen. Die obere Seite nun großzügig mit Kleber bestreichen und das andere Stück daraufsetzen. Festdrücken und überschüssigen Kleber entfernen, bevor er trocknet.

14. Den Kleber etwa 6 Stunden trocknen lassen. Einen Plastikbeutel in den Blumentopf legen und an der Oberkante des Topfes abschneiden. Wieder herausnehmen und an der Innenkante des Topfes einen etwa 1,5 cm breiten Streifen Kleber auftragen. Den Beutel wieder hineinlegen und am Rand festdrücken. Dabei darauf achten, dass man ihn von außen nicht sieht. Sollte der Beutel etwas überstehen, diesen nach unten falten und festkleben.

15. Nach dem Trocknen Blumenerde in den Topf füllen und die Pflanze hineinsetzen. Die Oberfläche der Erde mit Perlit bedecken, sodass der Plastikbeutel nicht zu sehen ist.

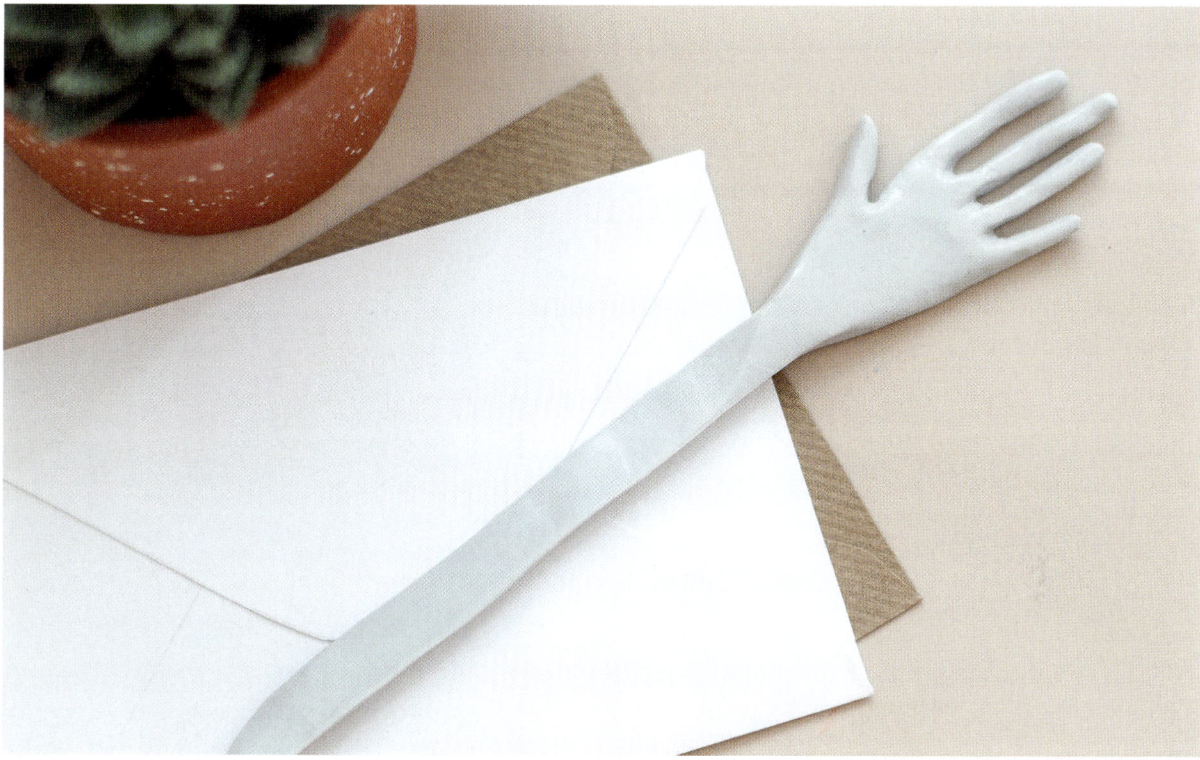

BRIEFÖFFNER IN HANDFORM

Wir alle brauchen hin und wieder eine helfende Hand. Dieser Brieföffner erleichtert uns ein wenig das Bezahlen von Rechnungen, und damit haben wir ein Design-Statement, das wir alle gern verwenden. Bei seiner Herstellung lernen Sie, wie man kleinere Details schnitzt und formt und wie man etwas kompliziertere Formen anfertigt. Diese einfache Handform lässt sich leicht nachbilden und mit einem Bastelmesser ausschneiden, dann wird sie mit den Händen und mit Werkzeugen geglättet und ausgearbeitet.

Material

- 85 g FIMO soft Modelliermasse in Delfingrau
- 2 Holzleisten, je 2,5 × 38 × 0,6 cm
- Acryl-Tonroller
- Zahnstocher oder spitzes Tonwerkzeug
- Lineal
- Bastelmesser
- Tonschneider
- Backpapier
- Wischwerkzeug
- 2 Aluschalen, jeweils 25 × 25 cm
- mittelkörniges Nass-oder-trocken-Schmirgelpapier
- feinkörniges Nass-oder-trocken-Schmirgelpapier
- Mikrofasertuch
- Polyurethan-Lack auf Wasserbasis
- Schwamm- oder Malpinsel

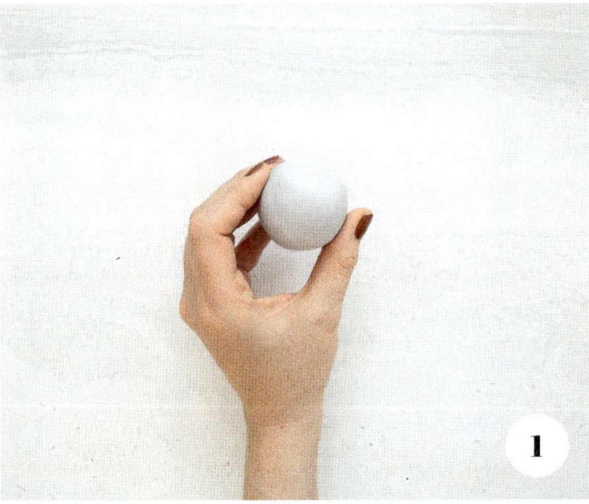

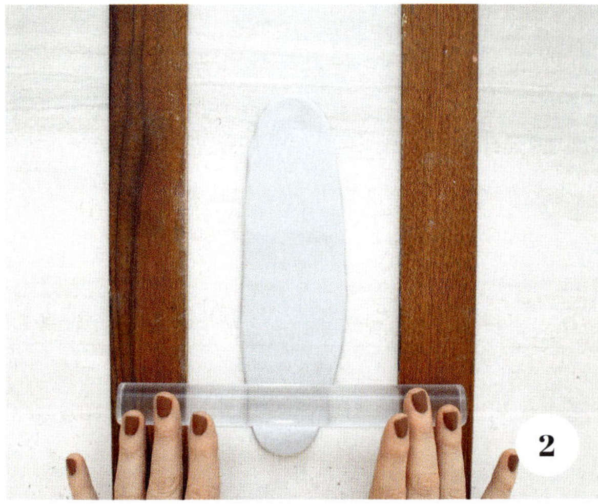

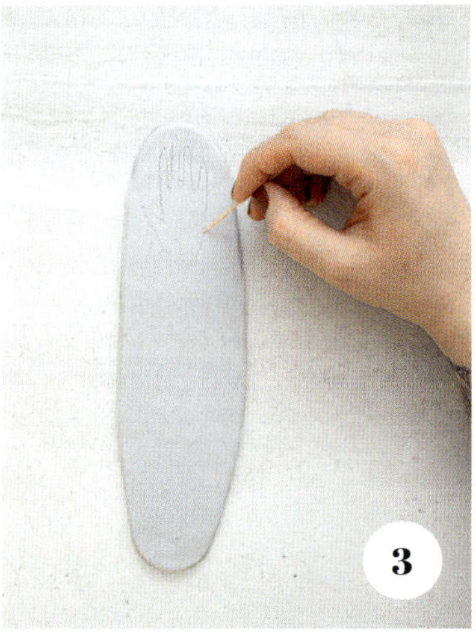

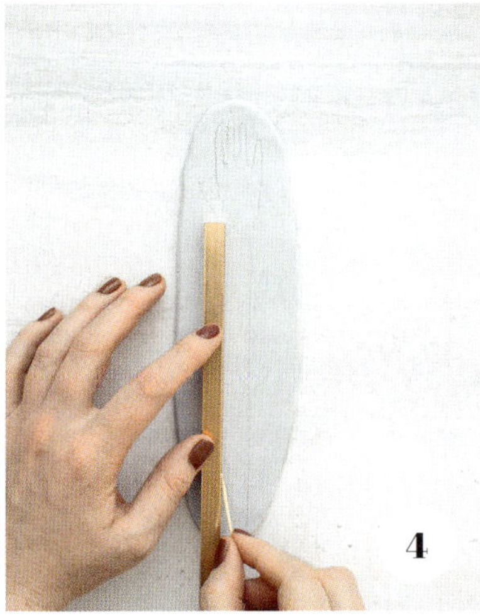

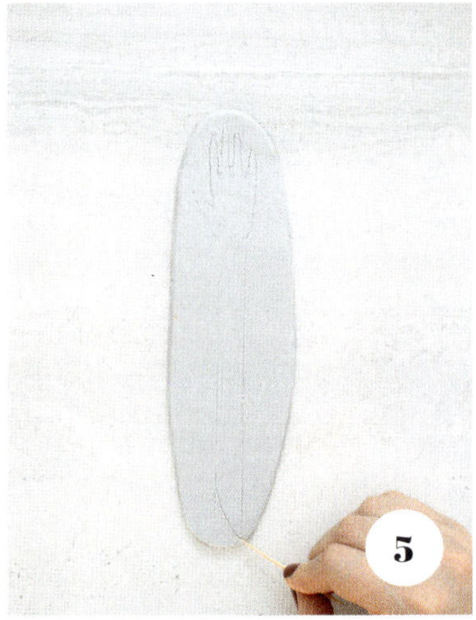

1. Die Modelliermasse zwischen den Handflächen 30 Sekunden erwärmen und dann mehrmals ausrollen, zusammenkneten und zu einer Kugel formen, bis sie weich und formbar ist.

2. Die Masse zwischen die Holzleisten auf eine nicht haftende Arbeitsfläche legen und in eine Richtung zu einem langen Rechteck ausrollen, bis die Rolle leicht darübergleitet und die Masse so dick wie die Leisten ist.

3. Mithilfe eines Zahnstochers eine einfache Hand auf die Oberfläche zeichnen. Sie sollte etwa 5 cm lang und am Handgelenk etwa 1,5 cm schmaler sein. Keine Sorge, wenn etwas schiefgeht, man kann ja noch einmal von vorne beginnen. Und wenn man unsicher ist, kann man sich die Hand zuerst auf Papier vorzeichnen. Aber sie muss ja nicht perfekt werden.

4. Für den Arm von der Unterkante 15 cm nach unten abmessen und die Stelle markieren. Mithilfe eines Lineals zwei Linien vom Handgelenk zu dieser Markierung ziehen.

5. Das Lineal abnehmen und die Linien diagonal miteinander verbinden, dabei etwa 2,5 cm über der Markierung beginnen.

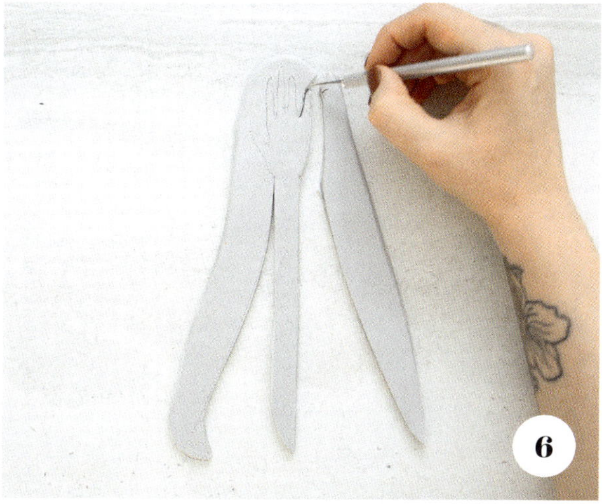

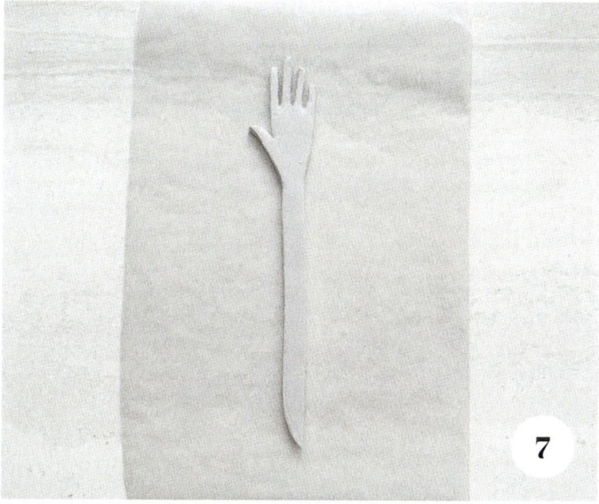

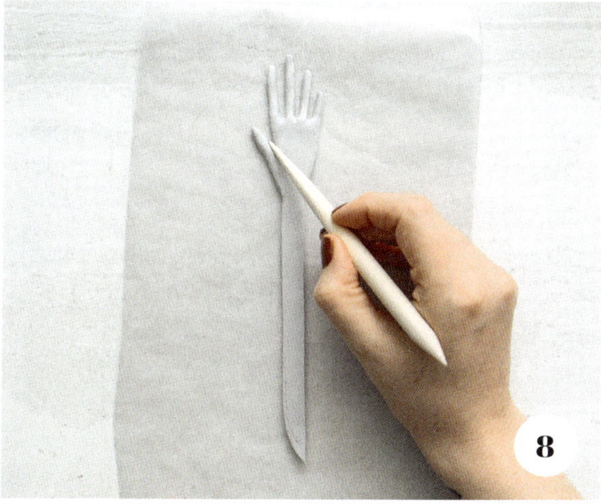

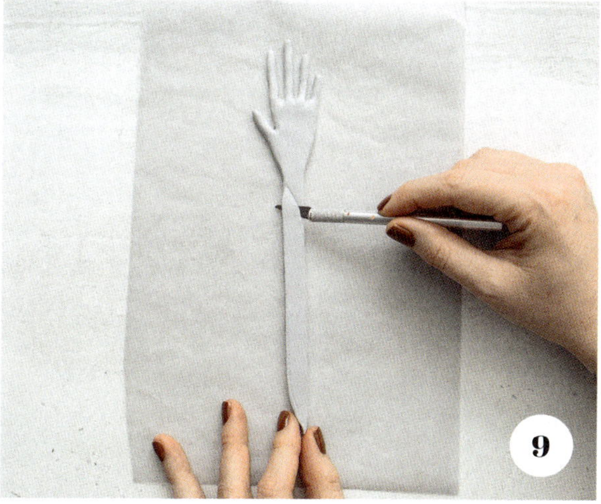

6. Mit einem Bastelmesser die Linien langsam und vorsichtig ausschneiden. Dabei sicherstellen, dass die Messerklinge scharf ist, damit alle Details sauber herausgeschnitten werden können, insbesondere bei den Rundungen der Hand. Ich finde es hilfreich, zuerst die Form grob auszuschneiden und dann die Rundungen auszuarbeiten. Keine Sorge, sie müssen jetzt noch nicht perfekt sein, sie werden später noch weiter bearbeitet.

7. Die ausgeschnittene Masse rundum entfernen, vorsichtig das Schneidewerkzeug unter das lange Werkstück schieben und das Teil auf Backpapier legen.

8. Mit einem kleinen Wischwerkzeug die Handform rundum glätten, dabei vor allem auf die Fingerspitzen, die Zwischenräume zwischen den Fingern und die Außenkante der Handfläche achten und auch die Oberfläche vorsichtig glätten. Wenn die Masse zu kalt und hart wird, die betreffende Stelle 1 Minute mit der Hand bedecken, um sie zu wärmen, und den Vorgang wiederholen.

9. Damit die Schnittkanten schön scharf werden, das Messer in den Rundungen im 45-Grad-Winkel halten. An der Spitze beginnen und bis etwa 2,5 cm über der Hand fortfahren. Mit einem Wischwerkzeug einen weicheren Übergang bis zur spitzen Kante des Arms arbeiten.

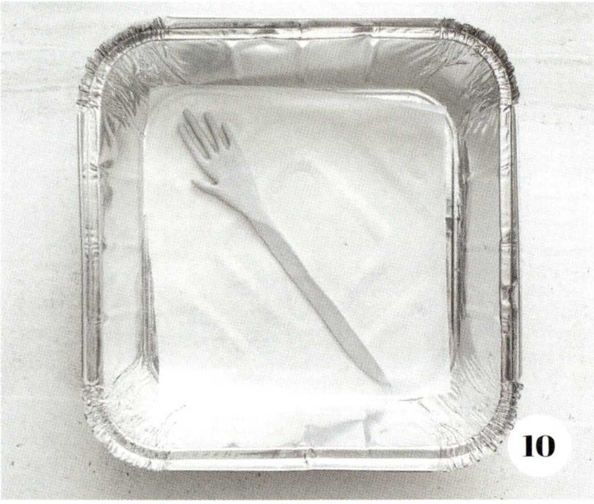

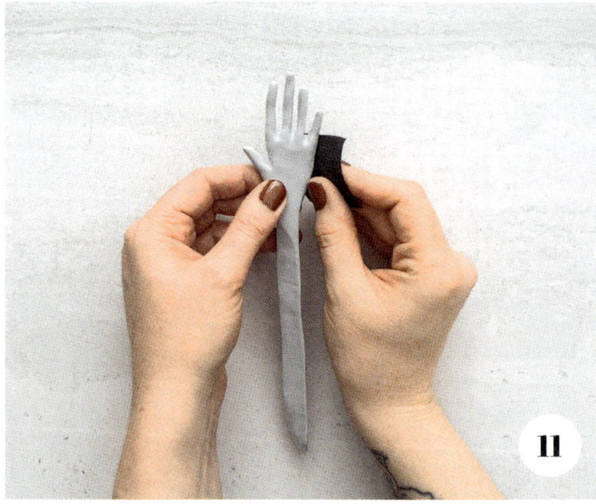

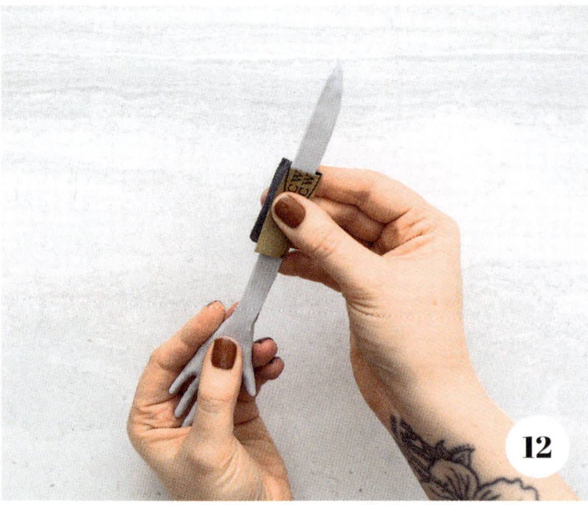

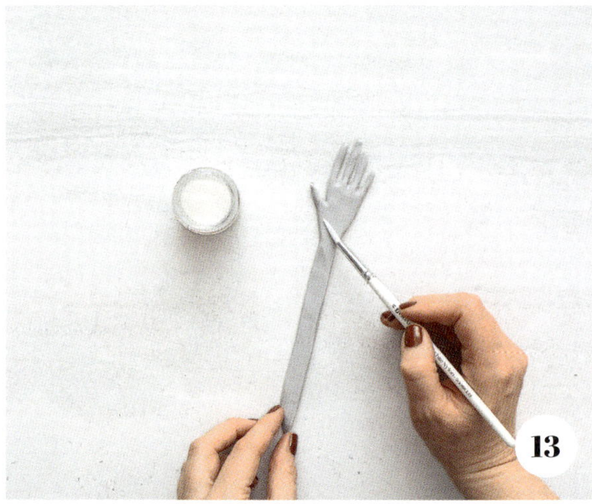

10. Den Backofen auf 110 °C vorheizen. Das Backpapier mit dem Werkstück in eine Aluschale legen und mit einer zweiten Schale abdecken. 30 Minuten im Ofen aushärten lassen. Anschließend die Schale aus dem Ofen nehmen und die Masse vollständig abkühlen lassen, erst dann herausnehmen.

11. Wenn die Modelliermasse abgekühlt ist, einen kleinen Streifen vom mittelkörnigen Schmirgelpapier mit etwas Wasser befeuchten und damit alle Kanten fest abreiben, bis sie glatt sind. Das Schmirgelpapier über die schräge Kante legen und darüberschleifen, dabei mit Fingern und Daumen festen Druck ausüben. Die ganze Länge des Arms schön ausarbeiten.

12. Ein Stück feinkörniges Schmirgelpapier mit etwas Wasser befeuchten, falten und um das Werkstück legen. Dieses mit der anderen Hand mehrfach durch das Papier ziehen und die Oberfläche so gleichmäßig schleifen.

13. Anschließend den Brieföffner unter Wasser abwaschen und mit einem Tuch abtrocknen. Mit einem Schwammpinsel zwei dünne Lackschichten auftragen, dabei die erste Schicht trocknen lassen, bevor die zweite hinzugefügt wird. Wenn die eine Seite trocken ist, die Arbeit umdrehen und die andere Seite lackieren.

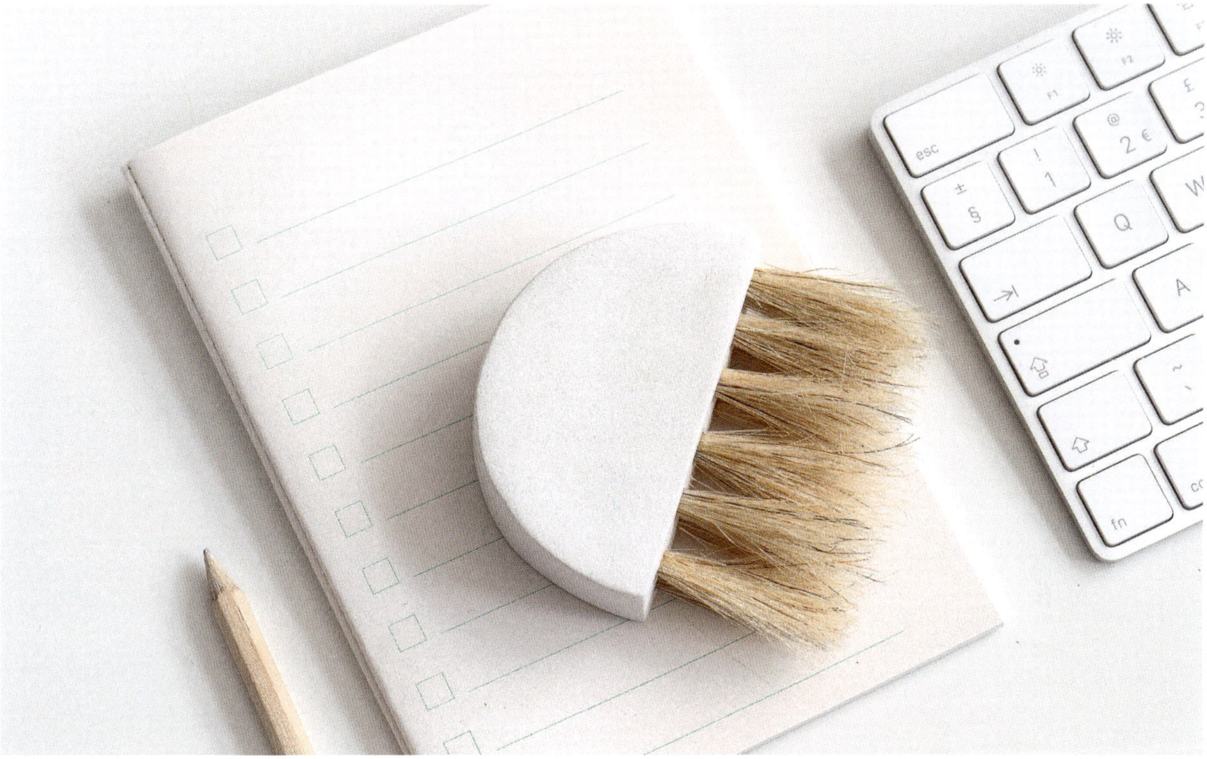

KLEINE SCHREIBTISCH-BÜRSTE

Geht das nur mir so, oder macht das Saubermachen wirklich mehr Spaß, wenn man dafür ein schönes Designstück hat? Diese kleine Bürste ist ästhetisch so ansprechend, dass Sie diese nicht mit anderen Reinigungsprodukten zusammen wegschließen möchten. Ich liebe schön aussehende Dinge auf einem Regal, aber hier liegt der echte Bonus darin, dass Sie immer eine Bürste zur Hand haben, mit der Sie Staub, Krümel und kreative Abfälle der Tonarbeiten entfernen können!

Die Borsten dieser Bürste stammen – Sie werden es kaum glauben – von einem billigen Pinsel. Sie sind perfekt, weil sie sich nicht abnutzen und Schmutz und Ablagerungen aufnehmen. Schneiden Sie lange Borsten von einem Pinsel ab und bewahren Sie diese mit einem Gummiband umwickelt auf, bis Sie diese weiterverarbeiten.

Material

450 g lufttrocknende Modelliermasse von DAS in Weiß

2 Holzleisten, je 2,5 × 38 × 2,5 cm

Acryl-Tonroller

Tonschneider

runder Keksausstecher, 9 cm Durchmesser

Backpapier

feuchter Schwamm

Ahle

Klebeband

feinkörniges Schmirgelpapier

Pinselborsten

kleine Gummibänder

Sekundenkleber

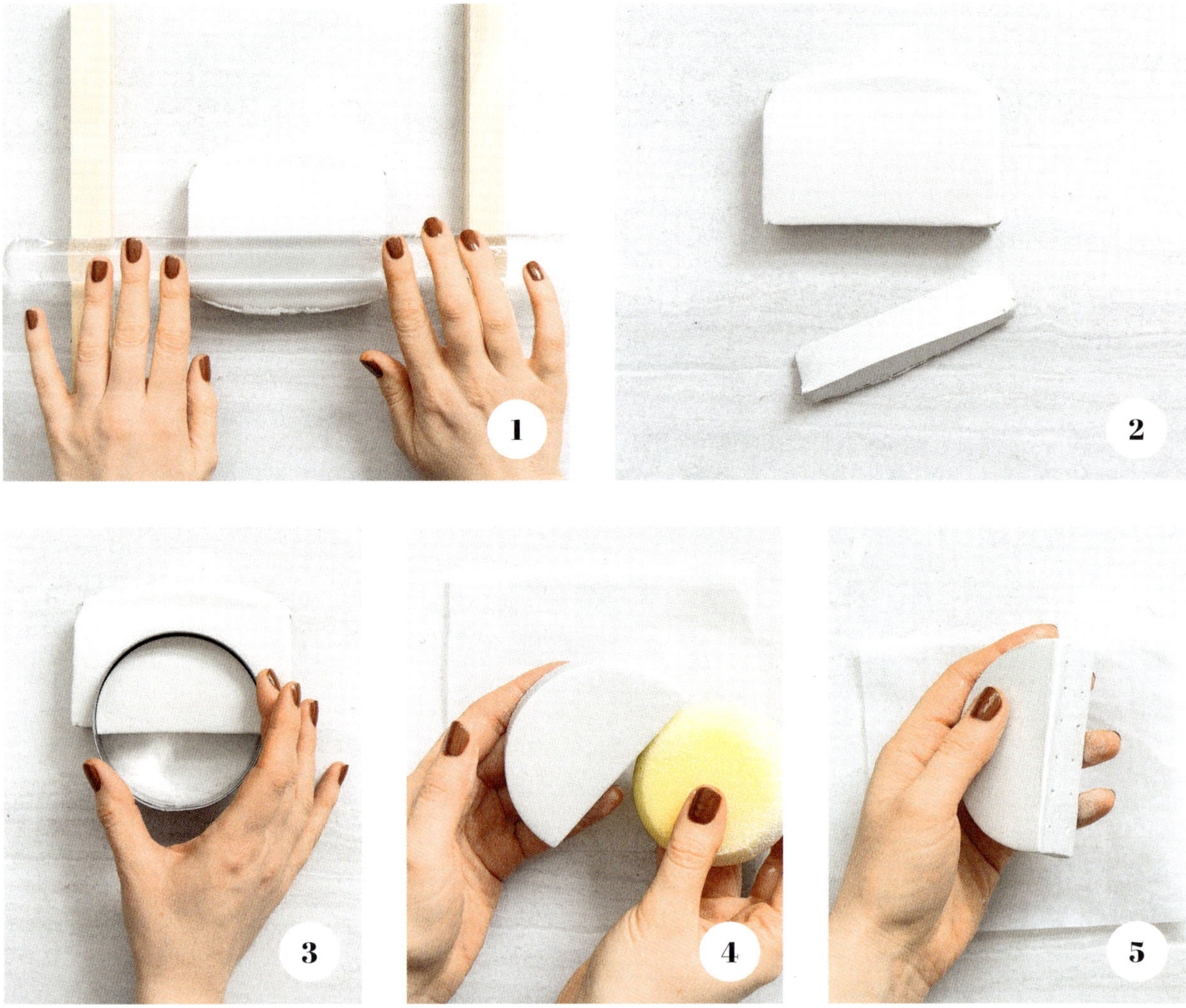

1. Die Modelliermasse zwischen die Holzleisten auf eine nicht haftende Arbeitsfläche legen und ausrollen, bis die Rolle leicht über die Masse gleitet und diese so dick wie die Leisten ist.

2. Mit einem Tonschneider ein Ende gerade abschneiden.

3. Den Keksausstecher so auf der Masse platzieren, dass er nur zur Hälfte daraufliegt, und mit gleichmäßigem Druck hineindrücken. Zwei- bis dreimal in beide Richtungen drehen und wieder herausnehmen. Überschüssige Masse entfernen und den ausgestochenen Halbkreis vorsichtig aus dem Ausstecher drücken.

4. Auf Backpapier legen und mit einem feuchten Schwamm rundum glätten. Dabei die Masse vorsichtig umdrehen und auch von der anderen Seite bearbeiten.

5. Mit der Ahle in gleichmäßigen Abständen zwölf Markierungen in zwei Reihen in die gerade Kante des Halbkreises bohren.

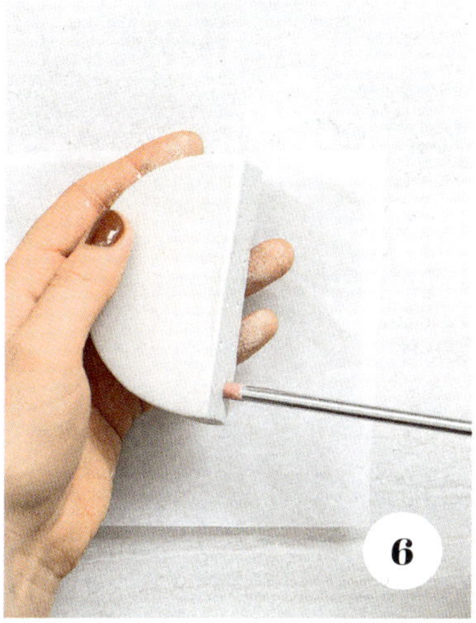

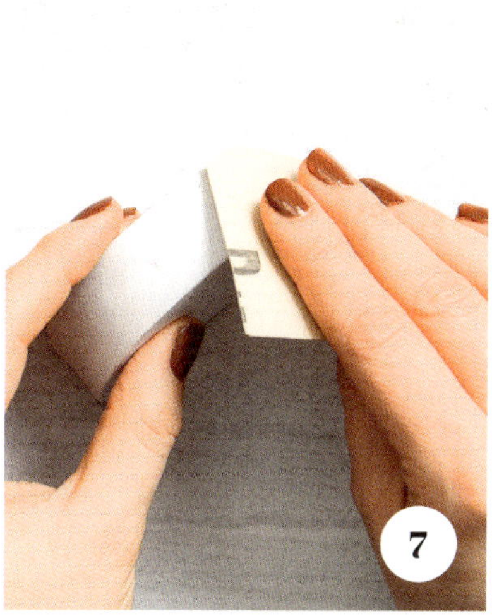

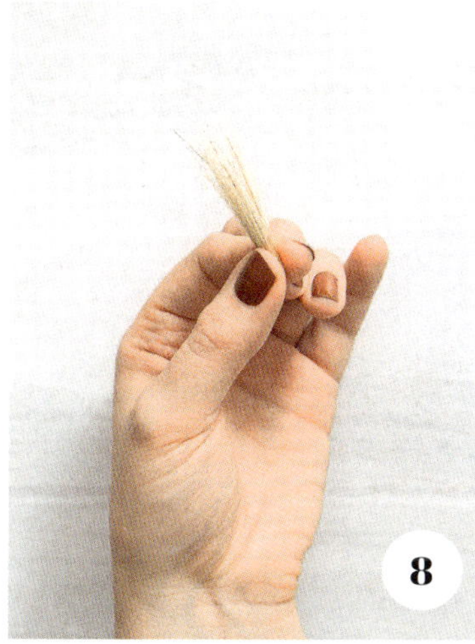

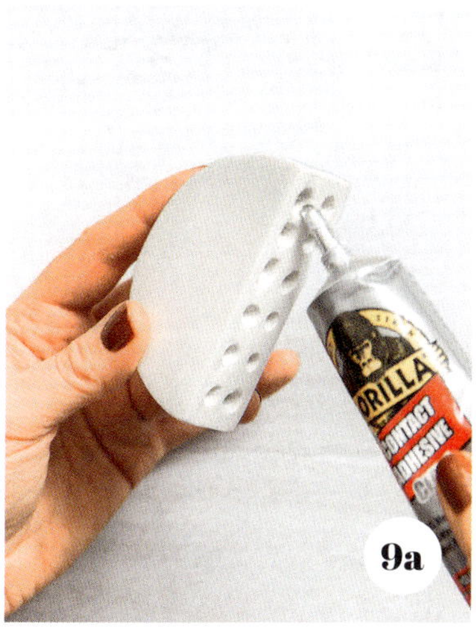

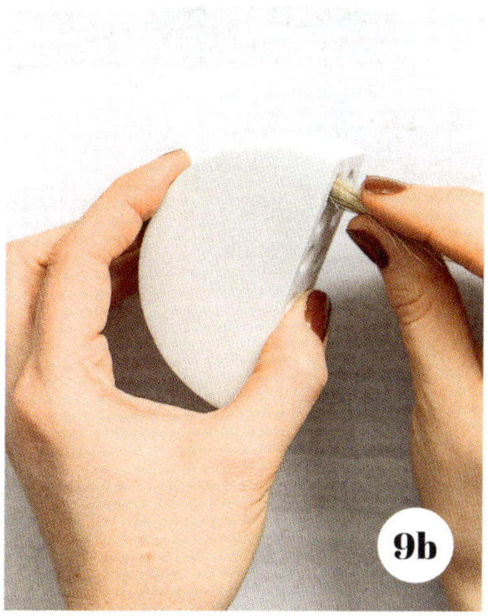

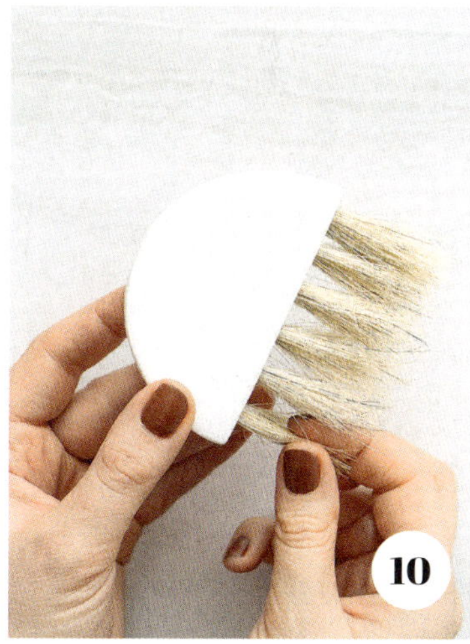

6. Als Markierung ein Stück Klebeband im Abstand von 2 cm von der Spitze um die Ahle wickeln und diese an den zwölf Markierungen etwa 2 cm tief in die Masse stechen, dabei darauf achten, dass die Löcher gleich groß sind. Anschließend diese Kante noch einmal mit dem Schwamm glätten.

7. Die Modelliermasse an einem warmen Ort 48 Stunden trocknen lassen. Anschließend rundum abschleifen, dabei die Oberfläche in kleinen kreisenden Bewegungen bearbeiten, bis sie glatt und frei von Unebenheiten ist.

8. Die Borsten in zwölf gleich große Bündel aufteilen, sie sollten etwa so dick wie die mit der Ahle gebohrten Löcher sein. Die Enden der Bündel jeweils auf eine flache Arbeitsfläche stoßen, damit sie bündig liegen, und mit einem kleinen Gummiband umwickeln.

9. In eines der Löcher großzügig Kleber spritzen (siehe Abbildung 9a) und ein Borstenbündel hineinstecken (siehe Abbildung 9b). Dabei darauf achten, dass sich das Gummi später leicht entfernen lässt.

10. Den Vorgang wiederholen, bis alle Löcher mit Borsten gefüllt sind. Dann den Kleber 24 Stunden trocknen lassen und anschließend die Gummibänder vorsichtig abziehen.

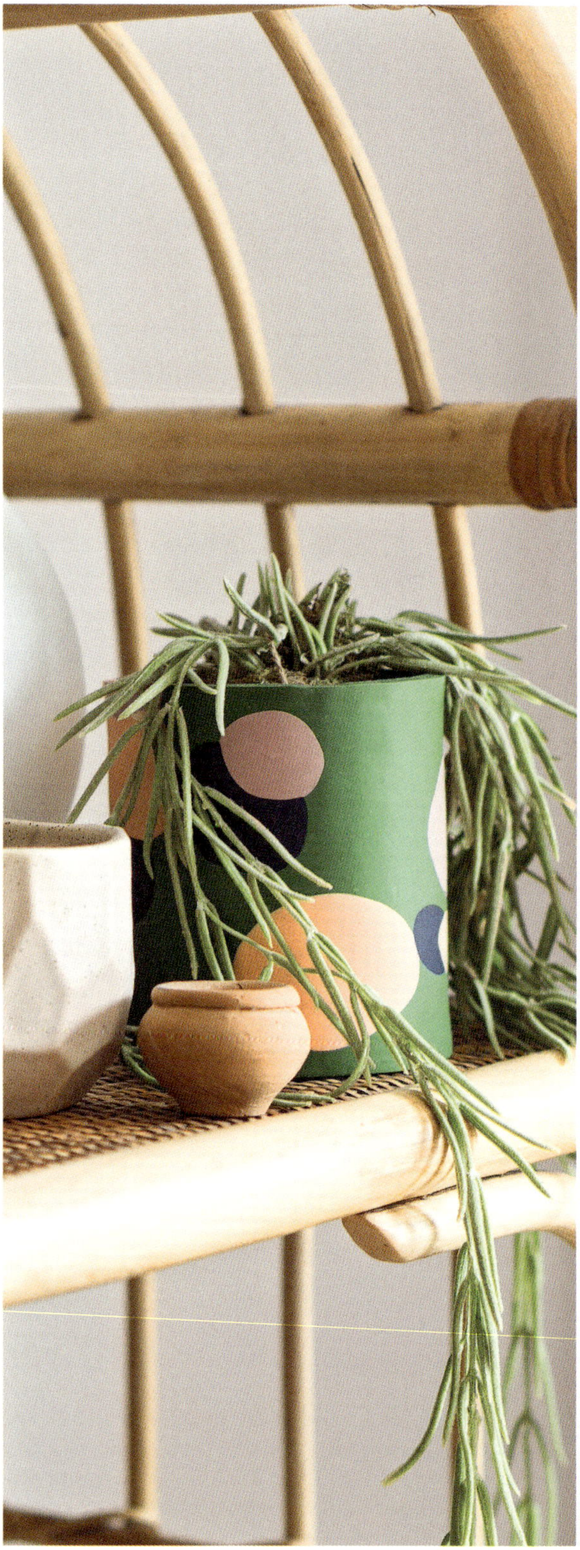

ABSTRAKTES PFLANZGEFÄSS

Ob Sie süchtig nach Farben sind oder eher neutrale Töne bevorzugen – abstrakte Muster passen immer zur Einrichtung. Betrachten Sie dieses Projekt als Gelegenheit zum Experimentieren. Mit dieser Technik werden Sie ein Stück niemals ganz exakt ein zweites Mal herstellen können, lassen Sie sich deshalb auf die unvorhersehbare Natur der Modelliermasse ein und genießen Sie den kreativen Prozess. Der Topf ist auch ideal, um Reste von Modelliermasse zu verwerten. Ich werfe niemals Reste weg, sondern bewahre sie in Plastikbeuteln auf, bis ich genug für ein Projekt wie dieses zusammenhabe. Ich wähle dann Farben aus, von denen ich finde, dass sie gut zusammenpassen, und lasse mir bei der Herstellung eine gewisse Freiheit.

Der Trick für eine glatte, gleichmäßige Oberfläche besteht darin, so oft über die Fugen zwischen den Farben zu rollen, bis man die Übergänge nicht mehr sehen kann. Verwischen Sie die Farben aber nicht, die Konturen sollen klar und deutlich bleiben. Spielen Sie hier mit Überlappungen, Größe, Form und Farbe und schaffen Sie ein Miniaturkunstwerk für Ihre glücklichen Pflanzen!

Material

- 450 g FIMO soft Modelliermasse in Blattgrün
- 50 g FIMO soft Modelliermasse in Schwarz
- Acryl-Tonroller
- 2 Holzleisten, je 2,5 × 38 × 0,6 cm
- runder Keksausstecher, 9 cm Durchmesser
- 2 Holzleisten, je 2,5 × 38 × 0,3 cm
- je 50 g FIMO soft Modelliermasse in:
  - Windsorblau
  - Pfirsich
  - Altrosa
- Lineal
- Bastelmesser
- flaches Wischwerkzeug
- 2 Aluschalen, jeweils 25 × 25 cm
- Backpapier

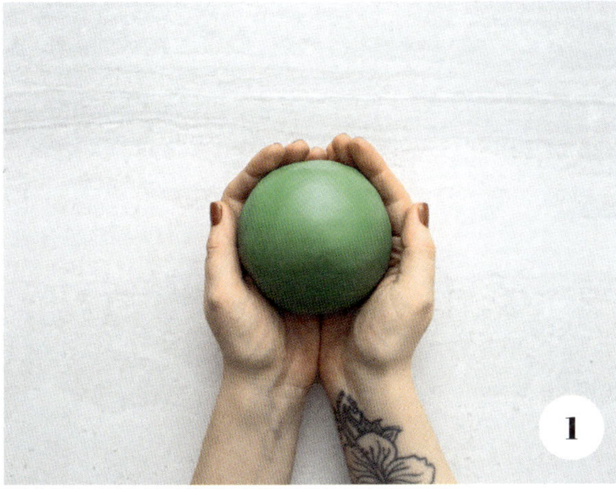

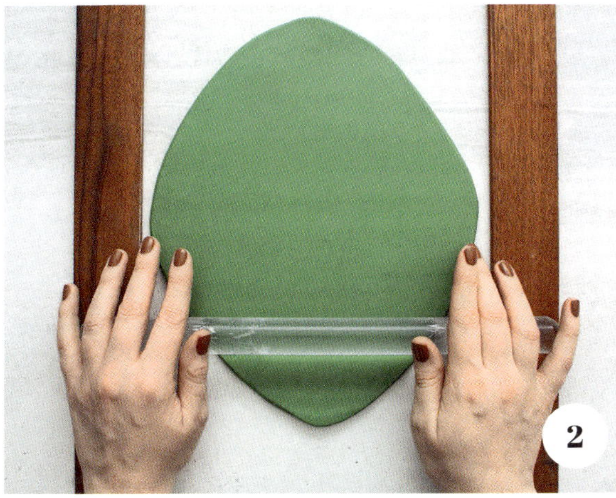

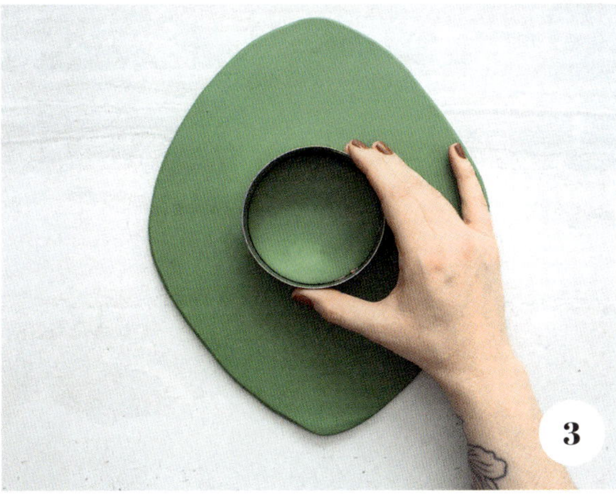

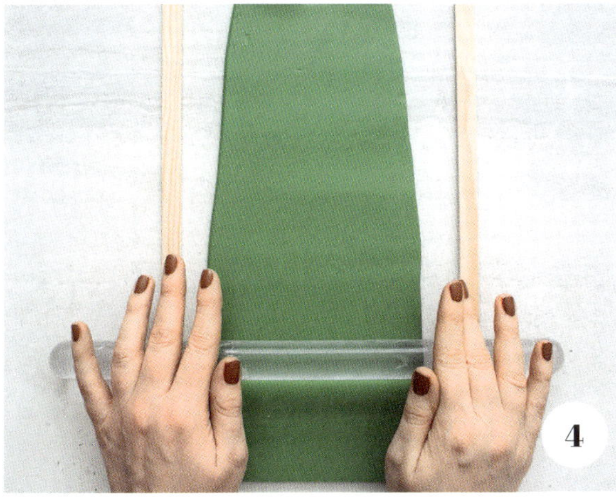

1. Die grüne mit der schwarzen Modelliermasse mischen, dafür zunächst die grüne Masse in vier Stücke brechen und jedes zwischen den Handflächen erwärmen. Mit der Rolle so dünn wie möglich ausrollen. Wenn die Masse noch nicht weich genug ist, ist das nicht so einfach. Aber keine Sorge, wenn sie jetzt noch nicht sehr dünn wird. Die schwarze Modelliermasse ebenfalls in vier Stücke brechen und auf die vier grünen Stücke legen. Noch einmal jedes Stück zwischen den Handflächen erwärmen. Dafür mehrmals zu einer Rolle formen und wieder verkneten, bis die Masse weich und formbar ist und sich die Farben vermischt haben. Dann das nächste Stück hinzufügen und den Vorgang wiederholen, bis alles zu einer Kugel mit einer konsistenten Farbe verarbeitet ist.

2. Die Masse zwischen die 0,6 cm dicken Holzleisten auf eine nicht haftende Arbeitsfläche legen und ausrollen, bis die Rolle leicht darübergleitet und die Masse genauso dick wie die Leisten ist.

3. Den Keksausstecher hineindrücken, dabei mit der Handfläche Druck ausüben und leicht in beide Richtungen drehen, damit die Masse nicht daran festklebt. Den Ausstecher hochnehmen und vorsichtig den Kreis auf eine nicht haftende Arbeitsfläche herausdrücken.

4. Die restliche Masse wieder zu einer Kugel formen und zwischen den 0,3 cm dicken Holzleisten zu einem Rechteck ausrollen, bis die Rolle leicht darübergleitet und die Masse so dick wie die Leisten ist.

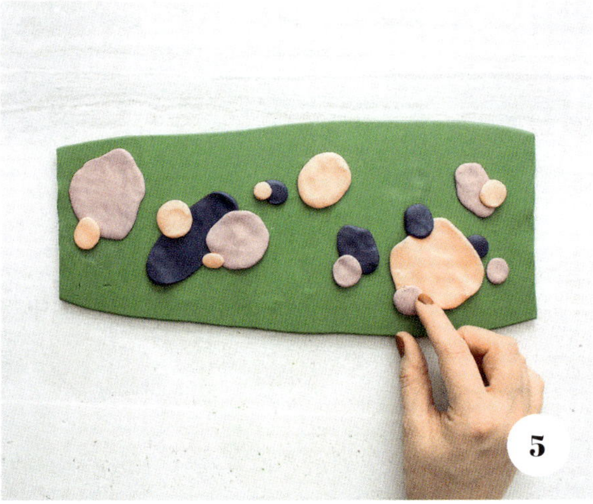

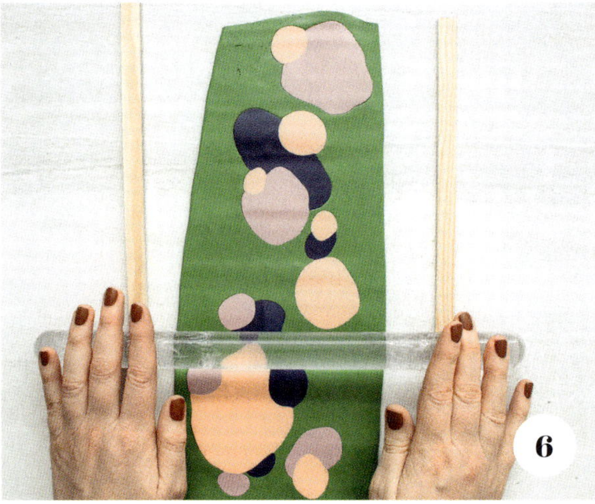

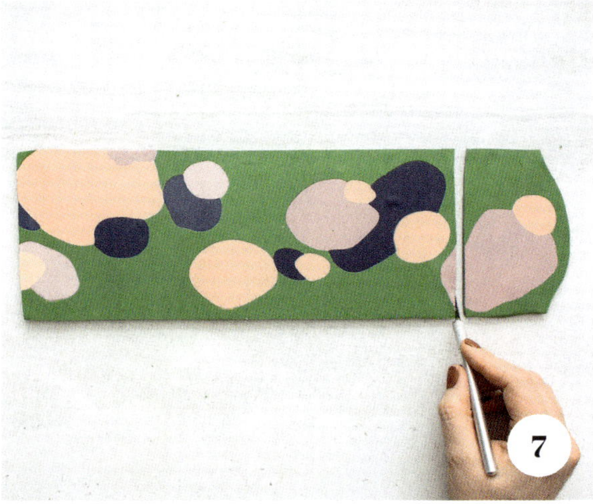

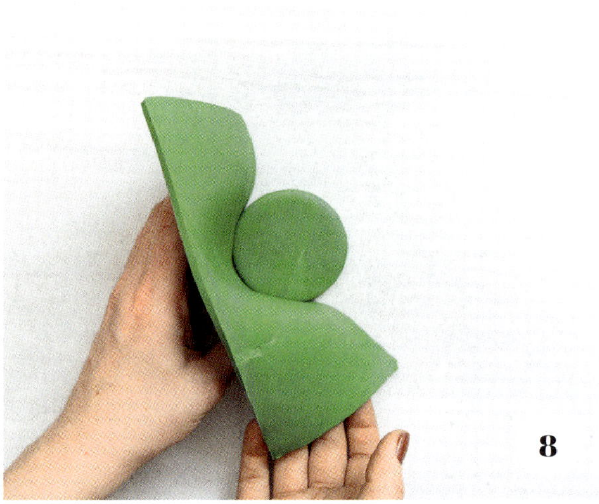

5. Von der blauen, pfirsichfarbenen und altrosa Masse unterschiedlich große Stücke abbrechen, zwischen den Handflächen erwärmen und rollen, bis sie weich und glatt sind. Die Stücke zwischen den Fingern flach drücken und ungleichmäßig auf der ausgerollten grünen Masse verteilen. Dabei können sie sich überlappen, dicht an dicht oder auch mit Abstand zueinander liegen, sodass das Muster interessant aussieht.

6. Dann die 0,3 cm dicken Holzleisten links und rechts der Masse platzieren und mit der Rolle darüberfahren.

7. Die Masse zu einem 29,25 × 9 cm großen Rechteck zurechtschneiden.

8. Das längere Ende um den zuvor angefertigten Kreis legen und sorgfältig darumwickeln.

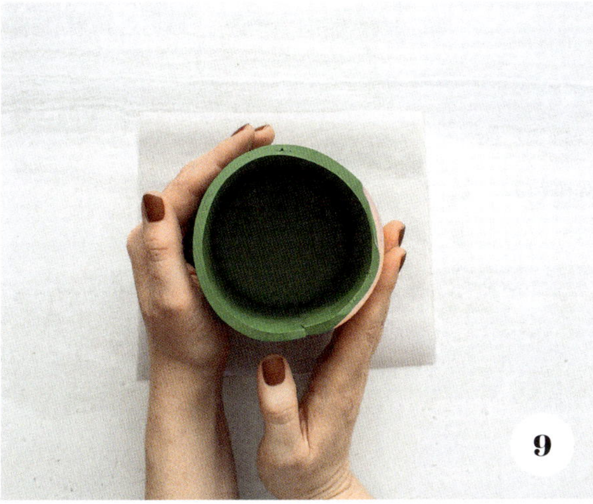

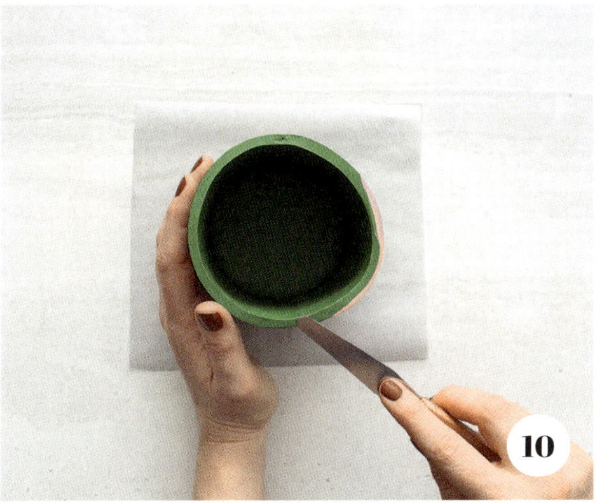

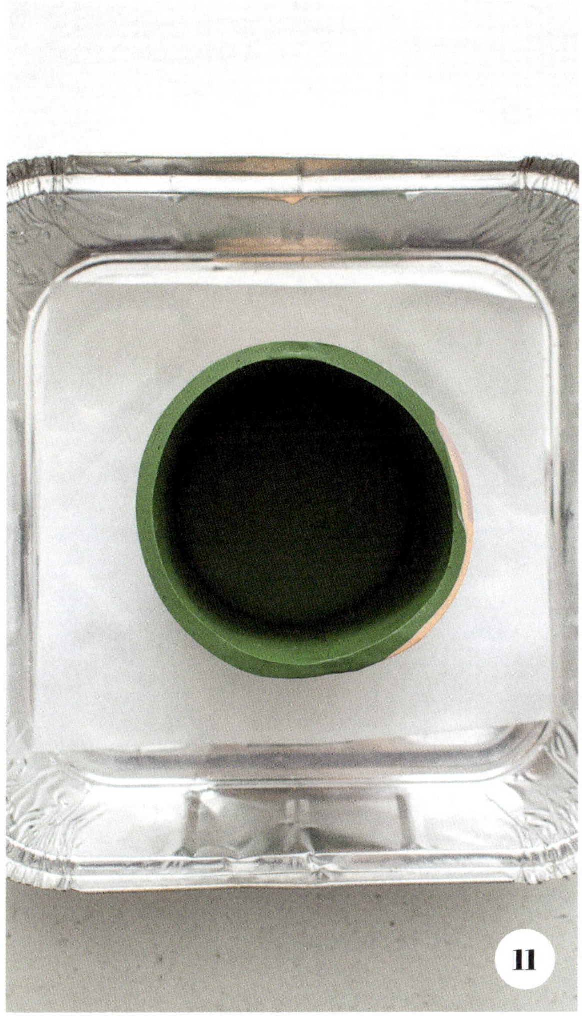

9. Die kürzeren Enden sollen an der 0,3 cm dicken Kante aneinanderstoßen. Vorsichtig andrücken.

10. Die Fuge auf beiden Seiten mit den Fingern erwärmen, dann mit einem flachen Wischwerkzeug die Verbindung außen und innen glätten.

11. Den Backofen auf 110 °C vorheizen. Eine Aluschale mit einem 20 × 20 cm großen Stück Backpapier auslegen und den Topf vorsichtig hineinstellen. Mit einer zweiten Aluschale abdecken. 30 Minuten im Ofen aushärten lassen. Anschließend die Schale aus dem Ofen nehmen und die Masse vollständig abkühlen lassen, erst dann herausnehmen.

Schlafzimmer

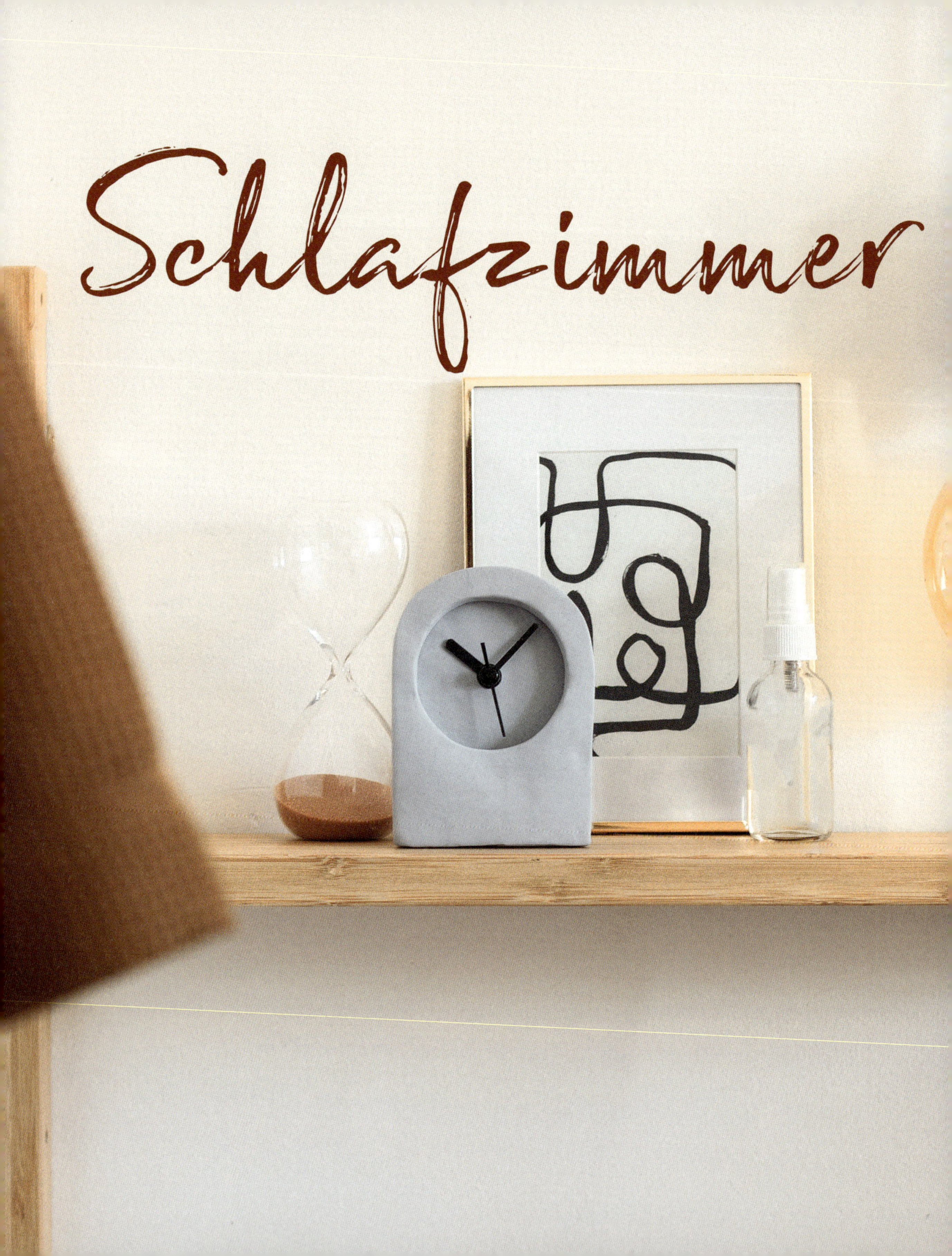

Das Schlafzimmer ist ein Ort der Ruhe und Erholung, aber auch ein Ort, an dem wir Stauraum und Aufbewahrungsmöglichkeiten brauchen, die unseren Alltag erleichtern. Wie das Schlafzimmer gestaltet ist, wirkt sich ungemein auf unser Wohlbefinden aus. Wenn wir am Tagesanfang kleine Dinge um uns haben, die uns gefallen, kann das einen positiven Einfluss auf unsere Stimmung haben. Aus diesem Grund investiere ich mehr Zeit und Energie in die Gestaltung meines Schlafzimmers als in die jedes anderen Raums in meinem Haus. Dafür setze ich gerne Akzente mit Gegenständen aus Ton, die mir Freude bereiten und die zugleich den Zweck erfüllen, den Raum optimal zu nutzen.

In diesem Kapitel zeige ich, wie man schöne Accessoires anfertigen kann, die sich in tägliche Routinen einpassen und die Laune heben. Der Raumduft-Diffuser (Seite 104) ist ein einfaches, schönes Stück. Dies ist ein leichtes Projekt, bei dem Sie lernen, wie man mithilfe von Schablonen interessante Formen herstellen kann. Eine Schablone verwenden wir auch für das Krimskrams-Schälchen (Seite 114), das ein tolles Beispiel dafür ist, wie man eine runde Form ohne eine Gießform modellieren kann.

Wir spielen in diesem Kapitel auch mit Farbe und gestalten damit Muster sowie abstrakte Kombinationen.

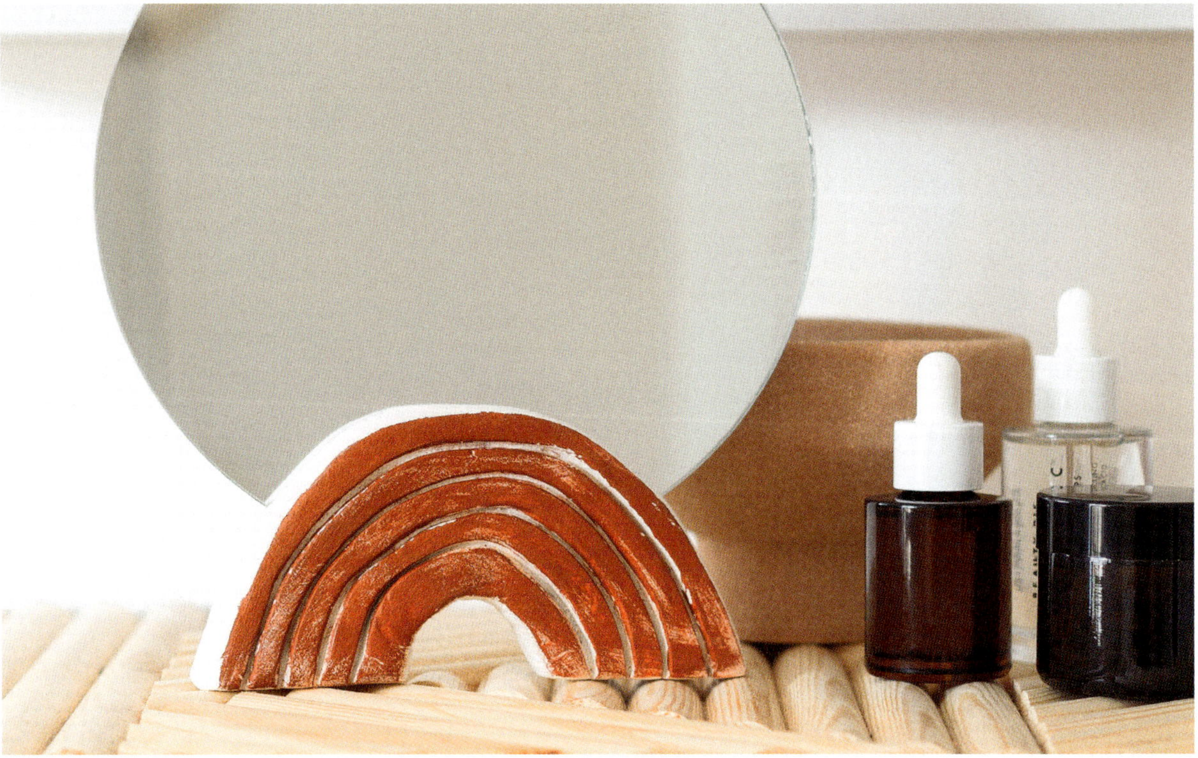

SPIEGEL-STÄNDER IN BOGENFORM

Dieser Ständer für einen Schminkspiegel spielt auf den beliebten Regenbogentrend an. Die erdigen Farben und unvollkommenen Linien erzeugen subtile Töne und verleihen Ihrer Kosmetikecke einen gewissen Boho-Look. In diesem Spiegel werden Sie sich sicher morgens, mittags und abends gerne anschauen!

Die rustikale Optik ist leicht nachzumachen. Es ist viel einfacher, diesen Style ohne Formen oder Schablonen herzustellen. Anstatt nach einer perfekten Symmetrie oder makellosen Struktur zu streben, nehmen wir hier Unebenheiten hin. Das Ergebnis wird Ihnen gefallen!

Material

1 kg lufttrocknende Modelliermasse von DAS in Weiß

Babyöl

Schwamm

Backpapier

Acryl-Tonroller

Tonschneider

spitzes Tonwerkzeug

runder Spiegel

mittelkörniges Schmirgelpapier

feinkörniges Schmirgelpapier

Mikrofasertuch

Pinsel

Latexfarbe

Zahnstocher (optional)

Sekundenkleber

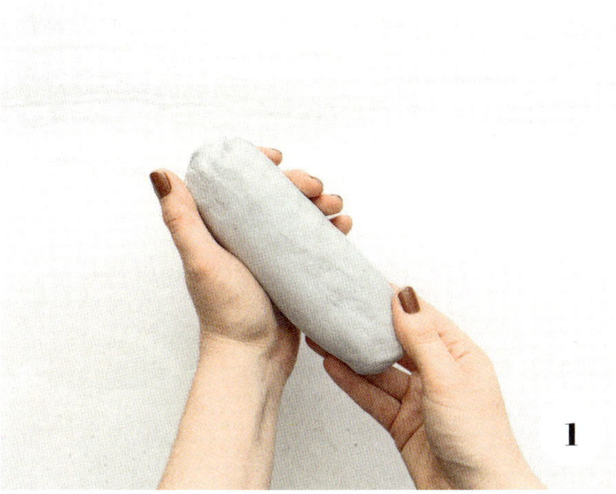

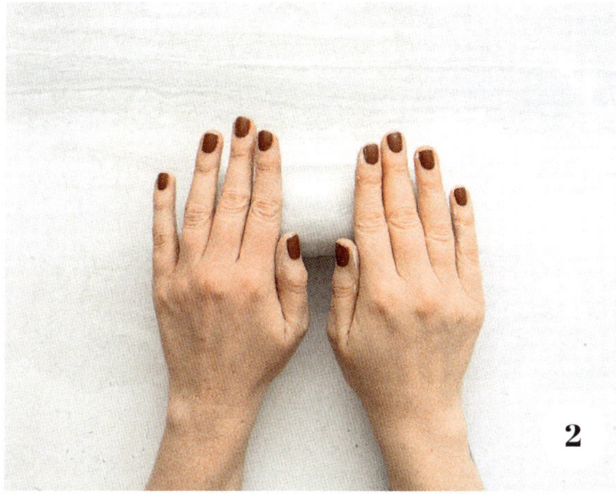

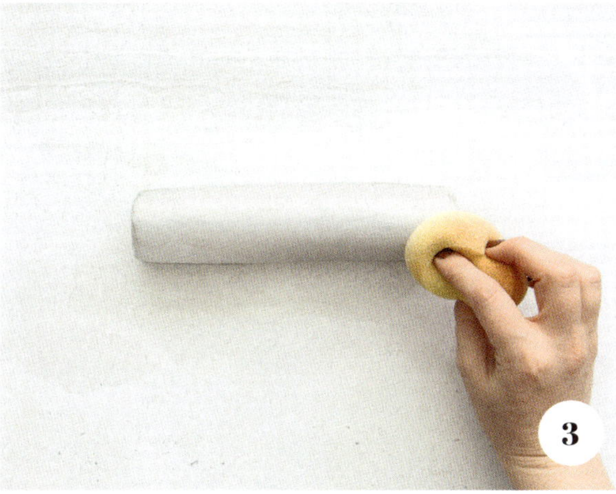

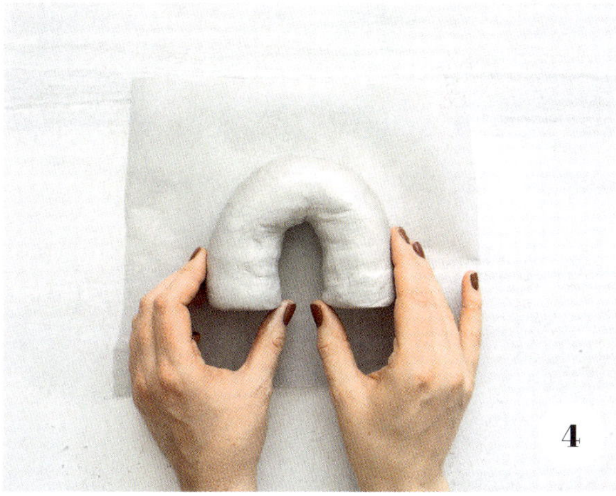

1. Von der Modelliermasse 500 g abwiegen. Die Hände mit Babyöl einölen und die Masse grob verkneten, damit sie sich leichter ausrollen lässt.

2. Dann waagerecht auf eine nicht haftende Arbeitsfläche legen und zu einer festen Rolle formen. Dafür zunächst mit den Fingerspitzen rollen und die Hände bis zu den Handflächen nach vorne schieben und dabei die Masse darunter auf der Arbeitsfläche rollen. Dann die Hände wieder zurückziehen, dabei stets auf der Modelliermasse liegen lassen.

3. So fortfahren und die Hände über die gesamte Länge der Rolle bewegen, sodass dabei gleichmäßig Druck ausgeübt wird. So sollte die Rolle eine gleichmäßige Form bekommen. Die Masse auf 20 cm ausrollen. Man braucht vielleicht etwas Übung, damit es gut klappt, aber man kann ja auch einfach wieder alles verkneten und noch einmal von vorne beginnen. Nur darauf achten, dass die Masse nicht austrocknet, und mit etwas Wasser befeuchten und mit einem Schwamm glätten.

4. Aus Backpapier zwei Stücke zurechtschneiden, die etwas größer als die eben angefertigte Rolle sind. Eines davon auf die nicht haftende Arbeitsfläche legen und die Rolle darauflegen. Diese dann an beiden Seiten nach unten zu einem Bogen biegen.

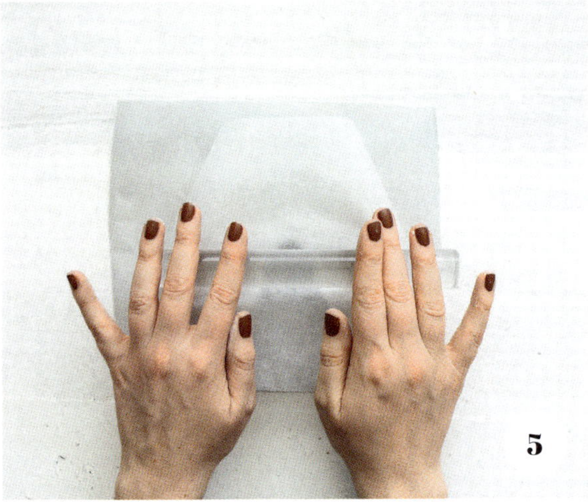

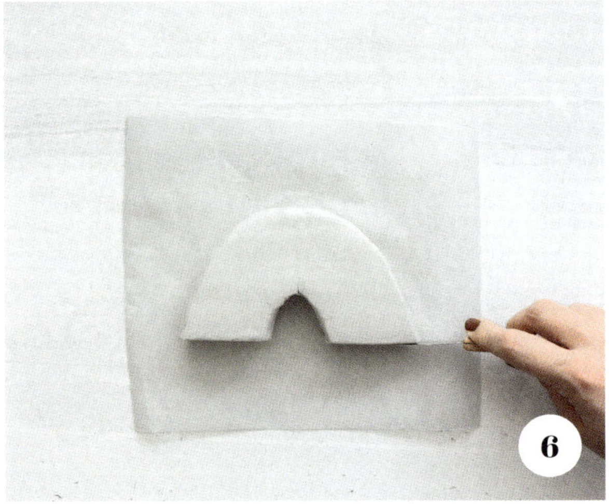

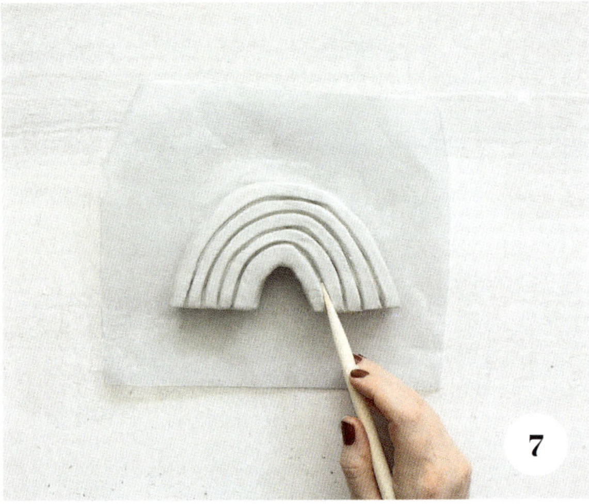

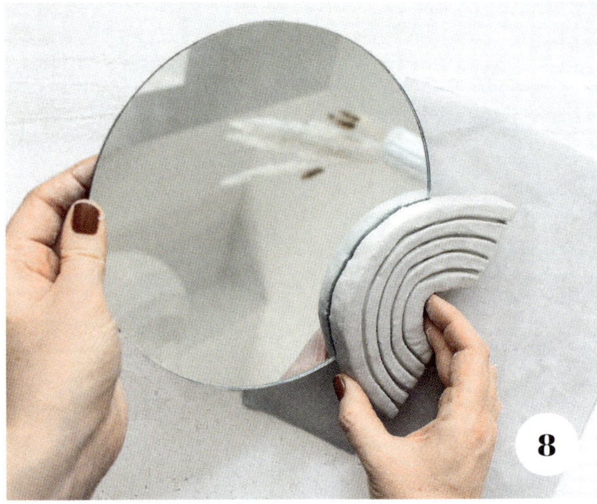

5. Das andere Stück Backpapier darauflegen und vorsichtig mit der Rolle darüberfahren, bis der Bogen gleichmäßig 5 cm dick ist.

6. Das obere Papier abziehen und für die spätere Standfläche mit dem Tonschneidewerkzeug die unteren Enden des Bogens gerade abschneiden.

7. Mit einem spitzen Tonwerkzeug auf der Vorderseite 6 mm tiefe Linien für einzelne Bögen einritzen. Dabei der Außenlinie folgen und zwischen den einzelnen Linien gleichmäßige Abstände einhalten.

8. Den Bogen hinstellen und den Spiegel in die Oberseite drücken, damit ein Spalt in der richtigen Größe entsteht. Dafür den Spiegel so weit hineindrücken, bis er guten Halt hat. Dann wieder herausnehmen und zur Seite legen.

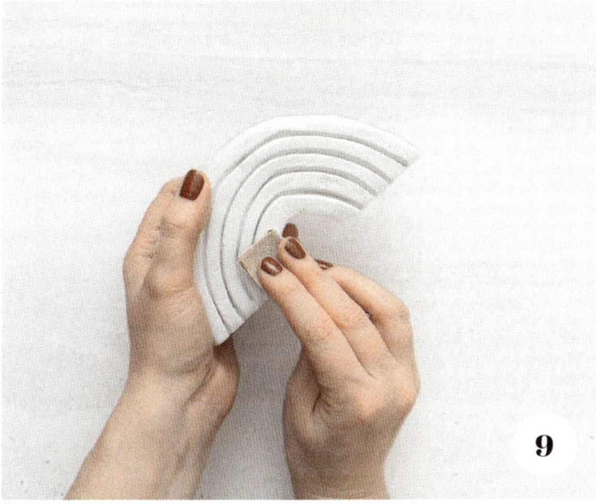

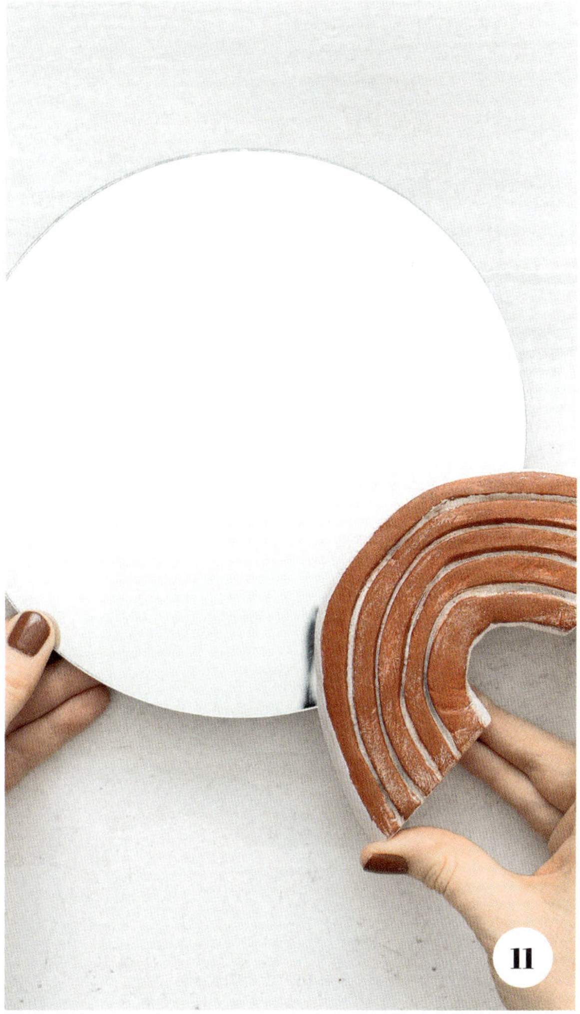

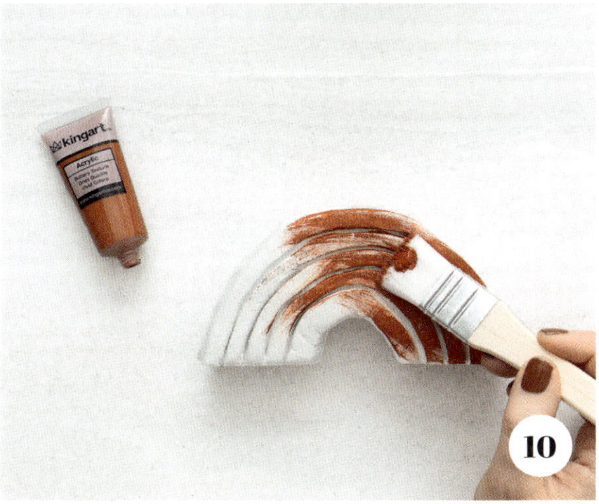

9. Die Masse 48 Stunden trocknen und härten lassen. Anschließend mit mittelkörnigem Schmirgelpapier abschleifen, bis die Oberfläche geglättet ist. Den Staub entfernen und noch einmal mit feinkörnigem Schmirgelpapier nachschleifen. Den Spiegelständer mit einem feuchten Tuch abwischen und trocknen lassen.

10. Mit einem Pinsel die Vorderseite bemalen. Dafür nur wenig Farbe auf den Pinsel nehmen, damit sie nicht in die Rillen läuft. Wenn das doch passiert, die Farbe mithilfe eines Zahnstochers wieder abnehmen. Dann die anderen Seiten des Ständers bemalen und anschließend 6 Stunden trocknen lassen.

11. Die Unterseite des Spiegels mit etwas Kleber bestreichen und dann wieder in den Schlitz schieben. Trocknen lassen, damit der Spiegel sicher hält.

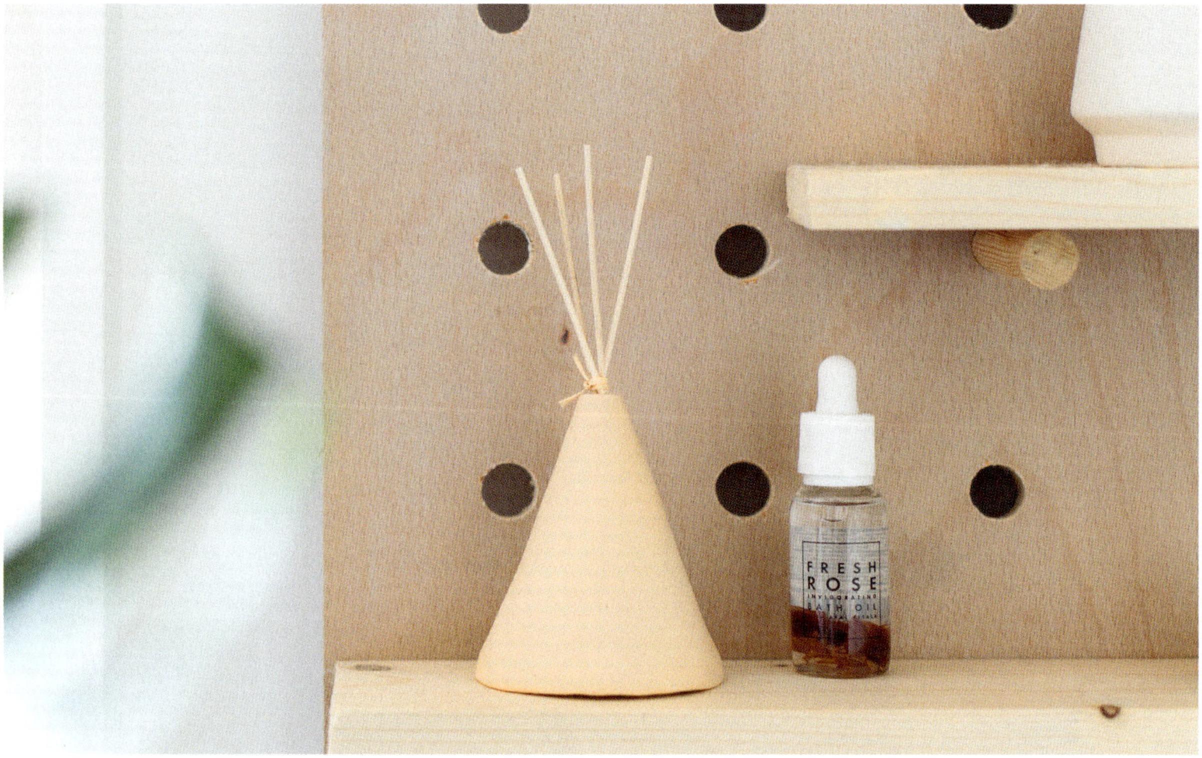

RAUMDUFT-DIFFUSER

Dies ist ein lustiges Formenspiel, das zeigt, wie vielseitig Ton sein kann. Für die Kegelform des Diffusers muss man die Modelliermasse in der richtigen Größe zuschneiden. Dafür ist eine Schablone sehr hilfreich. Damit schneidet man die Masse aus und verbindet die Kanten zu einem Kegel.

Ich nehme immer ein Internetprogramm zur Hilfe, wenn ich eine Kegelform anfertigen möchte. Geben Sie dafür einfach nur die in der Materialliste angeführten Maße ein und stellen so die Schablone her. Drucken Sie diese aus und schneiden sie anschließend aus. Das ist eine einfache Möglichkeit für die Anfertigung von Kegelformen.

Material

150 g FIMO soft Modelliermasse in Champagnerweiß

2 Holzleisten, je 2,5 × 38 × 0,6 cm

Acryl-Tonroller

runder Keksausstecher, 7 cm Durchmesser

Schablone für den Kegel:

- Durchmesser oben: 2 cm
- Durchmesser unten: 8 cm
- Höhe: 8 cm

Bastelmesser

Backpapier

2 Aluschalen, jeweils 25 × 25 cm

Diffuser-Öl

Bambusstäbchen

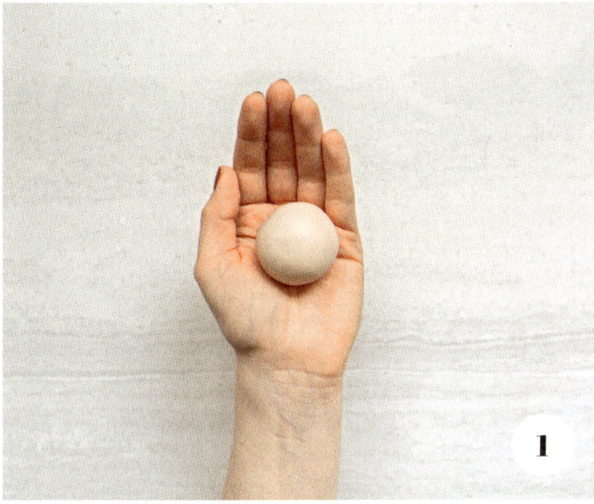

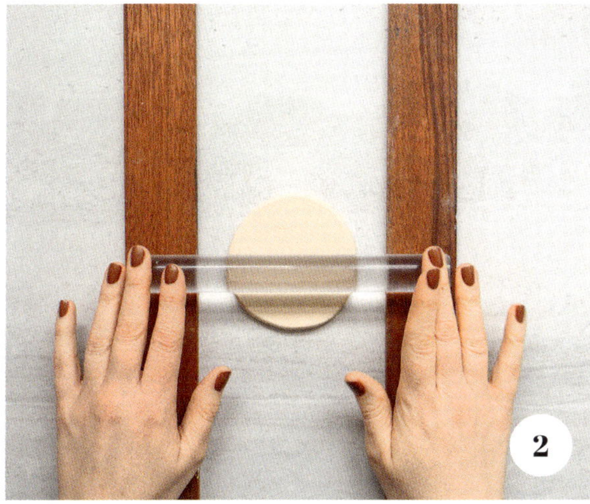

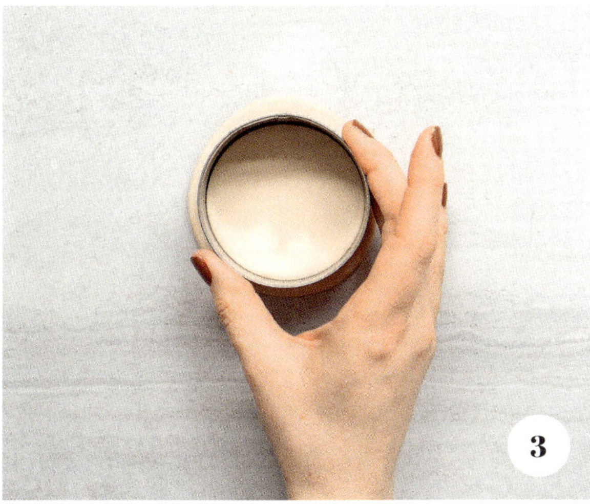

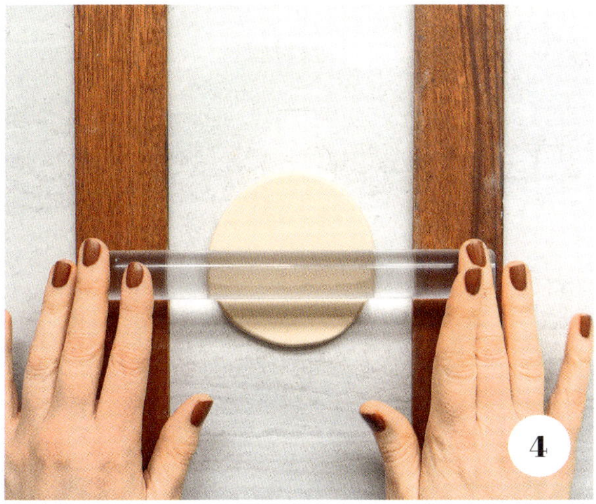

1. Von der Modelliermasse 50 g abwiegen und zwischen den Handflächen 30 Sekunden erwärmen. Dann mehrmals ausrollen, zusammenkneten und zu einer Kugel formen, bis sie weich und formbar ist.

2. Die Masse zwischen die Holzleisten auf eine nicht haftende Arbeitsfläche legen und ausrollen, bis die Rolle glatt darüberläuft und die Masse so dick wie die Leisten ist.

3. Den Keksausstecher hineindrücken, dabei mit der flachen Hand Druck ausüben. Den Ausstecher leicht in beide Richtungen drehen, damit die Masse nicht daran festklebt, dann abnehmen und den inneren Kreis vorsichtig auf die nicht haftende Arbeitsfläche drücken.

4. Die überschüssige Modelliermasse mit den restlichen 100 g vermischen. Beides zusammen mit den Händen erwärmen, bis die Masse weich ist. Dann zwischen die Holzleisten legen und ausrollen, bis die Rolle glatt darüberläuft und die Masse so dick wie die Leisten ist.

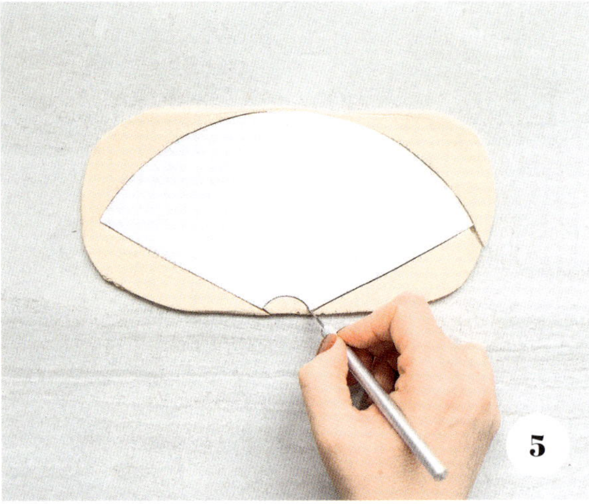

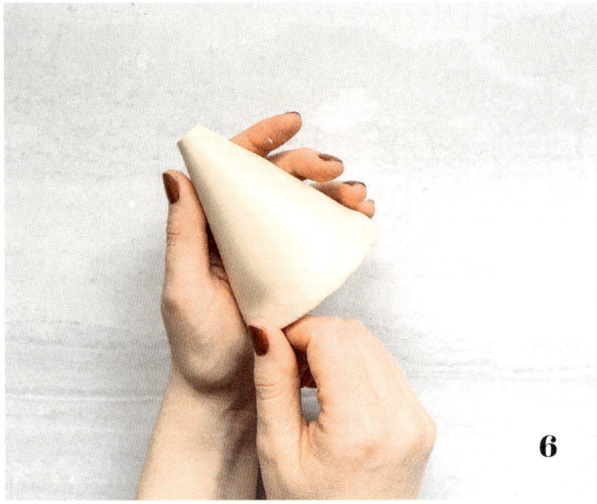

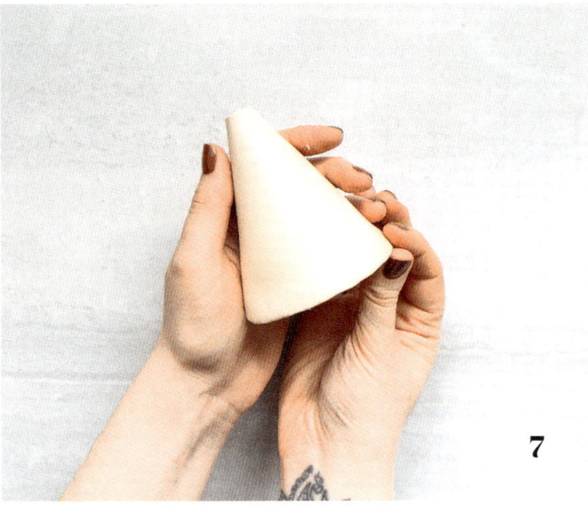

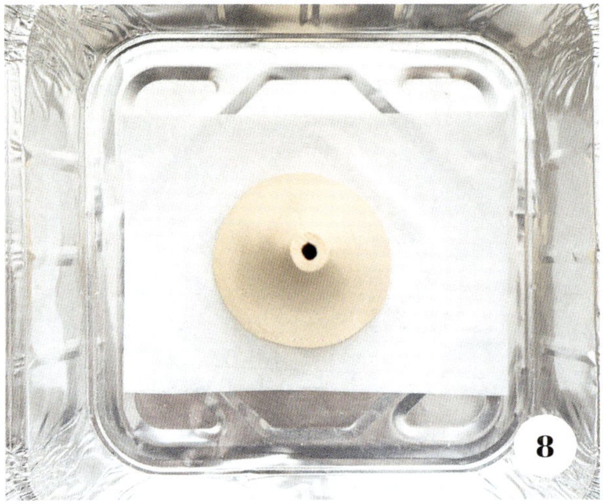

5. Die ausgeschnittene Kegelschablone auf die Masse legen und mit dem Bastelmesser rundum ausschneiden. Dabei langsam arbeiten und das Messer von den Fingern wegziehen, um Unfälle zu vermeiden. Überschüssige Masse entfernen.

6. Die Masse unter der Schablone vorsichtig anheben, die Schablone entfernen und den Kegel formen, sodass die beiden geraden Kanten aufeinandertreffen. Die Fuge außen und innen mit den Fingern glatt streichen, dabei ein wenig Druck ausüben.

7. Wenn die Fuge nicht mehr sichtbar ist, den Kegel auf den zuvor ausgestochenen Kreis setzen. Dabei die Kanten sorgfältig aneinanderfügen und mit den Fingern verwischen.

8. Den Backofen auf 110 °C vorheizen. Eine Aluschale mit einem 20 × 20 cm großen Stück Backpapier auslegen, den Kegel vorsichtig hineinstellen und mit einer zweiten Aluschale abdecken. Dann 30 Minuten im Ofen aushärten lassen. Anschließend die Schale aus dem Ofen nehmen und die Masse vollständig abkühlen lassen, erst dann herausnehmen. Zum Verwenden ein Diffuser-Öl in das obere Loch gießen und drei oder vier Bambusstäbchen hineinstellen.

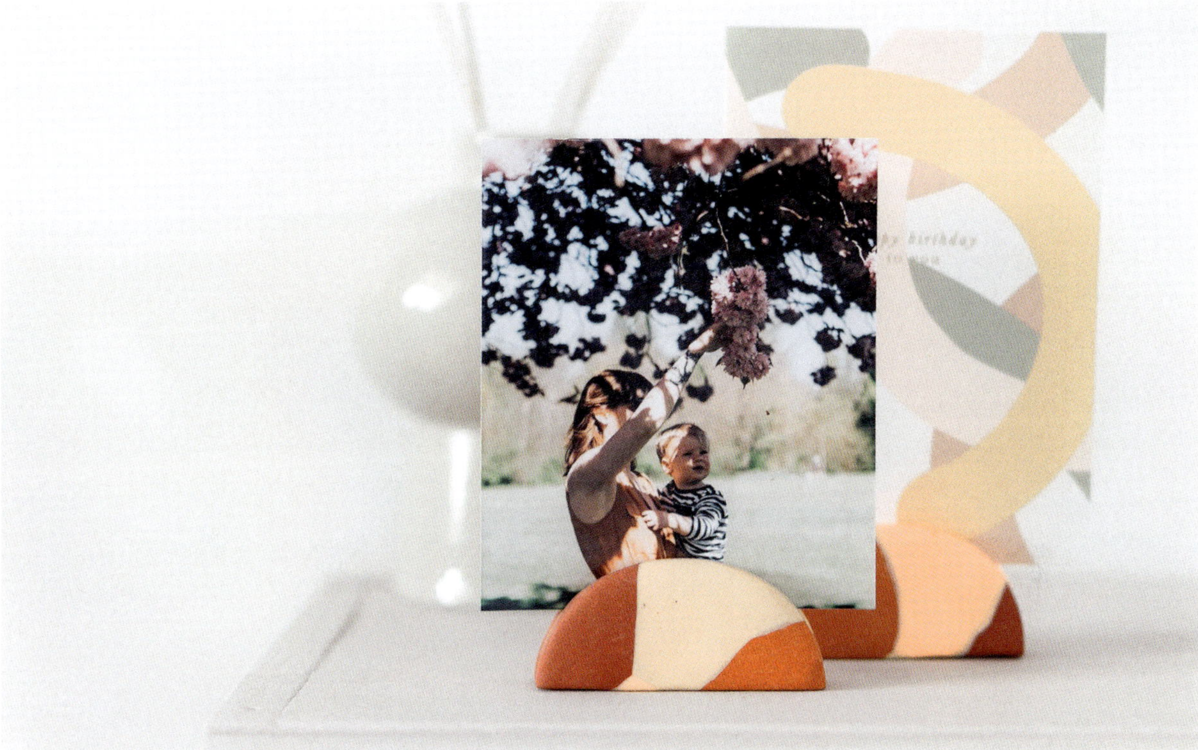

COLOR-BLOCK-FOTOSTÄNDER

Lassen Sie wertvolle Erinnerungen nicht verloren gehen. Drucken Sie diese aus und bewahren Sie sie dort auf, wo sie immer ins Auge fallen. Für diesen Fotoständer habe ich schöne, neutrale Farben verwendet, um damit beruhigende Akzente auf Regalen, Nachttischen oder Kommoden setzen zu können.

Die Farben werden vorsichtig verarbeitet, damit sie sich nicht mischen. Wir legen sie aufeinander, bevor die Modelliermasse ausgeschnitten wird, so erhält das ganze Stück ein abstraktes Muster, nicht nur auf der Vorderseite. Damit kann man den Fotoständer überall aufstellen, auch in offenen Wohnbereichen.

Material

100 g FIMO soft Modelliermasse in Terrakottarot

100 g FIMO soft Modelliermasse in Cognacbraun

100 g FIMO soft Modelliermasse in Champagnerweiß

100 g FIMO soft Modelliermasse in Hautfarben

2 Holzleisten, je 2,5 × 38 × 2,5 cm

Acryl-Tonroller

runder Keksausstecher, 6 cm Durchmesser

Tonschneider

Backpapier

2 Aluschalen, jeweils 25 × 25 cm

mittelkörniges Nass-oder-trocken-Schmirgelpapier

Mikrofasertuch

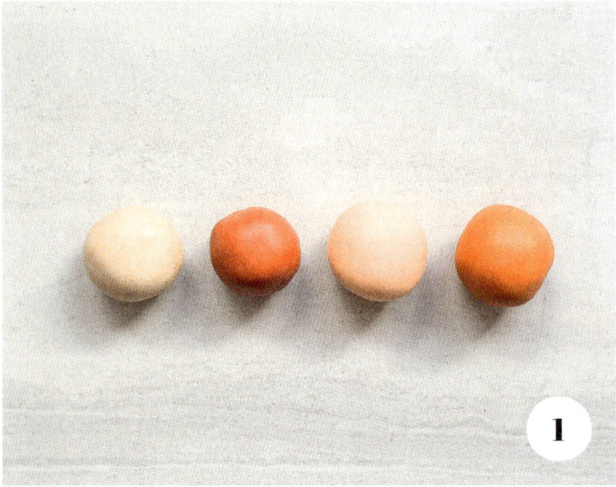

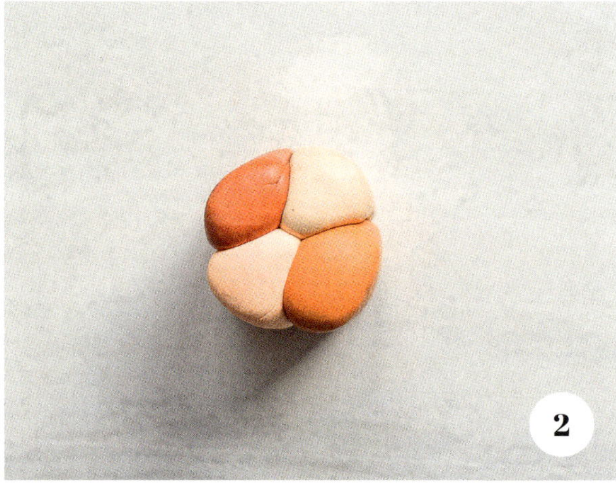

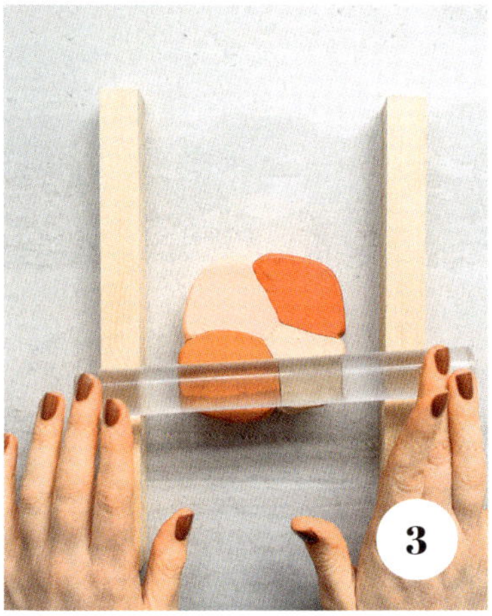

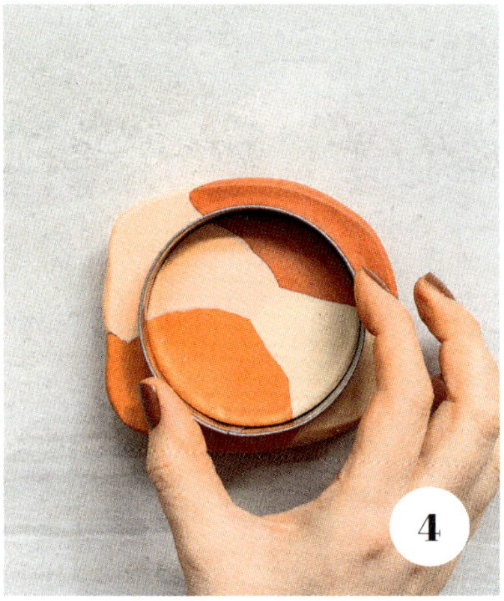

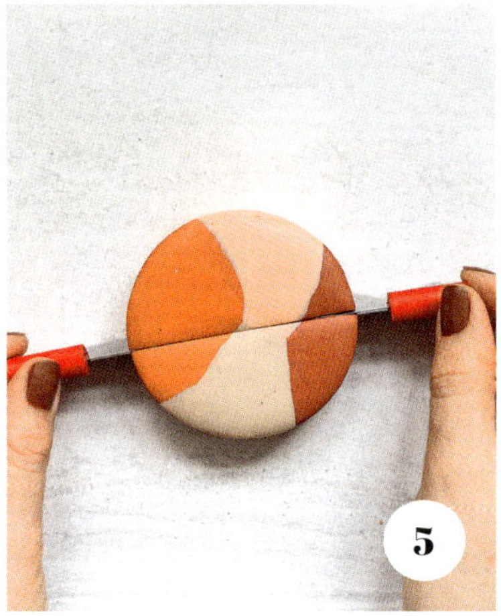

1. Jede Modelliermasse einzeln zwischen den Handflächen 30 Sekunden erwärmen und dann mehrmals ausrollen, zusammenkneten und zu einer Kugel formen, bis sie weich und formbar ist.

2. Dann die vier Stücke jeweils zu einer unregelmäßigen Form zusammensetzen, auf eine nicht haftende Arbeitsfläche legen und aneinanderdrücken.

3. Die Holzleisten rechts und links davon platzieren und die Modelliermasse mit der Rolle ausrollen, bis diese leicht darübergleitet und die Masse so dick wie die Leisten ist. Dabei sollten sich die einzelnen Stücke so miteinander verbinden, dass die Oberfläche glatt ist.

4. Den Keksausstecher hineindrücken, dabei mit der Handfläche Druck ausüben. Den Ausstecher leicht in beide Richtungen drehen, damit die Masse nicht daran festklebt, dann abnehmen und den inneren Kreis auf die nicht haftende Arbeitsfläche drücken.

5. Mit dem Tonschneidewerkzeug den Kreis mittig halbieren. Dabei auf die Farbverteilung achten: Auf beiden Halbkreisen sollten alle Farben vorhanden sein. Das Schneidewerkzeug vorsichtig über den Kreis auf die Masse legen und langsam nach unten drücken, sodass sie sich nicht verformt.

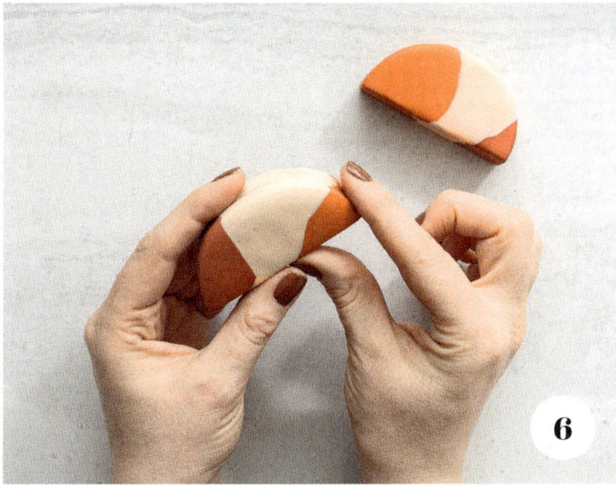
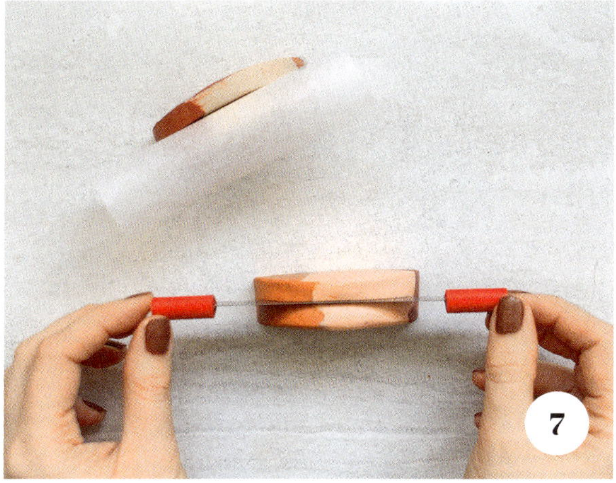
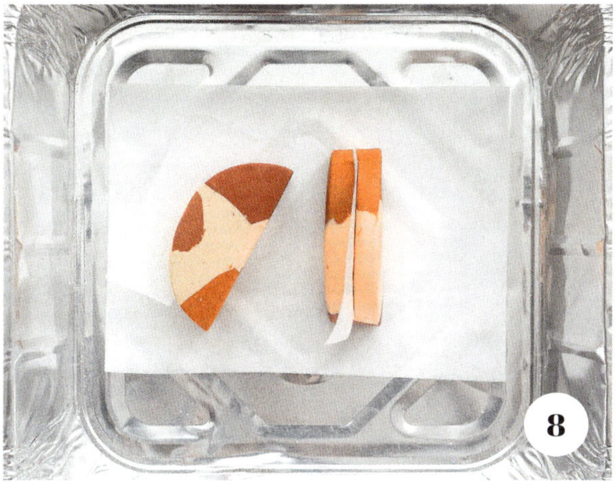
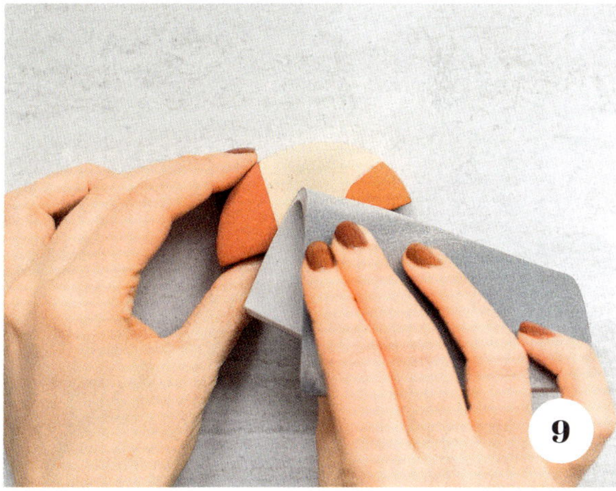

6. Die Kanten mit den Fingern glatt wischen und abrunden. Die Halbkreise mit der geraden Kante nach unten auf Backpapier setzen.

7. Den Tonschneider auf der Oberseite ansetzen, 2,5 cm tief hineindrücken und wieder herausziehen. Ein kleines Stück Backpapier in diesen Schlitz stecken, damit er sich beim Backen nicht wieder schließt.

8. Den Backofen auf 110 °C vorheizen. Eine Aluschale mit einem 20 × 20 cm großen Stück Backpapier auslegen. Den Fotoständer vorsichtig hineinsetzen und mit einer zweiten Aluschale abdecken. Dann 30 Minuten im Ofen aushärten lassen. Anschließend die Schale aus dem Ofen nehmen und die Masse vollständig abkühlen lassen, erst dann herausnehmen.

9. Manchmal finden sich auf der Oberfläche der Masse kleine Fasern oder Fremdkörper. Diese kann man leicht wegschleifen, genauso unerwartete Unebenheiten. Dafür das Schmirgelpapier mit etwas Wasser anfeuchten und damit sanft über diese Stellen fahren. Dann das Stück mit einem feuchten Tuch abwischen und mit einem Mikrofasertuch trocknen.

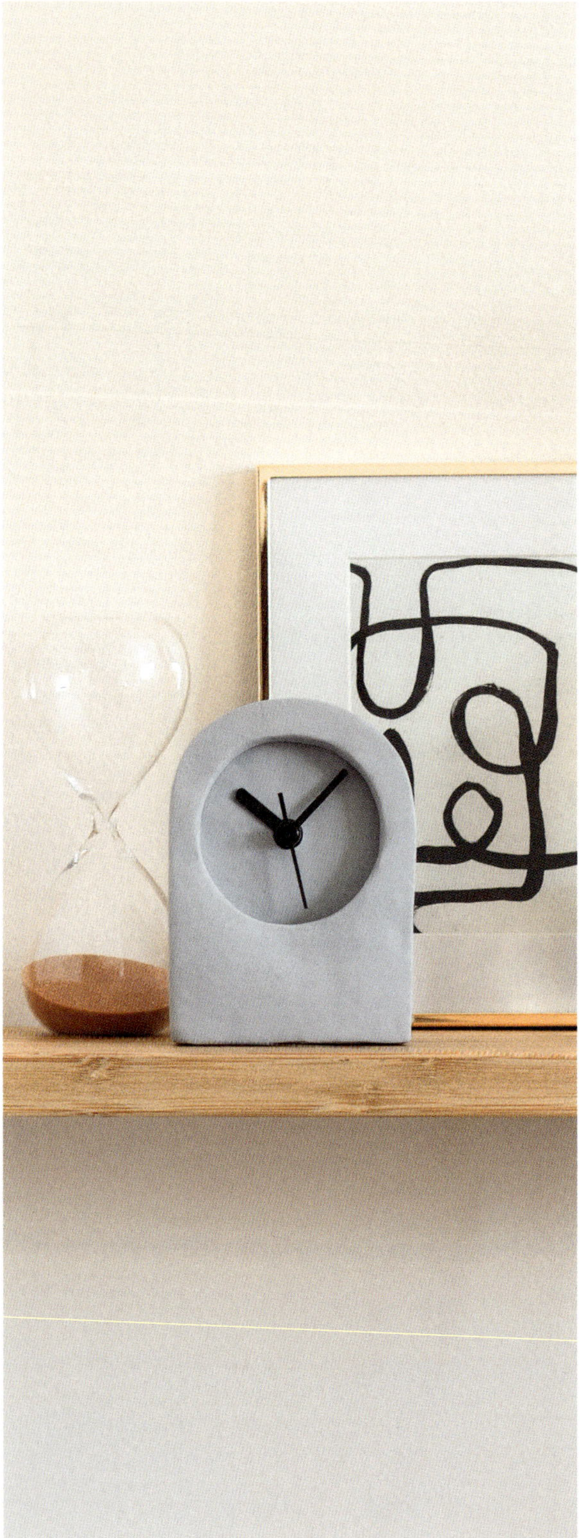

NACHTTISCH-UHR

Sind Sie immer 10 Minuten zu spät dran? Diese Nachttisch-Uhr hilft Ihnen, den Überblick zu behalten, und wertet zugleich Ihre Schlafzimmereinrichtung auf. Hellgrau passt hervorragend zu jeder Farbkombination, und diese Uhr ist ganz einfach anzufertigen. Sie müssen dafür einfach zwei Lagen Modelliermasse aufbauen.

Das minimalistische Design erfordert Exaktheit und Symmetrie, daher verwenden wir eine selbst gemachte Schablone, um die Stücke auszuschneiden. So lassen sie sich supereinfach zusammensetzen und am Ende sieht die Uhr richtig professionell aus.

Material

Pappe

runder Keksausstecher, 9 cm Durchmesser

Bleistift

Lineal

Schere

200 g FIMO soft Modelliermasse in Grau

2 Holzleisten, je 2,5 × 38 × 1,5 cm

Acryl-Tonroller

Bastelmesser

Backpapier

runder Keksausstecher, 6 cm Durchmesser

Wischwerkzeuge

Kunststoff-Strohhalm

2 Aluschalen, jeweils 25 × 25 cm

Uhrwerk

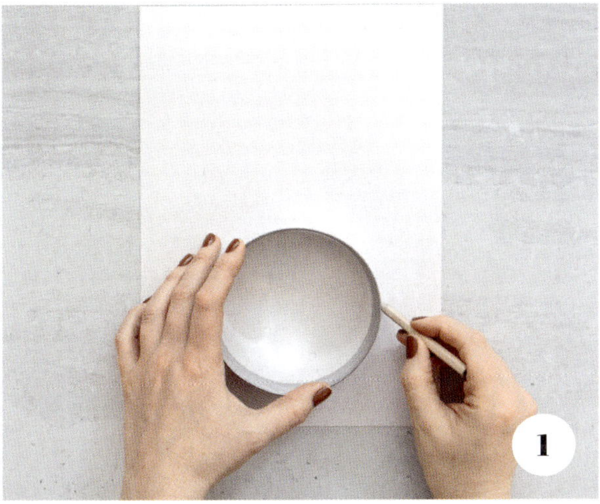

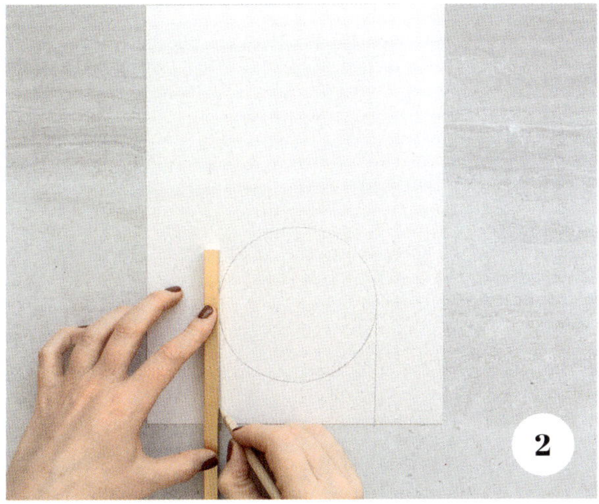

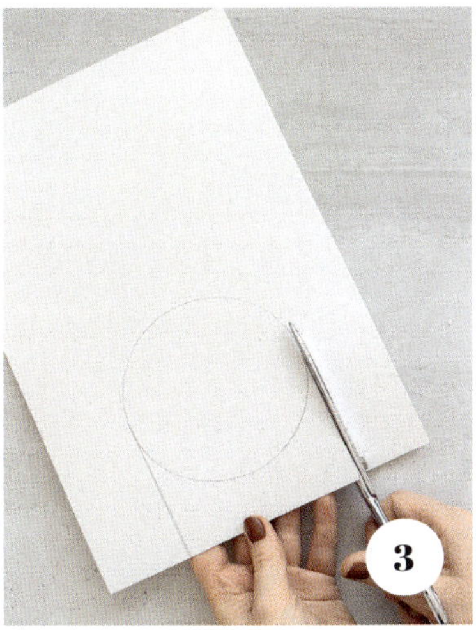

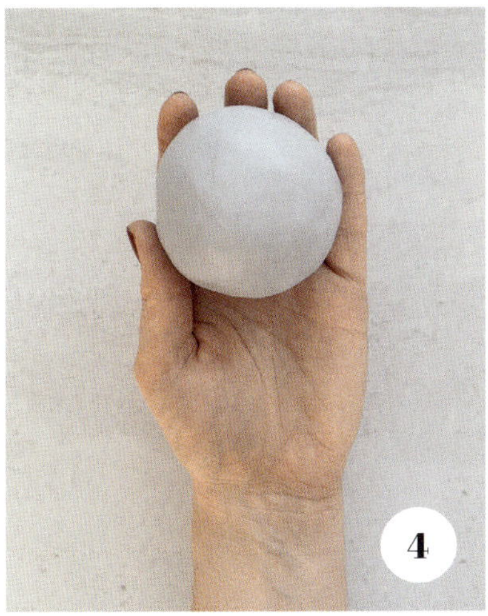

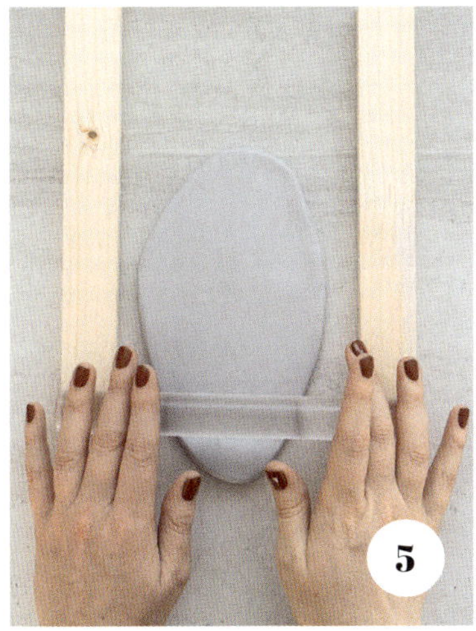

1. Zunächst aus Pappe die Schablone anfertigen: Dafür den größeren Keksausstecher 2,5 cm über der Unterkante auf die Pappe legen und mit einem Bleistift die Außenumrisse aufzeichnen. Dann den Ausstecher zur Seite legen.

2. Von den äußeren Umrissen des Kreises mithilfe des Lineals jeweils eine Linie bis zur Unterkante der Pappe ziehen. Den Abstand zwischen diesen Linien ausmessen und sicherstellen, dass er über die ganze Länge gleich ist.

3. Dann die äußere bogenförmige Form ausschneiden.

4. Die Modelliermasse 30 Sekunden zwischen den Handflächen erwärmen, dann mehrmals ausrollen, zusammenkneten und zu einer Kugel formen, bis sie weich und formbar ist. Anschließend zu einer Kugel formen.

5. Diese auf eine nicht haftende Arbeitsfläche zwischen die Holzeisten legen und ausrollen, bis die Rolle leicht über die Masse gleitet und diese so dick wie die Leisten ist.

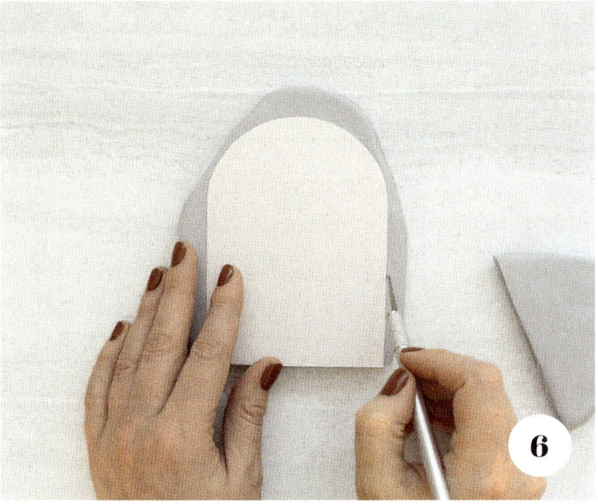

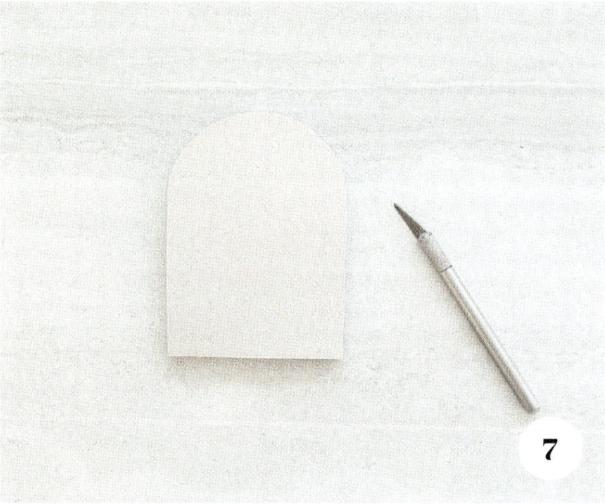

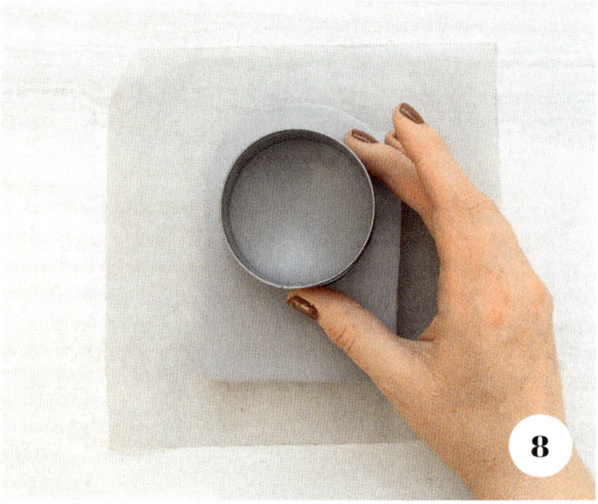

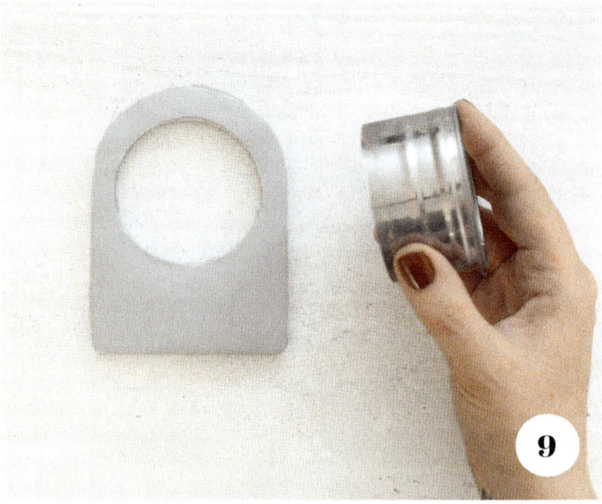

6. Die Schablone auf die Masse legen und vorsichtig mit den Fingern andrücken. Mit dem Bastelmesser rund um die Schablone ausschneiden, dabei darauf achten, das Messer von der anderen Hand weg zu führen, um Unfälle zu vermeiden. Überschüssige Masse entfernen und die Schablone vorsichtig abnehmen. Dann die Modelliermasse auf ein Stück Backpapier legen.

7. Die restliche Masse verkneten und nochmals zwischen die Holzleisten legen. Ausrollen und die Schablone darauflegen. Dann noch ein zweites Stück mithilfe der Schablone ausschneiden, das exakt dieselbe Form und Größe wie das erste hat.

8. Die Schablone abnehmen und den Keksausstecher oben darauflegen, dabei an der äußeren Rundung ausrichten und darauf achten, dass er mittig sitzt.

9. Dann in die Oberfläche drücken und dabei mit der flachen Hand Druck ausüben. Den Ausstecher leicht in beide Richtungen drehen, damit die Masse nicht daran festklebt. Anschließend herausnehmen und zur Seite legen. Der ausgestochene Kreis klebt hoffentlich im Ausstecher, wenn nicht, keine Sorge, dann wird er im nächsten Schritt ausgeschnitten.

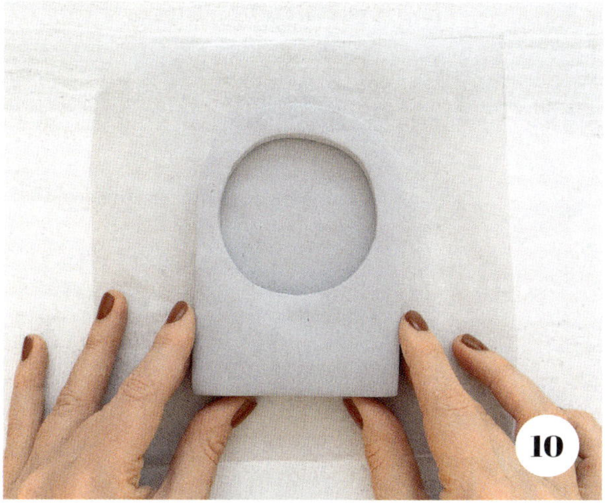

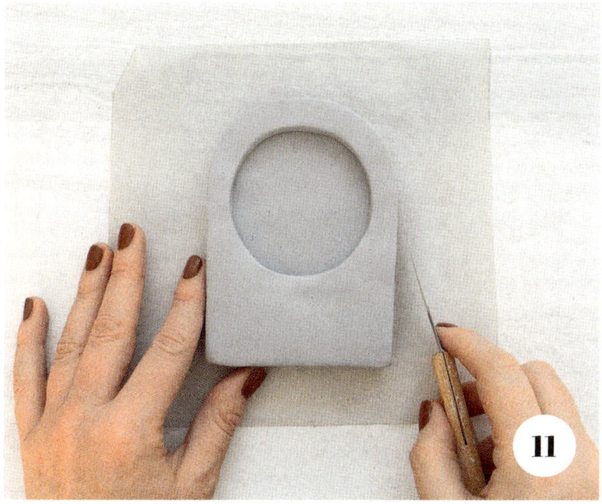

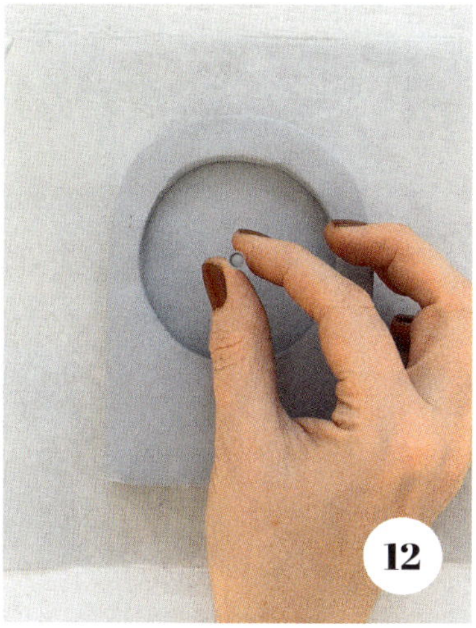

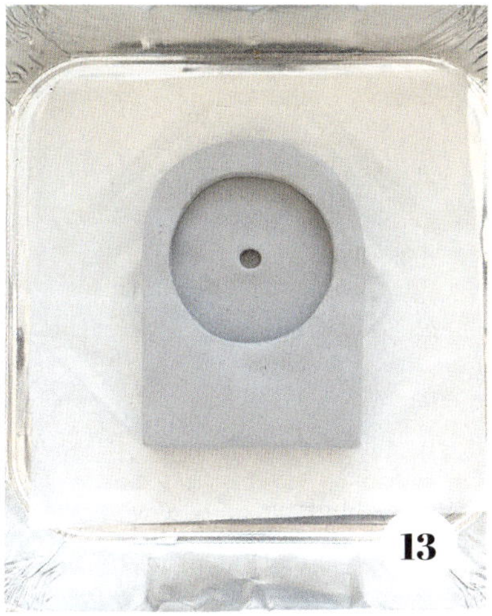

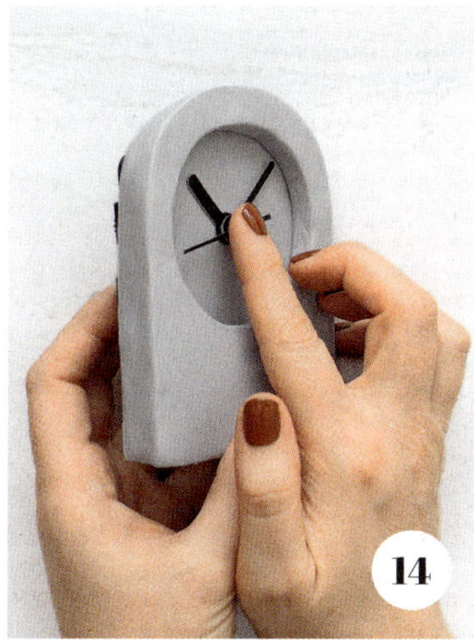

10. Die zweite bogenförmige Form mit dem ausgestochenen Kreis in der Mitte auf die erste aufs Backpapier legen. Dabei fällt der Kreis, wenn er sich nicht mit dem Ausstecher gelöst hat, heraus. Die Außenkanten beider Stücke aneinander ausrichten und den Keksausstecher vorsichtig noch einmal in das Loch setzen, damit es seine Form behält.

11. Mit den Fingern oder einem Wischwerkzeug die Außenkanten verbinden, bis die Fuge glatt und unsichtbar ist. Dann mit einem großen Wischwerkzeug die Kanten glätten.

12. Für das Loch für die Zeiger einen Strohhalm mittig in den ausgestochenen Kreis drücken.

13. Den Backofen auf 110 °C vorheizen. Das Backpapier mit der Uhr in eine Aluschale legen und mit einer zweiten abdecken. Dann die Uhr 30 Minuten im Ofen aushärten lassen. Anschließend die Schale aus dem Ofen nehmen und die Masse vollständig abkühlen lassen, erst dann herausnehmen.

14. Zum Schluss das Uhrwerk durch das Loch in der Kreismitte befestigen.

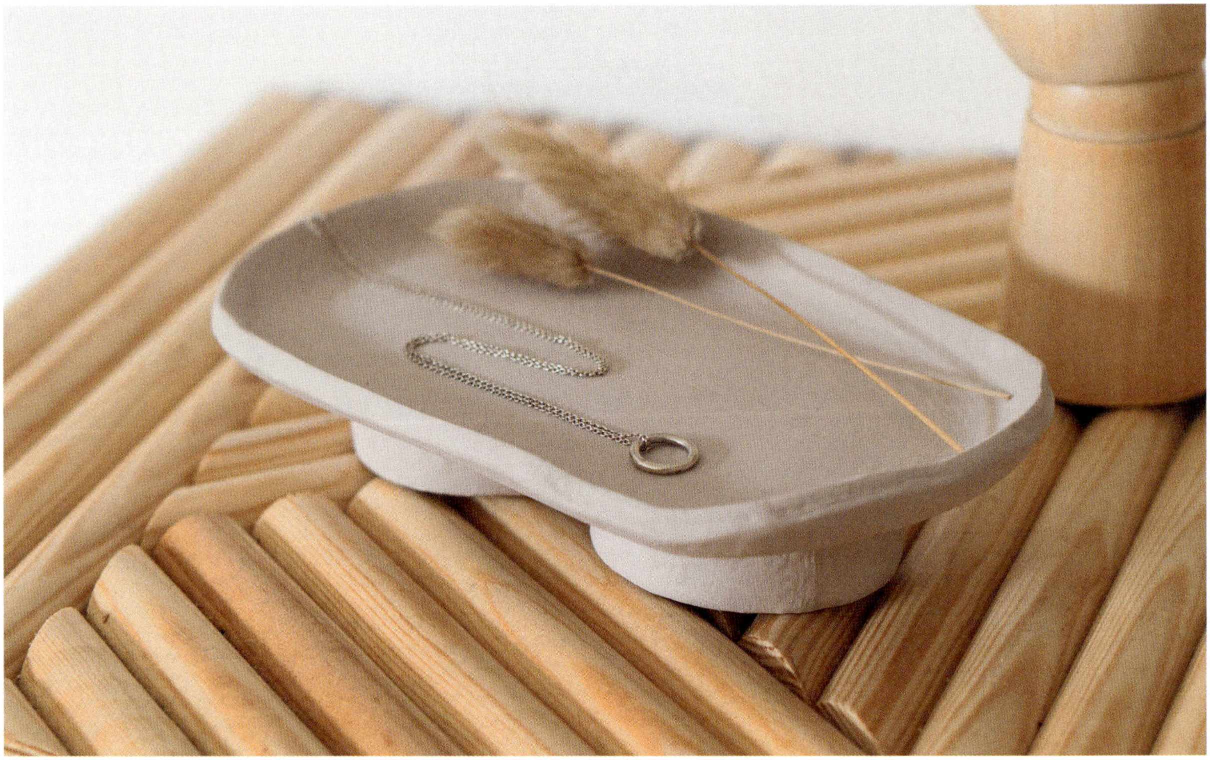

KRIMSKRAMS-SCHÄLCHEN

Ein Schälchen für Krimskrams hilft auf eine schöne Art, Unordnung zu vermeiden. Der Trick besteht darin, ein so hübsches Schälchen anzufertigen, dass praktisch alles darin wundervoll aussieht! Das ist eine große Herausforderung, aber ich finde, dass dieses Schälchen ihr gewachsen ist.

Mit den Füßchen darunter steht es erhöht, wodurch es schon allein ein Statement ist. Einer der großen Vorteile von lufttrocknender Modelliermasse ist, dass Kleber gut darauf hält, was das Leben viel leichter macht! Diese sockelartigen Füße könnten nicht einfacher anzufertigen sein, sie werden am Schluss nach dem Trocknen angeklebt.

Material

- 1 kg lufttrocknende Modelliermasse von DAS in Weiß
- 2 Holzleisten, je 2,5 × 38 × 2,5 cm
- Acryl-Tonroller
- runder Keksausstecher, 6 cm Durchmesser
- Backpapier
- 2 Holzleisten, je 2,5 × 38 × 1,5 cm
- Lineal
- Papier
- runder Keksausstecher, 11 cm Durchmesser
- Bleistift
- Schere
- Bastelmesser
- feuchter Schwamm
- feinkörniges Schmirgelpapier
- Sekundenkleber
- Schwamm- oder Malpinsel
- Latexfarbe

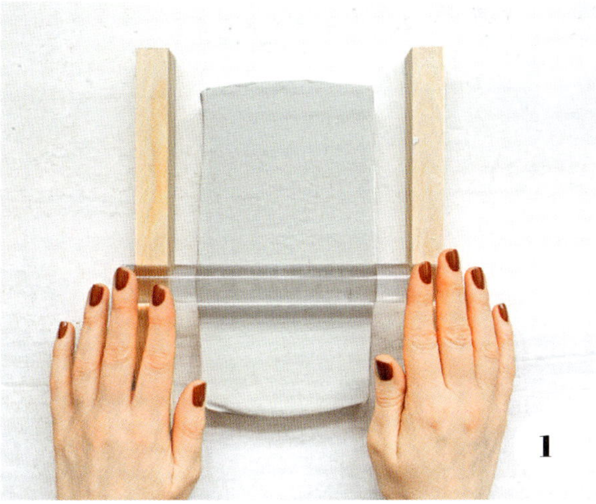

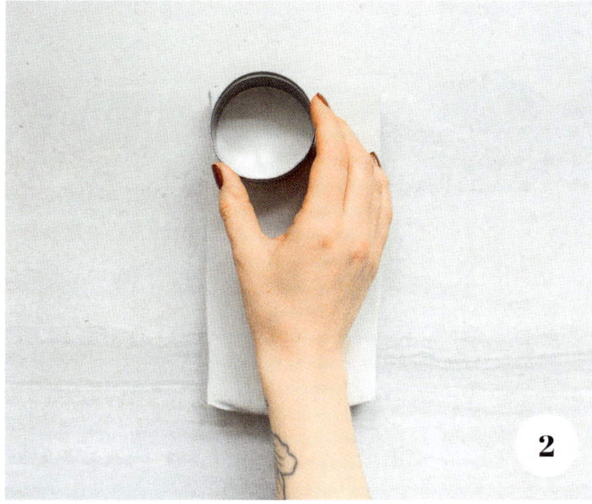

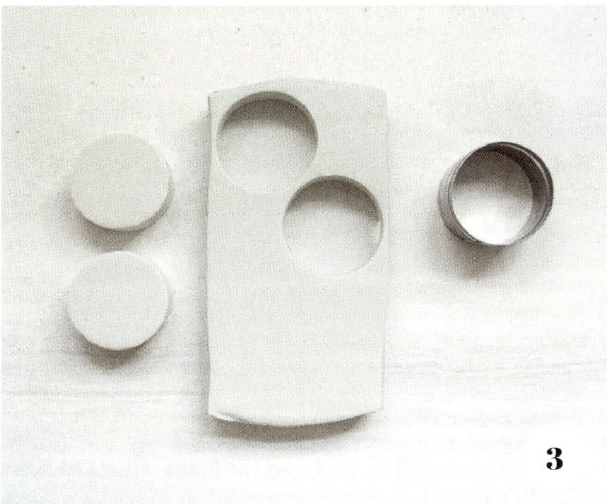

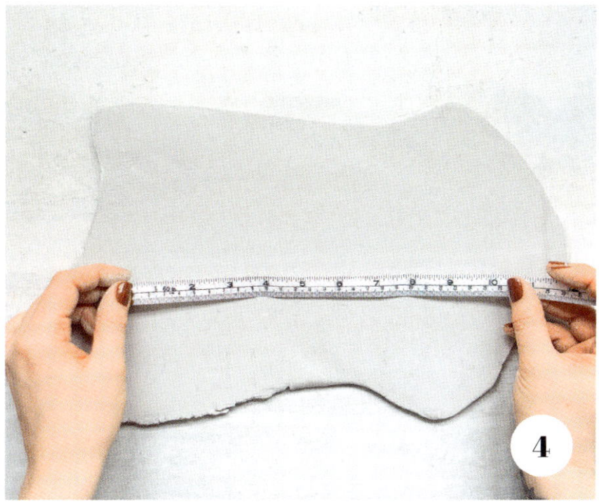

1. Die Modelliermasse zwischen die beiden 2,5 cm dicken Holzleisten auf eine nicht haftende Arbeitsfläche legen und ausrollen, bis die Rolle leicht über die Masse gleitet und diese so dick wie die Leisten ist.

2. Den kleineren Keksausstecher hineindrücken und dabei mit der Handfläche gleichmäßig Druck ausüben. Den Ausstecher leicht in beide Richtungen drehen, damit die Masse nicht daran festklebt. Dann abnehmen und den inneren Kreis vorsichtig auf die nicht haftende Arbeitsfläche drücken.

3. Schritt 2 wiederholen, sodass zwei Kreise vorliegen. Diese auf Backpapier legen, die Oberfläche jeweils mit Wasser glätten und dann 48 Stunden trocknen lassen.

4. Die restliche Modelliermasse wieder verkneten und zwischen die 1,5 cm dicken Holzleisten auf eine nicht haftende Arbeitsfläche legen. Zu einem langen Oval von etwa 25 × 15 cm (auf dem Foto in Inches zu sehen) ausrollen.

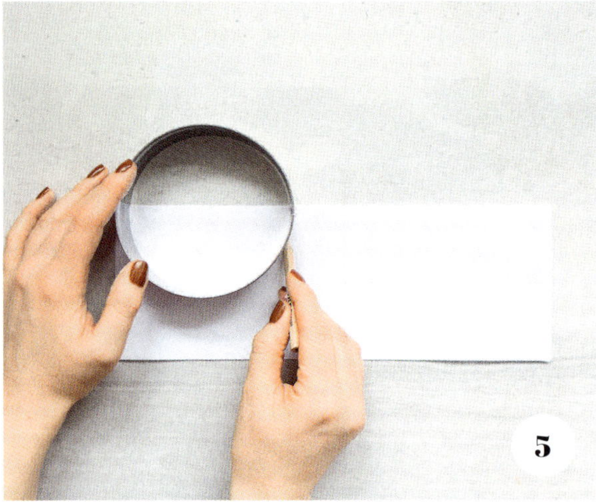

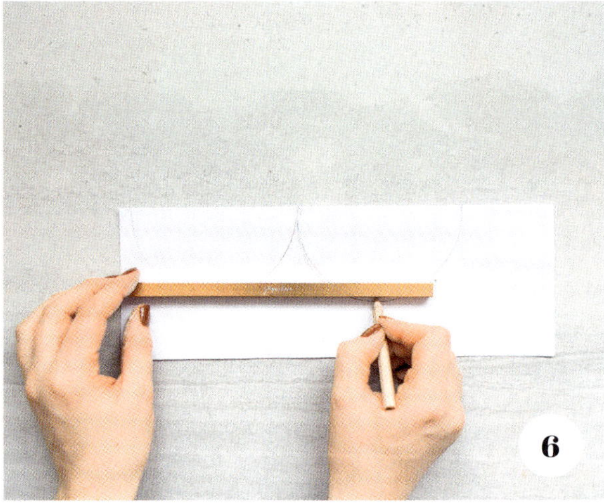

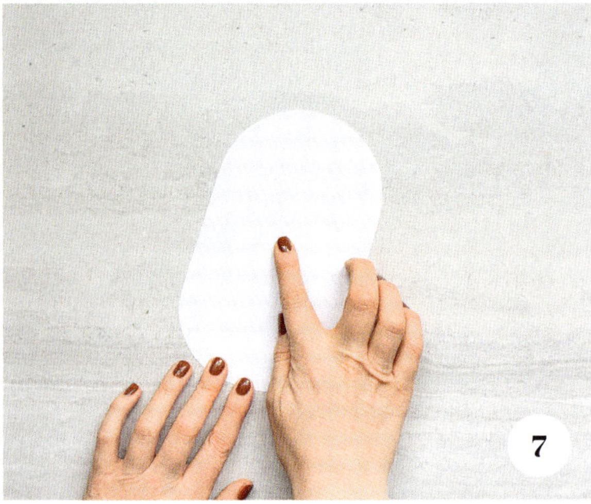

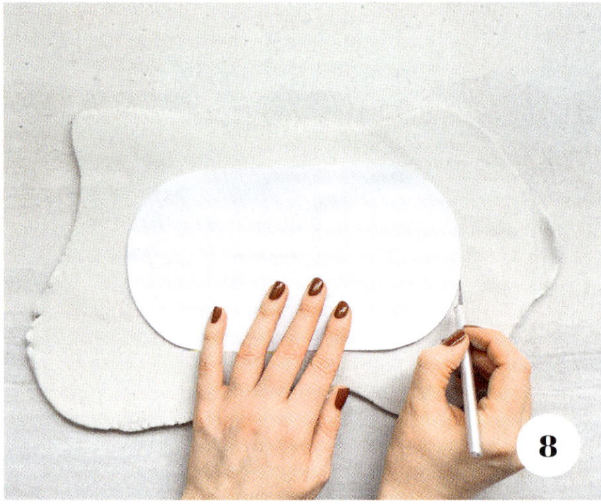

5. Eine Schablone für das Schälchen anfertigen. Dafür ein Stück Papier längs mittig falten. Den größeren Ausstecher auf einer Seite mittig auf den Falz legen, sodass er zur Hälfte auf dem Papier und zur Hälfte darüber liegt.

6. Mit einem Bleistift den äußeren Umriss auf Papier übertragen. Dann den Ausstecher nach links verschieben, sodass sein äußerer Rand an den aufgezeichneten Halbkreis stößt. Anschließend die Halbkreise an der Unterkante verbinden.

7. An den Außenlinien entlang das Papier ausschneiden, dann auffalten und mit dem Finger den Falz glätten.

8. Die Schablone auf die Modelliermasse legen, vorsichtig andrücken und mit dem Bastelmesser ausschneiden. Dabei das Messer von der anderen Hand wegziehen, um Unfälle zu vermeiden. Die Masse um die ausgeschnittene Form entfernen.

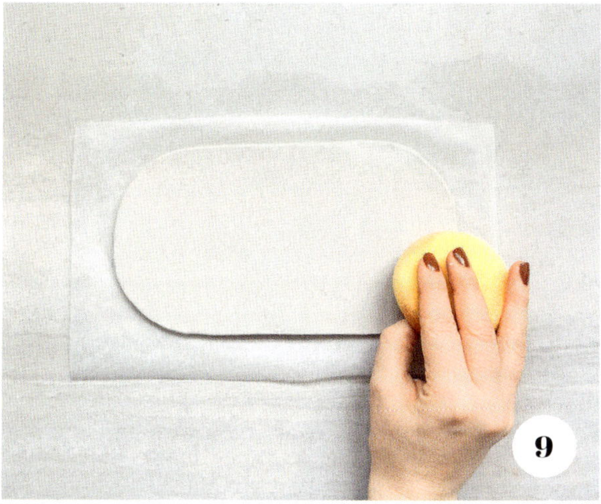

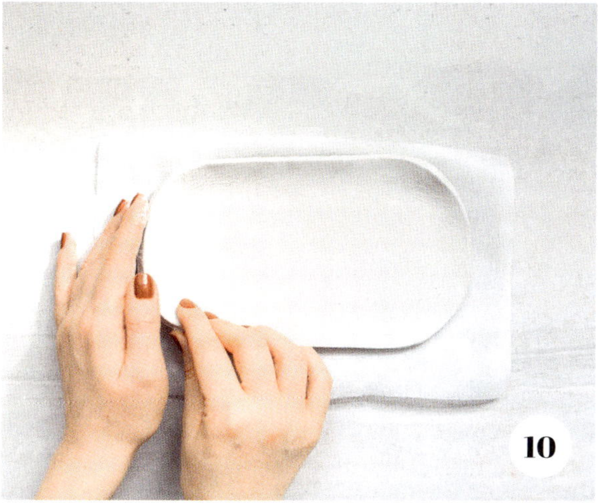

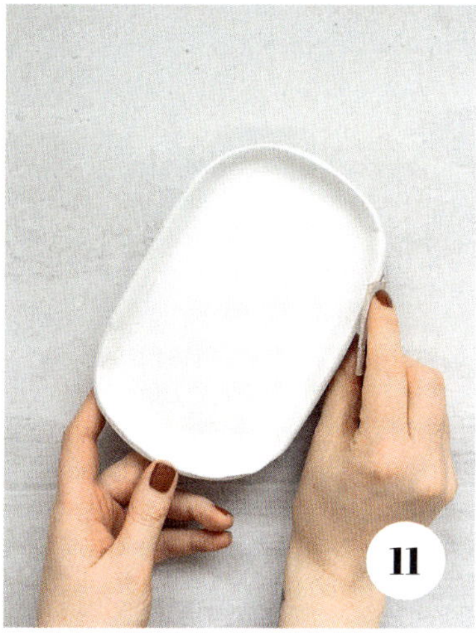

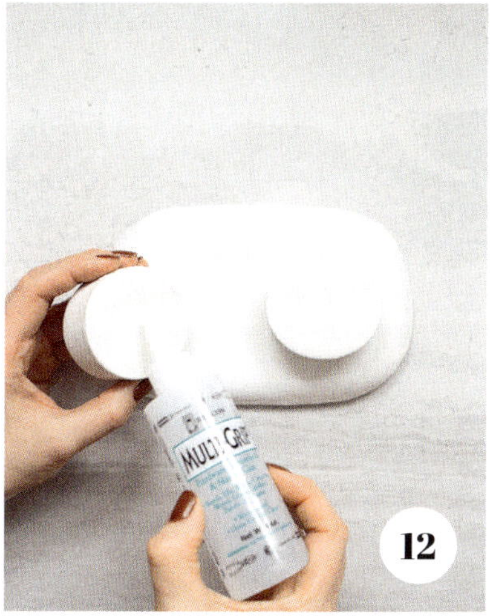

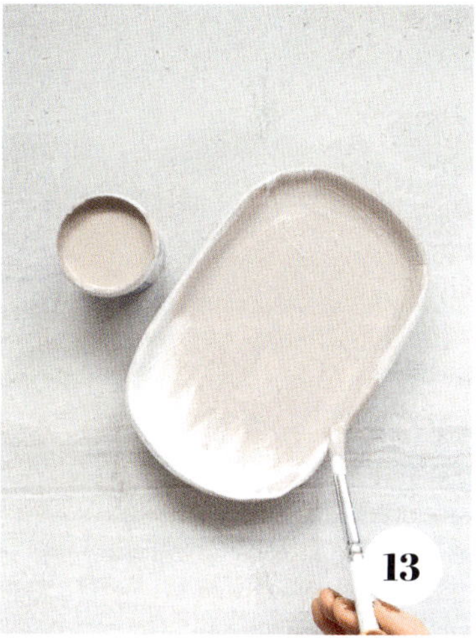

9. Die Schablone abnehmen, eine Hand unter die Modelliermasse schieben und diese auf Backpapier heben. Mit einem feuchten Schwamm die Masse glätten, dabei auch die Kanten bearbeiten.

10. Die Kanten dann vorsichtig mit den Fingern nach oben ziehen und so den Rand des Schälchens formen.

11. Die Masse an einem warmen Ort 48 Stunden trocknen lassen. Anschließend die Oberfläche mit feinkörnigem Schmirgelpapier abschleifen, dabei in kleinen kreisenden Bewegungen arbeiten und Unebenheiten entfernen.

12. Für die Füße die Oberseite der zuvor ausgeschnittenen Kreise großzügig mit Kleber bestreichen und diese dann seitlich auf die Unterseite der Schale kleben. 1 Stunde trocknen lassen.

13. Die Schale mit einem Schwammpinsel in zwei bis drei dünnen Farbschichten bemalen, zwischen jeder Schicht die Farbe vollständig trocknen lassen.

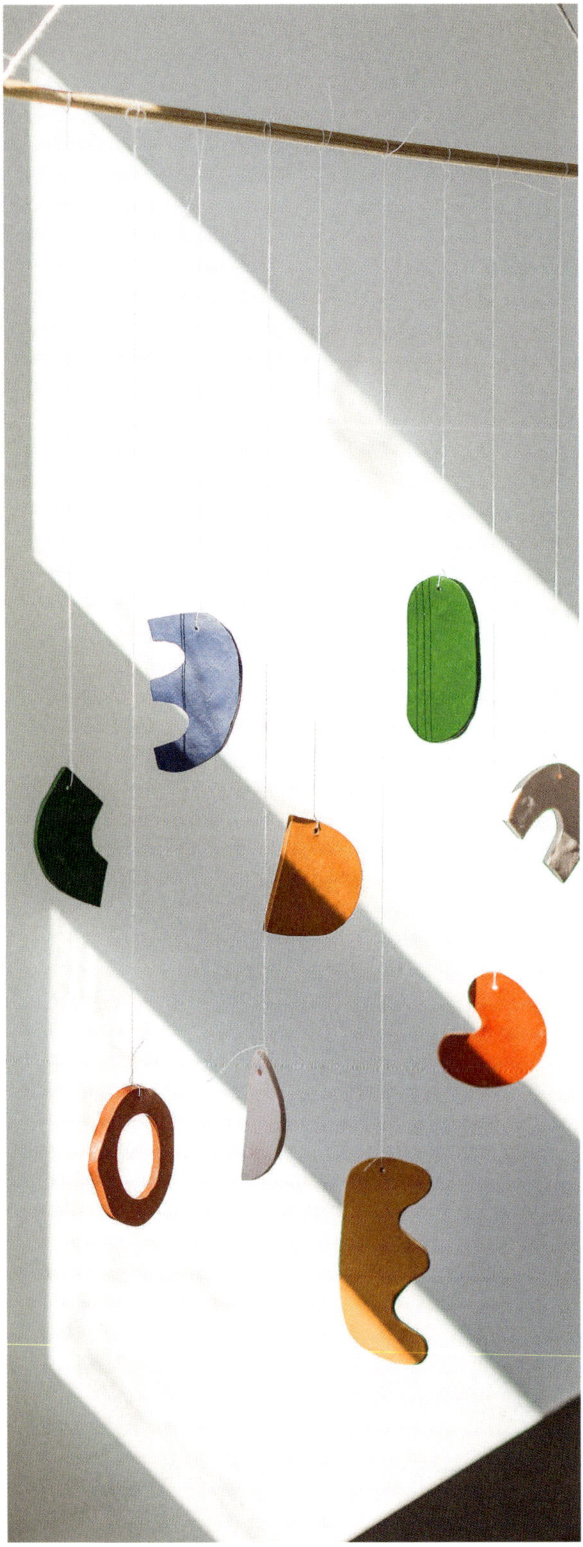

VON MATISSE INSPIRIERTES MOBILE

Mit Modelliermasse kann man viel Spaß haben. Manchmal kann es heilsam sein, wenn man sich ganz dem Flow hingibt und etwas erschafft, von dem man zunächst nicht genau weiß, wie es am Ende aussehen wird. Daher gebe ich Ihnen für dieses Projekt anstatt Schablonen oder Anleitungen für die einzelnen Formen die kreativen Zügel in die Hand. Beim Experimentieren lernt man am besten und kommt auf neue Ideen. Hier geht es darum, die Chance zu nutzen, neue Formen, Farbkombinationen und Kompositionen mit Ton zu entdecken. Und am Ende haben Sie ein Kunstwerk geschaffen, das einzigartig ist!

Ich persönlich mag diese Farbkomposition sehr. Sie ist eine Anspielung auf die leuchtende Farbpalette, die der Künstler Matisse oft verwendete. Seine Collagen haben eine kühne Ausstrahlung. Suchen Sie sich Ihre Lieblingsfarben aus und gestalten Sie dieses Stück nach Ihrem persönlichen Geschmack. Hängen Sie das Mobile an ein Fenster und beobachten Sie, wie die Schatten tanzen, wenn das Licht auf die sich bewegenden Formen trifft.

Material

50 g FIMO soft Modelliermasse in Gold

2 Holzleisten, je 2,5 × 38 × 0,3 cm

Acryl-Tonroller

Zahnstocher

Bastelmesser

Wischwerkzeug

2 Aluschalen, jeweils 25 × 25 cm

Backpapier

je 50 g FIMO soft Modelliermasse in:

- Windsorblau
- Blattgrün
- Terrakottarot
- Pink

runder Holzstab, 5 mm Durchmesser

Schere

dünne Baumwollschnur

Schraub- oder Klebehaken

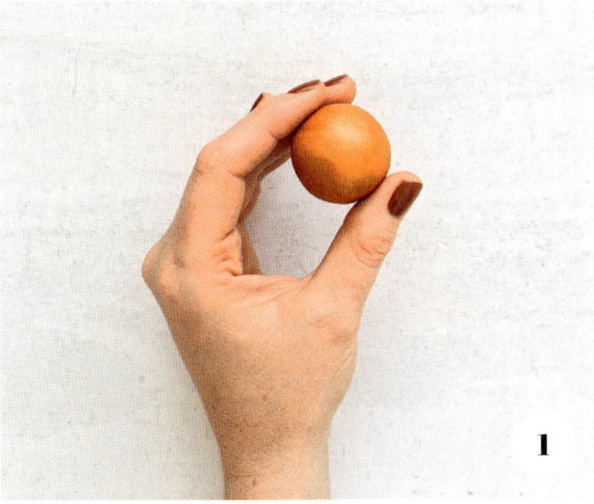

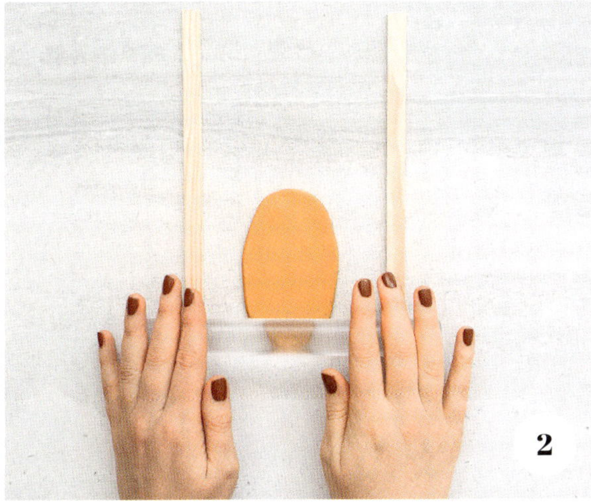

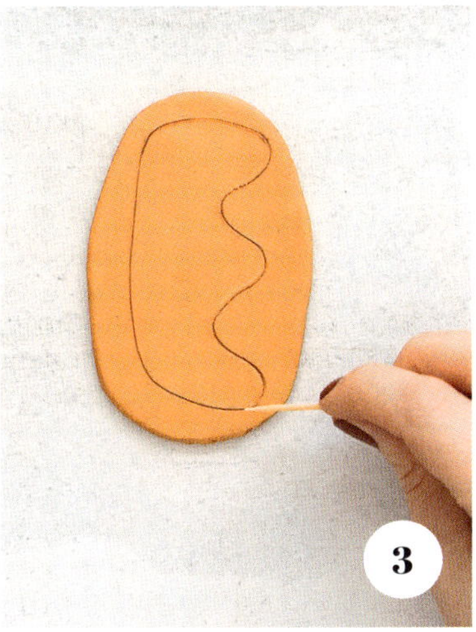

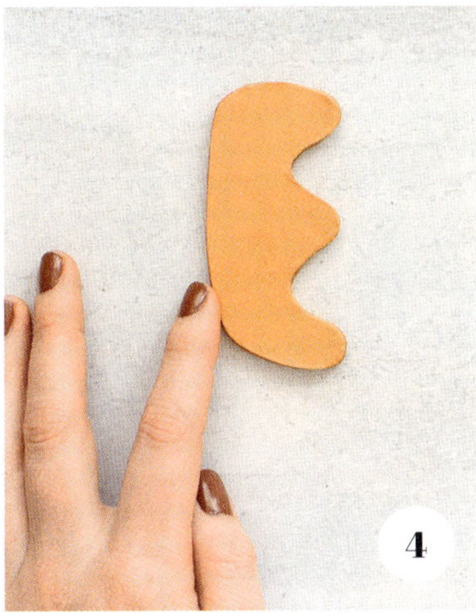

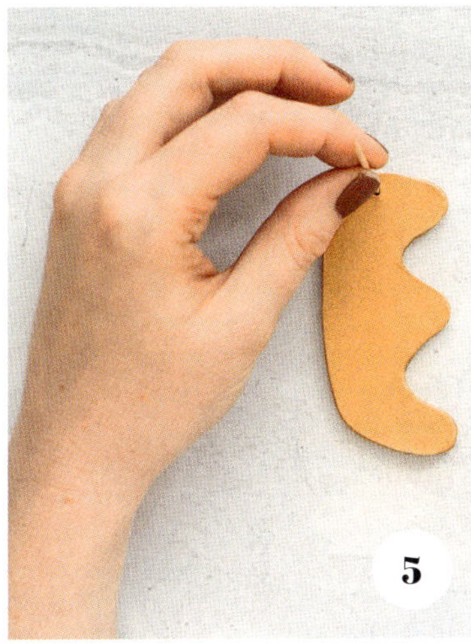

1. Die Hälfte der goldfarbenen Modelliermasse aus dem Päckchen nehmen und kneten, bis sie warm und weich ist. Dabei ausrollen und wieder verkneten, bis sie leicht formbar ist.

2. Die weiche Masse zwischen die Holzleisten auf eine nicht haftende Arbeitsfläche legen und ausrollen, bis die Rolle leicht über die Masse gleitet und diese so dick wie die Leisten ist.

3. Mit einem Zahnstocher zwei verschiedene Formen daraus ausschneiden. Lassen Sie sich dabei von Matisse oder etwas anderem inspirieren, seien Sie kreativ!

4. Die Formen mit dem Bastelmesser ausschneiden. Dabei das Messer von der anderen Hand wegbewegen, um Unfälle zu vermeiden. Manchmal ist es einfacher, zunächst grob um die Form herum und dann erst die Details auszuschneiden.

Dann jeweils überschüssige Masse entfernen und die Kanten der Formen mit einem Wischwerkzeug oder mit dem Finger glätten. Die Stücke umdrehen und auch auf der Rückseite glätten.

5. Festlegen, wie sie aufgehängt werden sollen, und mit einem Zahnstocher oben ein Loch hineinstechen.

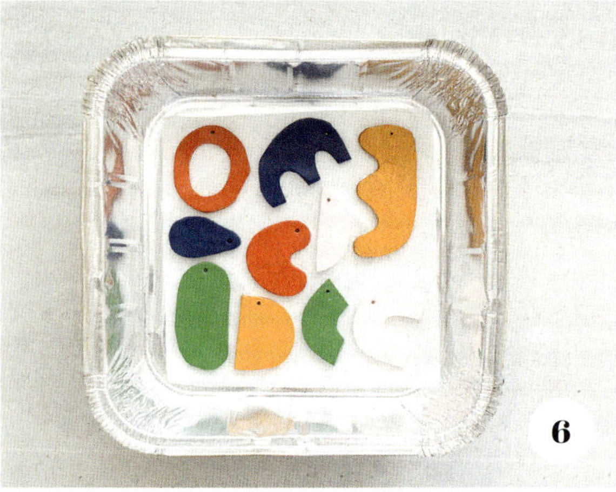

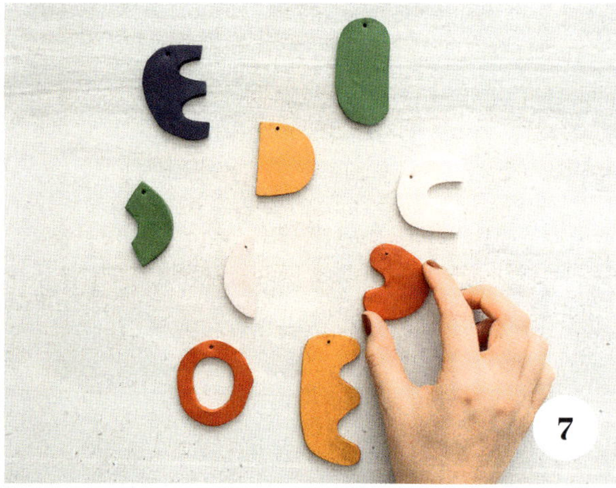

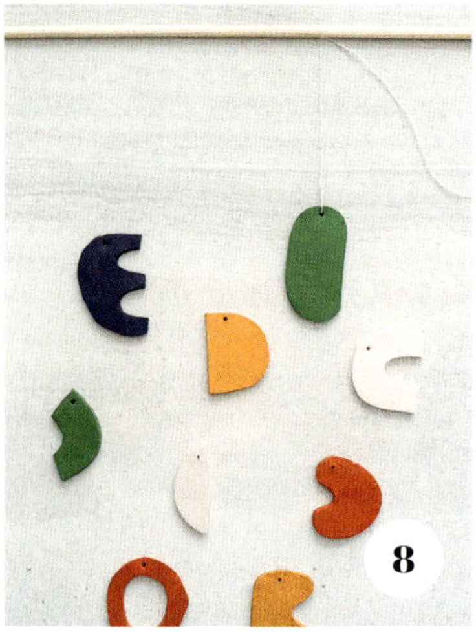

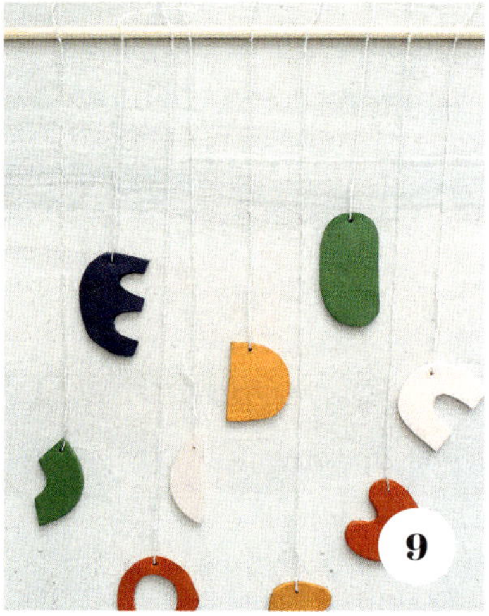

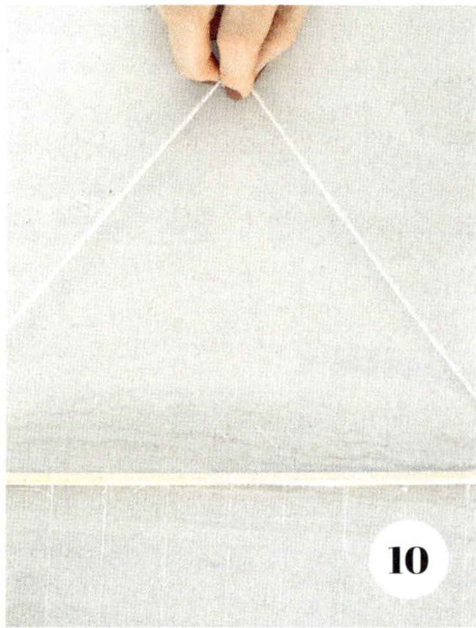

6. Eine Aluschale mit einem 20 × 20 cm großen Stück Backpapier auslegen und die Formen hineinlegen. Die Schritte 1 bis 6 mit den anderen vier Farben der Modelliermasse wiederholen.

Den Backofen auf 110 °C vorheizen. Wenn alle Formen fertig sind, die Aluschale mit einer zweiten Schale abdecken und die Formen 30 Minuten im Ofen aushärten lassen. Anschließend die Schale aus dem Ofen nehmen und die Stücke vollständig abkühlen lassen, erst dann herausnehmen.

7. Die Stücke auf eine flache Arbeitsfläche legen und so anordnen, wie sie im Mobile hängen sollen.

8. Den Holzstab über die Formen legen, von der Schnur 40 cm abschneiden und ein Ende durch das Loch der ersten Form ziehen und dort verknoten. Das andere Ende an dem Holzstab befestigen.

9. Auf diese Weise alle Formen anbringen. Anschließend überprüfen, ob sie so hängen wie gewünscht und gegebenenfalls noch einmal ändern.

10. Von der Schnur 50 cm abschneiden, mit einem Ende außen an dem Holzstab befestigen und das andere Ende an die andere Außenseite binden. Einen Schraub- oder Klebehaken an der Zimmerdecke anbringen und das Mobile aufhängen.

KABELLOSE WANDLAMPE

Wussten Sie, dass man in jedem Raum sieben Lichtquellen haben sollte? Für kleinere Räume mag das etwas extrem erscheinen, aber es zeigt, dass man nie genug Lampen haben kann. Das Problem ist, ausreichend Platz für all diese Lichtquellen zu finden, vor allem in kleineren Räumen wie dem Schlafzimmer.

Mit dieser kabellosen Wandlampe habe ich eine kleine Lösung dafür gefunden. Diese Glühbirne hat kein Stromkabel, sodass Sie die Leuchte überall aufstellen können, ohne durch Steckdosen eingeschränkt zu sein. Das LED-Licht bleibt kühl, sodass das Risiko der Überhitzung minimal ist, dennoch sollte man aus Sicherheitsgründen die Lampe nicht unbeaufsichtigt brennen lassen.

Material

300 g lufttrocknende Modelliermasse von FIMO in Hautfarben

1 TL gemahlener schwarzer Pfeffer

2 Holzleisten, je 2,5 × 38 × 2,5 cm

Acryl-Tonroller

runder Keksausstecher, 7,5 cm Durchmesser

Bastelmesser

Backpapier

feuchter Schwamm

kleines Wischwerkzeug aus Holz

batteriebetriebene LED-Glühbirne

feinkörniges Schmirgelpapier

Mikrofasertuch

extrastarkes Klebepad

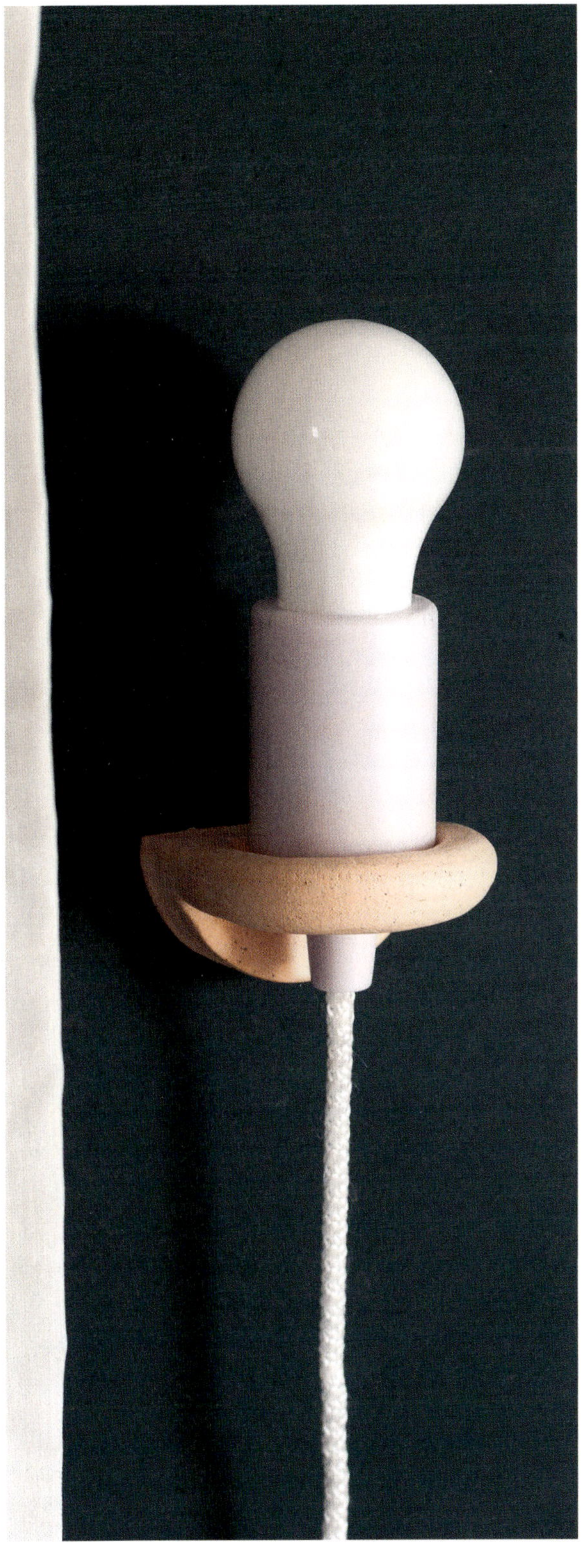

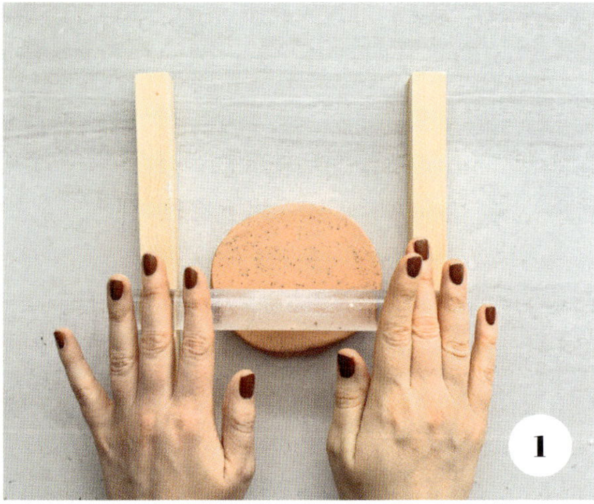

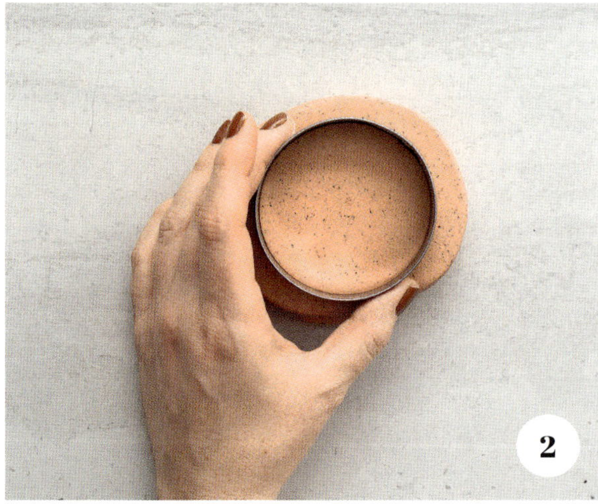

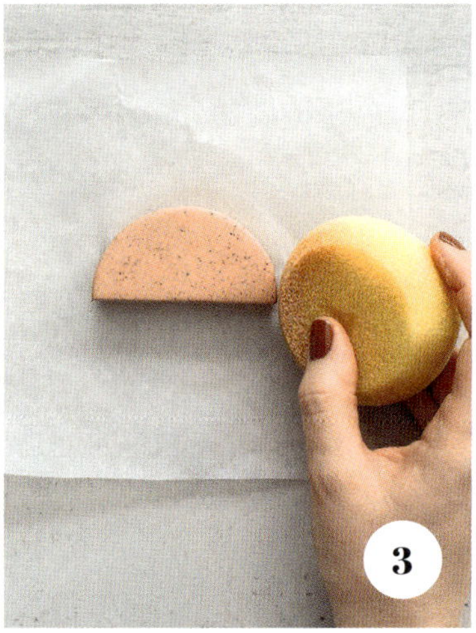

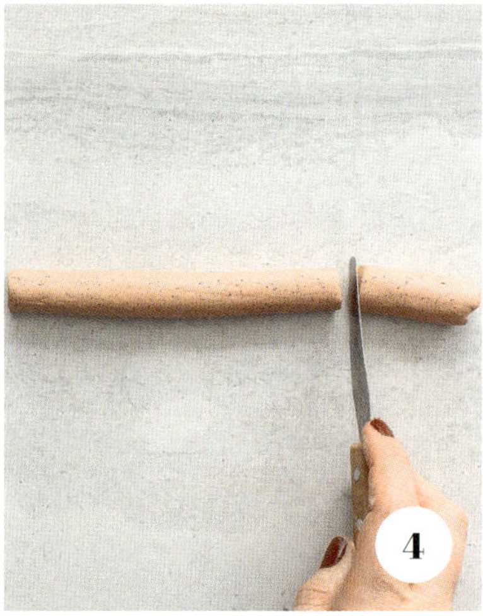

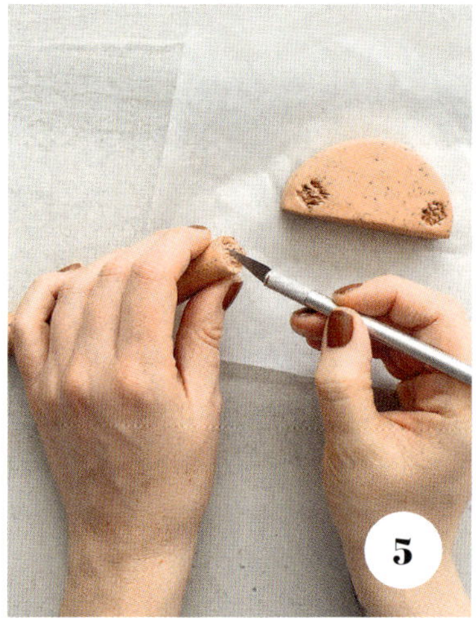

1. 250 g Modelliermasse aus der Packung nehmen, mit schwarzem Pfeffer bestreuen und diesen einarbeiten. Dafür die Masse kneten, ausrollen und wieder verkneten, bis der Pfeffer gleichmäßig verteilt ist. Dann die Masse zwischen die beiden Holzleisten auf eine nicht haftende Arbeitsfläche legen und ausrollen, bis die Rolle leicht darübergleitet und die Masse so dick wie die Leisten ist.

2. Den Keksausstecher hineindrücken, dabei mit der flachen Hand gleichmäßig Druck ausüben, und leicht in beide Richtungen drehen, damit die Masse nicht daran festklebt. Den Ausstecher abnehmen und den inneren Kreis vorsichtig auf eine nicht haftende Arbeitsfläche drücken.

3. Mit dem Bastelmesser mittig durchschneiden und eine Hälfte zur Seite legen. Damit kann man eine zweite Lampe anfertigen. Die andere Hälfte auf Backpapier legen und die Oberfläche mit einem feuchten Schwamm glätten.

4. Die Reste und die übrigen 50 g Modelliermasse aus der Packung zu einer etwa 1,5 cm dicken Rolle formen. Diese auf eine Länge von 15 cm zuschneiden.

5. Beide Enden der Rolle und die Ecken des Halbkreises mit dem Bastelmesser einritzen.

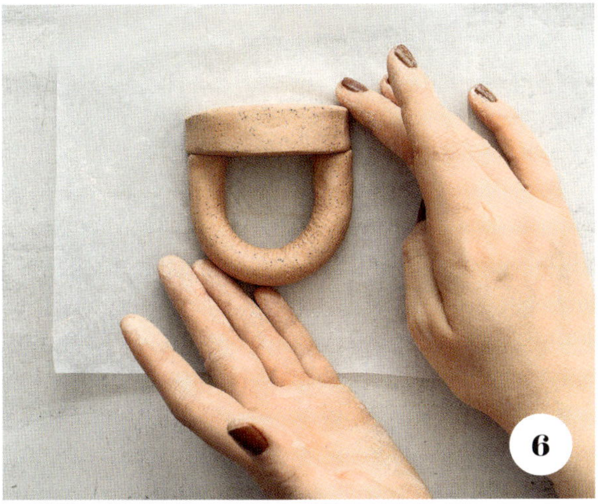

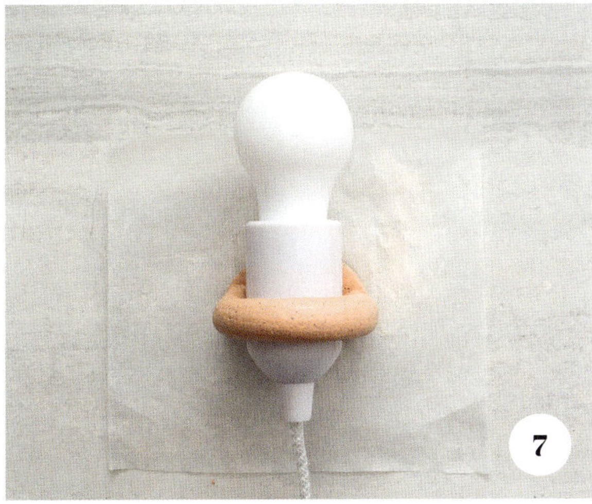

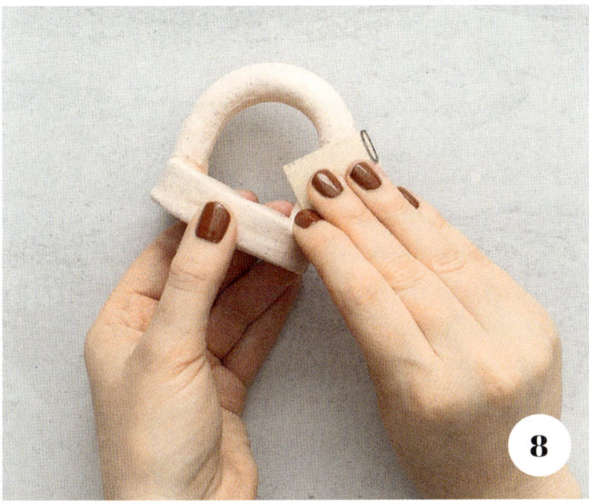

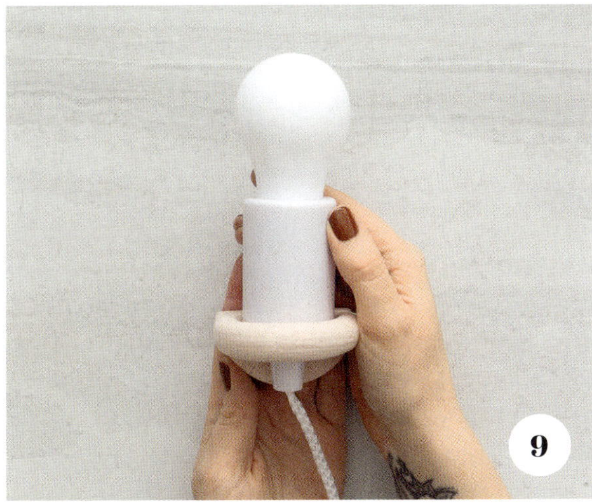

Diese Stellen sollten am besten kreisförmig sein, sodass sie nach dem Zusammenfügen der Teile von den Enden der Rolle verdeckt werden.

6. Den Halbkreis mithilfe des Backpapiers auf die gerade Kante stellen. Ein Ende der Rolle auf eine eingeritzte Ecke drücken, dann das andere Ende auf die andere eingeritzte Ecke. Mit einem kleinen Wischwerkzeug die Verbindungsstellen glätten, sodass die Fugen nicht sichtbar sind.

7. Darauf achten, dass eine runde, symmetrische Form entsteht, in die die Glühbirne passt.

8. Die Masse 48 Stunden trocknen und fest werden lassen. Anschließend die Oberfläche mit feinkörnigem Schmirgelpapier abschleifen, sodass sie sauber und glatt wird. Mit einem feuchten Tuch abwischen.

9. Die Halterung mit einem extrastarken Klebepad an der Wand anbringen. Die Schnur der Birne mittig hindurchführen und die Birne einsetzen. Nach Belieben die Lampe ein- und ausschalten, dabei die Birne festhalten.

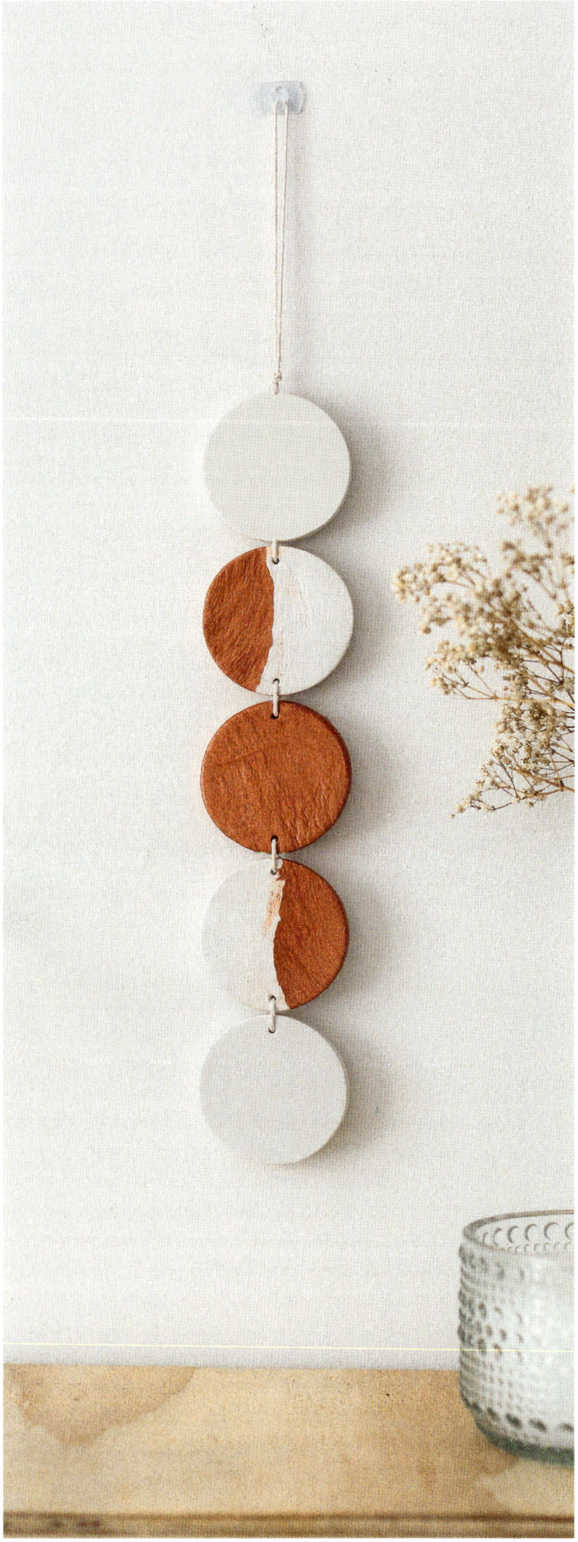

WAND-SCHMUCK MIT MONDPHASEN

Der Wandschmuck ist eine tolle Ergänzung zu einer Bilderwand, Sie können ihn aber auch als alleinigen Blickfang aufhängen. Hängen Sie ihn waagerecht über das Kopfteil des Betts oder in einem kleinen Raum, der schwer zu dekorieren ist, senkrecht an die Wand – probieren Sie einfach aus, wie es Ihnen gefällt!

Für dieses Projekt wird mit einer eher freihändigen Technik gearbeitet, damit die Linie zwischen den Farben organischer wirkt. Für ein optimales Ergebnis sollten Sie darauf achten, dass die Farbübergänge glatt und nahtlos sind und die Farben nicht ineinander verlaufen. Der Tonroller übernimmt hier die ganze Arbeit. Beginnen Sie mit einer dicken Schicht Modelliermasse; je mehr Sie rollen, desto besser fügen sich die beiden Farben zusammen.

Material

250 g lufttrocknende Modelliermasse von DAS in Weiß

2 Holzleisten, je 2,5 × 38 × 0,6 cm

Acryl-Tonroller

100 g lufttrocknende Modelliermasse von DAS in Terrakottarot

runder Keksausstecher, 6 cm Durchmesser

Zahnstocher

Backpapier

feinkörniges Schmirgelpapier

Mikrofasertuch

Schwamm- oder Malpinsel

Polyurethan-Lack auf Wasserbasis

Schere

Baumwollschnur

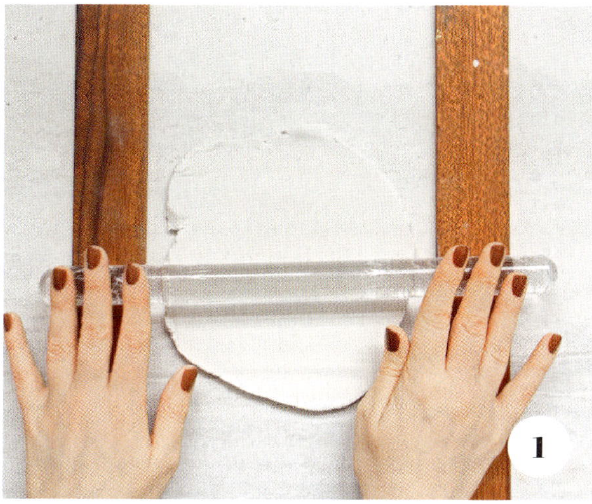

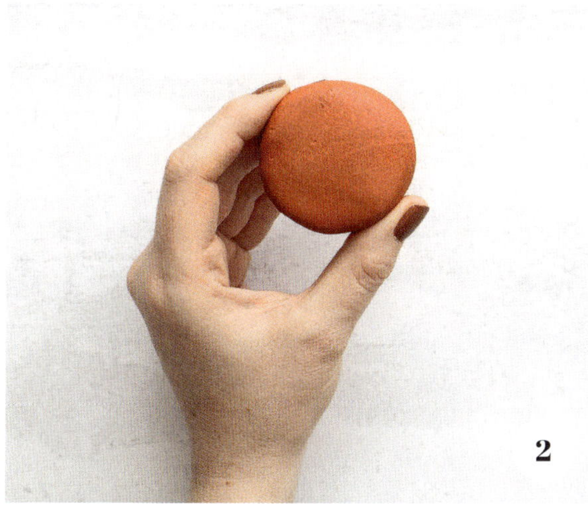

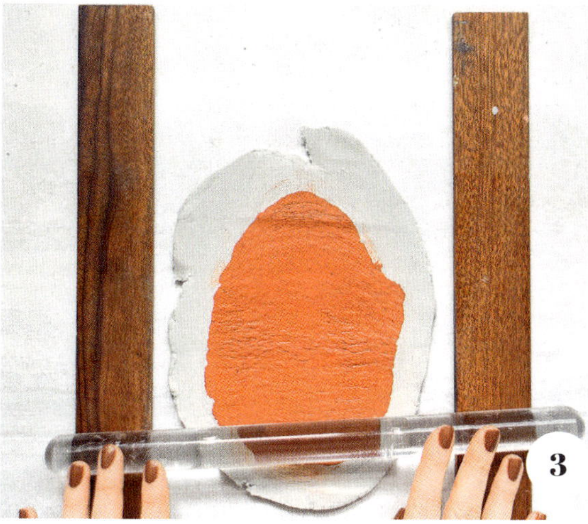

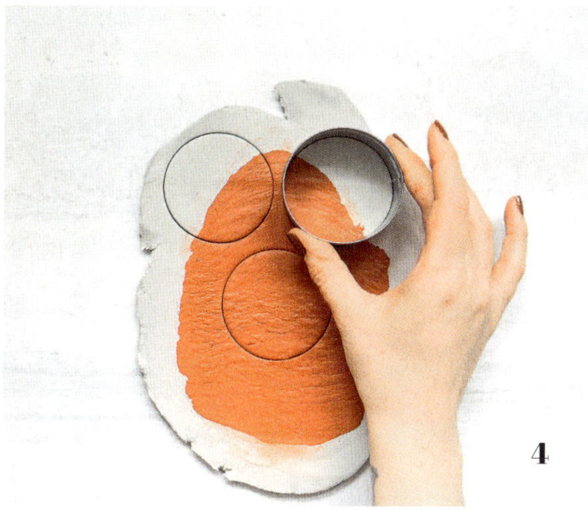

1. Die weiße Modelliermasse zwischen die beiden Holzleisten auf eine nicht haftende Arbeitsfläche legen und ausrollen, bis die Rolle leicht über die Masse gleitet und diese so dick wie die Leisten ist.

2. Von der terrakottaroten Masse 70 g abwiegen und zwischen den Handflächen zu einer Kugel formen, dann etwas flach drücken.

3. Die rote Kugel mittig auf die weiße, ausgerollte Masse legen und mit der Rolle wieder darüber und über die Holzleisten rollen, bis die rote Masse nahtlos mitten auf der weißen liegt.

4. Jetzt werden die Kreise für die einzelnen Mondphasen ausgestochen. Den Keksausstecher so auf die Masse legen, dass der innere Kreis rot ist. Dann die beiden Halbmondphasen anfertigen. Dafür den Ausstecher zur Hälfte über die weiße und die rote Masse legen. Zuletzt zwei weiße Kreise für den Vollmond ausstechen, dafür eventuell weiße Masse abschneiden, erneut verkneten und ausrollen. Den Ausstecher jeweils in die Masse drücken und mit der Handfläche gleichmäßig Druck ausüben. Leicht in beide Richtungen drehen, damit die Masse nicht daran festklebt. Anschließend herausnehmen und den inneren Kreis vorsichtig auf eine nicht haftende Arbeitsfläche drücken.

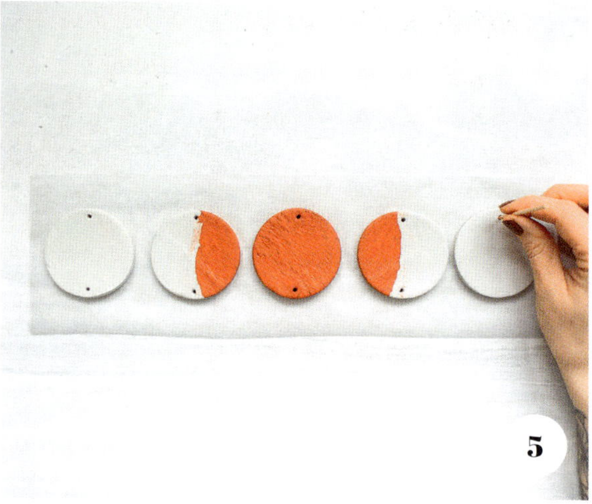

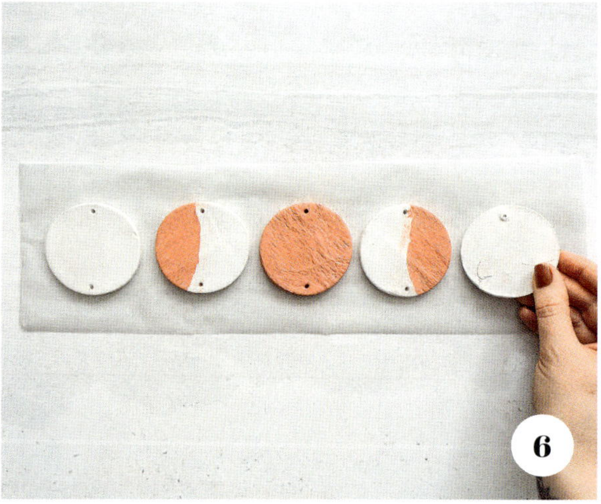

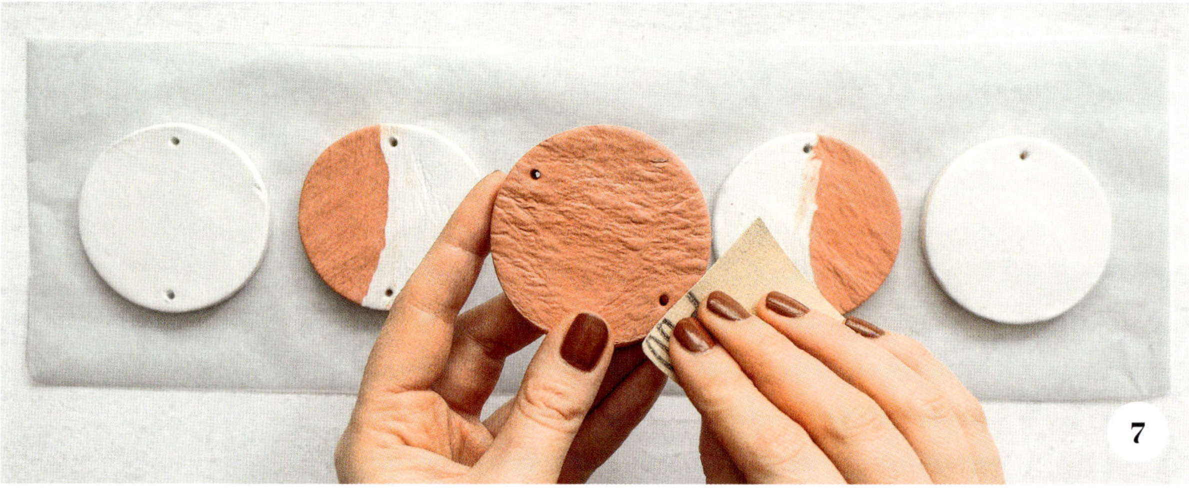

5. Mit einem Zahnstocher oben und unten in den zunehmenden Mond, die Halbmond-Formen und in eine Vollmondform ein Loch stechen. In den anderen Vollmond nur ein Loch nahe der Kante stechen. Den Zahnstocher jeweils vorsichtig in die Masse drehen, wieder herausdrehen und dann von der anderen Seite durch das Loch stechen.

6. Die Stücke auf Backpapier legen und 24 bis 48 Stunden trocknen lassen, dabei alle 12 Stunden umdrehen.

7. Wenn die Masse hart ist, die Kanten mit feinkörnigem Schmirgelpapier abschleifen. Zum Schluss mit einem feuchten Tuch den Staub abwischen.

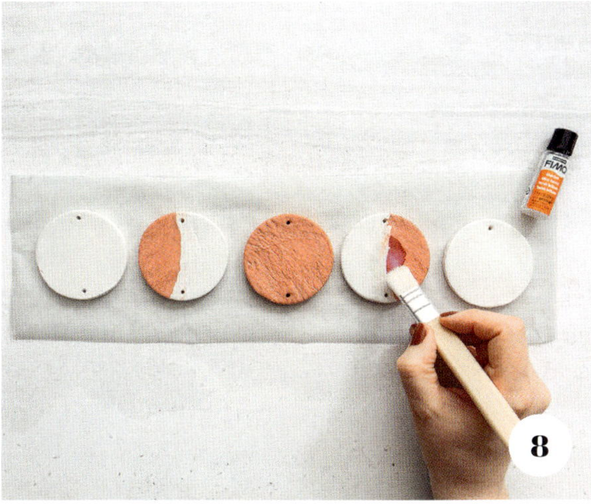

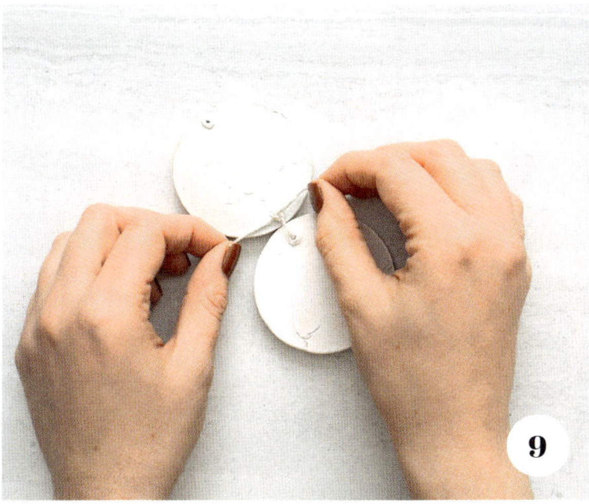

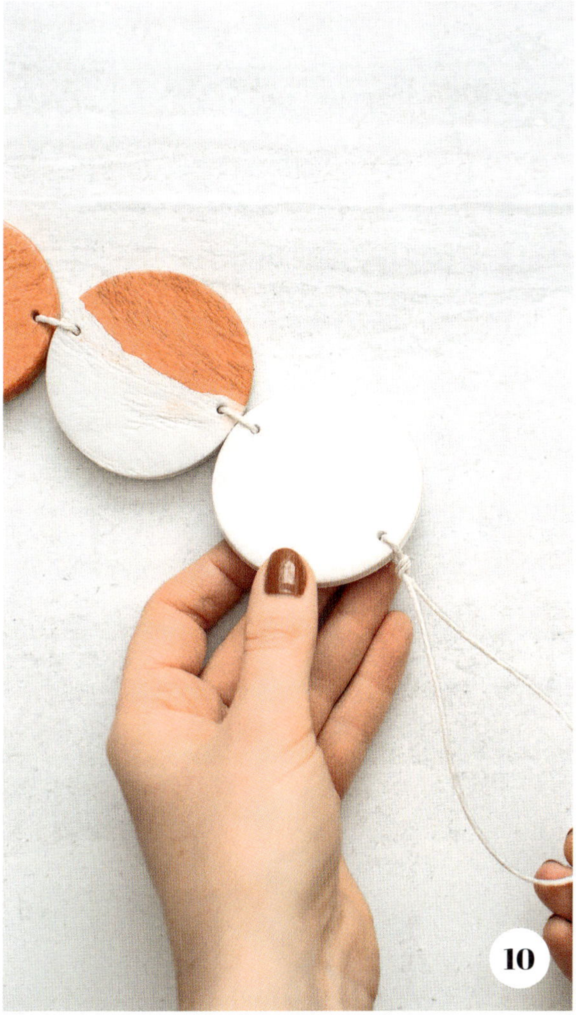

8. Die Kreise mithilfe eines Schwammpinsels mit zwei dünnen Lackschichten überziehen. Dabei die erste Schicht vollständig trocknen lassen und dann erst die zweite auftragen.

9. 9 Stücke (je 8 cm) aus der Schnur zuschneiden und diese an die Löcher knoten. Dabei die Mondphasen verbinden, mit einem Vollmond beginnen, dann einen Halbmond, zunehmenden Mond, Halbmond und Vollmond anbinden.

10. Ein letztes Stück Schnur an das verbliebene Loch im Vollmond knoten und in das andere Ende eine Schlaufe zum Aufhängen machen.

Badezimmer

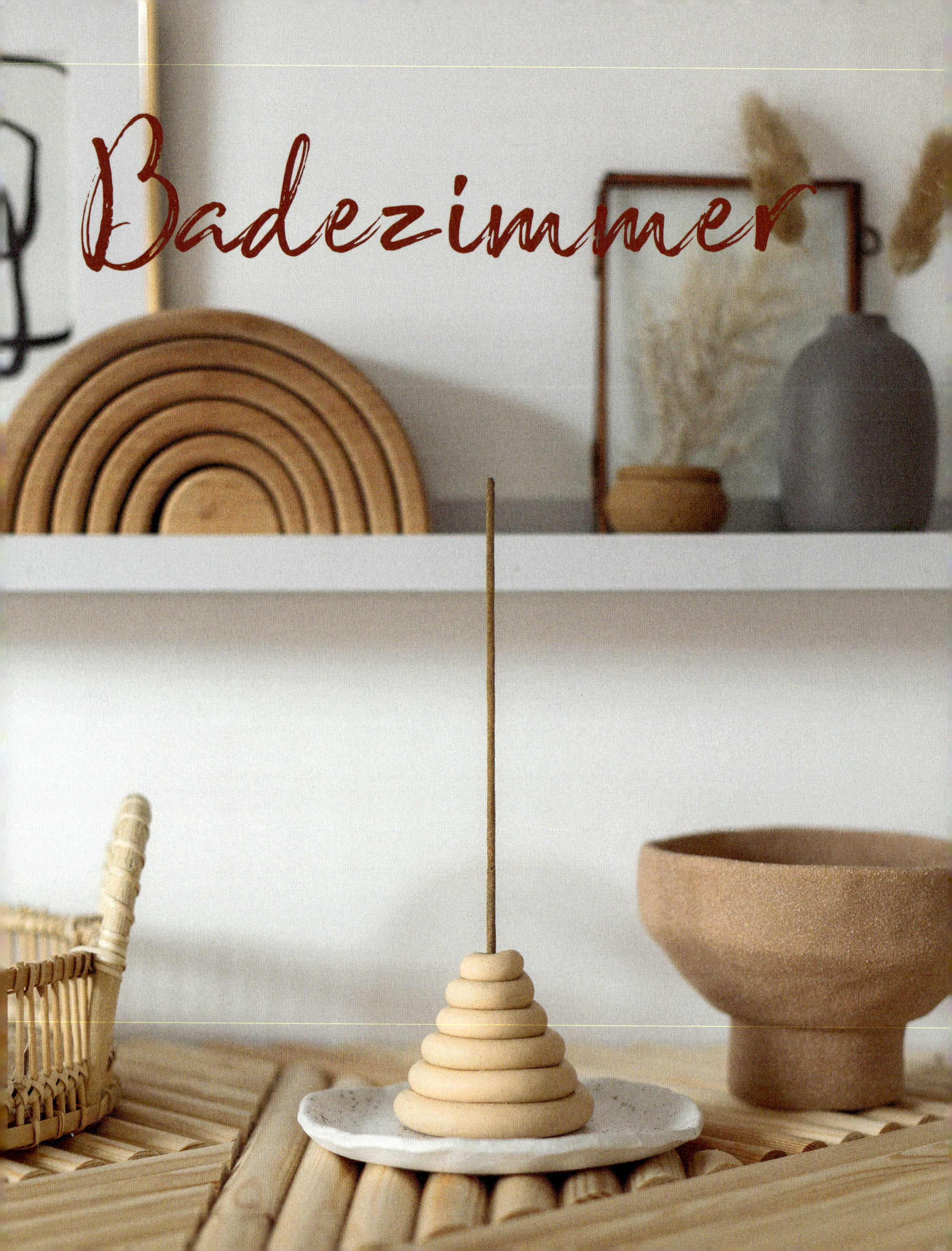

Vielleicht denkt man nicht gleich daran, Ton für Badezimmer-Deko zu verwenden, aber auch dafür ist er ein fantastisches Material. Ofenhärtende Modelliermasse ist vollständig wasserfest, wodurch sie ideal für eine feuchte Umgebung ist. Aber lassen Sie sich nicht davon abhalten, auch lufttrocknende Masse zu verwenden. Ein guter Lack schützt sie vor Luftfeuchtigkeit, sodass man sie bedenkenlos für Projekte wie das Terrakotta-Schmuckschälchen (Seite 134) nehmen kann.

Ein Badezimmer kann man auch prima etwas persönlicher gestalten. Dort darf man mit dem Dekor ruhig mutiger sein, ohne dass man Angst vor dem Ergebnis haben müsste. Dies ist ein kleiner Raum mit enormer Wirkung! Betrachten Sie diese Projekte als Möglichkeit, etwas Neues auszuprobieren und Ihre gestalterischen Grenzen zu erweitern. Die wellenförmige Seifenschale (Seite 130) ist eine wunderschöne marmorierte Schale aus ofenhärtender Modelliermasse. Sie ist ein Unikat, und man weiß vorher nie genau, wie das Muster aussehen wird. Dieser Effekt ist leicht zu erzielen, indem man die Masse ein paar Mal verdreht. Wenn Sie das einmal ausprobiert haben, werden Sie alles mit marmorierter Optik gestalten!

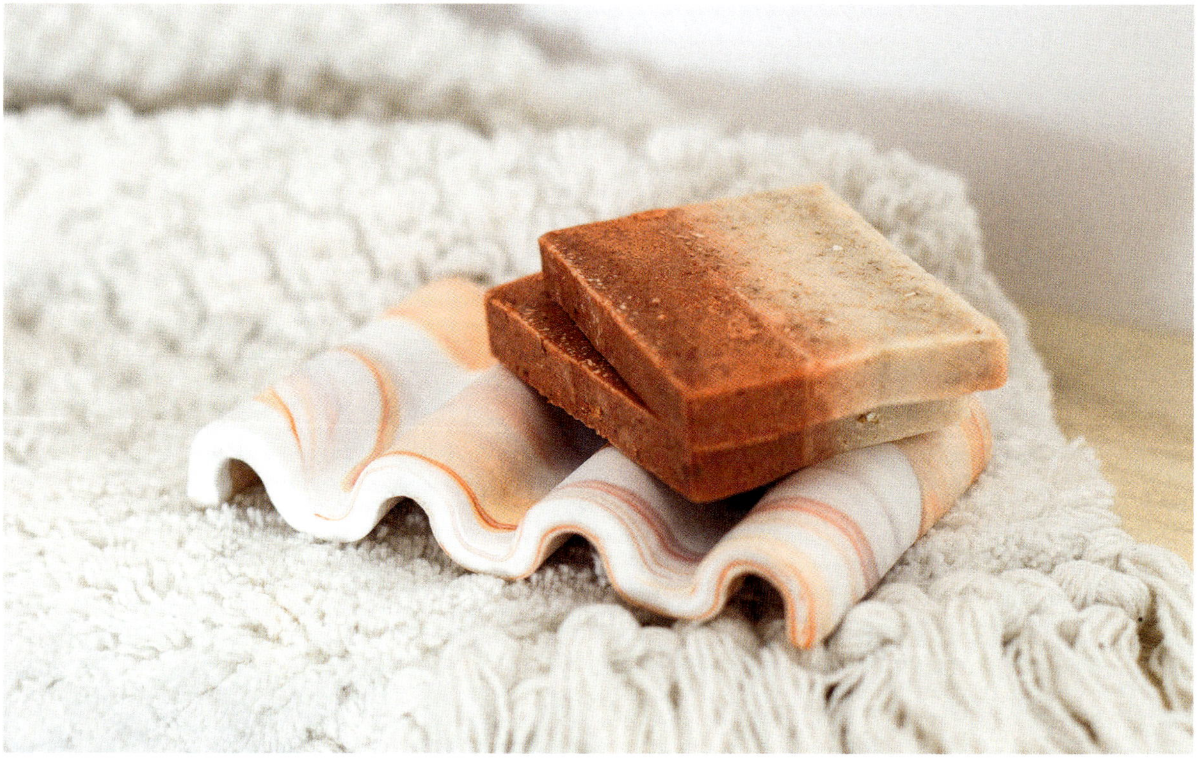

WELLEN-FÖRMIGE SEIFENSCHALE

Immer mehr von uns gehen aus Umweltgründen von Flüssigseife zu festen Seifenstücken über. Das gibt uns eine gute Gelegenheit, ein schönes Detail mit etwas Farbe für das Waschbecken anzufertigen. Eine Seifenschale ist zwar nicht unbedingt erforderlich, ist aber für Sie und Ihre Gäste viel angenehmer, wenn man sich die Hände waschen möchte.

Ofenhärtende Modelliermasse ist das perfekte Material dafür. Sie lässt sich leicht reinigen, ist wasserfest und kann auf witzige Weise geformt werden! Für die Form dieser Schale verwende ich eine einfache Technik: Der Trick, damit die Rundungen sauber und gleichmäßig werden, besteht darin, die Masse während des Erhitzens und Trocknens mit kleinen runden Hölzern zu stützen.

Material

60 g FIMO soft Modelliermasse transparent

15 g FIMO soft Modelliermasse in Champagnerweiß

10 g FIMO soft Modelliermasse in Rosa

3 g FIMO soft Modelliermasse in Terrakottarot

300 g FIMO soft Modelliermasse in Weiß

2 Holzleisten, je 2,5 × 38 × 0,6 cm

Acryl-Tonroller

Lineal

Bastelmesser

Backpapier

2 Aluschalen, jeweils 25 × 25 cm

8 runde Holzstäbchen, 0,6 cm Durchmesser

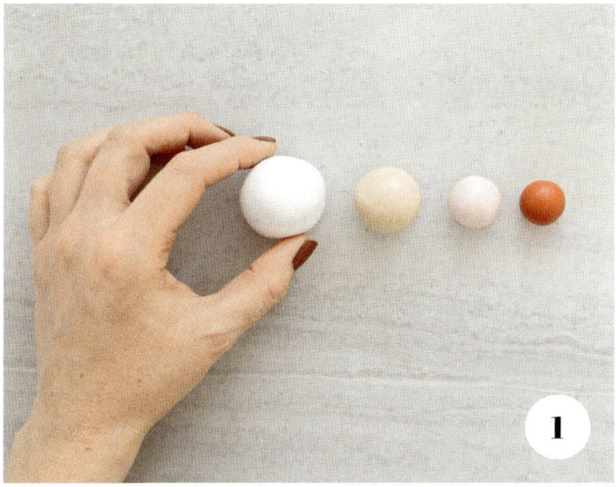

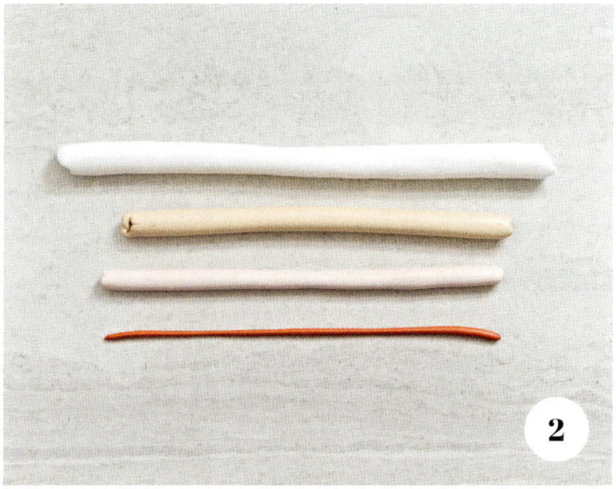

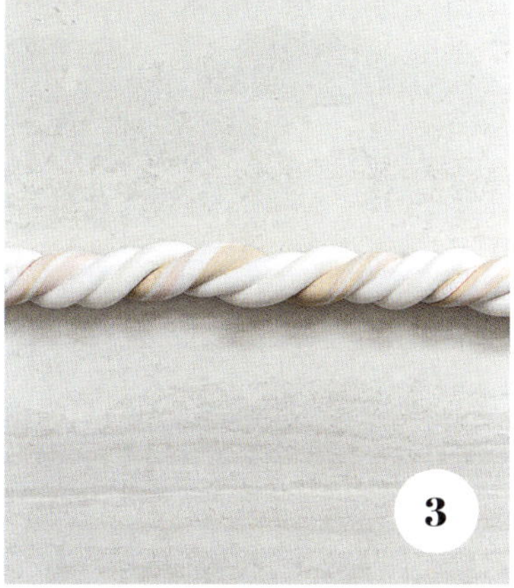

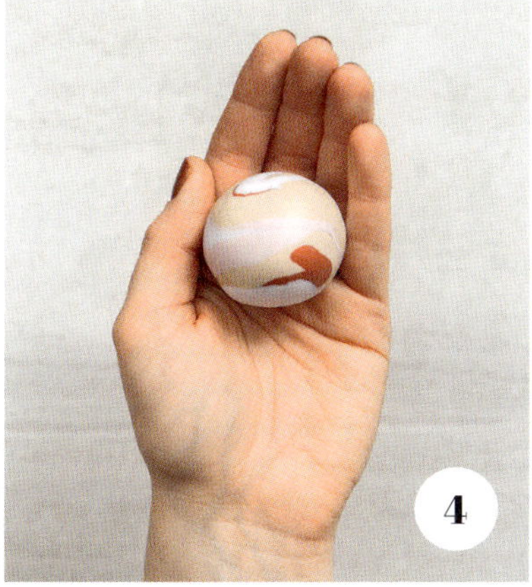

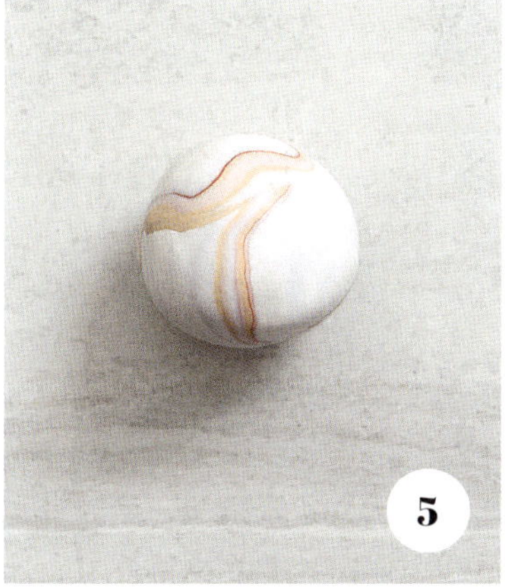

1. Von der transparenten Modelliermasse 30 g abnehmen und 30 Sekunden zwischen den Handflächen erwärmen. Dann mehrmals ausrollen, zusammenkneten und zu einer Kugel formen, bis sie weich und formbar ist. Auf dieselbe Weise die Masse in Champagnerweiß, Rosa und Terrakottarot bearbeiten.

2. Diese Farben jeweils zu einer festen Rolle formen. Dafür die Fingerspitzen auf die Masse legen, die Hände bis zu den Handflächen nach vorne schieben und dabei die Masse darunter auf der Arbeitsfläche rollen. Dann die Hände wieder zurückziehen, dabei stets auf der Modelliermasse liegen lassen.

3. Alle Stücke zu einer einzigen Rolle miteinander verdrehen und diese nochmals 10 Sekunden mit den Händen rollen.

4. Dann die Rolle mittig zusammenlegen und zu einer Kugel verkneten. Wieder zu einer Rolle formen und nochmals verdrehen.

5. Die marmorierte Masse zur Seite legen und die weiße sowie die restliche transparente Modelliermasse erwärmen und zu Rollen formen. Alle drei Stücke nebeneinanderlegen und miteinander verdrehen, dann zu einer Kugel verkneten, dafür mehrmals ausrollen und zusammenkneten. Die Masse sollte sich ein wenig vermischt haben, aber man soll immer noch Linien einzelner Farben erkennen. So entsteht ein ganz leichter Marmoreffekt.

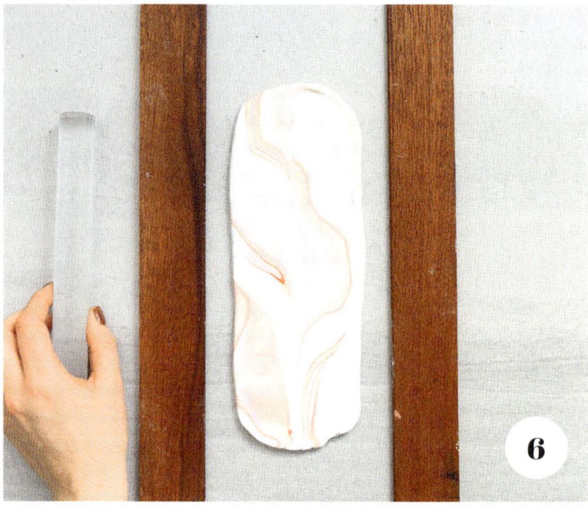

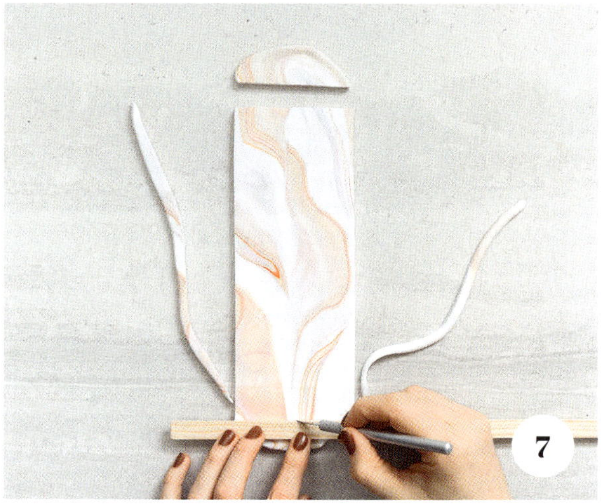

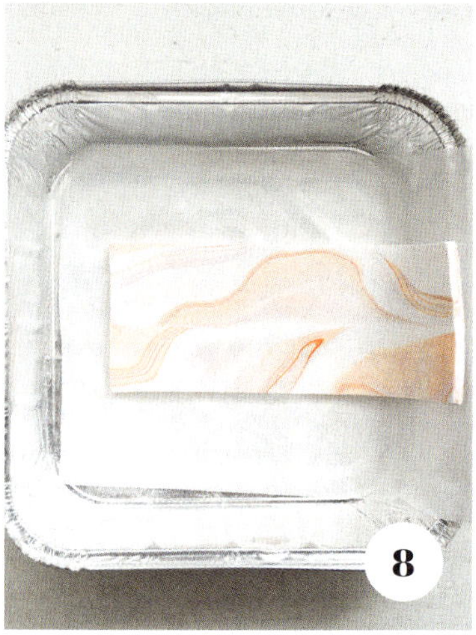

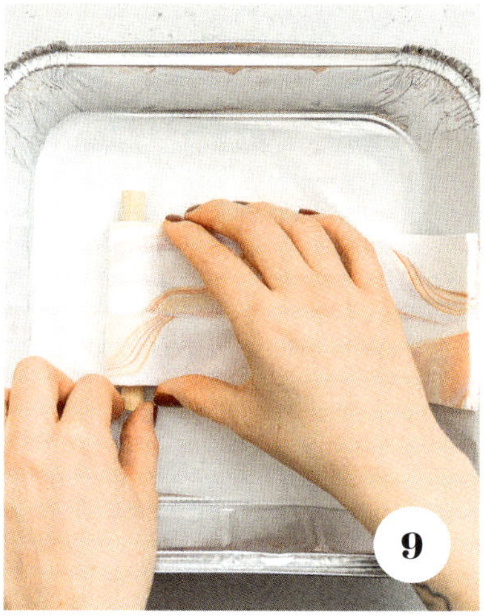

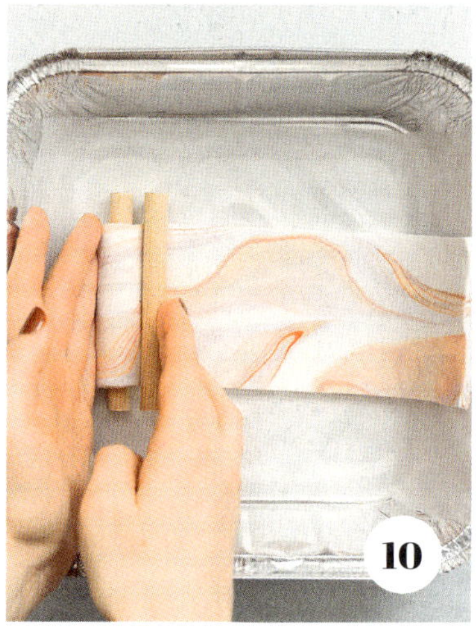

6. Die Masse zwischen die Holzleisten auf eine nicht haftende Arbeitsfläche legen und ausrollen, bis die Rolle leicht darübergleitet und die Masse so dick wie die Leisten ist.

7. Von der Mitte ausgehend ein 20 × 8 cm großes Stück abmessen und mit dem Bastelmesser ausschneiden, dabei das Lineal zur Hilfe nehmen. Überschüssige Masse entfernen.

8. Das Rechteck auf Backpapier in eine Aluschale legen – so muss man die Seifenschale später nicht mehr hochheben.

9. Eines der kürzeren Enden vorsichtig anheben und ein Holzstäbchen darunterschieben. Das Rechteck so verschieben, dass das seitliche Ende mit der unteren Kante auf dem Boden der Aluschale liegt, und dabei einen Bogen über dem Holzstäbchen formen.

10. Das nächste Stäbchen neben das erste auf die Masse legen. Darauf achten, dass sie dicht aneinanderliegen und die Masse eng anliegt.

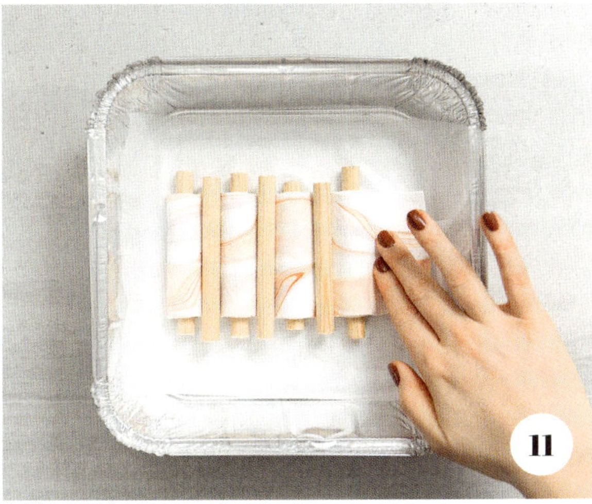

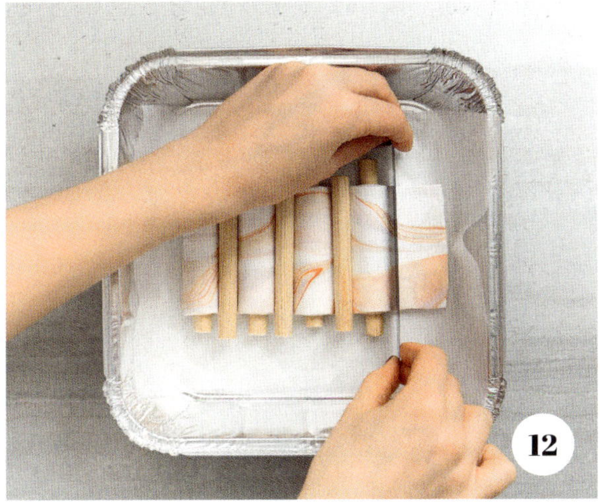

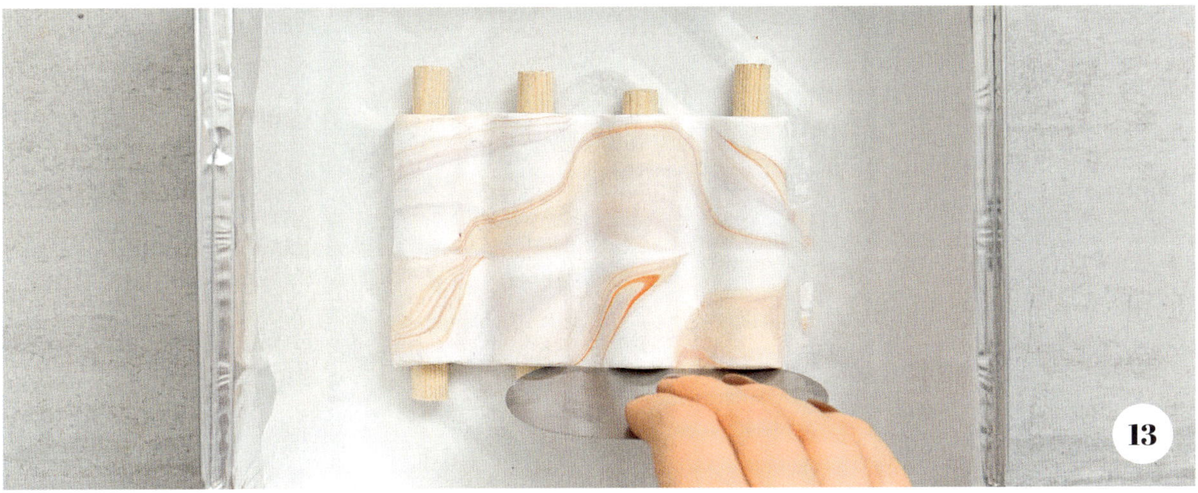

11. Die Masse anheben und ein weiteres Stäbchen darunterschieben. Dieses auf dieselbe Weise wie zuvor danebenlegen und darauf achten, dass die Masse eng anliegt. Nun sollte man erkennen, wie sich eine Wellenform bildet.

So fortfahren und weitere Stäbchen abwechselnd unter und auf die Masse legen, bis drei oben und vier unten liegen.

12. Beim letzten Stäbchen die Masse so um dieses herumlegen, dass sie auf den Boden der Aluschale stößt, wie am Anfang. Eventuell muss man dafür etwas Masse abschneiden. In diesem Fall das letzte Stäbchen abnehmen, mithilfe von Lineal und Bastelmesser ein Stück der Masse abschneiden, dann das Stäbchen wieder unterschieben. Fortfahren, bis die Masse über dem Stäbchen liegt und die Aluschale berührt.

13. Den Backofen auf 110 °C vorheizen. Die Aluschale mit einer zweiten abdecken und die Modelliermasse 30 Minuten im Ofen aushärten lassen. Anschließend die Schale aus dem Ofen nehmen und die Seifenschale vollständig abkühlen lassen, erst dann herausnehmen.

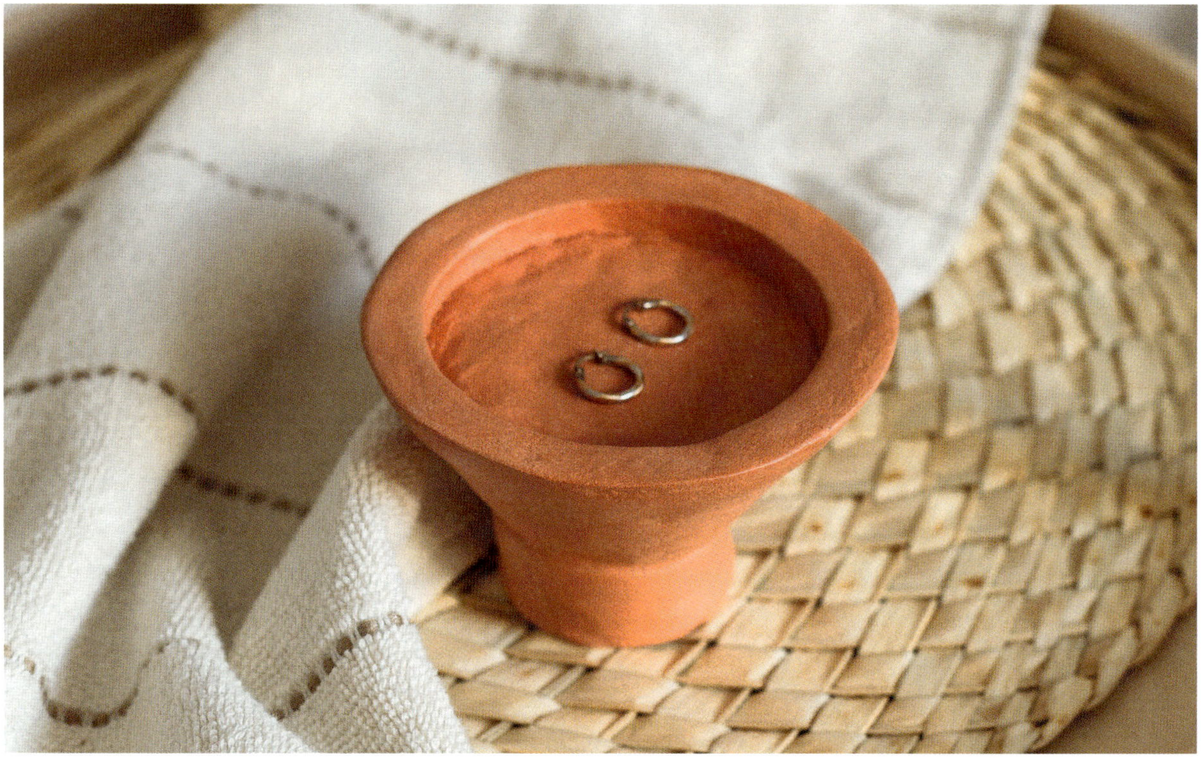

TERRAKOTTA-SCHMUCK-SCHÄLCHEN

Wie sehr ich Schmuckschälchen liebe! Sie sind perfekt, um alle Arten von Flitterkram und kleinen Gegenständen aufzunehmen. In einem hübschen Schmuckschälchen können Sie im Badezimmer Ihre Ringe, Ketten und Ohrringe sicher aufbewahren, wenn Sie sie abnehmen. Das ist auch die perfekte Stelle, um zwei oder drei Schmuckstücke abzulegen, sodass Sie schnell Zugriff darauf haben, wenn Sie in Eile sind. Hier kombinieren wir drei Techniken miteinander: Wir verwenden Formen, schneiden die Masse zurecht und bauen sie auf. So entsteht der cleane Look. Ein wichtiger Schritt ist hier das Verbinden und Glätten der Masse. Nehmen Sie sich dafür die notwendige Zeit, damit die Übergänge zwischen den Einzelteilen glatt werden. Apropos glatte Übergänge – vergessen Sie nicht das Abschleifen, vor allem an der Innenseite des Schälchens.

Material

1 kg lufttrocknende Modelliermasse von DAS in Terrakottarot

2 Holzleisten, je 2,5 × 38 × 2,5 cm

Acryl-Tonroller

runder Keksausstecher, 5 cm Durchmesser

Kunststofftrichter, 10 cm Durchmesser

Babyöl

Schnitzwerkzeug aus Metall für Modelliermasse

runder Keksausstecher, 9 cm Durchmesser

Backpapier

feuchter Schwamm

Tonschneider

mittelkörniges Schmirgelpapier

feinkörniges Schmirgelpapier

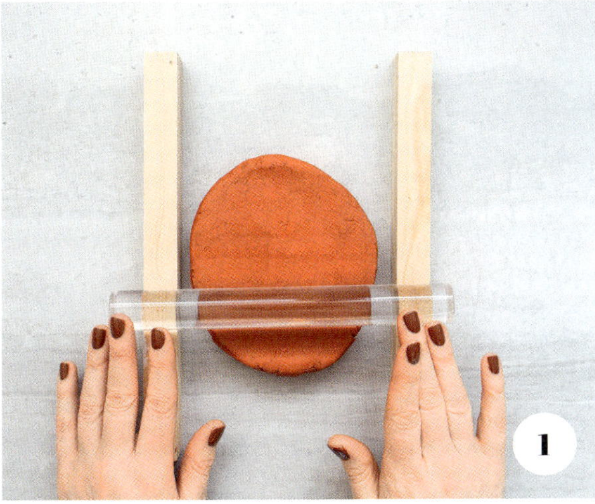

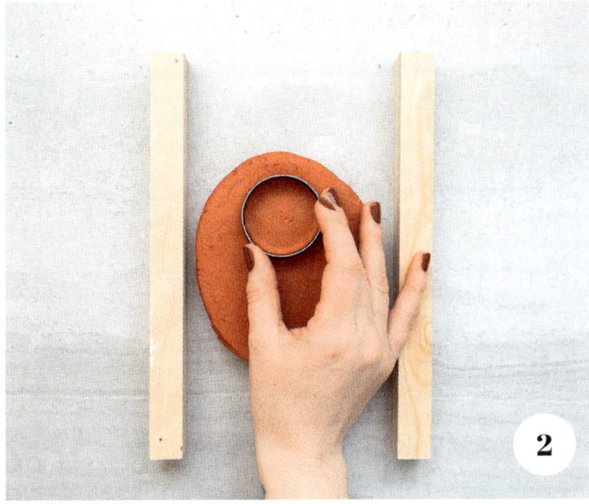

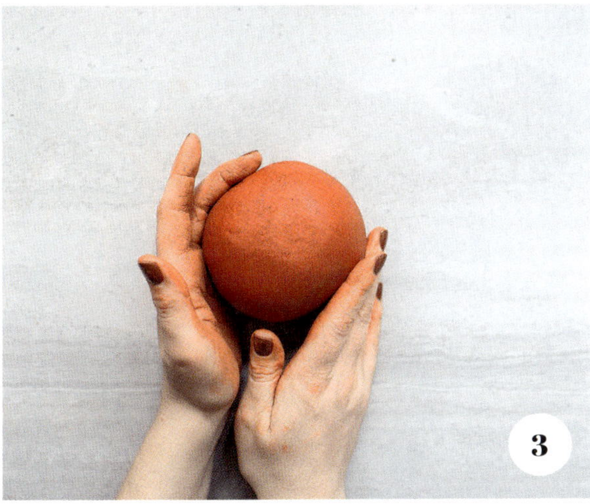

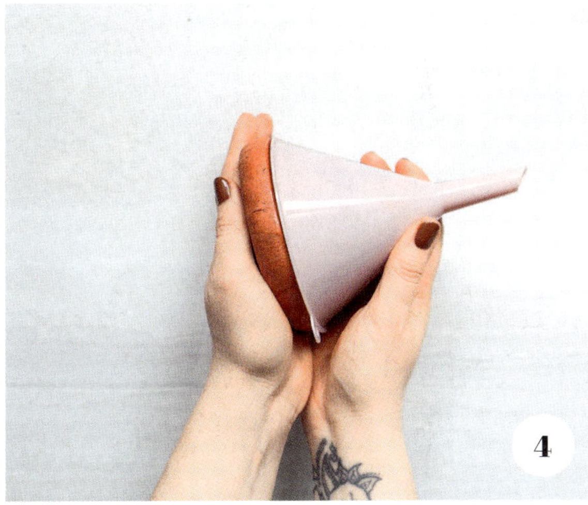

1. 500 g Modelliermasse aus der Packung nehmen, zwischen die beiden Holzleisten auf eine nicht haftende Arbeitsfläche legen und ausrollen, bis die Rolle leicht über die Masse gleitet und diese so dick wie die Leisten ist.

2. Den kleineren Keksausstecher hineindrücken, dabei mit der flachen Hand Druck ausüben, und leicht in beide Richtungen drehen, damit die Masse nicht daran festklebt. Den Ausstecher abnehmen und den inneren Kreis vorsichtig auf die nicht haftende Arbeitsfläche drücken.

3. Überschüssige Modelliermasse und die restlichen 500 g aus der Packung miteinander verkneten und zu einer Kugel formen.

4. Die Innenseite des Trichters mit Babyöl einfetten, die Kugel hineinlegen und mit den Fingern nach unten drücken, sodass die Masse die Schale des Trichters ausfüllt und die Oberseite flach ist. Überschüssige Masse mit einem Schneidewerkzeug abschneiden.

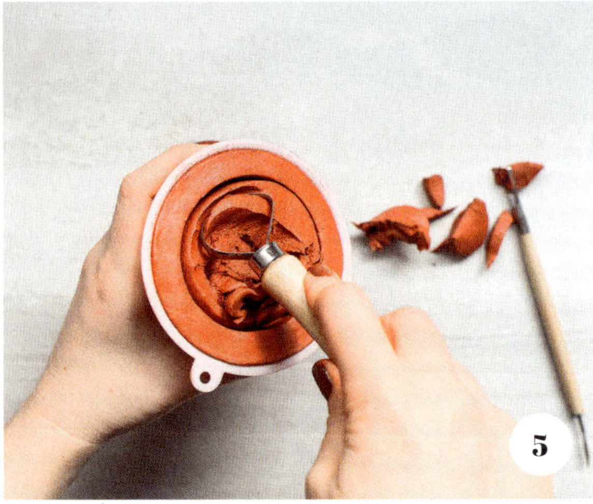

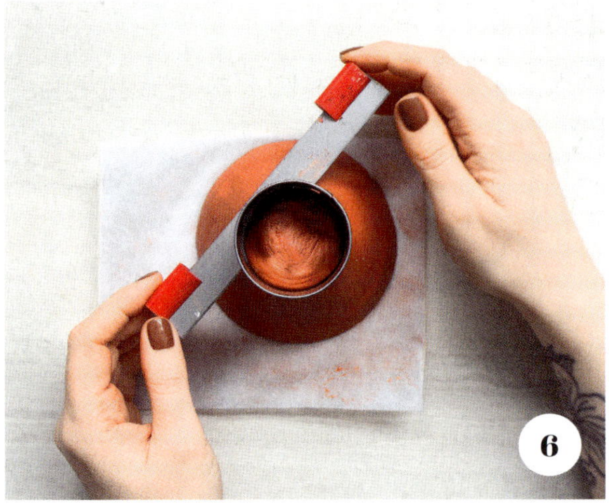

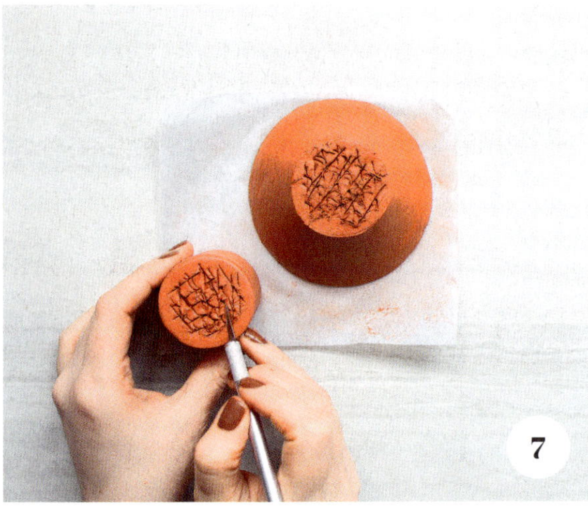

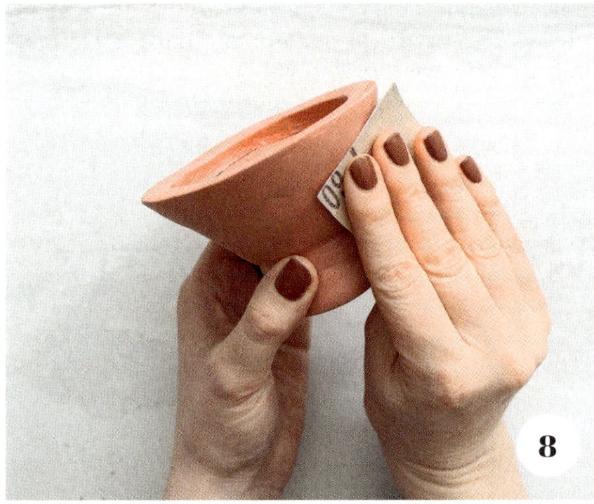

5. Den größeren Keksausstecher mittig auf die Masse im Trichter setzen und gleichmäßig etwa 1,5 cm hineindrücken. Dann herausnehmen und mit dem Schnitzwerkzeug die Masse innerhalb des Kreises herauslösen. Dabei sollte eine 1,5 cm tiefe, glatte, flache Fläche entstehen.

6. Die Masse auf Backpapier stürzen, den Trichter abnehmen und die Oberfläche mit einem feuchten Schwamm glätten. Den kleineren Keksausstecher über das spitz zulaufende Ende der Trichterform stülpen und nach unten drücken, bis er auf die Masse trifft. Mit einem Tonschneider die Trichterform an dieser Stelle abschneiden.

7. Die Modelliermasse an der Schnittfläche und das anfangs ausgestochene Stück an einer flachen Seite einritzen. Die eingeritzten Seiten aufeinanderlegen. Die Fugen miteinander verbinden, dafür die Masse mit den Fingern mit etwas Wasser von einer Seite der Nahtstelle in die entgegengesetzte Richtung glätten. Anschließend 48 bis 72 Stunden trocknen lassen.

8. Die gesamte Oberfläche beider Stücke abschleifen. Mit mittelkörnigem Schmirgelpapier beginnen und vorsichtig in kleinen kreisenden Bewegungen die Oberfläche bearbeiten. Den Staub abbürsten und nochmals mit feinkörnigem Schmirgelpapier nachschleifen, sodass alles schön glatt wird.

SPIRAL-FÖRMIGES RÄUCHER-GEFÄSS

In den kälteren Monaten ist Weihrauch, mit dem sich eine beruhigende, warme Atmosphäre zu Hause erzeugen lässt, mein Favorit. Düfte spielen für unser emotionales Wohlgefühl eine große Rolle. Allein die Routine des Anzündens und Löschens der Flamme kann helfen, zu entspannen und in die richtige Stimmung zu kommen.

Die hier verwendete Technik, bei der Tonringe übereinander aufgebaut werden, schafft ein lustiges Statement, das Ihnen ein Lächeln ins Gesicht zaubert, egal wie der Tag verläuft.

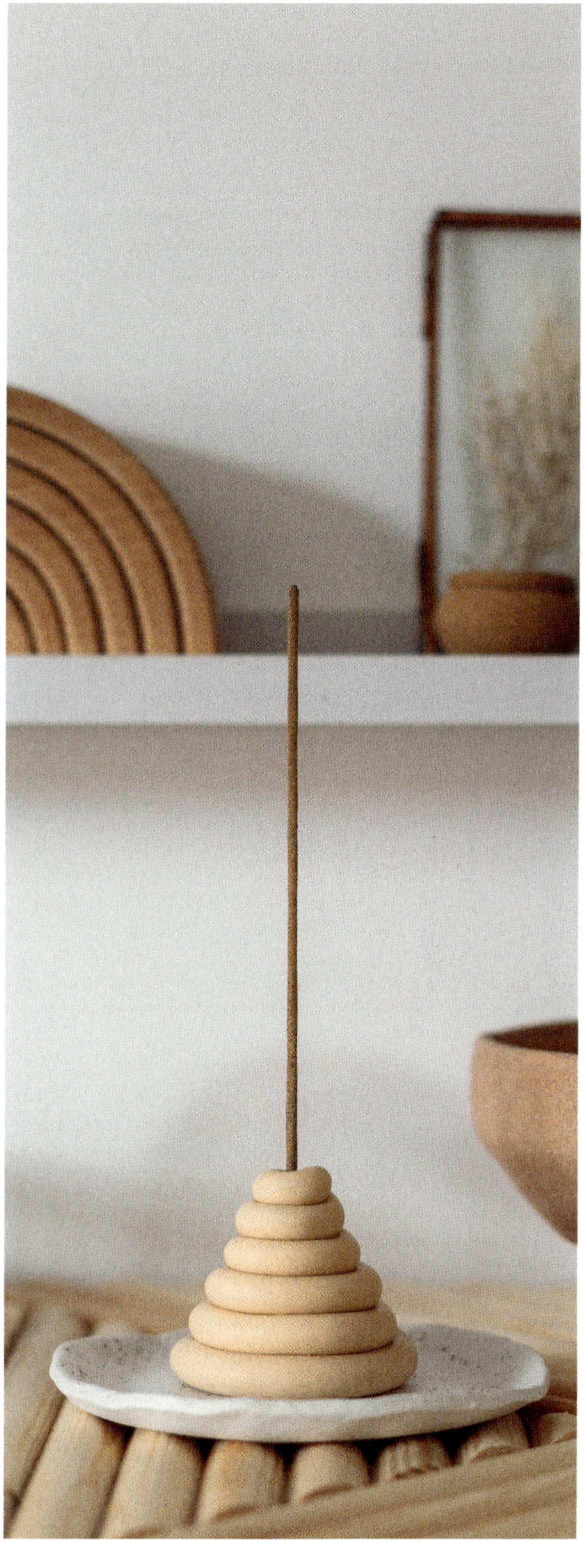

Material

100 g FIMO soft Modelliermasse in Champagnerweiß

Lineal

Schnitzmesser für Ton

Backpapier

2 Aluschalen, jeweils 25 × 25 cm

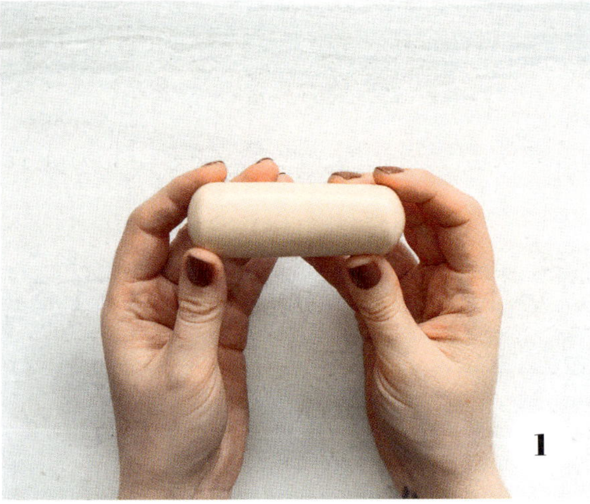

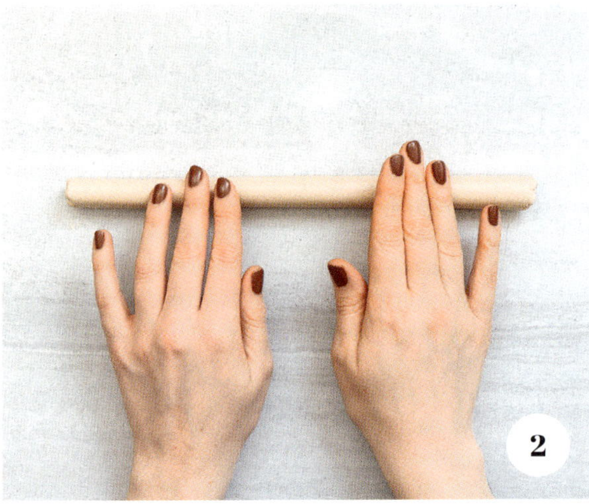

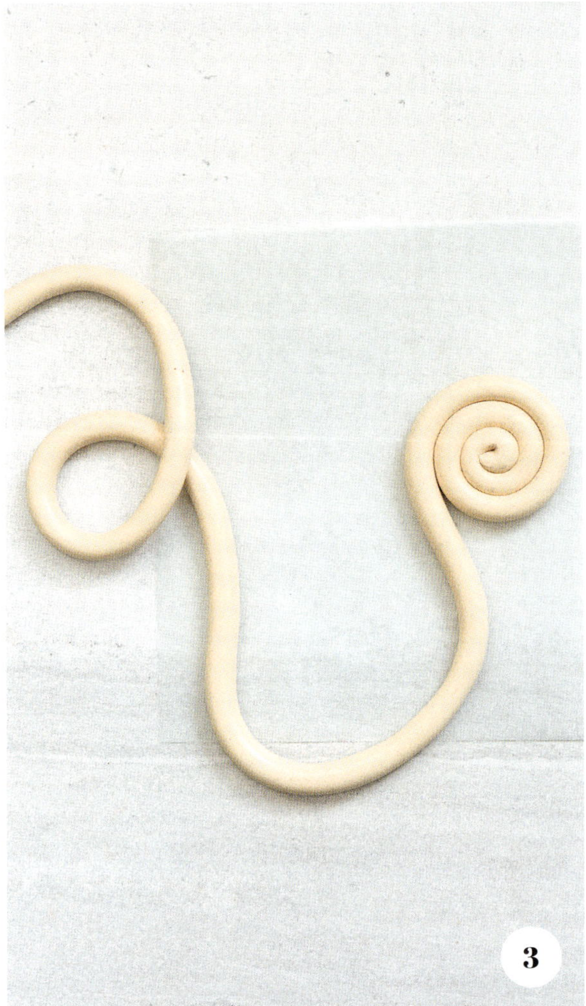

1. Die Modelliermasse in vier Stücke teilen und jedes in der Hand wärmen, dafür ausrollen und wieder verkneten, bis sie weich und leicht zu formen ist. Dann alles zu einer Kugel verarbeiten und diese zu einer rundlichen Form drücken, damit sie leichter ausgerollt werden kann.

2. Die Masse waagerecht auf eine nicht haftende Arbeitsfläche legen und zu einer festen Rolle formen. Dabei zunächst die Fingerspitzen darauflegen, die Hände bis zu den Handflächen nach vorne schieben und die Masse darunter auf der Arbeitsfläche rollen. Dann die Hände wieder zurückziehen, dabei stets auf der Modelliermasse liegen lassen.

So fortfahren und die Hände über die gesamte Länge der Rolle bewegen, sodass dabei gleichmäßig Druck ausgeübt wird. So sollte die Rolle eine gleichmäßige Form bekommen. Man braucht vielleicht etwas Übung, damit es gut klappt, aber im Notfall kann man die Masse ja leicht wieder verkneten und noch einmal von vorne beginnen.

3. So lange rollen, bis eine 85 cm lange und etwa 1,5 cm dicke Rolle entsteht. Die Enden abschneiden, damit sie gerade sind. Dann ein Ende zu einer festen Spirale aufrollen und auf Backpapier legen. Die Masse weiter spiralförmig aufrollen. Die Rolle sollte einen Durchmesser von 7 cm haben.

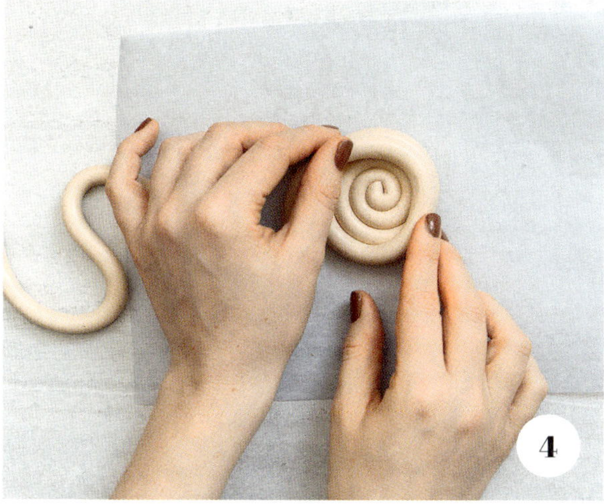

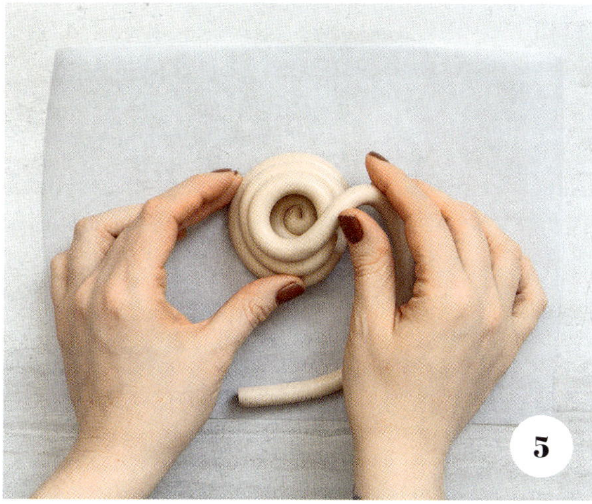

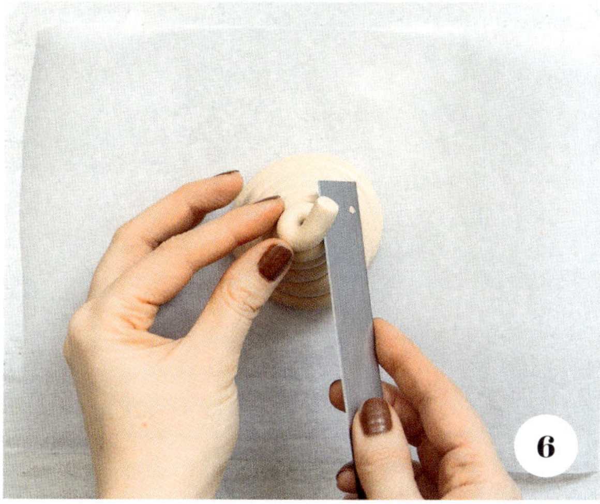

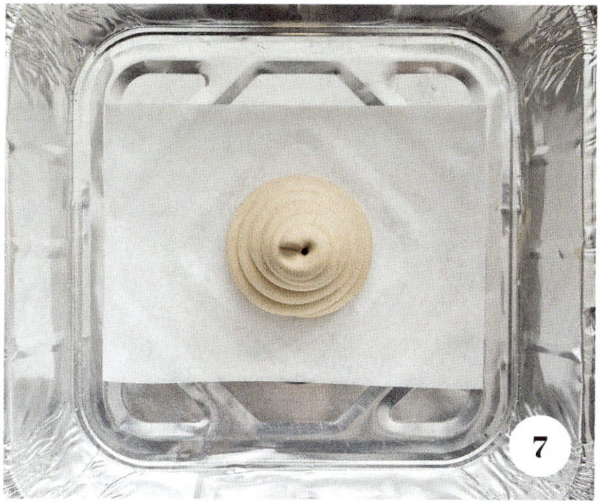

4. Nun die restliche Rolle auf die Oberseite der Spirale bringen und über den Zwischenraum zwischen den beiden äußeren Ringen führen.

5. Die Rolle spiralförmig nach oben führen und die folgenden Runden immer ein klein wenig nach innen verschieben. Aber darauf achten, dass die Masse immer Kontakt zur letzten Runde hat.

6. So fortfahren, bis eine Kegelform entsteht. An der Spitze überschüssige Masse abschneiden.

7. Den Backofen auf 110 °C vorheizen. Das Räuchergefäß vorsichtig auf dem Backpapier in eine Aluschale setzen und mit einer zweiten Schale abdecken. 30 Minuten im Ofen aushärten lassen. Anschließend die Schale aus dem Ofen nehmen und die Masse vollständig abkühlen lassen, erst dann herausnehmen.

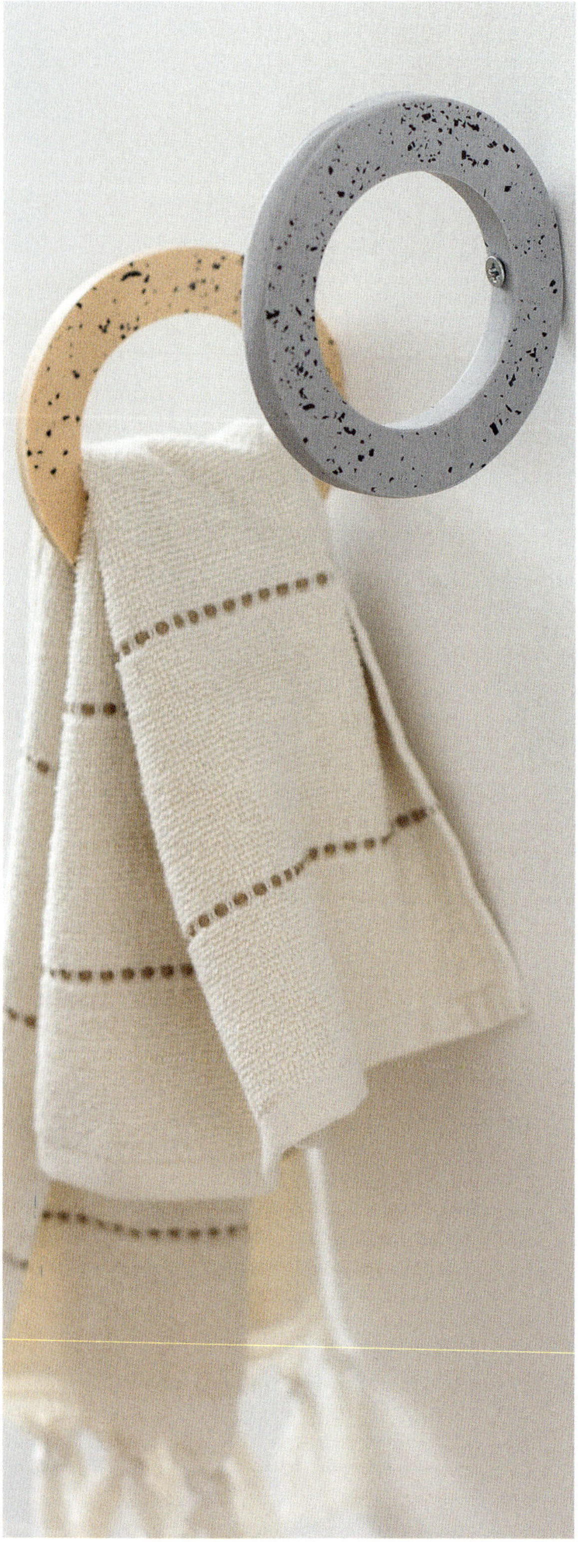

HANDTUCH-RING MIT SPRENKELN

Als ich sagte, dass man zu Hause nie genug Haken haben könnte, meinte ich das auch! Diese Badezimmerhaken sind eigentlich Ringe, die wunderbar für Handtücher und leichte Morgenröcke geeignet sind und einfach wunderbar aussehen. Hier verwende ich eine andere Sprenkeltechnik als zuvor. Die dunklen Sprenkel bilden einen starken Kontrast zur helleren Grundfarbe.

Um die kleinen Stückchen dafür anzufertigen, wird im Ofen gebrannte Modelliermasse zerkleinert. Dann lässt sie sich viel kleiner zerreiben, als wenn sie noch weich ist. Ich mache das mit einer Muskatreibe.

Material

2 Aluschalen, jeweils 25 × 25 cm

Backpapier

10 g FIMO soft Modelliermasse in Schwarz

150 g FIMO soft Modelliermasse in Hellgrau

2 Holzleisten, je 2,5 × 38 × 2 cm

Acryl-Tonroller

feine Reibe

kleiner Blender oder Stabmixer

runder Keksausstecher, 10 cm Durchmesser

runder Keksausstecher, 6 cm Durchmesser

Kunststoff-Strohhalm

Bohrer, Dübel und Schrauben zur Befestigung an der Wand

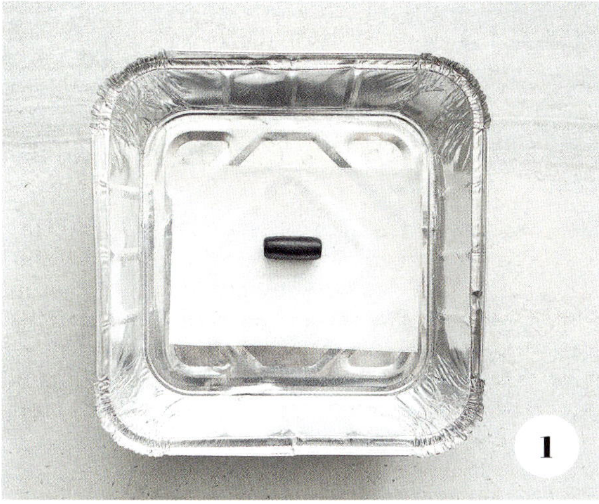

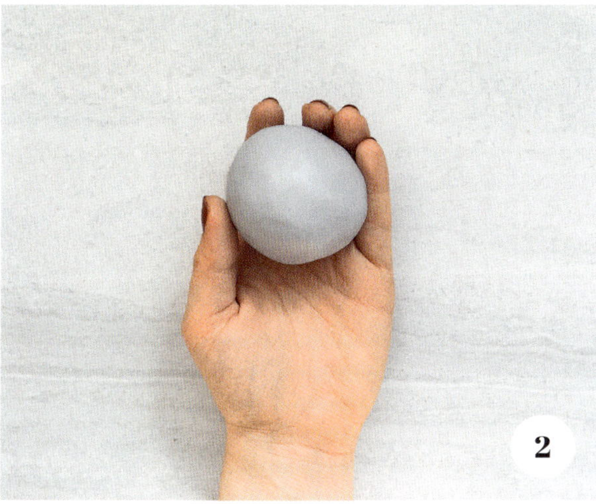

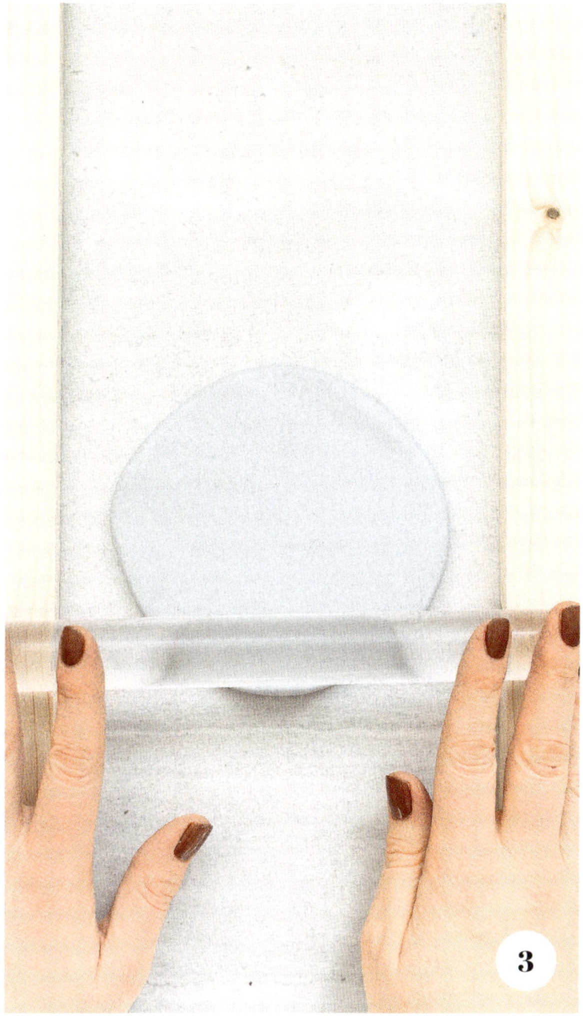

1. Den Backofen auf 110 °C vorheizen. Eine Aluschale mit einem 20 × 20 cm großen Stück Backpapier auslegen. Die schwarze Modelliermasse hineinlegen, mit einer zweiten Aluschale abdecken und 30 Minuten im Ofen backen. Anschließend die Schale aus dem Ofen nehmen und die Masse vollständig abkühlen lassen, erst dann herausnehmen.

2. Während die schwarze Masse gebrannt wird, die graue Masse in vier Stücke teilen und jedes Stück 30 Sekunden zwischen den Handflächen erwärmen. Dann ein Stück mehrmals zu einer Rolle formen und wieder verkneten, bis die Masse weich und formbar ist. Nun das nächste Stück hinzufügen und den Vorgang wiederholen, dann alle vier Stücke zu einer Kugel rollen.

3. Die weiche Masse zwischen die Holzleisten auf eine nicht beschichtete Arbeitsfläche legen und ausrollen, bis die Rolle leicht darübergleitet und die Masse so dick wie die Leisten ist. Dann auf Backpapier legen.

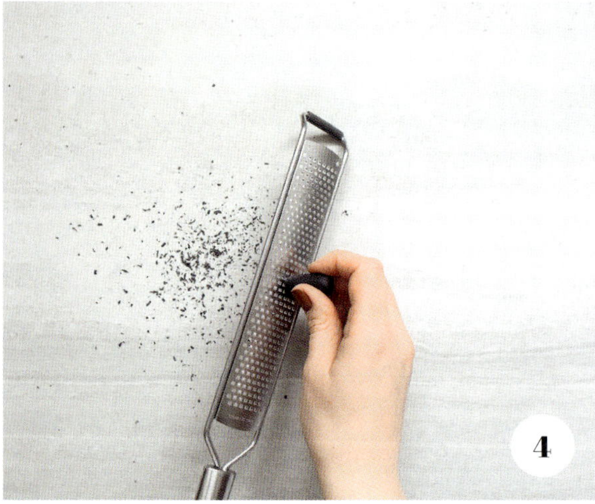

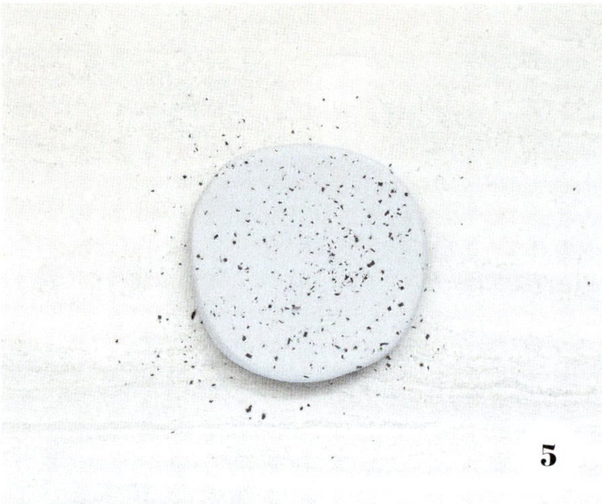

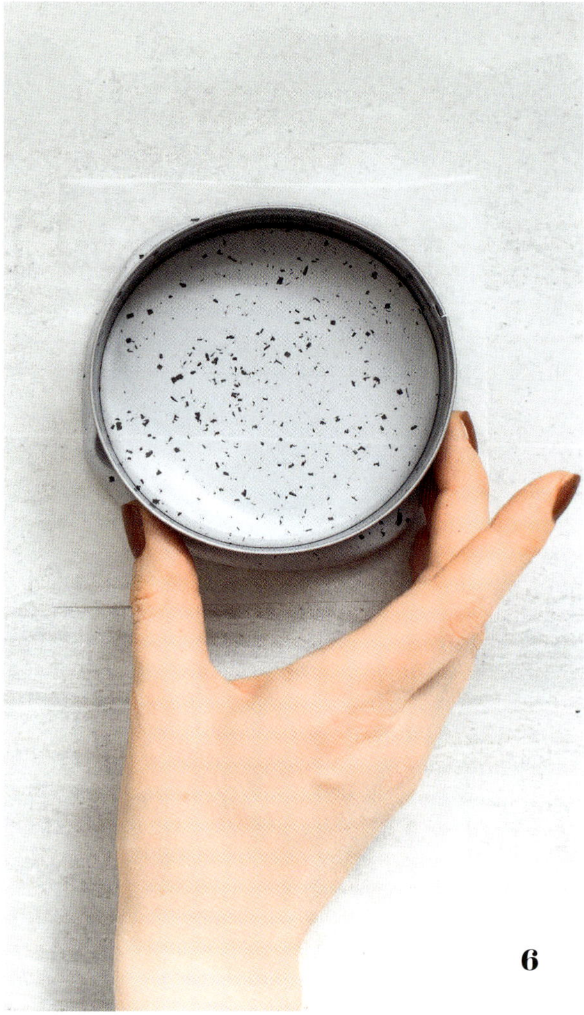

4. Wenn die gebrannte schwarze Masse abgekühlt ist, diese mit einer Muskatreibe auf Backpapier reiben und die geriebenen Stücke in einen Mixer geben. Für diese Bastelsachen habe ich einen eigenen Becher den Mixer. Die Stücke per Pulse-Funktion ein- oder zweimal zerkleinern, bis sie eine körnige Konsistenz haben.

5. Dann aus etwa 30 cm Höhe auf die graue Masse streuen, sodass ein Sprenkeleffekt entsteht.

6. Den großen Keksausstecher hineindrücken und dabei mit der Handfläche gleichmäßigen Druck ausüben. Den Ausstecher leicht in beide Richtungen drehen, damit die Masse nicht daran festklebt, und dann hochnehmen. Den inneren Kreis vorsichtig auf Backpapier drücken.

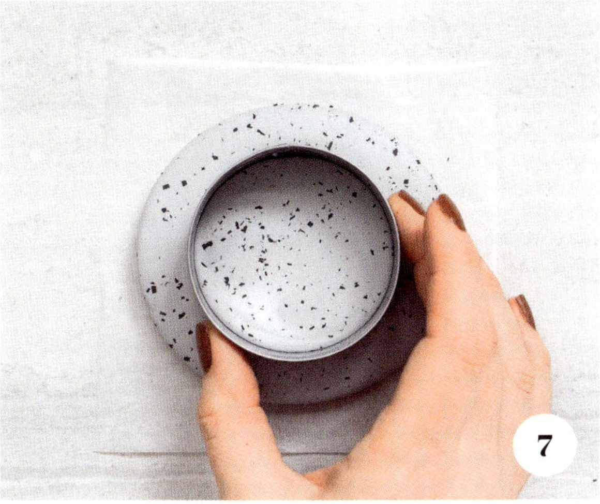

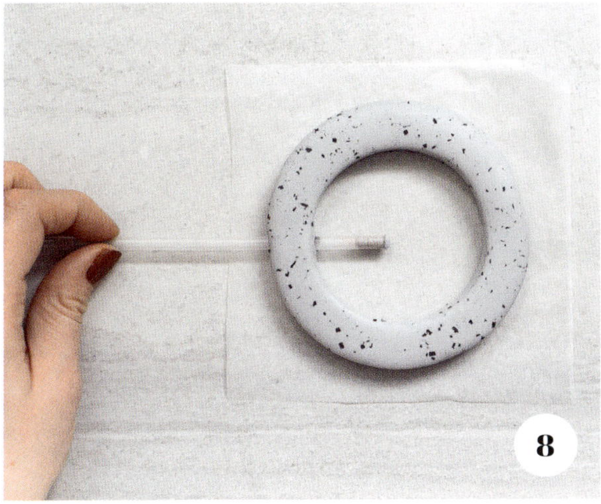

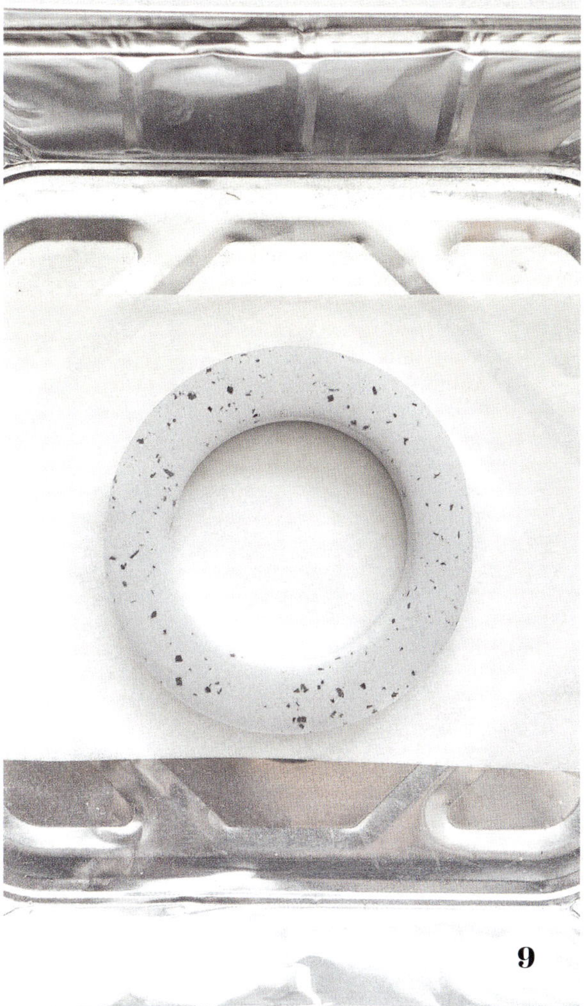

7. Den kleineren Keksausstecher mittig daraufsetzen. Es lohnt sich, in Ruhe die richtige Platzierung zu überprüfen, damit der Ring ganz gleichmäßig wird. Den Keksausstecher in die Masse drücken, ein wenig in beide Richtungen drehen und hochnehmen.

8. Einen Strohhalm mittig in die Kante des Rings schieben und bis zum Loch durchschieben, dabei drehen, damit er leichter durch die Masse gleitet. Durch dieses Loch wird der Ring später an der Wand montiert. Es kommt nicht darauf an, an welcher Stelle des Rings es liegt, aber wenn Sie einen bestimmten Abschnitt des Musters besonders schön finden, kann man es betonen, indem man das Loch so bohrt, dass das Muster auf der Oberseite des Rings zu sehen ist.

9. Den Backofen auf 110 °C vorheizen. Das Backpapier mit dem Ring in eine Aluschale legen, mit einer zweiten Aluschale abdecken und den Ring 30 Minuten im Ofen backen. Anschließend die Schale aus dem Ofen nehmen und die Masse vollständig abkühlen lassen, erst dann herausnehmen. Zum Aufhängen ein Loch in die Wand bohren, einen passenden Dübel hineinschieben und eine lange Schraube durch das Loch in den Dübel drehen.

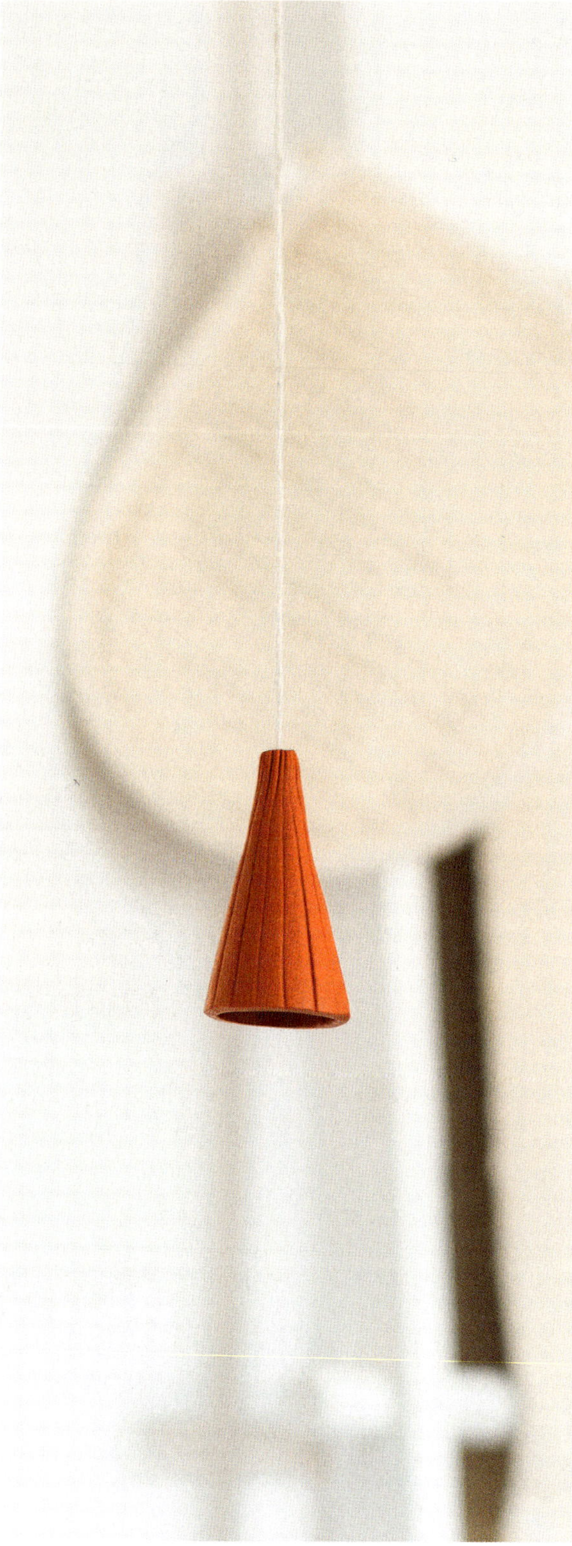

GERILLTER KORDEL-STOPPER

Mit diesem Kordelstopper werden Sie Ihre Lampen-Zugschnüre fortan anders betrachten. Wenn Sie erst mal feststellen, wie einfach es ist, so etwas selbst zu machen, werden Sie süchtig danach! Und während Ihrer Kreativität keine Grenzen gesetzt sind, stanzen wir bei diesem Projekt das Muster in die Modelliermasse.

Ich hoffe, es zeigt Ihnen, wie erfinderisch Sie sein können, wenn es um Muster geht. Hier habe ich die Kante eines Teigschabers aus Metall verwendet, aber eine Bankkarte, eine gerade Messerkante, ein Stück feste Pappe oder sogar eine gespannte Schnur tun es auch. Manchmal erhält man seine Inspiration, wenn man sich einfach mal umschaut.

Material

30 g FIMO soft Modelliermasse in Terrakottarot

2 Holzleisten, je 2,5 × 38 × 0,6 cm

Acryl-Tonroller

Kegel-Schablone:

- Durchmesser oben: 5 mm
- Durchmesser unten: 4 cm
- Höhe: 6 cm

Bastelmesser

Backpapier

Bankkarte oder Teigschaber aus Metall

Wischwerkzeug

Zahnstocher

2 Aluschalen, jeweils 25 × 25 cm

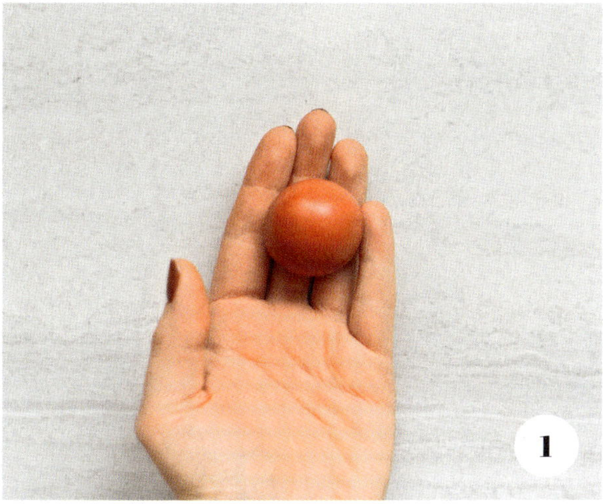

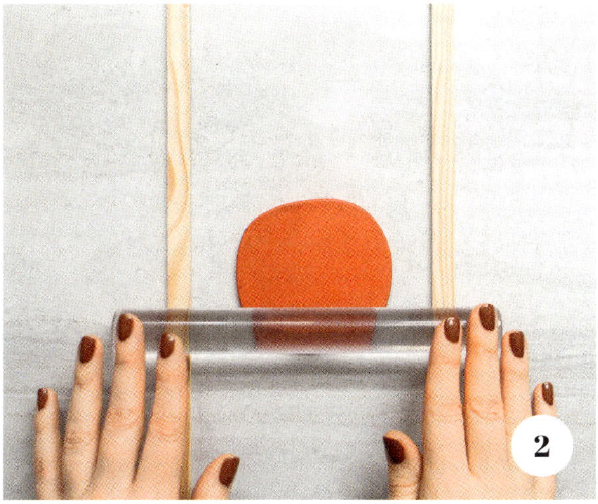

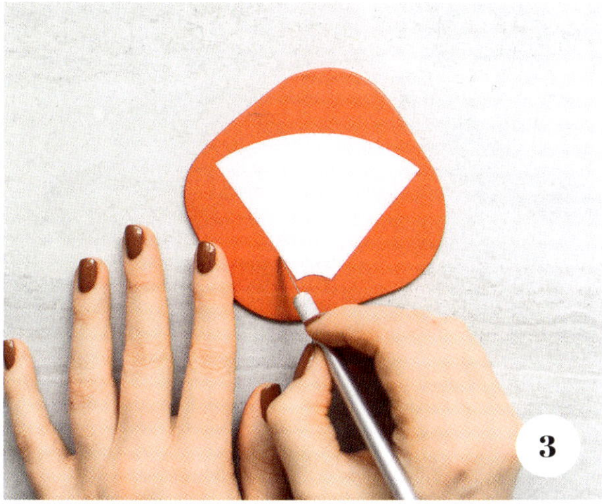

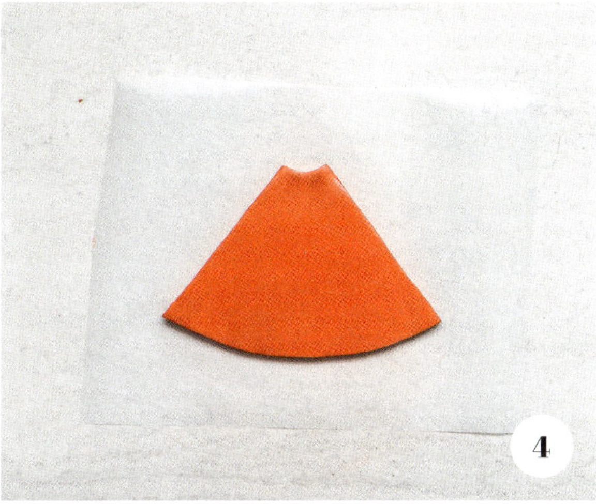

1. Die Modelliermasse 30 Sekunden zwischen den Handflächen erwärmen, dann mehrmals ausrollen, zusammenkneten und zu einer Kugel formen, bis sie weich und formbar ist.

2. Die Masse zwischen die Holzleisten auf eine nicht haftende Arbeitsfläche legen und ausrollen, bis die Rolle leicht darübergleitet und die Masse so dick wie die Leisten ist.

3. Die Schablone anfertigen, auflegen und mit den Fingern leicht andrücken. Mit dem Bastelmesser ausschneiden, dieses dabei von der anderen Hand wegführen, um Unfälle zu vermeiden. Die überschüssige Masse entfernen.

4. Die Schablone abziehen und die Kanten der Modelliermasse glätten. Das Stück dann auf Backpapier legen.

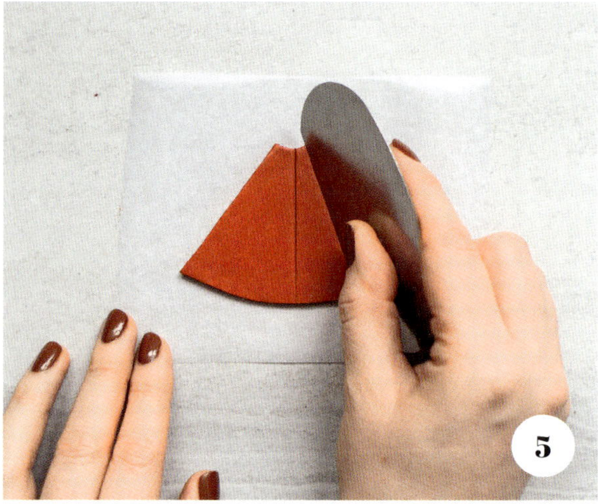

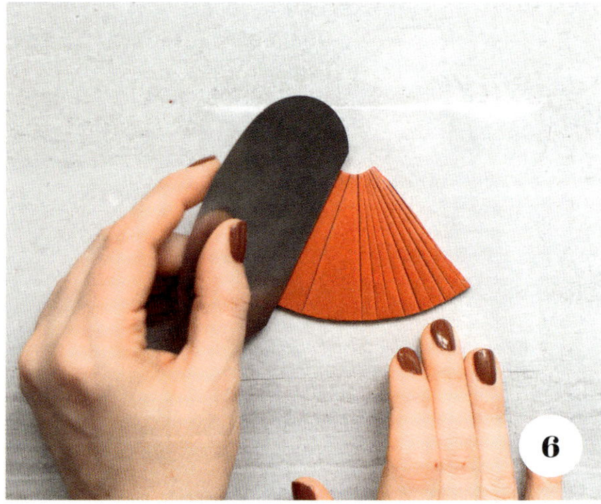

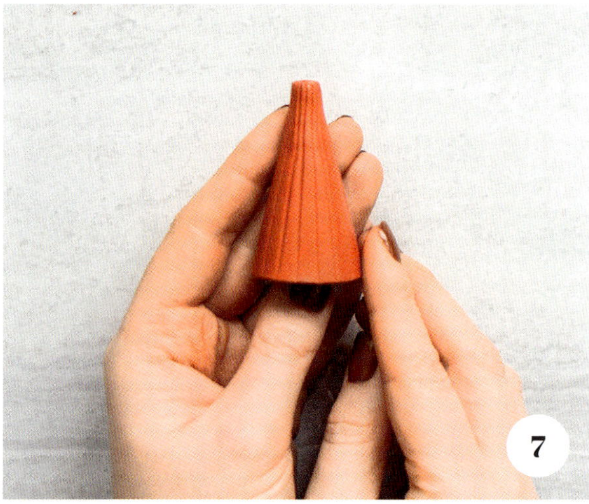

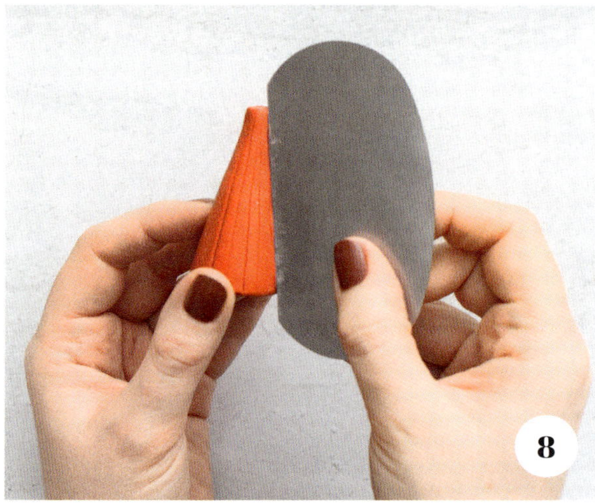

5. Mit der Kante einer Bankkarte oder mit einem Teigschaber aus Metall längs verlaufene Linien in die Kegelform drücken. Dabei in der Mitte beginnen und die Karte auf die Mittellinie legen und vorsichtig in die Masse drücken. Wieder hochnehmen und den Vorgang leicht nach rechts versetzt wiederholen. So fortfahren und die Linien auffächern, dafür das vordere Ende der Karte ein wenig weiter nach außen schieben als das hintere. So verändert sich der Winkel nach und nach, bis die letzte Linie parallel zur Kante der Modelliermasse verläuft.

6. Wenn eine Seite fertig ist, die andere Seite ebenso bearbeiten, bis das ganze Stück mit dem Muster versehen ist.

7. Dieses dann vom Backpapier nehmen und mit den Fingern vorsichtig zu einem Kegel aufrollen, sodass die beiden geraden Kanten aneinanderstoßen. Diese mit etwas Druck verbinden.

8. Mit einem kleinen Wischwerkzeug die Verbindungsstelle glätten und die Masse in beide Richtungen verwischen, sodass der Übergang nahtlos wird. Mit der Bankkarte auf der Verbindungsstelle Linien einarbeiten, damit es keinen Bruch im Muster gibt.

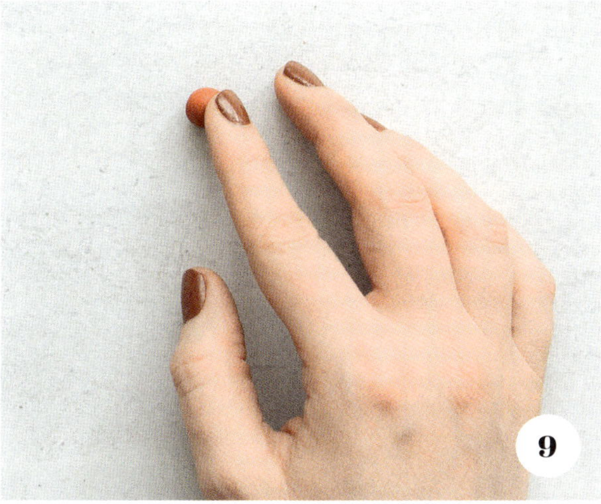

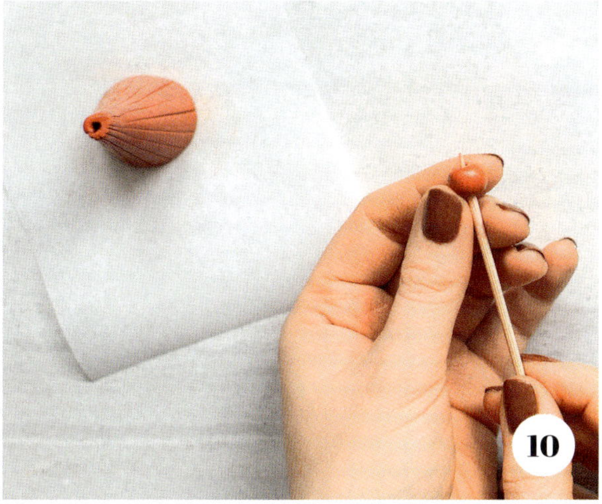

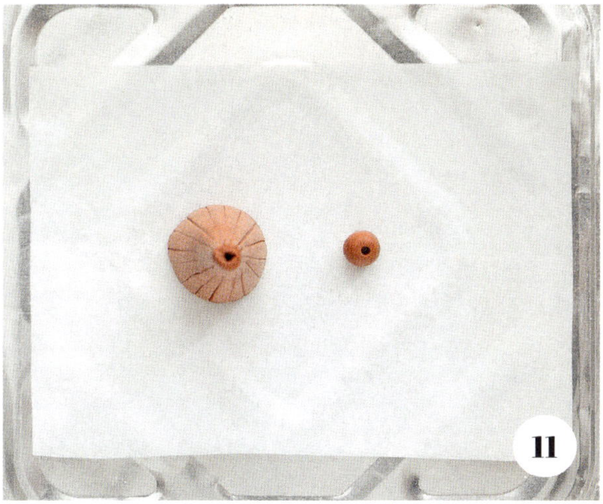

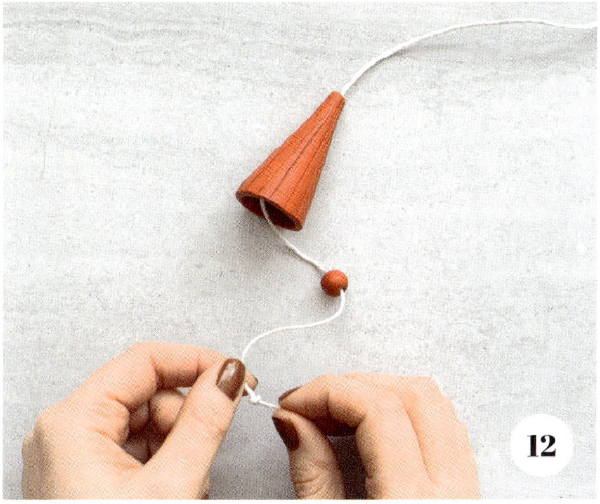

9. Die restliche Modelliermasse mit den Fingerspitzen auf einer festen Arbeitsfläche zu einer Kugel formen, diese dafür in kreisenden Bewegungen rollen.

10. Mit einem Zahnstocher ein Loch in die Perle stechen, diesen dafür in kreisenden Bewegungen hineinführen. Wenn die Masse zu weich ist oder wenn man zu fest drückt, verformt sich die Perle. Den Zahnstocher von der anderen Seite wieder zurückschieben, damit das Loch schön glatt und gleichmäßig wird.

11. Den Backofen auf 110 °C vorheizen. Kegel und Kugel vorsichtig auf Backpapier in eine Aluschale setzen, mit einer zweiten Aluschale bedecken und 30 Minuten im Ofen aushärten lassen. Anschließend die Schale aus dem Ofen nehmen und die Stücke vollständig abkühlen lassen, erst dann herausnehmen.

12. Die Schnur der Lampe zuerst durch den Kegel und dann durch die Perle ziehen und mit einem Knoten sichern.

Küche

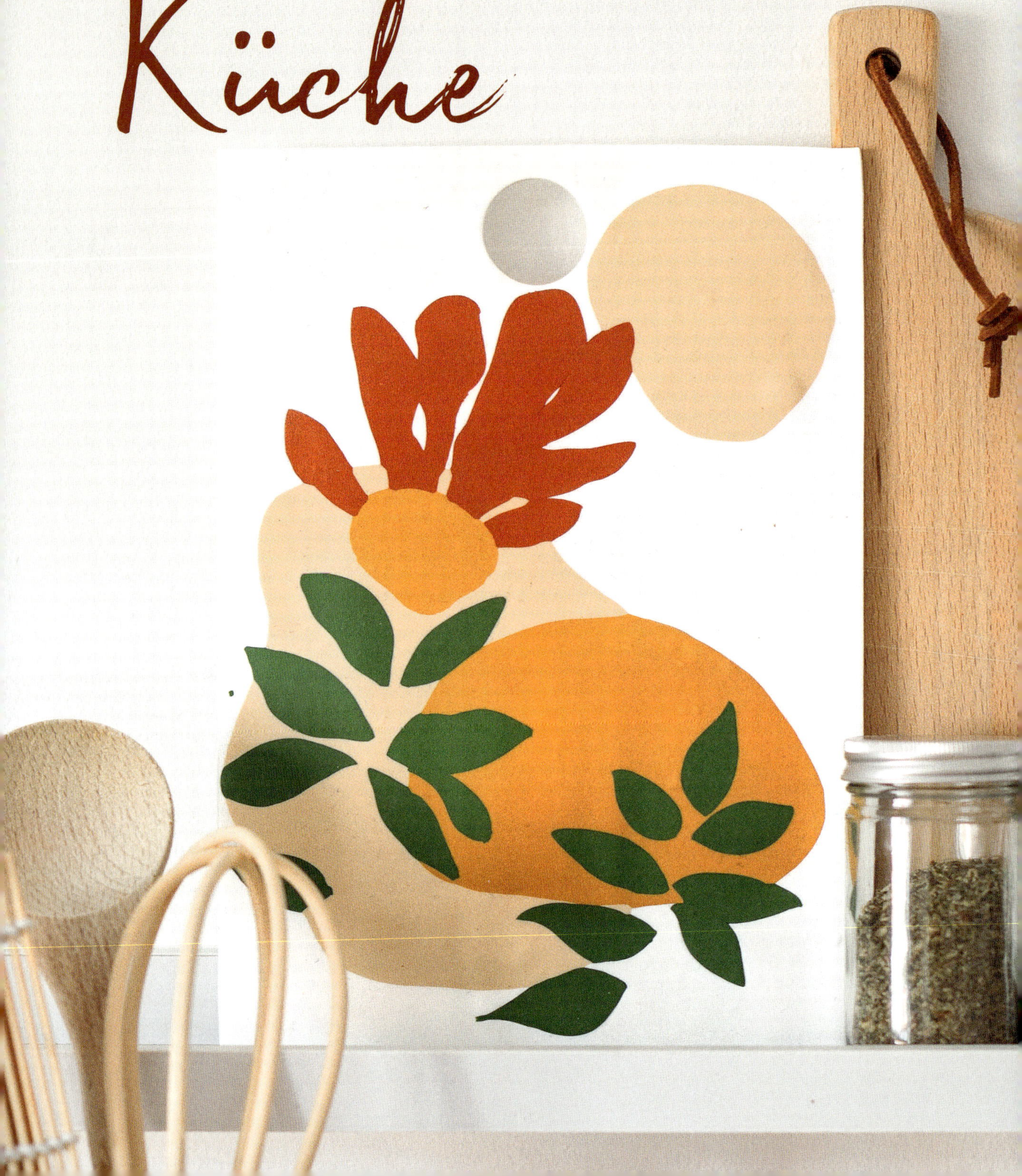

Für kreative Küchenutensilien aus Ton gibt es unzählige Möglichkeiten. Damit verleiht man der Küche eine wohnlichere Atmosphäre, in der man sich lieber aufhält als an einem eintönigen, sterilen Ort. Ein paar nicht ganz perfekte Gegenstände zwischen Stapeln von Tellern und Tassen brechen die Monotonie auf und lassen die Küche persönlicher und behaglicher wirken.

Ofenhärtende Modelliermasse kann man gut in Wasser reinigen. Behandeln Sie die Stücke mit lebensmittelechtem Lack, wenn Sie die Utensilien regelmäßig für Speisen benutzen möchten. Ich nehme dafür gerne den Glanzlack Décopatch Aquapro.

Die Projekte in diesem letzten Kapitel dieses Buches lassen ein wenig mehr Spielraum für Fantasie und Ausdruck. Für die Salz- und Pfeffer-Schälchen (Seite 160) wird die Masse nur von Hand bearbeitet und einfach in Form gezogen. Hier können Sie aber auch ein paar neue Techniken entdecken: Eine Fläche aus ofenhärtender Masse ist ideal, um darauf schöne Muster anzubringen. Dafür lassen sich auch wunderbar Reste von anderen Projekten verwerten. Ich zeige Ihnen in diesem Kapitel zwei kreative Verwendungen für solche auf unterschiedliche Weise angefertigten dekorativen Muster.

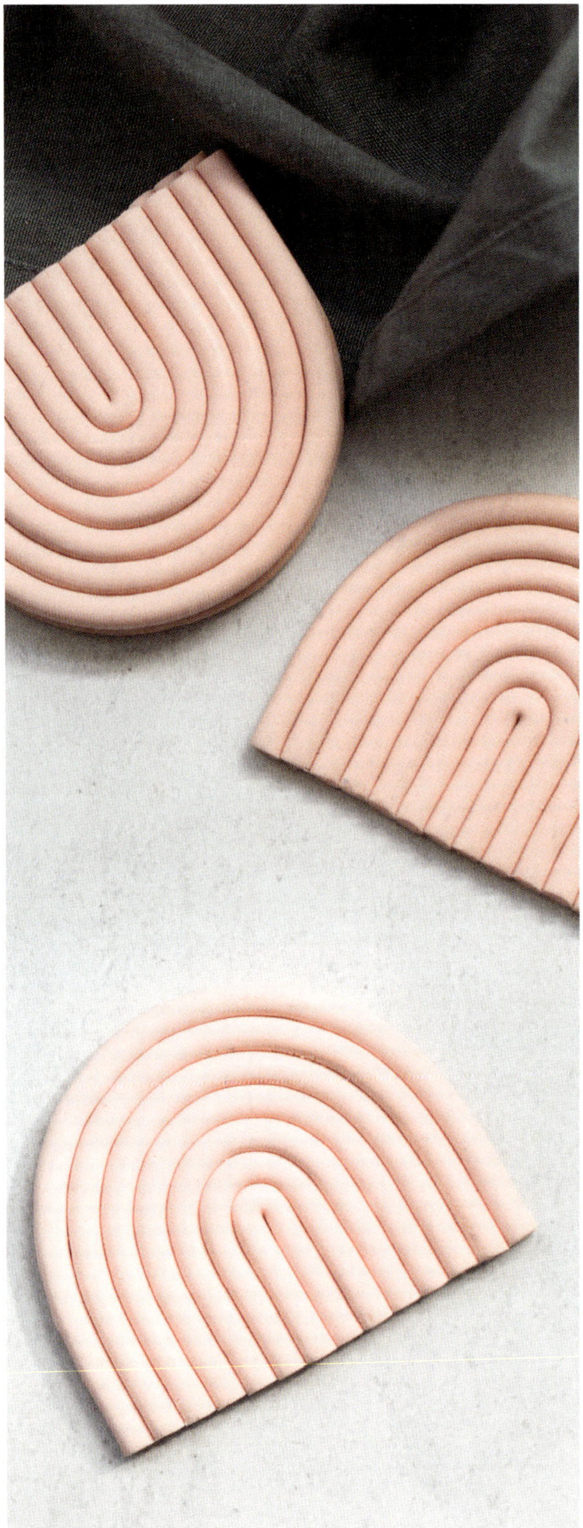

UNTERSETZER IN BOGENFORM

Hin und wieder kommt ein Deko-Trend auf, der so witzig und ästhetisch ansprechend ist, dass man ihn einfach lieben muss! Bögen gehören definitiv dazu. Die sauberen, glatten Rundungen sind einfach zu machen. Hier unterstreicht das helle, neutrale Rosa den verspielten Stil, es passt auch gut zu anderen Deko-Stücken. So sehen diese Untersetzer auf einer modernen Marmortheke genauso gut aus wie auf einem hellen skandinavischen Holztisch.

Hier habe ich dem traditionellen Untersetzer ein modernes Gewand gegeben. Ofenhärtende Modelliermasse hält Hitze gut aus, und mit einem Extruder werden die Bögen schön gleichmäßig. Diese Techniken sind auch für diejenigen, die bisher noch nicht mit ofenhärtender Modelliermasse gearbeitet haben, gut zu erlernen. Ich verwende dafür einen Ton-Extruder, damit die Rollen gleichmäßig werden. Aber auch ohne können Sie den Untersetzer anfertigen. Achten Sie dann nur darauf, die Masse gleichmäßig auszurollen, bevor Sie die Bögen zusammenfügen.

Material

200 g FIMO soft Modelliermasse in Altrosa

Töpfermesser

Ton-Extruder

2 Aluschalen, jeweils 25 × 25 cm

Backpapier

feinkörniges Nass-oder trocken-Schmirgelpapier

Mikrofasertuch

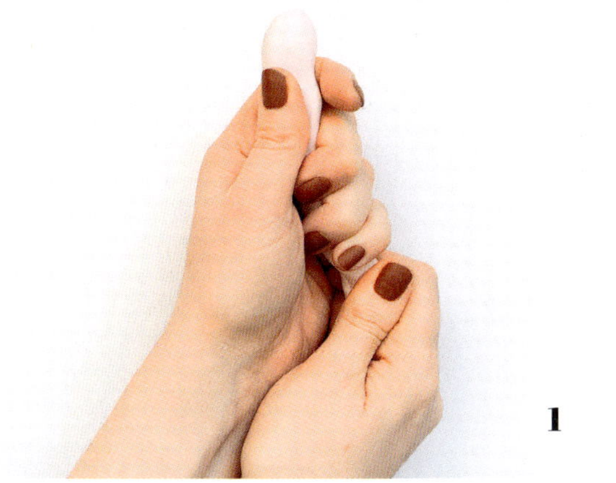

1

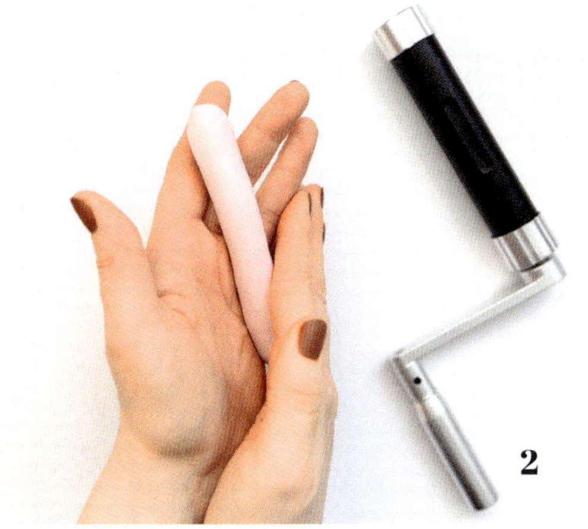

2

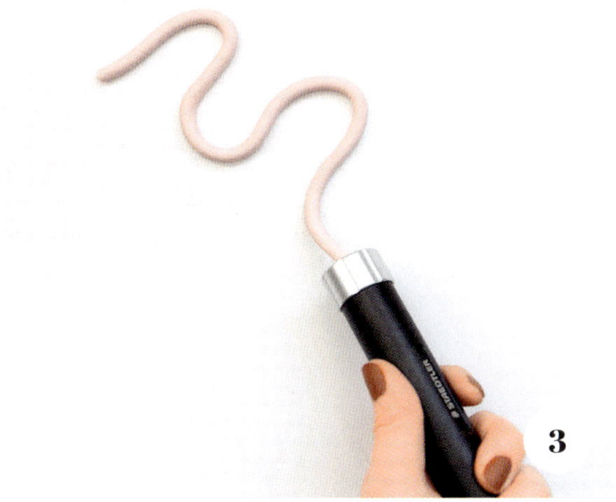

3

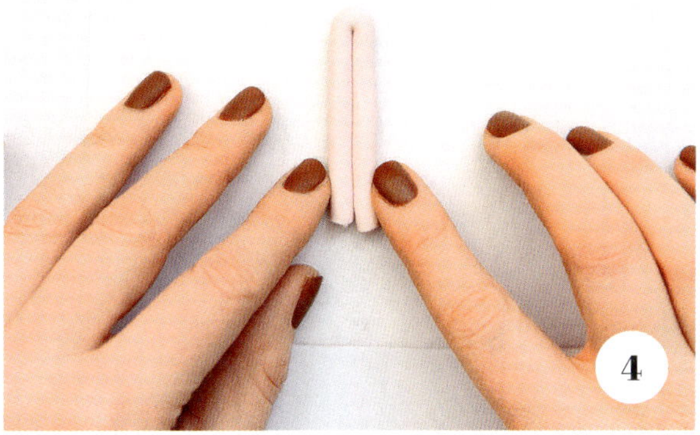

4

1. Die Modelliermasse mehrmals ausrollen, verkneten und auseinanderziehen, bis sie weich und warm ist.

2. Etwa ein Viertel davon abschneiden und grob zu einer Rolle formen, die etwa so groß wie der Extruder ist, und dann hineindrücken. Wenn kein Extruder zur Verfügung steht, aus der Masse mehrere dünnere Rollen von etwa 30 cm Länge anfertigen. Dabei mit den Händen nach außen und innen über die Rolle fahren, damit sie durchgängig gleich dick ist.

3. Wird ein Extruder verwendet, die Anleitung dafür befolgen und den runden Aufsatz für dünne Rollen aufstecken. Wenn die Masse warm und formbar ist, sollten die Rollen schön glatt heraustreten. Wenn sie brechen, alles noch einmal aus dem Extruder herausnehmen und die Masse wie in Schritt 1 beschrieben mit den Händen bearbeiten.

4. Nun aus der fertigen Rolle den inneren Bogen anfertigen. Dafür den unteren 2,5 cm langen Abschnitt umfalten, die beiden Enden vorsichtig zusammendrücken, ohne dass sie sich verformen, und das längere Ende abschneiden. Eine Aluschale mit einem 20 × 20 cm großen Stück Backpapier auslegen und das Stück hineinlegen.

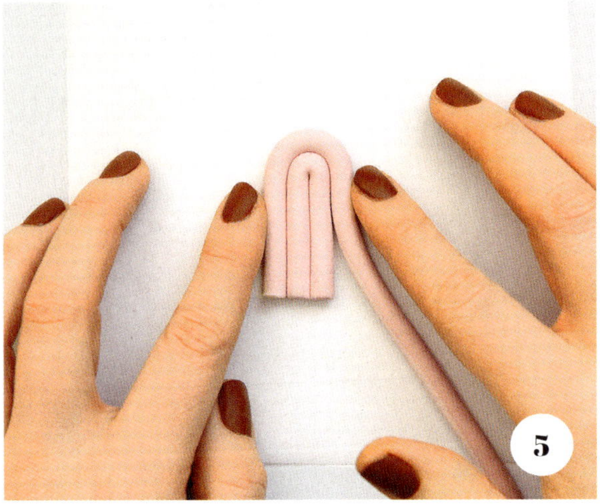

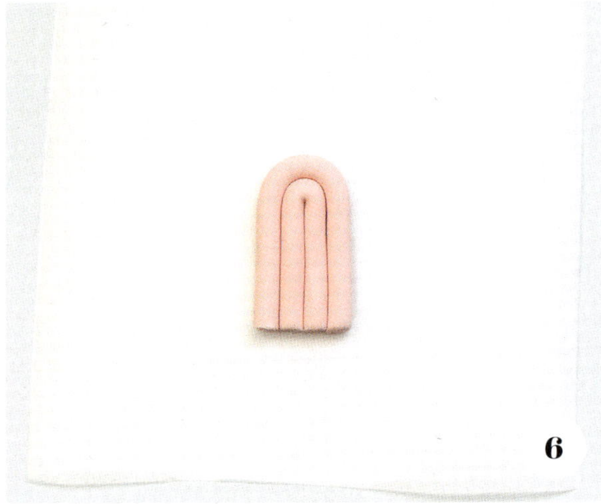

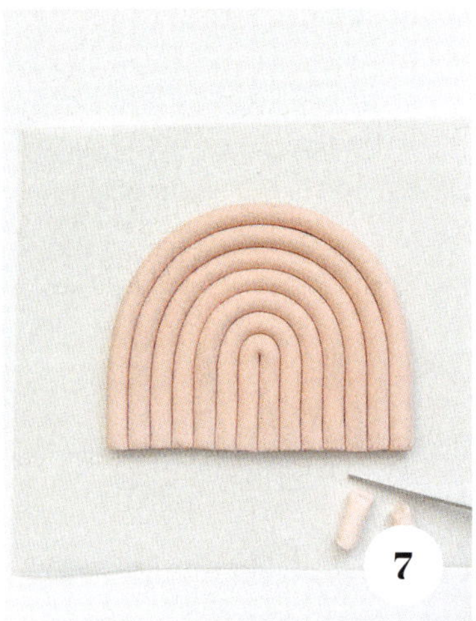

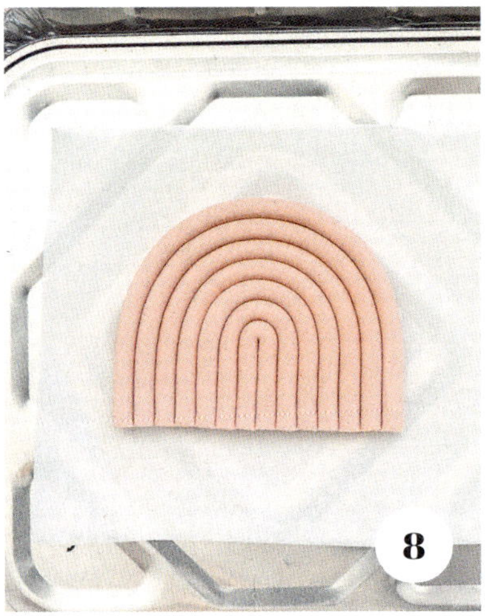

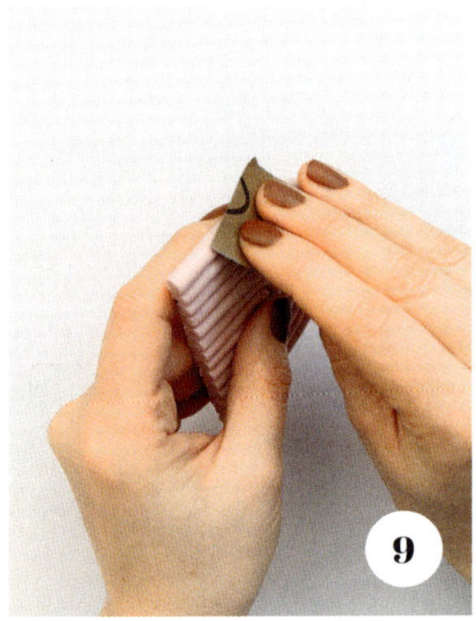

5. Das Ende der restlichen Rolle seitlich an den ersten Bogen legen, dabei die unteren Kanten aneinander ausrichten. Die Rolle um den ersten Bogen legen, sanft andrücken und an der unteren Kante abschneiden.

6. Diesen Schritt noch siebenmal wiederholen, dabei müssen die Rollen jedes Mal länger werden. Um keine Modelliermasse zu verschwenden, die Reste zu weiteren Rollen verarbeiten.

7. Wenn der Untersetzer fertig ist, die Unterkante mit einem Töpfermesser begradigen.

8. Den Backofen auf 110 °C vorheizen. Die Aluschale mit einer zweiten Aluschale abdecken und den Untersetzer 30 Minuten im Ofen backen. Anschließend die Schale aus dem Ofen nehmen und die Masse vollständig abkühlen lassen, erst dann herausnehmen.

9. Manchmal sitzen kleinere Fasern oder Körnchen auf der Oberfläche fest. Diese lassen sich leicht abschleifen, ebenso Unebenheiten. Das Schmirgelpapier dafür mit wenig Wasser anfeuchten und die Oberfläche an den betreffenden Stellen vorsichtig schleifen. Dann mit einem feuchten Tuch abwischen und mit einem sauberen Mikrofasertuch trocknen.

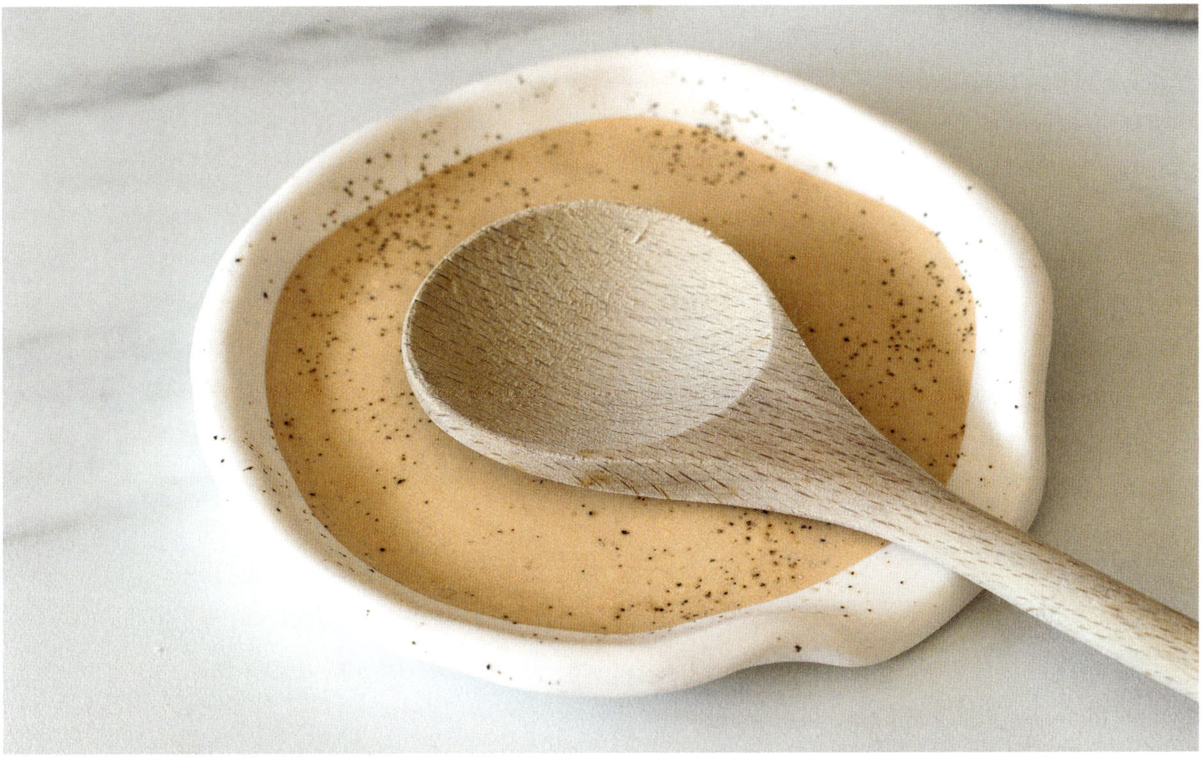

LÖFFELABLAGE MIT STEINEFFEKT

Ich weiß nicht, wie es bei Ihnen ist, aber in unserem Haushalt haben wir jetzt eine Löffelablage, etwas, wovon ich bisher nicht wusste, dass ich es brauche. Und jetzt bin ich davon besessen. Wenn Sie gern eine saubere Arbeitsfläche haben, die nicht voller Saucenpfützen ist, werden Sie nicht mehr darauf verzichten wollen. Und dafür sorgen, dass auch niemand anderes in Ihrem Haushalt darauf verzichtet!

Viele Projekte in diesem Buch haben ein modernes Design, diese Löffelablage hat einen eher klassischen Look. Hier imitiere ich herkömmliche Töpferware und verwende dafür grob gemahlenen Pfeffer. Das Stück wird zum Schluss mit lebensmittelechtem Lack überzogen, sodass es wie gebrannt aussieht und absolut sicher für die Verwendung in der Küche ist.

Material

100 g FIMO soft Modelliermasse in Weiß

2 Holzleisten, je 2,5 × 38 × 0,6 cm

Acryl-Tonroller

Backpapier

30 g FIMO soft Modelliermasse in Champagnerweiß

1 TL gemahlener schwarzer Pfeffer

2 Aluschalen, jeweils 25 × 25 cm

Schwamm- oder Malpinsel

lebensmittelechter Lack, zum Beispiel Décopatch Aquapro

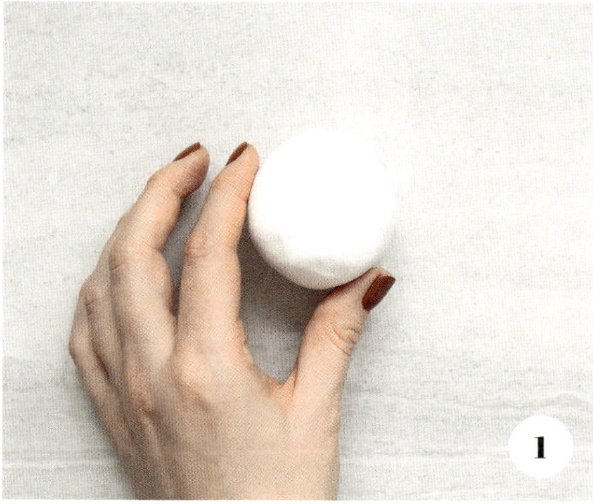

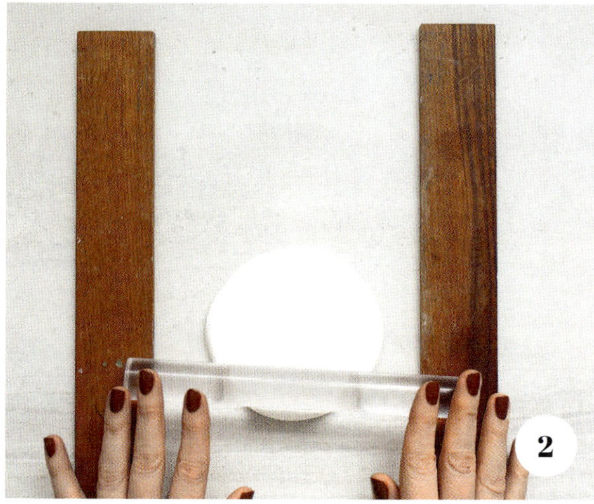

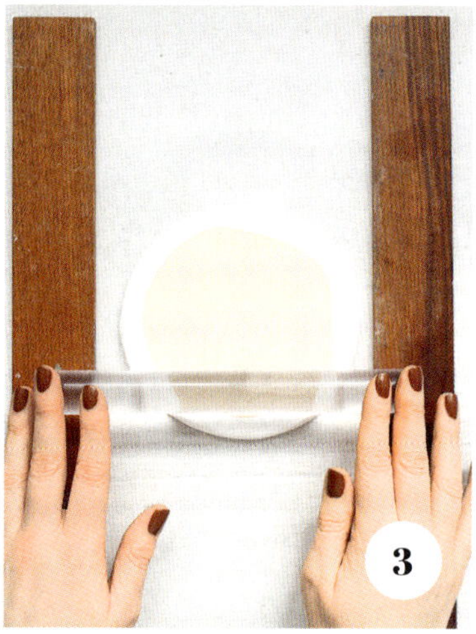

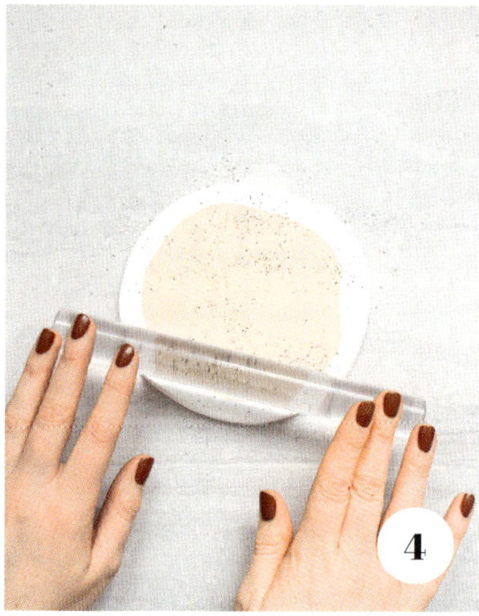

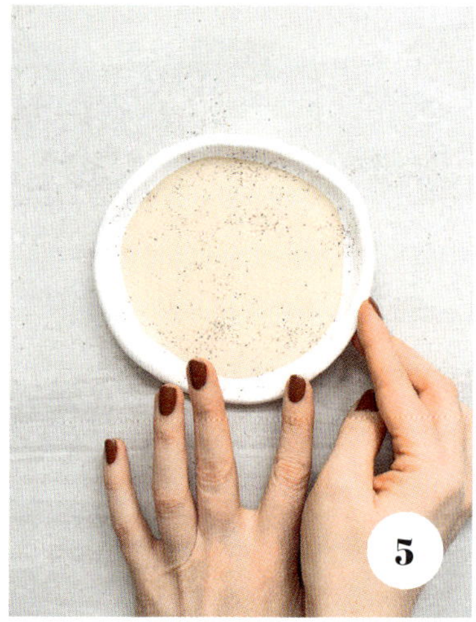

1. Die weiße Modelliermasse zwischen den Handflächen erwärmen und mehrmals ausrollen und wieder verkneten, bis sie weich und formbar ist.

2. Dann zwischen die Holzleisten auf eine nicht haftende Arbeitsfläche legen und ausrollen, bis eine Kreisform entsteht, dabei mehrmals umdrehen. So lange rollen, bis die Rolle leicht über die Masse gleitet und diese so dick wie die Leisten ist.

3. Die champagnerweiße Modelliermasse erwärmen, sodass sie weich wird, und zu einer Kugel formen. Diese mittig auf die weiße Masse legen und nochmals ausrollen, bis sie einen gleichmäßig dicken Kreis bildet.

4. Die Oberfläche mit Pfeffer bestreuen und diesen mit der Rolle vorsichtig eindrücken.

5. Mithilfe der Finger die Kante vorsichtig zu einem Tellerrand hochziehen, dafür rund um den Kreis arbeiten.

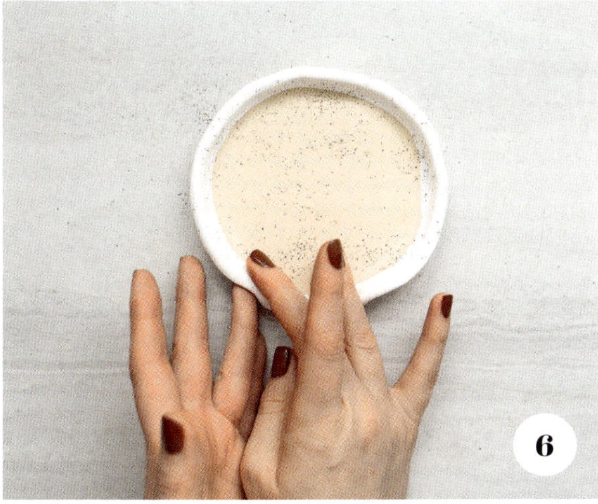

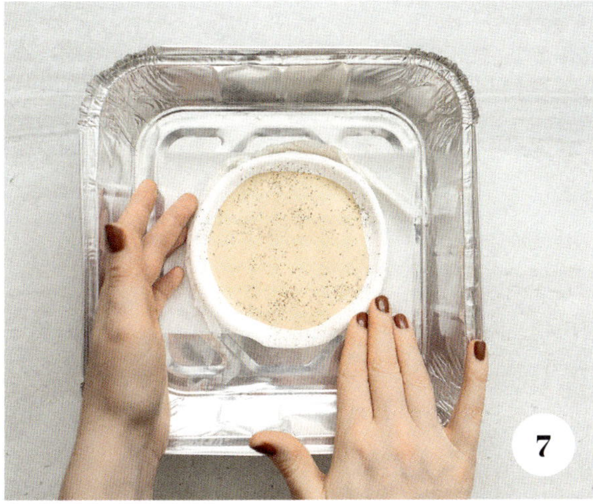

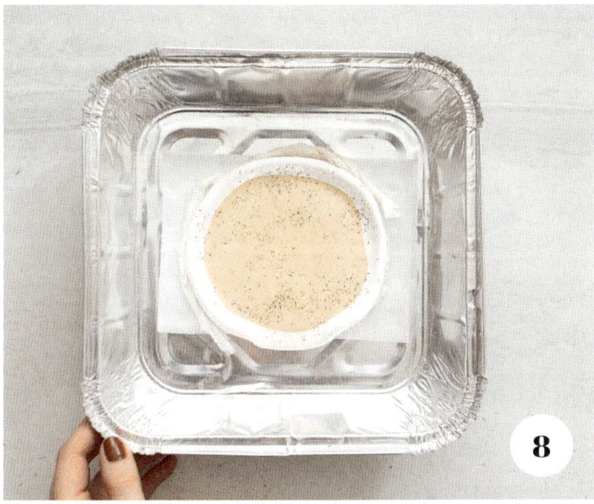

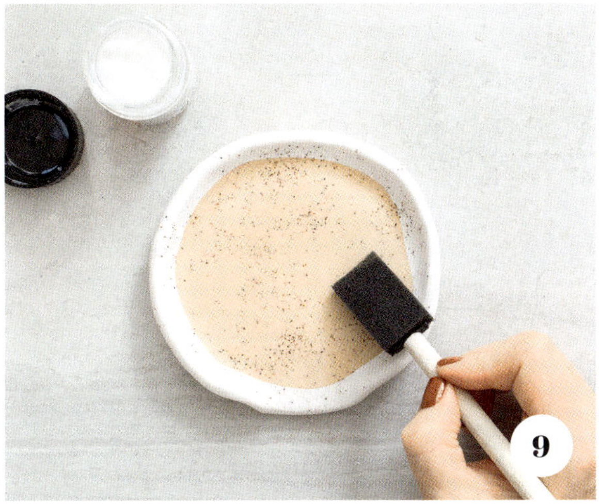

6. Der Rand sollte etwa 5 cm hoch werden.

7. Dann den Teller vorsichtig auf Backpapier in eine Aluschale legen. Ein zweites Stück Backpapier zerknüllen, zu einer langen Rolle formen und als Stütze unter den Tellerrand schieben. Festdrücken, damit es nicht verrutscht.

8. Den Backofen auf 110 °C vorheizen. Den Teller mit einer zweiten Aluschale abdecken und 30 Minuten im Ofen backen. Anschließend die Schale aus dem Ofen nehmen und die Masse vollständig abkühlen lassen, erst dann herausnehmen.

9. Mit einem Schwammpinsel drei Lackschichten auf die Löffelablage auftragen, dabei jede Schicht 5 Stunden trocknen lassen. Bei Bedarf den Teller von Hand spülen und danach sofort abtrocknen.

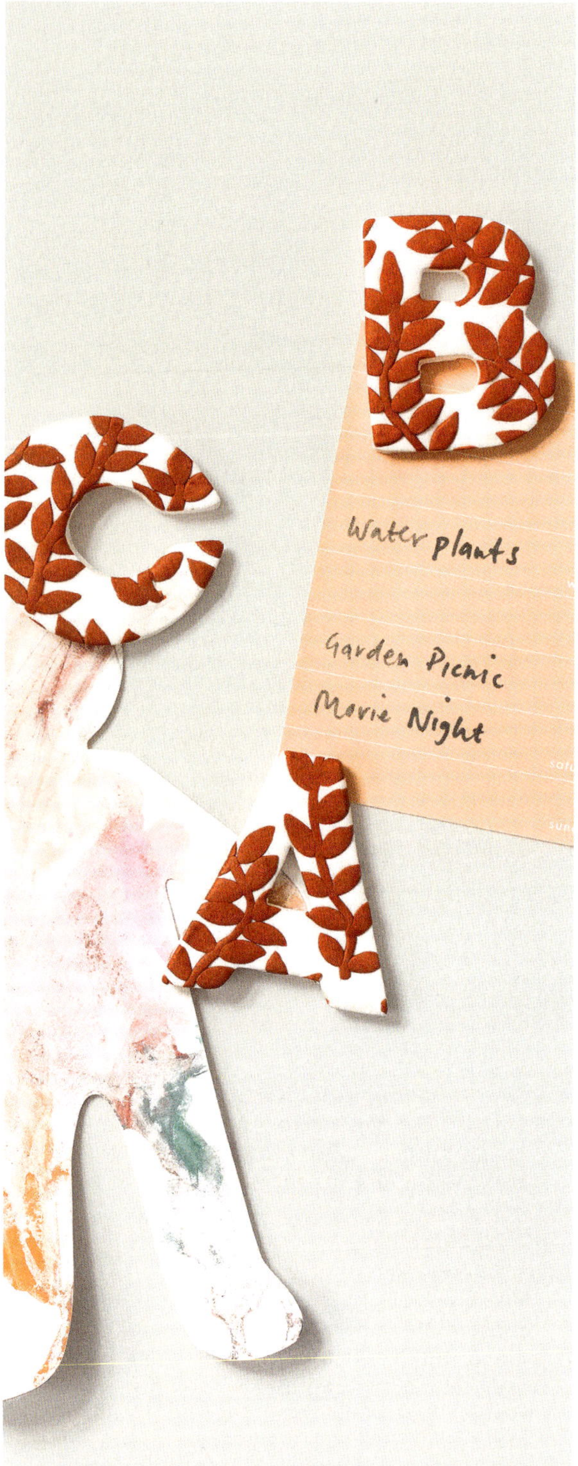

BUCHSTABEN-KÜHLSCHRANK-MAGNETE

Hängen Sie mit diesen stylischen Magneten Notizen, Fotos und Kinderbilder an den Kühlschrank. Ich garantiere Ihnen, Sie werden süchtig nach dieser Technik. Es macht Spaß, zunächst eine Unterlage aus Modelliermasse anzufertigen und diese dann mit Mustern zu versehen. Achten Sie darauf, dass die obere gemusterte Schicht dünn ist, damit sie nicht aus der Form gerät, wenn sie in die untere Schicht eingearbeitet wird. Zudem verformt sich die Masse dann nicht so sehr.

Für die Muster verwende ich Fondant-Ausstecher, man bekommt sie in Bastel- oder Haushaltswarenläden. Die Blumenmuster können Sie mit einem Bastelmesser von Hand anfertigen, aber das ist zeitaufwendiger, vor allem wenn die Magnete groß sein sollen.

Material

200 g FIMO soft Modelliermasse in Weiß

2 Holzleisten, je 2,5 × 38 × 0,6 cm

Acryl-Tonroller

50 g FIMO soft Modelliermasse in Terrakottarot

Backpapier

Stempel-Ausstecher für Fondant in Blumenform, 2 cm

Bastelmesser

Keksausstecher in Buchstabenform

kleine, runde Magnete

2 Aluschalen, jeweils 25 × 25 cm

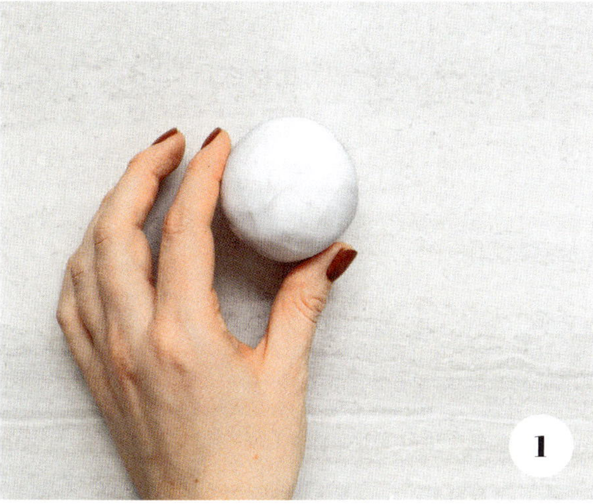

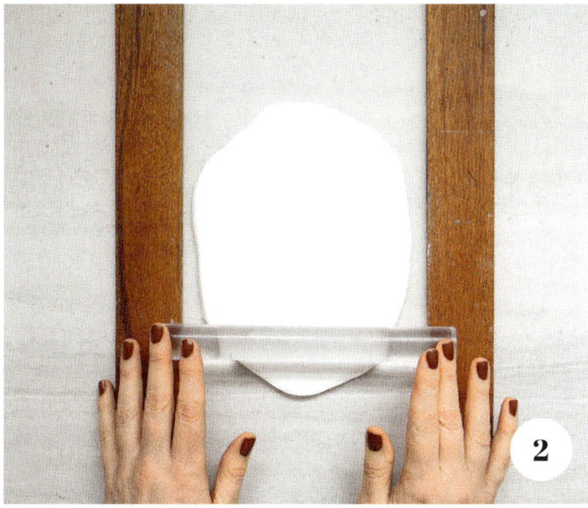

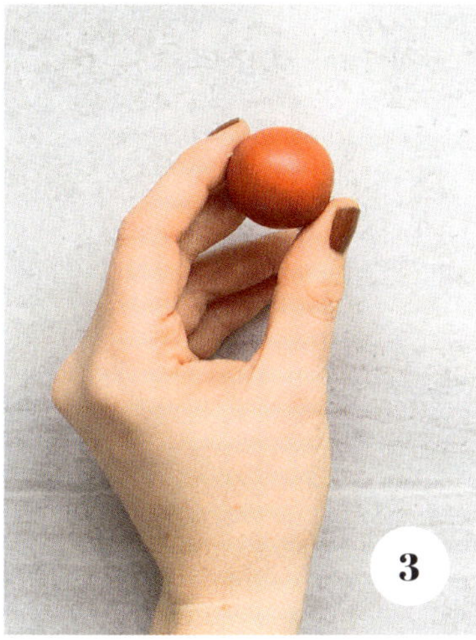

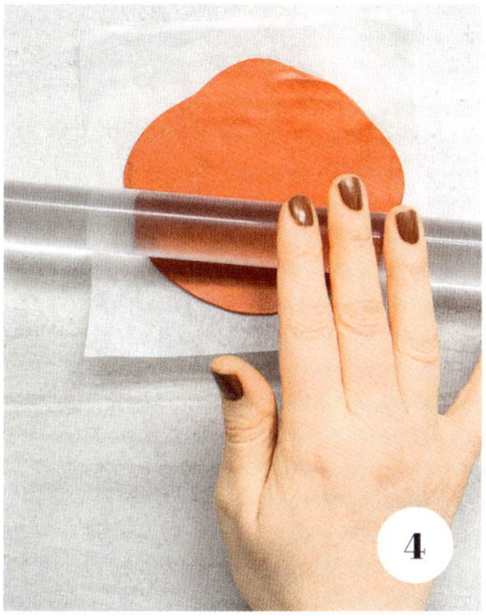

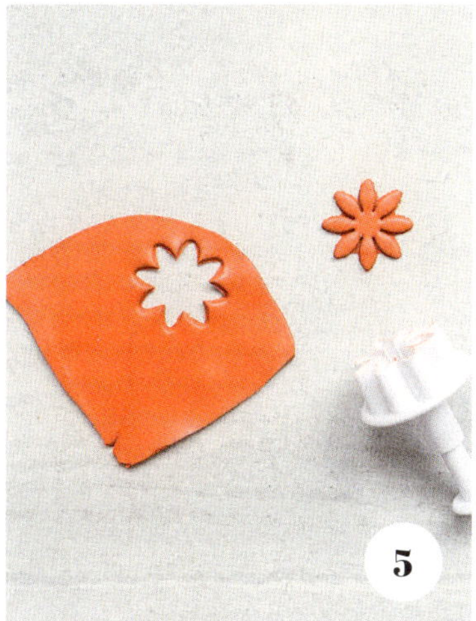

1. Die weiße Modelliermasse in vier Stücke brechen und jeweils in den Händen erwärmen, dafür ausrollen und wieder verkneten, bis sie weich und leicht formbar ist. Dann alles zu einer Kugel verkneten.

2. Die weiche Masse zwischen die Holzleisten auf eine beschichtete Arbeitsfläche legen und ausrollen, bis die Rolle leicht darübergleitet und die Masse so dick wie die Leisten ist.

3. Die terrakottarote Masse 30 Sekunden zwischen den Handflächen erwärmen, dafür mehrmals ausrollen, zusammenkneten und zu einer Kugel formen, bis sie weich und formbar ist.

4. Auf Backpapier legen und dünn ausrollen (nicht zwischen den Holzleisten).

5. Den Stempel-Ausstecher darauflegen, mit der Handfläche fest eindrücken und wieder abnehmen. Wenn die Masse noch im Ausstecher sitzt, den Stempel nach unten drücken, damit sie sich löst. Die Blume auf die beschichtete Arbeitsfläche legen.

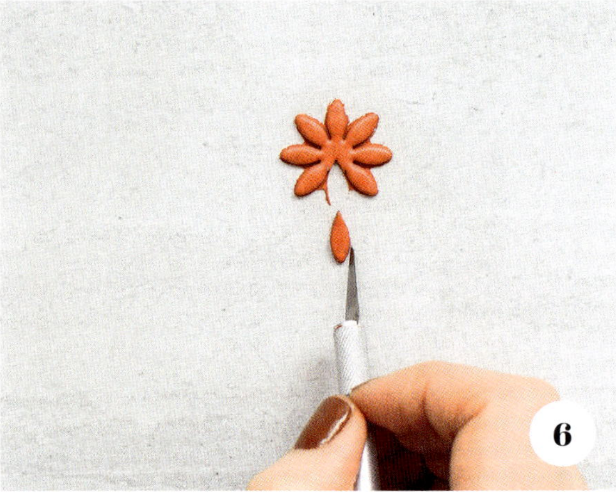

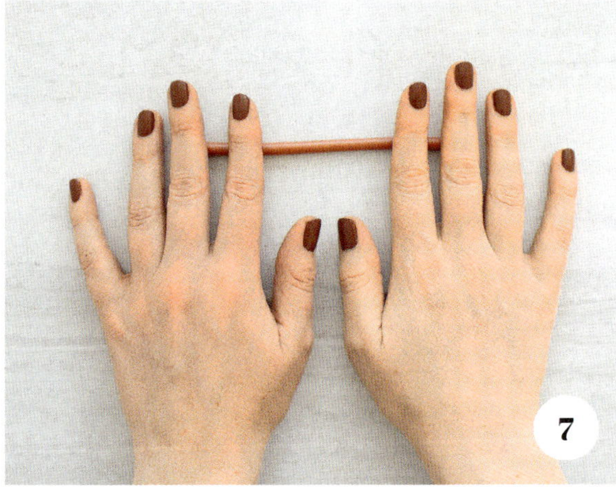

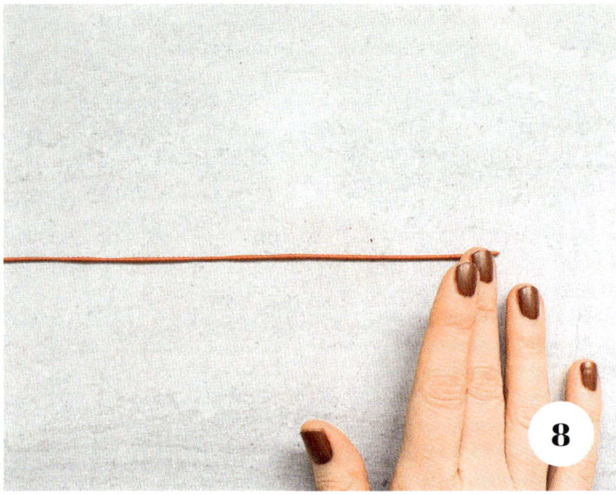

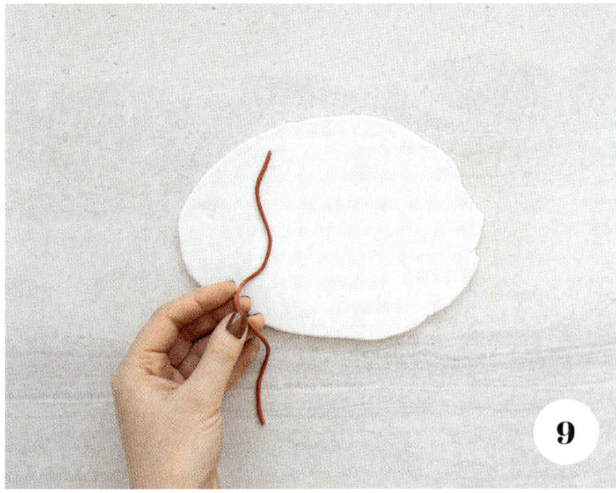

6. Mit einem Bastelmesser die Blütenblätter aus der Blume schneiden und vorsichtig mittig längs einritzen. Den Vorgang wiederholen und die Blätter zur Seite legen.

7. Die restliche Masse verkneten und 10 g davon abwiegen. Auf einer beschichteten Arbeitsfläche zu einer festen Rolle formen. Dafür die Fingerspitzen auf die Masse legen, die Hände bis zu den Handflächen nach vorne schieben und dabei die Masse darunter auf der Arbeitsfläche rollen. Dann die Hände wieder zurückziehen, dabei stets auf der Modelliermasse lassen.

8. So fortfahren und die Hände über die gesamte Länge der Rolle bewegen, sodass dabei gleichmäßig Druck ausgeübt wird. So sollte die Rolle eine gleichmäßige Form bekommen. Wenn eine lange, dünne Rolle vorliegt, kann das Muster aufgebaut werden. Man braucht vielleicht etwas Übung, damit es gut klappt, aber man kann die Masse ja leicht wieder verkneten und noch einmal von vorne beginnen.

9. Die dünne Rolle aus roter Modelliermasse in 7 bis 10 cm lange Stücke teilen und längs auf der weißen Unterlage verteilen. Die Linien sollten organisch wirken und dürfen ruhig geschwungen sein. Unten und oben überschüssige Masse abschneiden.

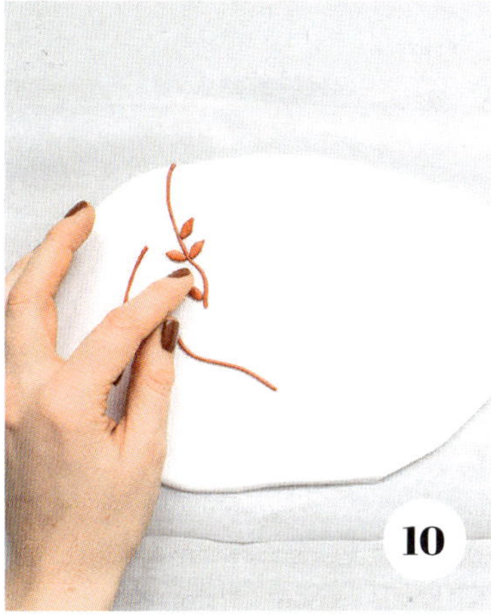

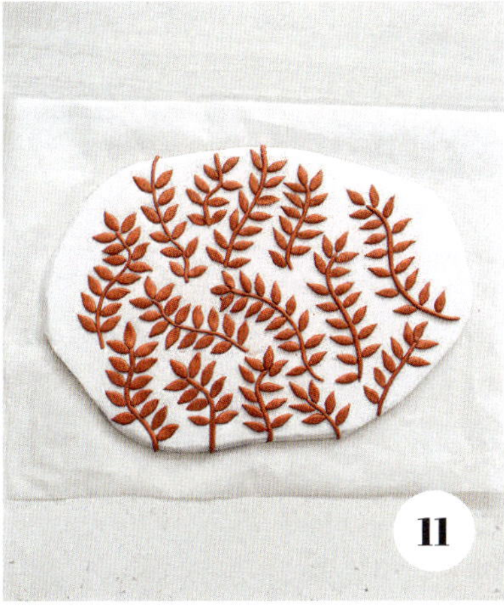

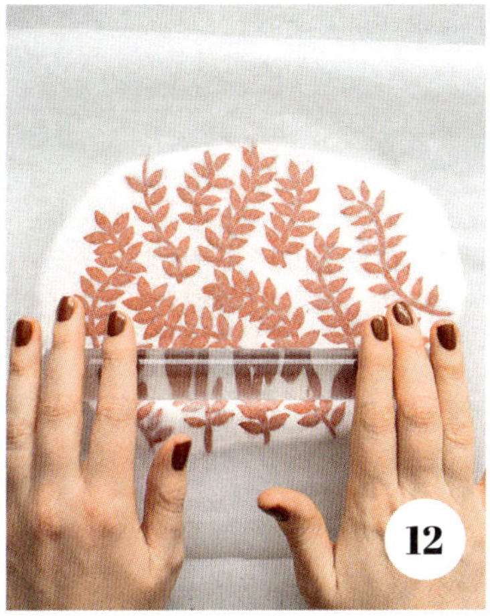

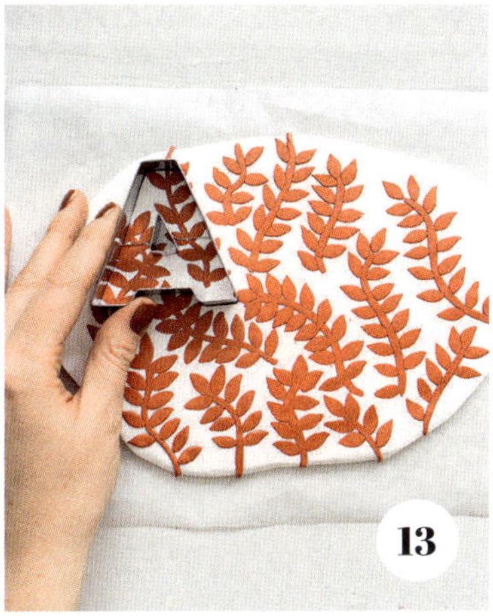

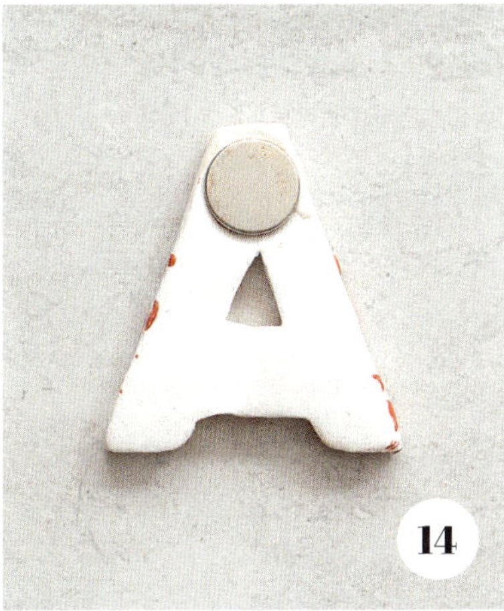

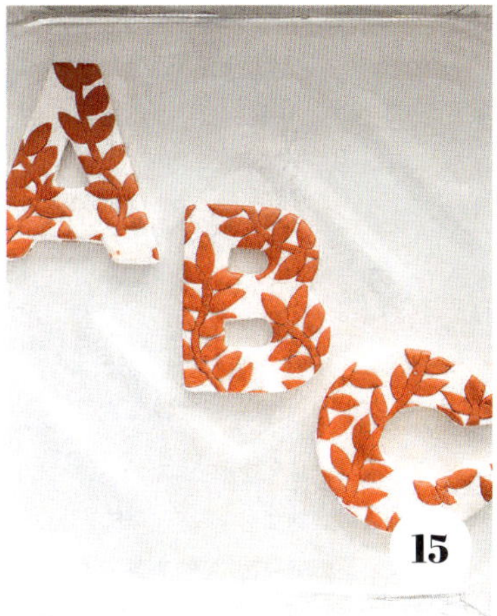

10. Die ausgeschnittenen Blätter wie bei einer Ranke an die Linien legen, dabei so anordnen, dass sie natürlich wirken. Vorsichtig mit den Fingern andrücken.

11. Das Muster über die gesamte Fläche verteilen. Diese dann mit einem Stück Backpapier abdecken und die Blätter und Linien mit den Fingerspitzen festdrücken.

12. Vorsichtig mit der Rolle über das Backpapier rollen, dabei nur sehr wenig Druck ausüben, bis die Blätter fest auf dem weißen Untergrund sitzen. Dann das Papier abziehen.

13. Die Buchstabenform in die Oberfläche drücken, dabei mit der flachen Hand gleichmäßig Druck ausüben. Den Ausstecher leicht in beide Richtungen bewegen damit er nicht an der Masse klebt. Dann abnehmen und den Buchstaben vorsichtig auf eine nicht haftende Arbeitsfläche herausdrücken.

14. Diesen dann umdrehen und einen Magnet in die Mitte drücken. Wieder umdrehen und auf ein Backpapier in die Aluschale legen.

15. Die Schritte 13 und 14 mit allen ausgewählten Buchstaben wiederholen. Den Backofen auf 110 °C vorheizen. Die Buchstaben in der Aluschale mit einer zweiten abdecken und 30 Minuten im Ofen backen. Anschließend die Schale aus dem Ofen nehmen und die Masse vollständig abkühlen lassen, erst dann herausnehmen.

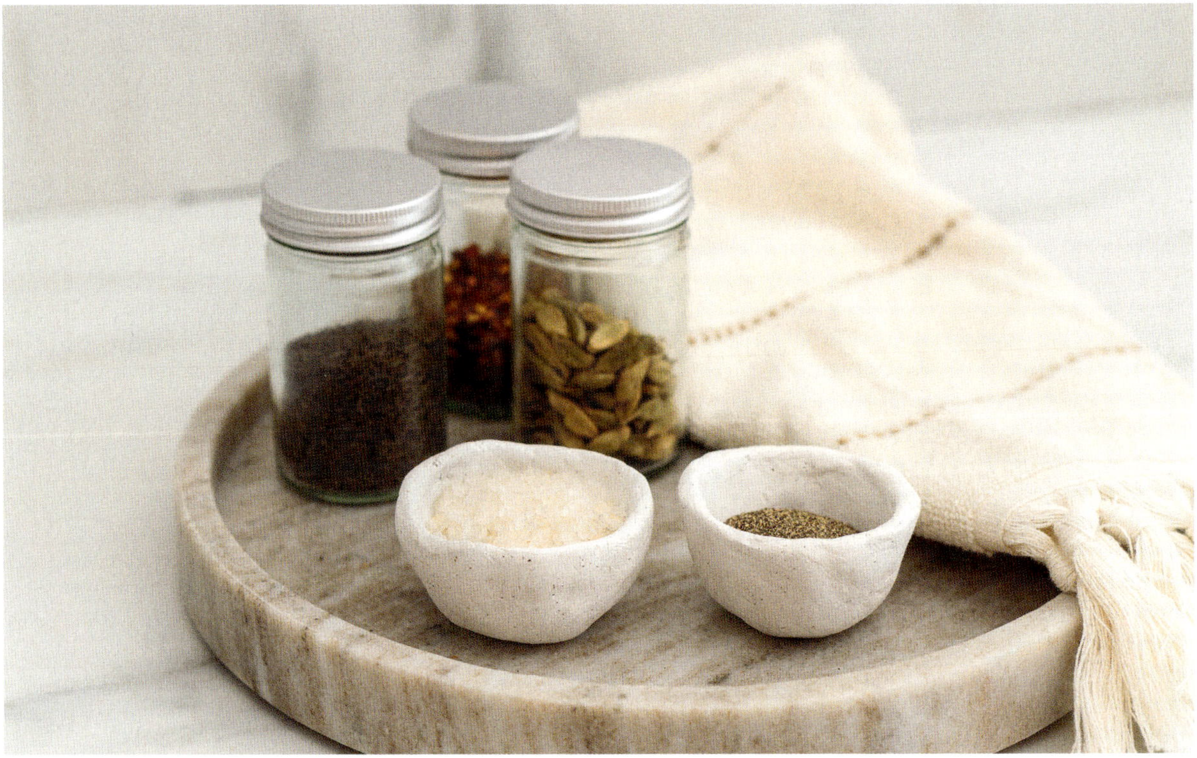

SALZ- UND PFEFFER-SCHÄLCHEN

Ich habe noch nie ein Salz- oder Pfeffer-Schälchen gesehen, das nicht hübsch gewesen wäre! Sie gehören zu den Dingen, von denen man nicht weiß, dass man sie braucht, bis man eines selbst gemacht hat. Sie sind unglaublich nützlich und sehen nett aus. Außerdem bringt es Spaß, sie zu machen. Dafür formt man die Modelliermasse von Hand, ganz ohne Schablone. Das dauert etwa 10 Minuten und ist einfach. Der rustikale Look der Schälchen entsteht, indem man die Masse mit gemahlenem Pfeffer bestreut. So ist das Muster auch lebensmittelecht. Diese Schälchen sind prima, um sie beim Kochen zur Hand zu haben. Ich stelle sie gerne zusammen mit Öl und anderen Gewürzen auf ein kleines Tablett neben den Herd. Das erleichtert einem das Leben, wenn man mit einem Kleinkind im Schlepptau versucht, gesunde Mahlzeiten ohne vorgefertigte Zutaten zu kochen.

Material

50 g lufttrocknende Modelliermasse von DAS in Weiß

1 EL gemahlener schwarzer Pfeffer

Babyöl

Schwamm- oder Malpinsel

lebensmittelechter Lack, zum Beispiel Décopatch Aquapro

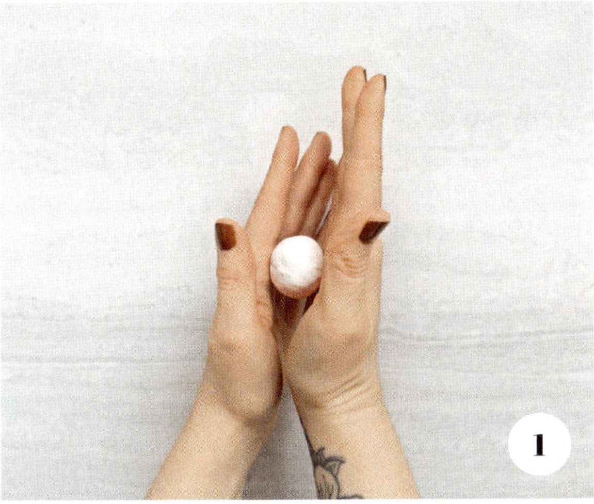

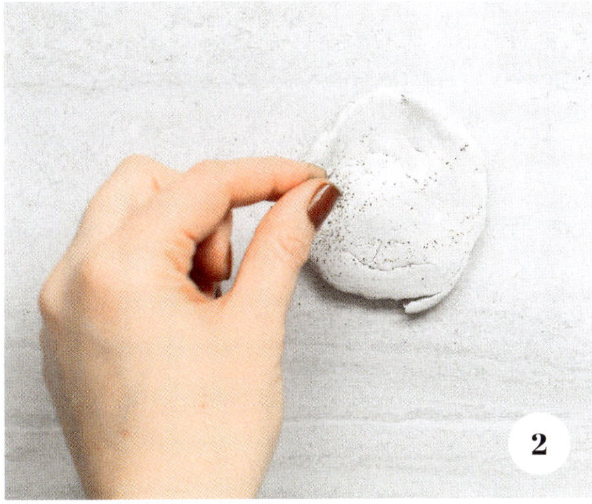

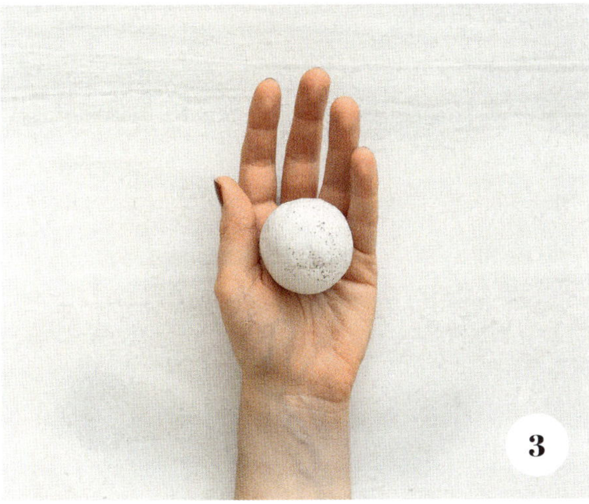

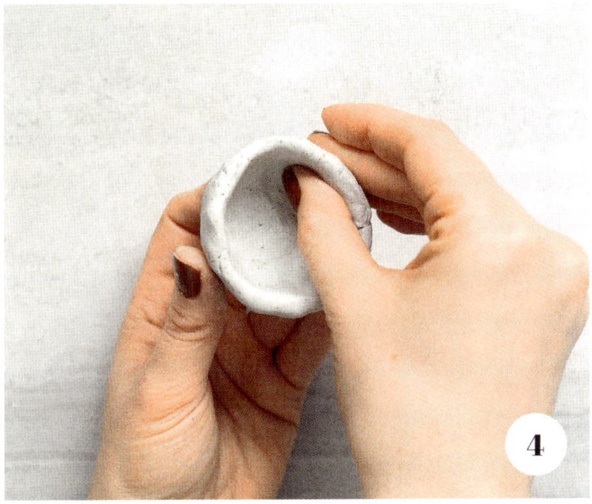

1. Die Modelliermasse darf nicht ausgetrocknet sein, gegebenenfalls mit etwas Wasser befeuchten, wenn sie rissig oder fest wirkt. Dann mit angefeuchteten Händen zu einer Kugel rollen und zwischen den Handflächen flach drücken. Die Masse sollte geschmeidig und feucht sein.

2. Mit Pfeffer bestreuen und diesen einreiben. Dafür die Handflächen mit ein paar Tropfen Babyöl einfetten.

3. Die Modelliermasse zwischen die Handflächen nehmen und in kreisenden Bewegungen mit sanftem Druck zu einer Kugel rollen.

4. Die Oberfläche mit etwas Wasser anfeuchten, damit sie weich und geschmeidig wird. Mit dem Daumen eine Mulde in die Kugel drücken, diese zwischen Daumen und Finger nehmen und die Mulde mit den Daumen ausformen und vergrößern. Dabei die restliche Masse in die entgegengesetzte Richtung mit den Fingern auseinanderziehen.

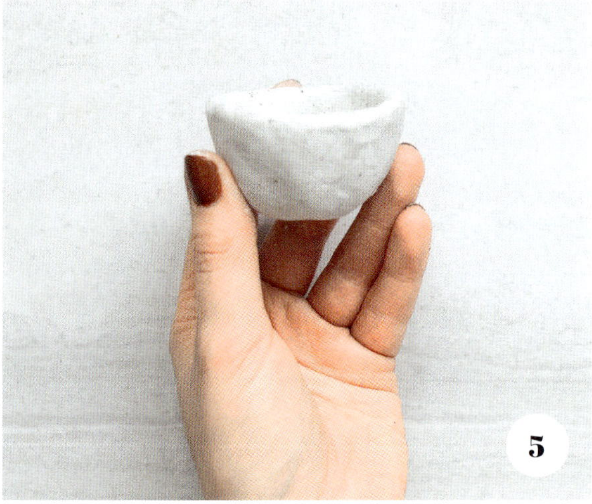

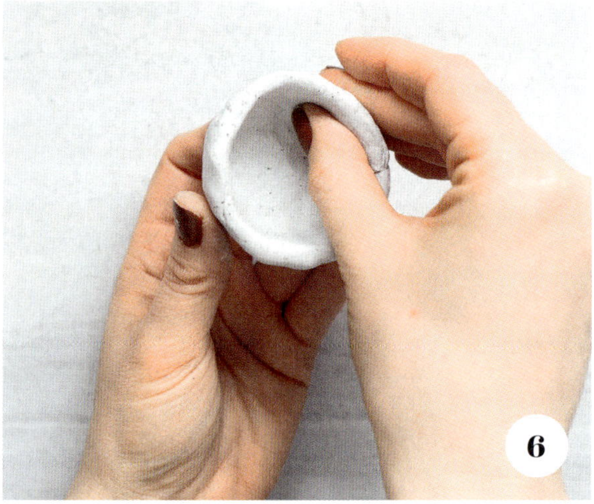

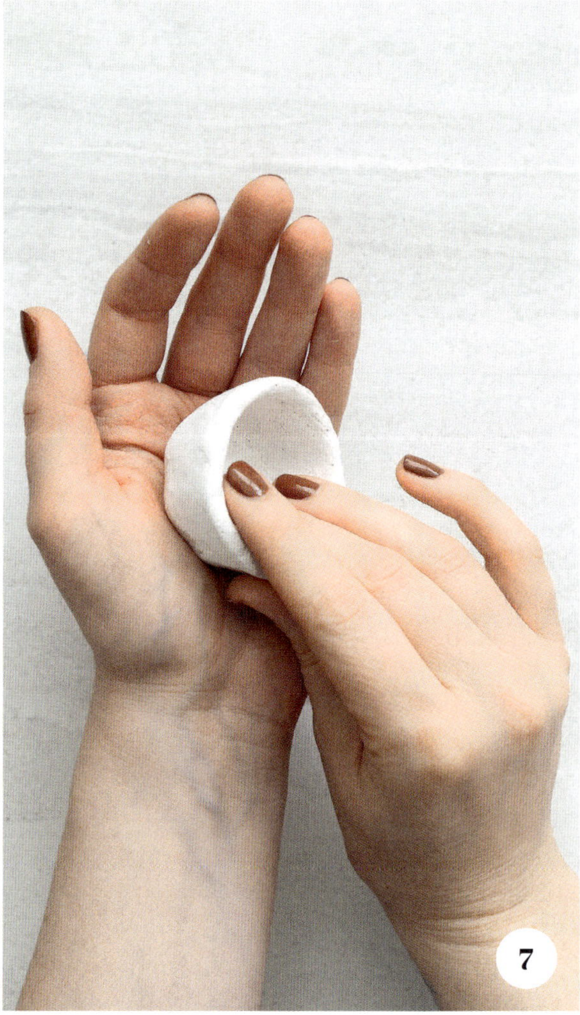

5. Nun sollte schon eine Schalenform entstehen.

6. Auf diese Weise fortfahren und das Innere des Schälchens mit den Daumen und das Äußere mit den Fingern formen. Man kann das Schälchen auch in eine Hand nehmen und mit der anderen formen.

7. Zum Schluss mit etwas Wasser das Schälchen rundum glätten.

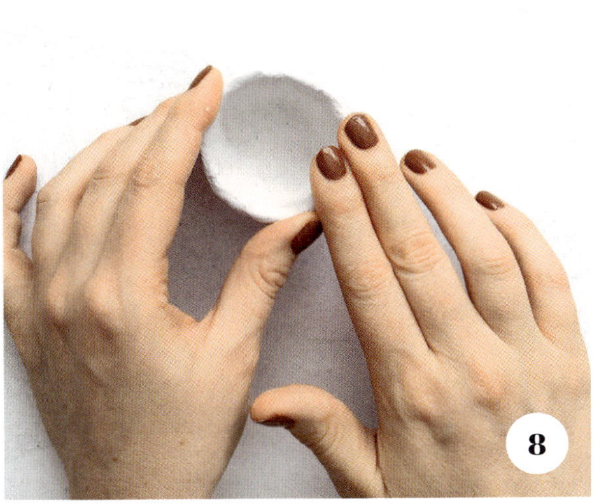

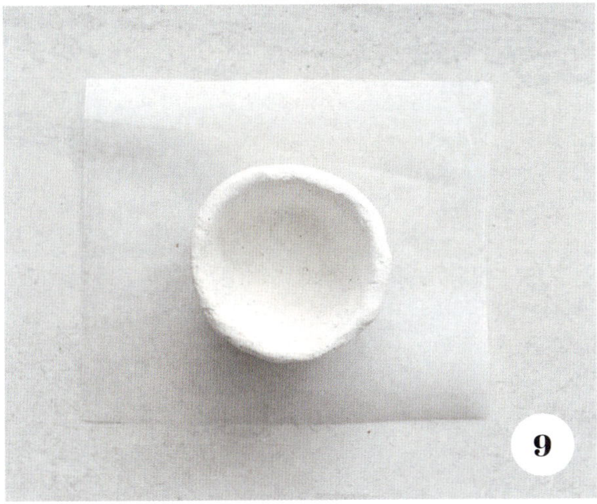

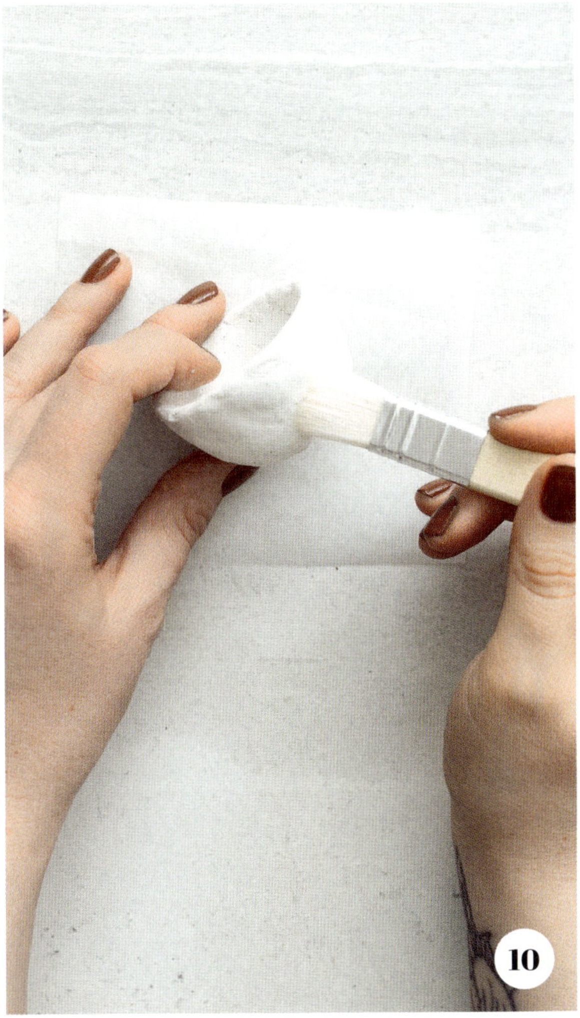

8. Dann auf eine nicht haftende Arbeitsfläche setzen und vorsichtig nach unten drücken, damit die Unterseite gerade wird und das Schälchen nach dem Trocknen sicher steht.

9. Auf Backpapier stellen und an einem warmen Ort 48 Stunden trocknen und aushärten lassen.

10. Danach mit einem Schwammpinsel eine dünne Schicht lebensmittelechten Lack auftragen. Vollständig trocknen lassen und mit einer zweiten Schicht bestreichen. Wenn sie trocken ist, kann das Schälchen eingesetzt werden.

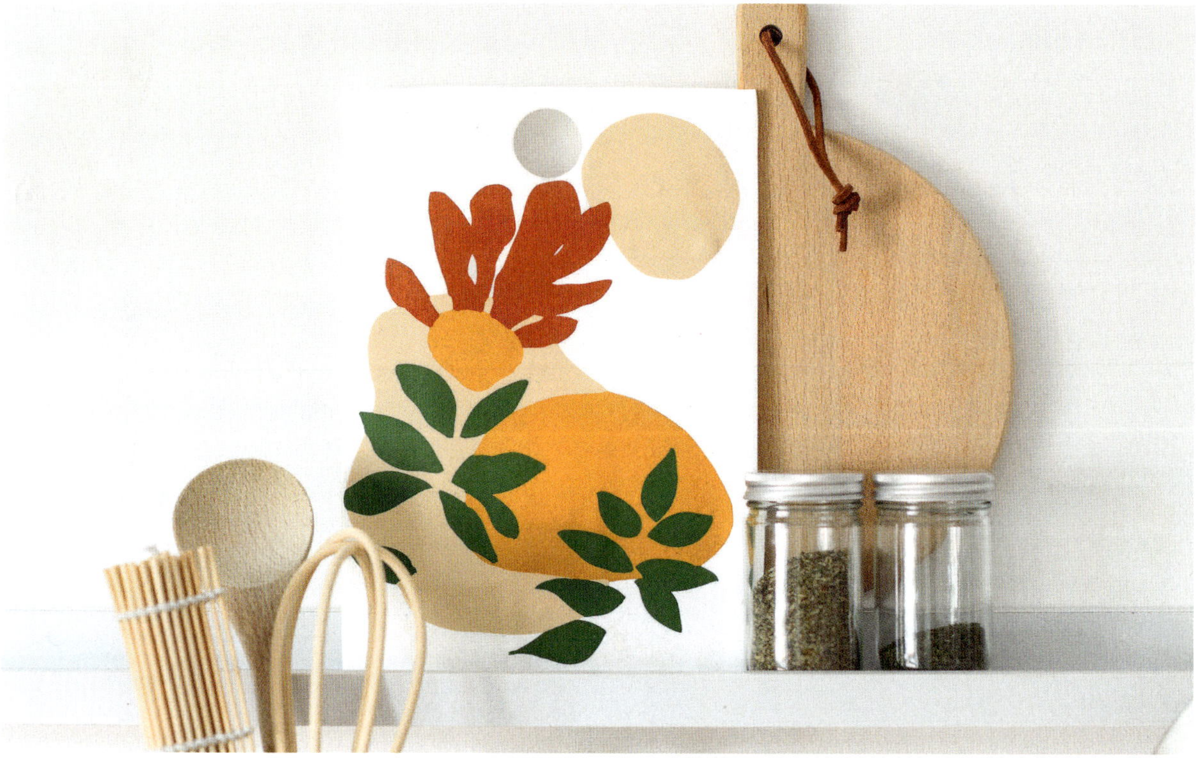

SERVIERPLATTE MIT FLORALEM MUSTER

Wenn Sie wenig Platz haben, können Sie mit nützlichen und zugleich schönen Küchenutensilien zwei Fliegen mit einer Klappe schlagen. Diese Platte ist für mich eine großartige Möglichkeit, Speisen zu servieren, sie ist aber für sich genommen auch ein Kunstwerk. Wählen Sie dafür Farben und Formen, die gut in Ihre Küche passen.

Wir haben sie hier in Form einer Fliese angefertigt, aber eigentlich ist das eher ein freier Schaffensprozess. Das Design ist abstrakt und lässt einem Raum zum Experimentieren. Hier können wir unsere Kreativität beim Ausschneiden der Formen ausleben. Diese Formen müssen aus dünn ausgerollter Modelliermasse geschnitten werden. Sparen Sie dabei nicht an Backpapier, das hilft, sie auf dem Untergrund zu platzieren.

Material

- 450 g FIMO soft Modelliermasse in Weiß
- 2 Holzleisten, je 2,5 × 38 × 0,6 cm
- Acryl-Tonroller
- Lineal
- Bastelmesser
- Backpapier
- 50 g FIMO soft Modelliermasse in Champagnerweiß
- Zahnstocher
- 50 g FIMO soft Modelliermasse in Blattgrün
- 50 g FIMO soft Modelliermasse in Terrakottarot
- 50 g FIMO soft Modelliermasse in Senfgelb
- runder Keksausstecher, 2,5 cm Durchmesser
- 2 Aluschalen, jeweils 25 × 25 cm

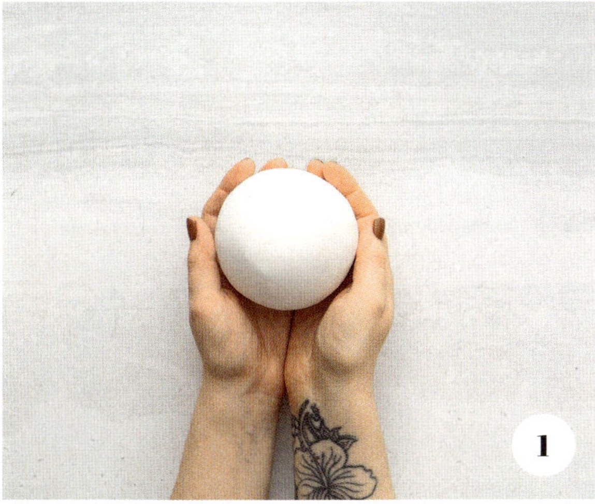

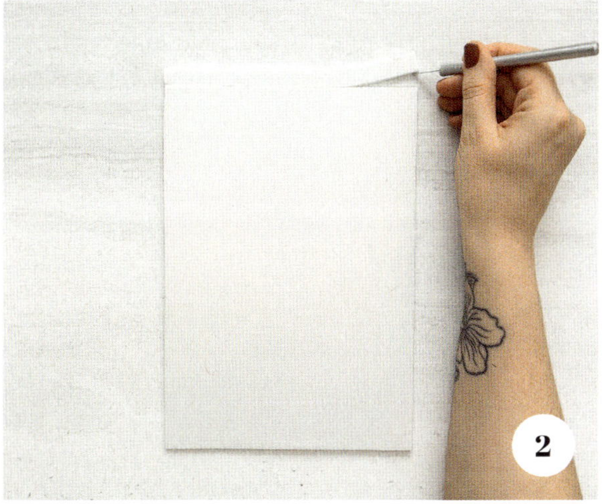

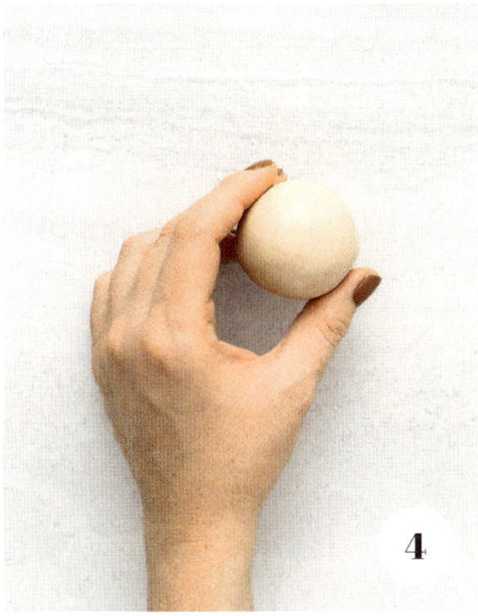

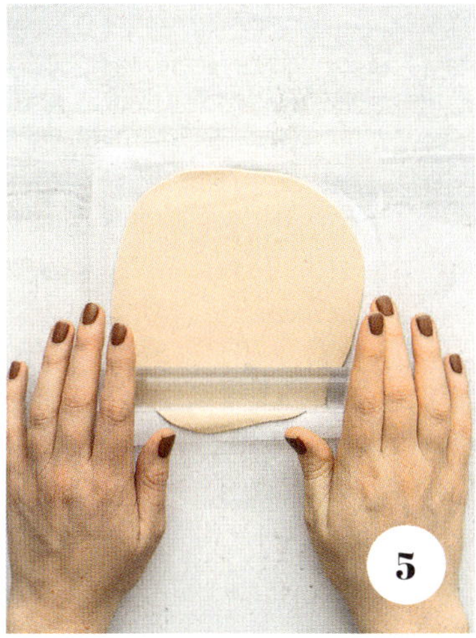

1. Die weiße Modelliermasse in vier Stücke brechen und jedes in den Händen wärmen, dafür ausrollen und wieder verkneten, bis es weich und leicht formbar ist. Dann alle Stücke zusammen zu einer Kugel formen.

2. Die weiche Masse zwischen die Holzleisten auf eine nicht haftende Arbeitsfläche legen und ausrollen, bis die Rolle leicht darübergleitet und die Masse so dick wie die Leisten ist. Dann zu einem 18 × 25 cm großen Rechteck zuschneiden.

3. Auf Backpapier zur Seite legen.

4. Das nächste Stück Modelliermasse 30 Sekunden zwischen den Handflächen wärmen und mehrmals ausrollen, zusammenkneten und zu einer Kugel formen, bis es weich und formbar ist.

5. Auf Backpapier legen und dünn ausrollen (nicht zwischen den Holzleisten).

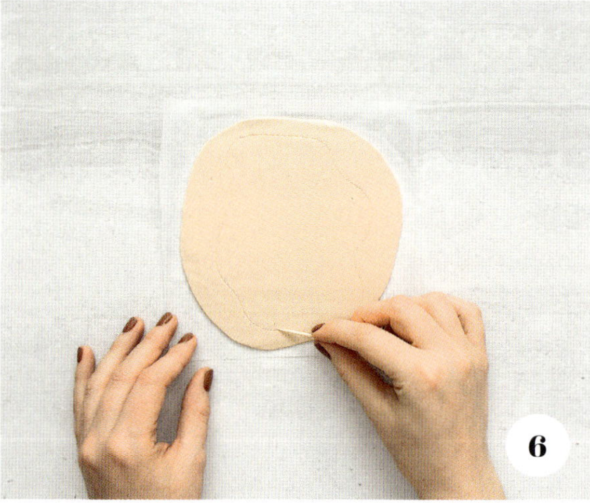

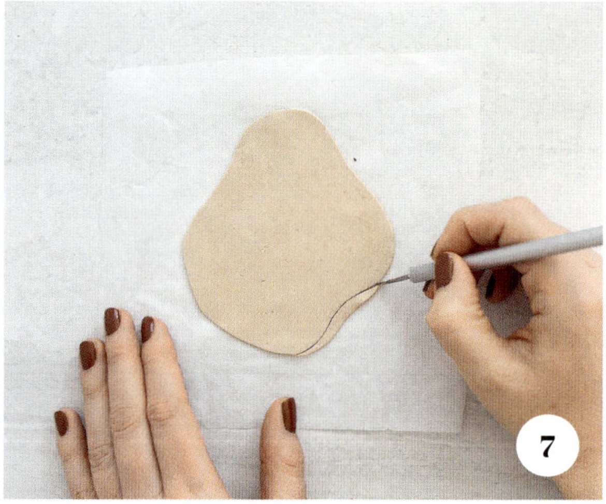

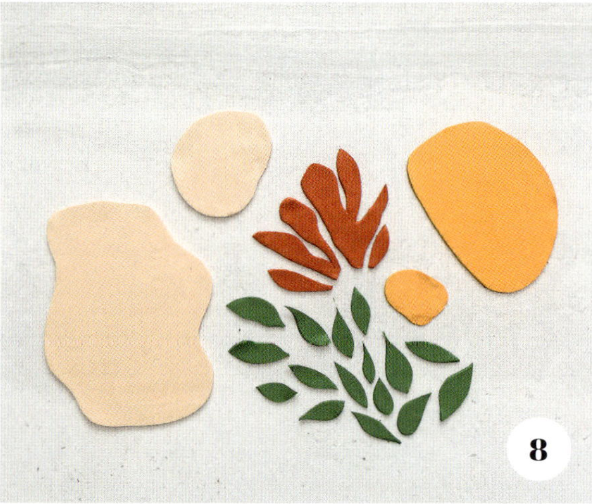

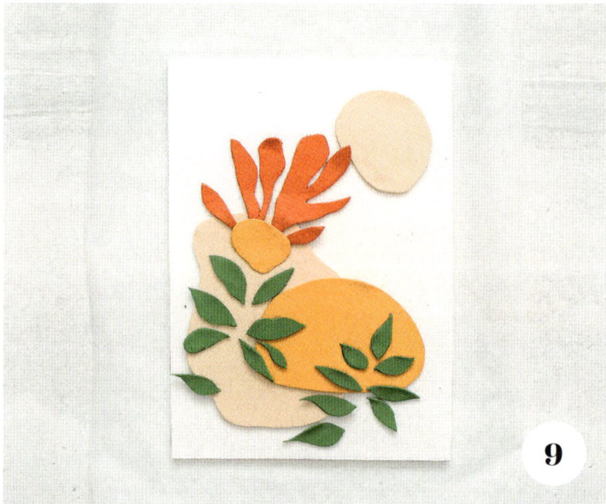

6. Mit dem Zahnstocher zwei verschiedene Formen darauf einzeichnen. Lassen Sie dabei Ihrer Kreativität freien Lauf!

7. Diese Formen mit dem Bastelmesser ausschneiden, dabei das Messer von der Hand wegführen, um Unfälle zu vermeiden. Manchmal ist es leichter, eine Form zuerst grob auszuschneiden und die Feinheiten später zu arbeiten. Zum Schluss überschüssige Modelliermasse entfernen.

8. Die Schritte 4 bis 7 mit den übrigen Farben wiederholen. Ich habe für das florale Muster jede Farbe zu unterschiedlichen Formen zugeschnitten.

9. Anschließend die Formen auf dem weißen Untergrund zu einem Muster anordnen, dabei können sie sich auch überlappen.

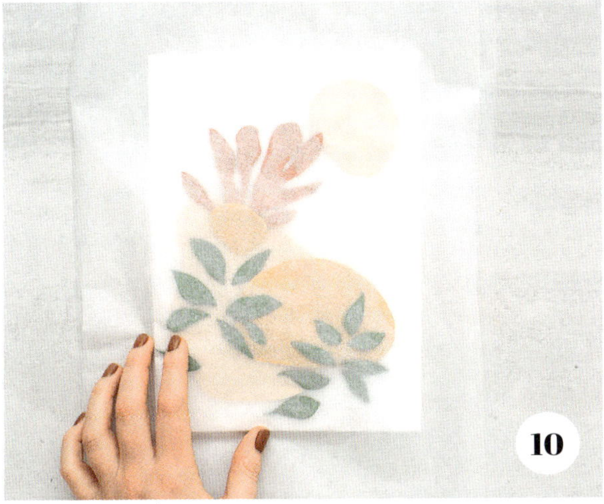

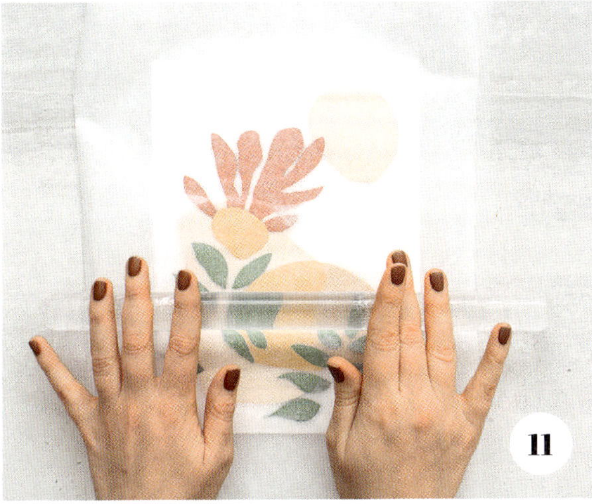

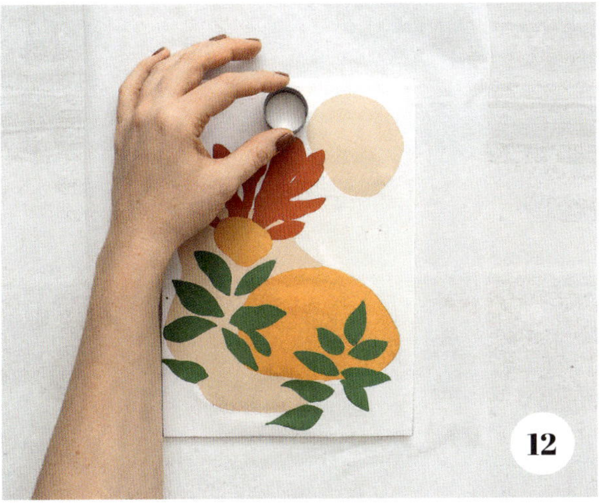

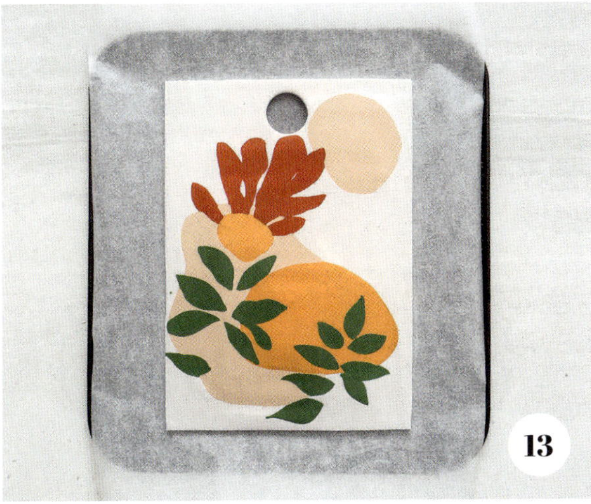

10. Dann die Stücke mit Backpapier abdecken und die Elemente mit den Fingerspitzen festdrücken.

11. Vorsichtig mit der Rolle über das Backpapier fahren, dabei nur wenig Druck ausüben. Wenn alle Elemente fest an der weißen Masse haften, das Backpapier entfernen.

12. Mit dem Keksausstecher oben in die Platte ein Loch stechen, dabei mit der flachen Hand gleichmäßig Druck ausüben. Den Ausstecher leicht in beide Richtungen drehen, damit die Masse nicht daran festklebt. Dann abnehmen und den inneren Kreis entfernen.

13. Den Backofen auf 110 °C vorheizen. Das Backpapier vorsichtig anheben und eine Hand darunterschieben. Die Platte mit dem Papier in eine Aluschale legen und mit einer zweiten Schale abdecken. 30 Minuten im Ofen aushärten lassen. Anschließend die Schale aus dem Ofen nehmen und die Masse vollständig abkühlen lassen, erst dann herausnehmen.

KRÄUTERTOPF ZUM AUFHÄNGEN

Frische Kräuter sind beim Kochen ein echter Gamechanger. Ziehen Sie selbst welche! Ich liebe es, in meiner Küche jederzeit reichlich frische Kräuter zur Verfügung zu haben. Übrigens sind sie viel günstiger, als wenn man sie kauft.

Ein Kräutertopf zum Aufhängen spart wertvollen Platz auf der Küchenarbeitsfläche, außerdem können Sie die Kräuter so schön in die Sonne hängen. Mit diesem Topf vergessen Sie auch nie, welche Sorte wo ist, weil wir ihn jeweils mit Ton beschriften.

Dafür verwende ich kleine Fondant-Ausstecher in Buchstabenform, aber Sie können stattdessen auch mit einer gedruckten Schablone arbeiten und sie mit einem Bastelmesser ausschneiden.

Material

- 350 g FIMO soft Modelliermasse in Terrakottarot
- 2 Holzleisten, je 2,5 × 38 × 0,6 cm
- Acryl-Tonroller
- runder Keksausstecher, 9,5 cm Durchmesser
- 2 Holzleisten, je 2,5 × 38 × 0,3 cm
- Lineal
- Bastelmesser
- Kunststoff-Strohhalm
- flaches Wischwerkzeug
- Backpapier
- 30 g FIMO soft Modelliermasse in Champagnerweiß
- Fondant-Ausstecher in Buchstabenform
- 2 Aluschalen, jeweils 25 × 25 cm
- Schere
- Baumwollschnur

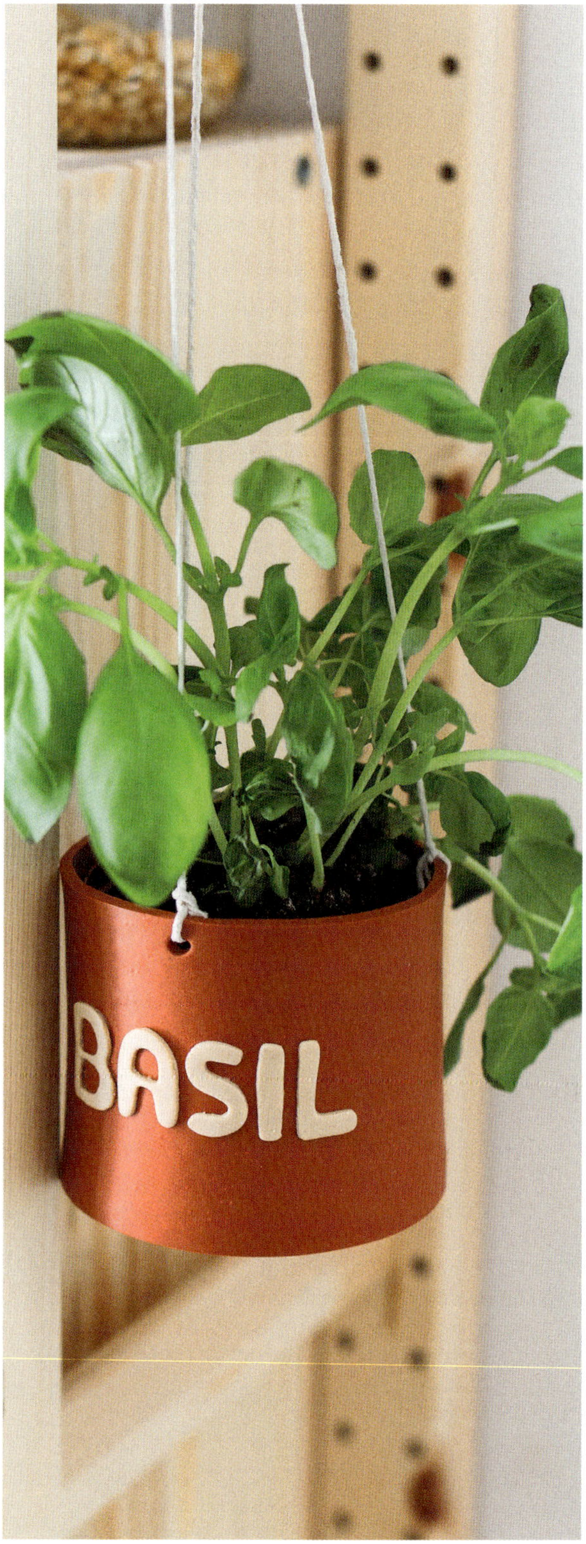

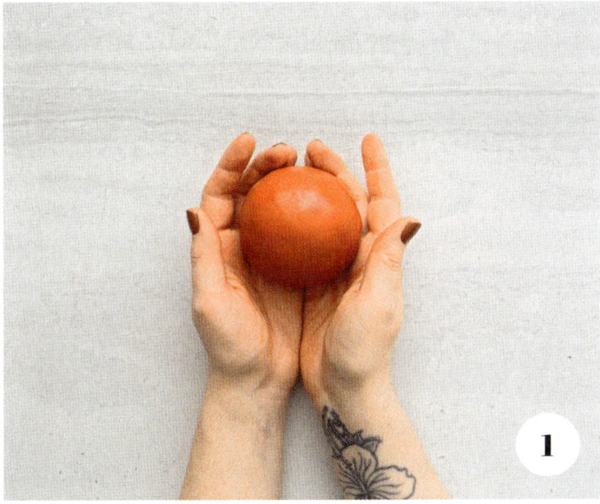

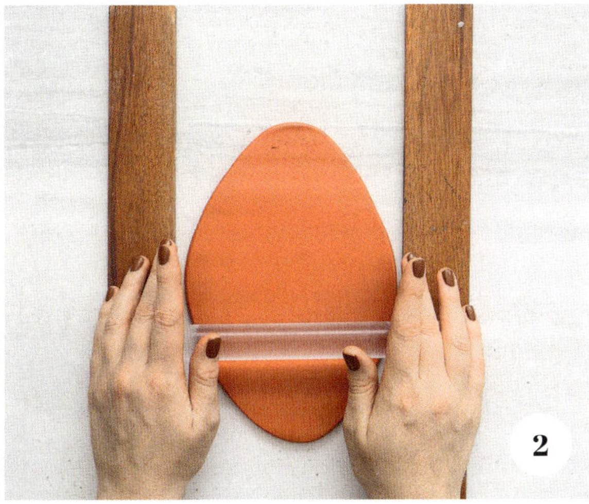

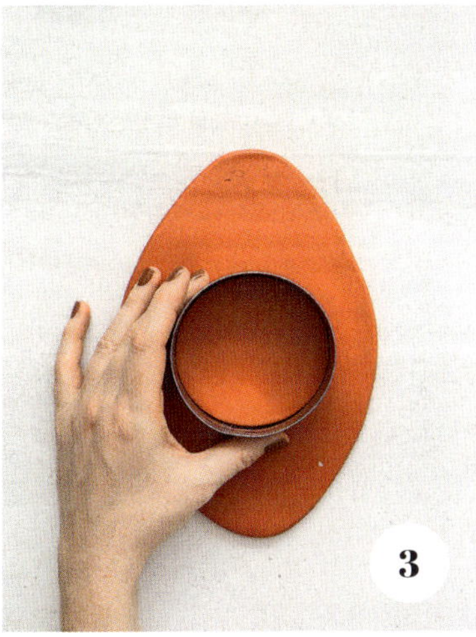

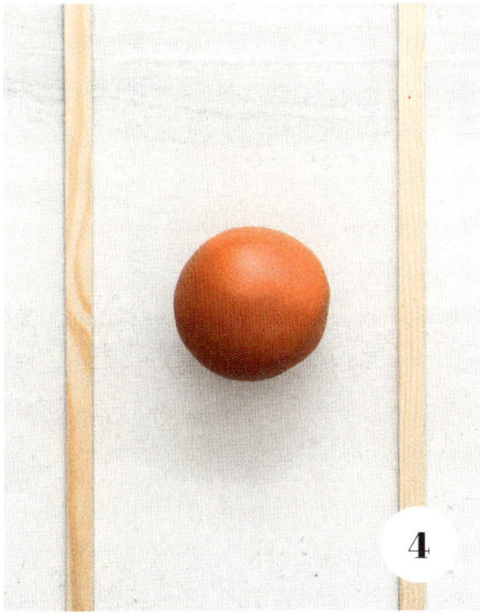

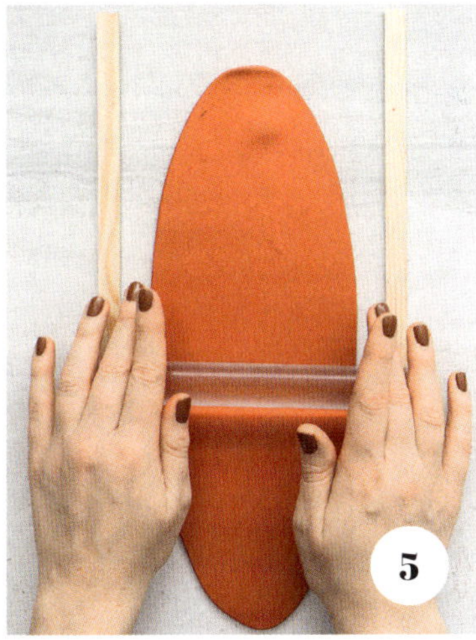

1. Die rote Modelliermasse in vier Stücke brechen und jedes in den Händen erwärmen, dafür ausrollen und wieder verkneten, bis es weich und leicht formbar ist. Dann alle Stücke zusammen zu einer Kugel formen.

2. Die weiche Masse auf eine nicht haftende Arbeitsfläche zwischen die 0,6 cm dicken Holzleisten legen und ausrollen, bis die Rolle leicht darübergleitet und die Masse so dick wie die Leisten ist.

3. Den Keksausstecher hineindrücken und dabei mit der flachen Hand gleichmäßig Druck ausüben. Den Ausstecher leicht in beide Richtungen drehen, damit die Masse nicht daran festklebt. Dann abnehmen und den inneren Kreis vorsichtig auf die nicht haftende Arbeitsfläche drücken.

4. Die restliche Masse wieder zu einer Kugel formen und zwischen die beiden 0,3 cm dicken Holzleisten legen.

5. Ausrollen, bis die Rolle leicht darübergleitet und die Masse so dick wie die Leisten ist.

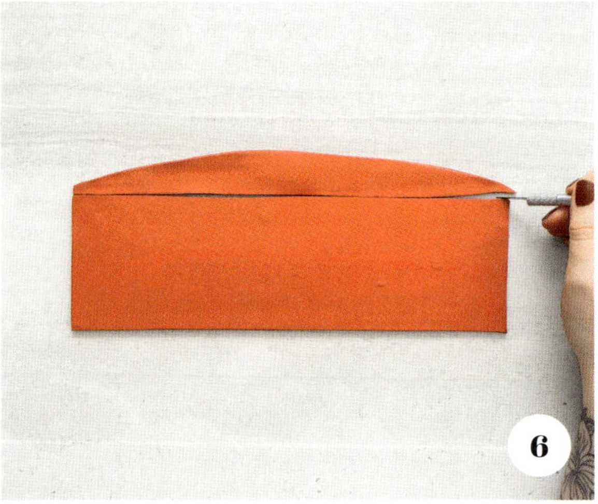

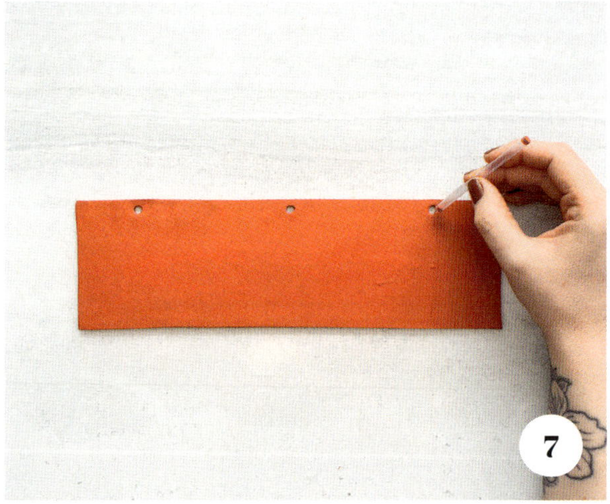

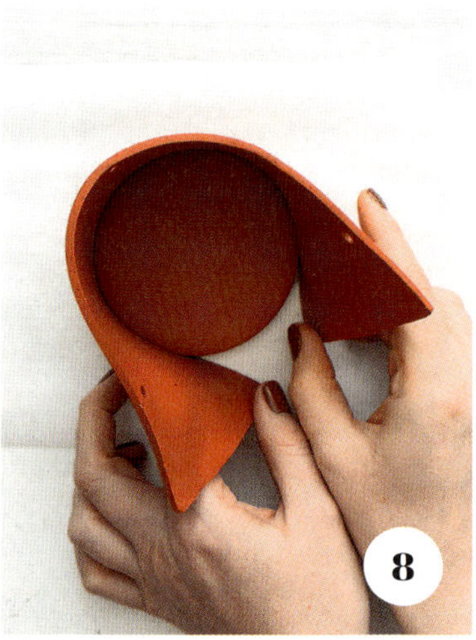

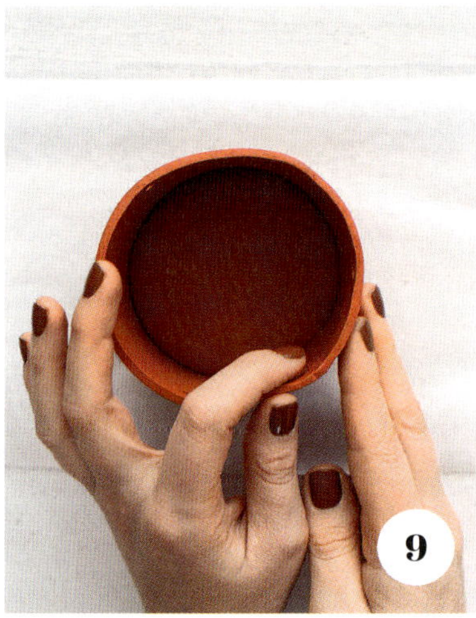

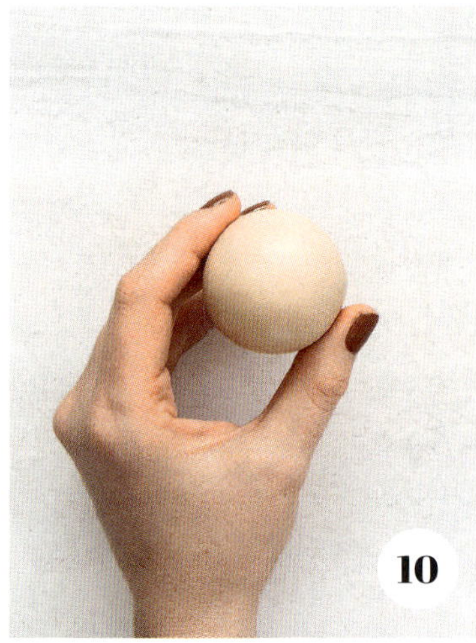

6. Dann ein 32 × 10 cm großes Rechteck daraus ausschneiden.

7. Mit dem Strohhalm an einer Längsseite drei Löcher im Abstand von 5 cm, 15 cm und 25 cm hineinstechen.

8. Das Rechteck dann mit der Längsseite um den zuvor ausgestochenen Kreis legen, dabei darauf achten, dass die Löcher oben sind und die Kanten schön aneinander ausgerichtet werden.

9. Die beiden kurzen Kanten zusammendrücken und die Masse vorsichtig auf beiden Seiten der Nahtstelle mit den Fingern erwärmen. Dann mit einem flachen Wischwerkzeug die Fuge außen und innen verwischen. Den Topf auf Backpapier setzen.

10. Die weiße Modelliermasse 30 Sekunden zwischen den Handflächen erwärmen, dann mehrmals ausrollen, zusammenkneten und zu einer Kugel formen, bis sie weich und formbar ist.

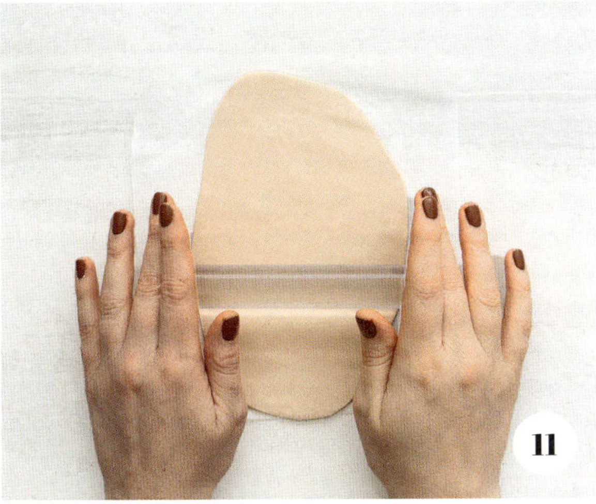

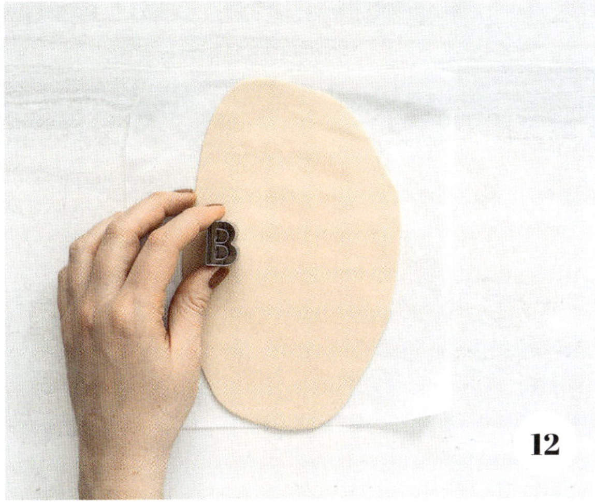

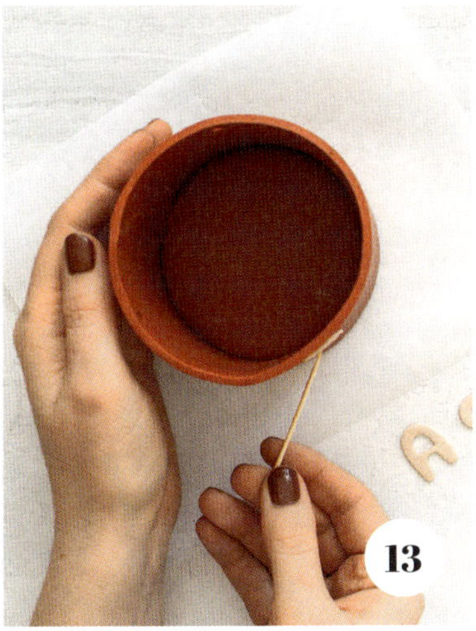

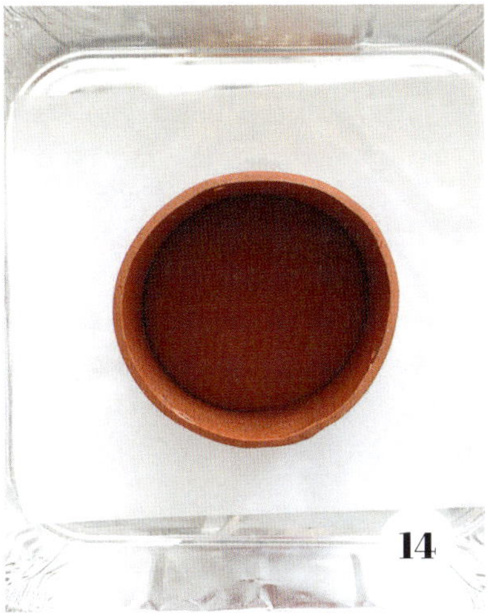

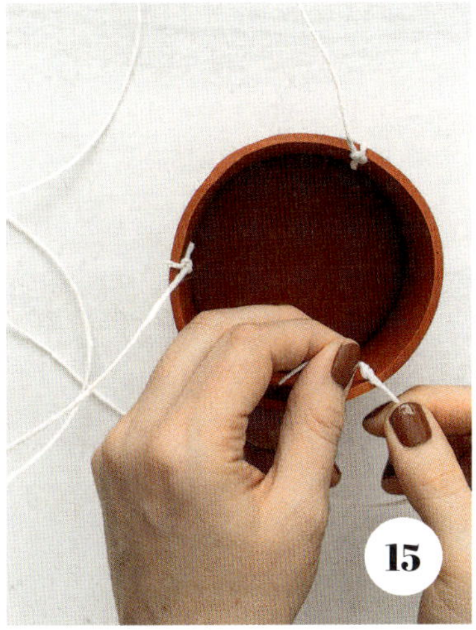

11. Auf Backpapier legen und dünn ausrollen (nicht zwischen den Holzleisten).

12. Buchstaben-Ausstecher hineindrücken und dabei mit der flachen Hand gleichmäßig Druck ausüben. Ausstecher leicht bewegen, damit die Masse nicht daran festklebt. Dann abnehmen und mit der Masse darin 10 Minuten in das Gefrierfach legen, damit sie hart wird. Anschließend den Buchstaben auf die nicht haftende Arbeitsfläche drücken.

13. Wenn alle benötigten Buchstaben fertig sind, diese auf dem Topf anordnen und mit einem Wischwerkzeug vorsichtig festdrücken.

14. Den Backofen auf 110 °C vorheizen. Das Backpapier vorsichtig anheben und mit dem Topf in eine Aluschale legen, mit einer zweiten Aluschale abdecken und 30 Minuten im Ofen backen. Anschließend die Schale aus dem Ofen nehmen und die Masse vollständig abkühlen lassen, erst dann herausnehmen.

15. In die drei Löcher jeweils eine 50 cm lange Schnur knoten und diese Schnüre am anderen Ende zusammenbinden.

DANKSAGUNG

Mein erster und größter Dank geht an meinen Partner Alex. Du warst nicht nur meine größte Stütze, während ich dieses Buch geschrieben habe, sondern auch in den Jahren, in denen ich mein Geschäft aufgebaut habe. Du hast immer an mich geglaubt, auch wenn ich selbst nicht mehr an mich glaubte. Du bist mein bester Freund, mein Held und die Liebe meines Lebens. Ohne dich hätte ich das nicht geschafft.

Ich danke meiner Mutter, die mich in meiner Kindheit immer ermutigt und meine kreativen Leidenschaften erduldet hat. Ich werde diese Unterstützung, die du mir öfter, als dir bewusst ist, gegeben hast, immer schätzen. Ich danke auch meiner Schwiegermutter Pat, einer sehr liebevollen und großzügigen Oma für meinen wunderbaren Sohn. Wir sind so glücklich, dass du Teil unseres Lebens bist. Dieses Buch würde es ohne euch nicht geben. Ich danke euch beiden aus tiefstem Herzen.

Ich möchte auch meiner Verlegerin Rebecca Fofonoff, Meg Baskis und den anderen vom Team bei Page Street Publishing für die Möglichkeit danken, mein Traumprojekt zum Leben zu erwecken. Eure Ermutigungen, eure konstruktive Kritik und eure liebevollen Ratschläge haben aus mir eine bessere Autorin gemacht. Ein großer Dank geht an Jenna Nelson Patton für ihre Umsicht und Geduld und dafür, dass du mir immer versichert hast, dass meine Fehler zum Schreiben eines Buchs dazugehören.

Mein letzter Dank geht an alle kreativen Blogger, Influencer und Geschäftsfrauen, die mich in den letzten zehn Jahren inspiriert, weitergebracht und unterstützt haben. Ohne gelegentliche Ermutigung, Stütze und aufmunternde Worte hätte ich es nie bis hierher geschafft. Auch wenn wir uns nie persönlich gesprochen haben, wurde ich höchstwahrscheinlich durch die kollektive Liebe zur Kreativität und den Ehrgeiz inspiriert, ein Geschäft und ein Leben aufzubauen, das auf Kunst basiert.

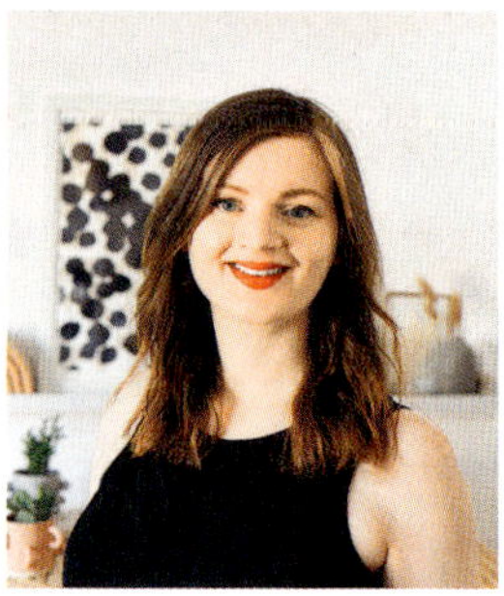

ÜBER DIE AUTORIN

Francesca ist eine preisgekrönte Bloggerin und Inhaberin eines kreativen Business, die ihr Zuhause mit selbst gefertigten Gegenständen verschönert. Sie war immer davon überzeugt, dass man Handwerk und Design kombinieren kann, um etwas Wunderschönes selbst zu machen. Diese Haltung zieht sich wie ein roter Faden durch ihren Blog *Fall For DIY*. Ihre Ideen und Fähigkeiten mit ihren über eine halbe Million Followern zu teilen, ist Francescas Leidenschaft und die treibende Kraft hinter ihrem ständigen Experimentieren mit altbekannten und neuen Techniken. Francescas Arbeiten wurden bereits in vielen Print- und Onlinepublikationen veröffentlicht, unter anderem in *Elle Decoration*, *Design*Sponge*, *Mollie Makes*, *Domino* und *Apartment Therapy*.

REGISTER

Bibliografische Information der Deutschen Nationalbibliothek
Die Deutsche Nationalbibliothek verzeichnet diese Publikation in der Deutschen Nationalbibliografie. Detaillierte bibliografische Daten sind im Internet über https://dnb.de abrufbar.

Für Fragen und Anregungen
info@m-vg.de

Die englische Originalausgabe erschien 2020 bei Page Street Publishing Co. unter dem Titel
EASY HOMEMADE POTTERY

Dieses Werk wurde im Auftrag von Page Street Publishing Co. durch die Literarische Agentur Thomas Schlück GmbH, 30161 Hannover, vermittelt.

1. Auflage 2024

Türkenstraße 89
80799 München
Tel.: 089 651285-0

Übersetzung: Dr. Katrin Korch
Redaktion: Annerose Sieck
Umschlaggestaltung: Sabrina Pronold
Umschlagabbildung: Francesca Stone
Layout: Laura Benton for Page Street Publishing Co.
Satz: Christiane Schuster | www.kapazunder.de
Druck: Firmengruppe APPL, aprinta Druck, Wemding
Printed in Germany

ISBN Print 978-3-7474-0596-3
ISBN E-Book (PDF) 978-3-96121-975-9
ISBN E-Book (EPUB, Mobi) 978-3-96121-976-6